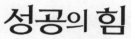

성공의 힘

Power of successful

성공의 힘

Power of successful

김 다니엘

YAS 야스

성공의 힘
Power of successful

펴 낸 날 2021년 10월 25일

저   자 김 다니엘
펴 낸 이 허 복 만
펴 낸 곳 야 스 미 디 어
편 집 기 획 나 인 북
표 지 디 자 인 디자인 일그램
등 록 번 호 제10-2569호

주   소 서울 영등포구 양산로 193 남양빌딩 310호
전   화 02-3143-6651
팩   스 02-3143-6652
이 메 일 yasmediaa@daum.net
I S B N 978-89-91105-97-3 (03230)

정가 17,000원

우리가 어떤 전자제품을 사면, 그 제품에 대한 사용 설명서가 들어 있습니다. 그 제품을 제대로 사용하려면 반드시 사용 설명서를 읽고 그 내용대로 사용해야 합니다. 그렇지 않고 자기 생각대로 그 제품을 사용하게 되면, 그 제품의 기능을 100% 사용하지 못하게 될 뿐 아니라 자칫 잘못 다루면 물건을 망가트려 얼마 쓰지 못하고 버리게 됩니다. 그리고 전자제품을 사용하다가 고장이 났을 때 그 제품을 생산한 회사가 운영하는 AS 센터에 가서 수리를 받아야 합니다.

한 젊은 자동차 정비사가 중고차를 한 대 싸게 샀습니다. 거의 굴러가지 않을 정도의 고물 차를 열심히 수리해서 타고 달리니 기분도 좋았고 자기의 기술이 자랑스럽기도 했습니다. 하루는 그 차를 운전하여 장거리를 여행하게 되었습니다. 그런데 도중에 엔진이 털털 거리더니 딱 멎어 버렸습니다. 그는 차에서 내려 엔진의 뚜껑을 열고 고장원인을 찾기 시작했습니다. 때마침 지나던 차 한대가 옆에 정차하더니, 노인 한 사람이 내려와 젊은 정비사의 곁에 와서 엔진을 함께 들여 다 보았습니다. 청년 정비사는 그 노인을 바라보고, "문제없습니다. 그냥 가세요. 나는 정비사니까요"라고 하며 자신만만한 태도로 여기저기를 찾아 만져보았습니다. 그러나 고장을 고치지 못하고 시동은 여전히 안

걸렸습니다. 그때까지 옆에서 지켜보고 있던 노인이 말했습니다. "젊은이, 내가 좀 도와주지" 그러면서 손가락으로 엔진의 한 부분을 '톡' 친 후, "자, 시동을 걸어 보시오."라고 했습니다. 의심쩍은 얼굴로 청년이 시동을 걸어보니 엔진이 붕붕하며 잘 돌아갑니다. 기가 막힌 정비사는 노인을 향하여 의아스러운 눈으로 물어 보았습니다. "고맙습니다. 그런데 도대체 당신은 누구십니까?" 그러자 노인은 대답했습니다. "네, 나는 이 자동차를 만든 헨리 포드 Henry Ford입니다".

하나님은 천지만물을 지으신 분이요, 우리는 그의 피조물입니다. 그러므로 하나님은 죄로 인하여 죽음 상태의 인간을 구속하실 수 있으시고 우리의 몸, 혼, 영이 고장 나면(출4:11) 우리를 지으신 분이 못 고칠 질병이 없는 것입니다(시103:3). 그렇다면 인간에 대해 가장 잘 아시는 분은 누구시며, "어떻게 성공적으로 살 것인가"에 대한 이 물음에 가장 바른 답을 제시해 줄 수 있는 분은 바로 우리 인간을 지으신 창조주 하나님이십니다. 인간을 존재하게 하신 하나님 외에는 "어떻게 한번 밖에 없는 소중한 인생을 성공하고 살 것인가"에 대한 정답을 우리에게 알려 줄 수 있는 존재는 없습니다. 전자제품이 고가일수록 사용설명서의 내용도 길어지는데 자동차 같은 설명서는 소책자 한 권 정도 됩니다.

이것은 하나님의 피조물 중 가장 고귀한 우리 사람의 경우도 마찬가지입니다. 그래서 성경은 모두 66권으로 되어 있는 두꺼운 책입니다. 성경 66권 전체가 사람이 어떻게 이 세상을 사는 게 지으신 목적대로 사는 것인지 일종의 '성공 인생을 위한 설명서'라고 할 수 있습니다. 딤후 3:16-17절 말씀은 이 사실을 다음과 같이 밝혀줍니다.

"모든 성경은 하나님의 감동으로 된 것으로 교훈과 책망과 바르게 함과 의로 교육하기에 유익하니 이는 하나님의 사람으로 온전하게 하며 모든 선한 일을 행할 능력을 갖추게 하려 함이라"(딤후3:16-17)

그러므로 우리가 어떻게 하면 사람 구실을 제대로 하면서 이 세상을 성공적으로 살 수 있는지를 알고자 한다면 반드시 성경을 읽고 듣고 배우고 외우고 묵상해야 합니다. 성경은 하나님께서 직접 가르쳐 주신 유일한 '성공 인생을 위한 설명서'이기 때문입니다. 우리가 새 전자제품을 사용하다 어떻게 사용할지 알려준 내용을 잊어버렸다면 다시 사용 설명서를 보면서 사용법을 익힙니다. 이와 같이 하나님 기준으로 성공적인 인생을 살기를 원하는 하나님 자녀들은 성경으로 돌아가서 하나님 말씀을 살펴보아야 합니다. 왜냐하면 사람이 인정하는 성공과 하나님께서 인정해주시는 성공이 다르기 때문입니다. 어떤 길은 사람이 보기에 바른데 마침내는 사망의 길이 있다는 것입니다(잠14;12). 필자에게도 직업병 같은게 있는데 설교자고 성경 가르치는 선생이다 보니 기회만 있으면 말투부터 남을 가르치고 설교하려고 합니다. 그러나 이번 경우 '성공관'이라는 주제를 생각할 때는 제가 사면초가에 몰려 있다는 생각이 드는 답답한 상황이었습니다. 원래 이 글이 남에게 무엇을 가르치려는 의도로 책을 쓰려고 시작한 것이 아니고 성경으로 돌아가서 제가 어디서 잘못되었는지 돌아보려고 기도부터 하였습니다. 그리고 기도 가운데 많은 깨달음을 받았고 하나님의 말씀으로 새 힘을 얻게 되었습니다. 화가 변하여 복이 되어 이전보다 목표를 더 분명히 볼 수 있는 주의 은혜 속에 부름의 상을 향하여 열심히 달음박질을 하게 되었습니다(빌3;14). 그리고 제가 깨닫는 말씀을 나눌 수 있는 기회가 생겼습니다. 그래서 그분들을 위해 말씀을 정리하다 보니 "남을 윤택하게 하는 자는 자기도 윤택하여 진다"(잠11;25)는 주의 말씀과 같이 내용이 많아져 의도치 않게 책이 되고 말았습니다. 우리가 A라는 회사의 전자 제품을 샀는데 내 마음대로 B회사가 만든 제품의 사용 설명서대로 제품을 사용하다가는 낭패를 봅니다. 오늘날 교회 안에 적지 않은 목회자들이 잘못된 성공관으로 성경을 해석하고 설교하는 것으로 인해 많은 교인들을 결과적으로 망하는 길로 내몰고 있습니다.

　예컨대 요3서1:2절 "사랑하는 자여 네 영혼이 잘됨 같이 네가 범사에 잘되고 강건하기를 내가 간구하노라" 이 말씀에 나오는 영혼, 범사, 강건을 영적, 물질적, 육체적인 복으로 이해하고 가르치고 설교합니다. 하지만 본문에 나오는 '범사'를 주로 '물질적인 복'으로 이해하는 하는 것은 비성경적입니다. 이러한 논리로 말한다면 결국 영적으로 성숙한 성도는 반드시 물질적 부를 소유해야 하고, 신체적으로도 반드시 건강해야 하는 것입니다. 신체 건강한 부자 교인들은 믿음이 좋은 것이고 가난하거나 건강하지 못하다면 결국 부정적인 사고방식을 가진 신앙인이거나 축복받지 못한 결과로 봐야 합니다. 이와 같은 해석은 극히 편협적인 사고에서 출발한 것으로 성경과 거리가 멉니다. 이와 같은 맥락에서 헌금에 언제나 '복'이라는 수식어가 항상 따라 붙는 것입니다. 이것이 바로 경계하여야 할 "번영신학"에서 나온 "사조"입니다. "십일조뿐 만 아니라 각종 헌금을 더 많이 하면 할수록 하나님의 은혜와 복을 더 많이 받게 된다" 는 내용의 설교와 가르침을 자주 받은 교인들이 하나님께 마치 보험을 들거나 투자를 하듯이 구원을 받기 위해서, 더 많은 복을 얻기 위해 헌금을 드리는 경우가 허다합니다. 이는 감사의 결과인 헌금을 복을 얻기 위한 수단으로 전락시키는 것과 같습니다. 이런 비성경적인 기복적인 신앙이 교회 안에 보편화되고 있는 이유와 원인에 대한 일차적 책임은 성경을 제대로 가르치지 못하거나 성경을 왜곡시키고 있는 필자 같은 성경교사들이나 목회자들에게 있습니다. 사람이 얼마만큼의 물질을 가지고 있는가가 중요한 것이 아니라 이 물질의 주인을 하나님으로 인정하고 충성된 청지기로 사는 것이 중요합니다. 이런 믿음의 성도라면 물질이 많아도 감사하게 되고, 적어도 감사하며 살게 되는 것입니다. 성경은 생명 없는 돈 자체를 정죄하지 않습니다. 다만 하나님 자녀들이 돈을 지나치게 사랑하고 일확천금을 노리고 자나 깨나 부자 되려는 것을 경고할 뿐입니다(잠23:4, 딤전6:10). 오히려 성경은 물질적 부요를 하나님의 축복이라고 말합니다. 하나님은 재물을 얻는 힘을 주시는 분이십니다(신8:17-19). 중요한 것은 돈을 가지는 사람이 문제입니다. 하나님이 주셨으니 하나님께 감사하며 하나님께서 기뻐하시는 대로 돈을 벌고 돈을 쓰는 성도는 성결한 성도입니다. 하나님 주권 신앙에 근거한 물질관을 소유한 자에게 비로소 하나님께서 맡긴 물질은 축복이 됩니다. 예수님은 사용하신 비유 38개 가운데 16개가 재물에 관한 비유를 사용하셨는데 이는 돈이 다른 어떤 것보다 더 중요해서가 아니라 사람들이 돈으로 인한 위험성이 많기 때문입니다. 마치 천국에 관한 말씀보다 지옥에 관한 말씀이 더 많은 것은 지옥이 천국보다 더 중요해서가 아니라 지옥을 향해 가는 인생들을 돌이키시려는 예수님의 사랑이 무궁하시기 때문인 것과 마찬가지입니다. 또 다른 이유는 생활 속에 돈은 없어서는 안 될 정도로 생활의 수단에 가깝기 때문에 이해하기 어려운 하늘의 진리를 재물을 통한 비유로 설명하면 쉽게 사람들이 이해하기 때문이었습니다. 필자가 『성공관』의 어휘와 개념을 사용하는 것은 사람들이 쉽게 이해하고 추구하는 '성공'의 개념으로 말하지 않으면 성경적인 성공도 바르게 이해하기 힘들기 때문입니다.

행17:28절을 보면 이렇게 기록되어 있습니다.

"우리가 그를 힘입어 살며 기동하며 존재하느니라 너희 시인 중 어떤 사람들의 말과 같이 우리가 그의 소생이라 하니"

바울이 아덴에서 이방인(곧 선교지민)들이 갖고 있는 선지식을 사용해서 그들이 알기 쉽게 복음을 전함과 같은 의도입니다. 또한 요한이 예수님을 당시의 사람들이 가장 이해하기 쉬운 '로고스'라는 단어로 설명한 것과 같은 맥락입니다(요1:14). 그래야 복음으로 세상을 변화시킬 수 있기 때문입니다. 본서는 성경적인 성공관을 분명히 밝힐 뿐만 아니라 "실사구시"적인 사고로 성공인생을 위한 구체적인 실행 방법을 성경말씀을 자세히 풀어서 안내해 드립니다. 전자제품 설명서는 제품을 제대로 잘 사용하기 위해서 존재하는 것처럼, 이 책은 독자분들이 실천만 하시면 성공 인생을 사실 수 있도록 쓰였습니다. 우리 인생은 전자제품을 쓰다 망가지면 다시 신제품을 살 수 있는 것과 같지 않습니다. 여러 번의 인생이 있는 것이 아니라 단 한 번밖에 없는 소중한 인생입니다. 그러므로 우리는 하나님께서 정하신 성공기준에 맞춰 살아야 합니다. 끝으로 이 책을 접하신 모든 분들 위에 하나님의 무한하신 사랑과 성령님의 함께 하심과 예수 그리스도의 풍성하신 은혜가 지금부터 영원까지 함께 하시길 축원합니다.

서울에서   김 다니엘

목차

01

하나님나라의 성공
대(對) 세상나라의 성공

하나님나라의 성공 대(對) 세상나라의 성공

정글지역에서 선교하시는 한 분이 계셨는데, 그분은 정글에서 사역하면서 인간적인 소원이 한 가지 있었습니다. 그 소원은 파인애플을 실컷 먹었으면 하는 것이었습니다. 그래서 원주민 형제들과 함께 파인애플 나무를 심었는데 시간이 흘러 파인애플을 먹을 때가 되어 가보니 열매가 하나도 없더랍니다. 왜냐하면 파인애플이 익자마자 바로 원주민 형제들이 따 가지고 갔기 때문이지요. 선교사님은 너무나 황당해서 그들에게 물었습니다.

"형제들이여, 어찌하여 내가 필요해서 나무를 심었는데 말도 없이 열매를 모두 따 갈 수 있소?"

"선교사님, 당연히 우리가 심었으니깐 그 파인애플은 우리들의 소유입니다. 왜냐하면 정글의 법칙은 심은 사람이 주인이기 때문이지요."

그래서 선교사님은 "그렇다면 다시 나무를 심되, 심는 대가를 주겠소. 그러니 열매를 반반씩 나누어 가지기로 합시다"라고 약속을 했습니다. 그 후 추수 때가 되어 가보니 또 열매가 하나도 없었습니다. 화가 난 선교사님은 원주민들에게 그들을 위해서 운영하고 있는 간이병원의 문을 닫겠노라고 위협하기도 하고, 파인애플 주변에 개로 경비를 서게 하기도 했습니다. 그러나 그렇게 해도 문제는 해결되지 않았습니다. 그래서 선교사님은 애간장이 탔습니다.

그러던 어느 날 성경을 읽는 가운데 하나님의 음성을 듣게 됩니다.

"파인애플이 누구의 것이냐? 네 거냐? 내 거지."

선교사님은 인간적인 생각으로 욕심을 부리다가 진정한 주인이 누구인가를 망각하고 있었음을 깨닫게 되었습니다. 그 후 또 다시 원주민 형제들이 열매를 모두 따갔지만 선교사님은 화를 내지 않았습니다. 달라진 것입니다. 이를 이상하게 생각한 원주민 형제들이 선교사님을 찾아와서 묻습니다.

"선교사님, 올해는 왜 우리에게 화를 내지 않으십니까?"

"여태 난 그 나무가 내 것이라고 생각해서 화가 났었습니다. 그러나 그것은 잘못된 생각이었습니다. 왜냐하면 하나님께서 진짜 주인이기 때문입니다. 저는 그 사실을 잊고 있었습니다."

그 후에도 더러 파인애플을 훔쳐 가는 원주민들이 있었지만, 이상하게도 훔쳐간 사람들의 아이가 병이 난다든지 하면 자기들끼리 이렇게 말하곤 했답니다.

"우리들이 하나님의 것을 훔쳐서 아이가 아픈 것 같아."

이렇게 하다 보니 점점 그 정글에서는 도둑이 없어졌고, 선교사님도 자기가 심은 파인애플을 나누어 먹을뿐더러 진정한 그리스도의 사랑을 나누며 살게 되었다고 합니다.

그 선교사님은 파일애플 농장의 진짜 주인이 하나님이신 것과 성경적인 성공의 의미를 바로 깨닫고 파인애플 경영에 성공하게 되는 계기가 된 것입니다.

성공의 의미

　'성공'의 국어 사전적 의미는 스스로 목표로 한 일을 성취함. 혹은 수많은 사람들이 열망하는 목표를 이뤄낸 상태를 뜻하고 단순히 작은 일에 대한 성취부터 시작해서 거대한 프로젝트를 달성하는 것까지. 단순히 자신이 원하는 바를 이루어 내는 그것을 성공이라 일컬을 수 있습니다. 반대어로 자신이 원하는 바를 이루지 못했을 때 '실패'라고 부릅니다. 세상 사람들이 쓰는 보편적 단어의 의미나 개념으로도 하늘의 진리가 설명이 되어야 세상을 변화시킬 수 있습니다. 이 책은 사실 기독교 세계관 중 한 중요한 주제인 성공론을 다룬 것입니다. 하나님께서 인정해주시는 성공과 사람들이 인정해주는 성공의 차이를 말씀으로 밝힙니다. 그리고 한번밖에 없는 인생을 성공적인 인생으로 살려는 우리의 소원이 어떻게 가능한지를 하나님의 생각과 마음이 담긴 성경으로 안내해 드리려고 합니다. '삼위일체'라는 단어가 성경에 없다고 삼위일체 하나님의 존재를 없다고 부인할 수 없습니다. 그리고 성경 안에는 처음부터 끝까지 삼위일체 하나님에 대한 말씀으로 가득한 사실을 하나님 자녀라면 누구나 아는 사실입니다. 성공이라는 말도 성경의 기준에서 살펴볼 수 있습니다. 성경에 형통이란 단어가 75번이나 등장합니다. 그 "형통"이란 단어가 영어 성경 NASB에서는 "success",

즉 "성공"이라고 번역하고 있습니다. 본문을 보면, "이 율법책을 네 입에서 떠나지 말게 하며 주야로 그것을 묵상하여 그 안에 기록된 대로 다 지켜 행하라 그리하면 네 길이 평탄하게 될 것이며 네가 형통하리라 내가 네게 명령한 것이 아니냐 강하고 담대하라 두려워하지 말며 놀라지 말라 네가 어디로 가든지 네 하나님 여호와가 너와 함께 하느니라 하시니라"(수1:8-9)

여기에서 말씀하고 있는 "형통"이란 "성공"을 뜻하기 때문입니다. 두 단어는 동의어입니다. 그러면 성경이 말하는 형통이란 과연 무엇일까요? 출세하는 것, 혹은 부자가 되는 것을 형통이라고 하면 예수 믿지 않는 사람들 중에 형통한 사람들이 더 많습니다. 그러나 성경이 말하는 형통은 세상이 말하는 성공과 차이가 있습니다. 세상이 말하는 형통은 내가 원하는 대로 이루어지는 것을 지향하지만 성경에서 말하는 '형통'을 종합적으로 보면 하나님 자녀가 하나님의 뜻대로 순종하여 하나님의 뜻을 성취하는 것입니다. 그 결과로 하나님께 영광 돌리고 하나님은 우리에게 천국의 상과 금생에서도 축복을 주시는 의미입니다(눅18:30, 딤전4:8). 어떤 사람은 신약 성경에 '성공'이라는 단어가 없는데 성공을 말하는 것은 잘못된 가르침이라고 말하는 것을 읽은 적이 있습니다. 정말 그럴까요?

신약에 '성공'이라는 단어가 없다고 성공을 말하는 자체가 잘못되었다고 생각하고 주장하는 분들은 히11장을 읽으십시오. 그리고 하나님께서 인정하신 믿음의 사람들은 어느 시대 사람들인지 살펴보십시오. 다 구약시대 때 사람들이고 하나님과 동행하여 형통했던 즉 성공했던 인물들입니다. 하나님께서 히브리서와 다른 신약성경을 통해 예수님 다시 오실 때까지 모든 하나님의 자녀들이 히11장에 나온 믿음으로 성공적인 인생을 산 믿음의 선배들을 본받으라고 기록하시고 오늘 우리에게 전해주신 것입니다. 그러므로 구약의 성공 개념이나 신약의 성공 개념은 다 똑같습니다. 오늘날 '자라보고 놀란 가슴 솥뚜껑보고 놀란다'고 기독교 지도자들 중에는 '성공' '번영' 이런 단어는 아예 사용도 안하려고 하는 심정은 이해가 가지만 동의할 수 없는 것입니다. 명의는 환자의 병을 잘 진단하고 처방하고 수술하여 잘 치료하는 것처럼 좌우에 날선 어떤 검보다도 예리한 하나님의 말씀으로 (히4:12) 암과 같은 세상적인 성공관은 제거 수술하여야 합니다. 그래서 하나님의 자녀들에게 '성경적인 성공관'을 갖게 하여 우리가 다 함께 형통한 삶을 살도록 돕는 것이 하나님의 뜻입니다(신29:9, 사55:11).

성공의 시작

노아홍수 전 하나님께서 사람의 죄악이 세상에 가득함과 그들의 마음으로 생각하는 모든 계획이 항상 악할 뿐임을 보시고 땅 위에 사람 지으셨음을 한탄하사 마음에 근심하시고 창조한 사람을 지면에서 쓸어버리시기로 하실 때에(창6:6-7) 노아는 하나님으로부터 은혜를 입었습니다.

"그러나 노아는 여호와께 은혜를 입었더라"(창6:8)

노아가 성공적인 인생을 시작한 것은 하나님께로부터 먼저 택함을 받았고 은혜를 입었기 때문입니다. 성공의 시작은 하나님으로부터 시작됩니다. 그러므로 처음부터 영원까지 인간은 누구도 잘난 척할 수 없습니다(고전1:29). 성경이 말하는 성공과 실패의 관건은 하나님께서 과연 누구와 함께 하시느냐 입니다. 하나님이 임재하여 다스리지 않은 사람은 아무리 그가 부귀영화를 누리고 살아도 하나님의 눈으로는 마른 해골과 뼈에 불과합니다(겔37:4). 그들은 본질상 진노의 자녀(엡2:3)일뿐입니다. 그래서 그들이 잠시 동안 아무리 성공해도 부러워하지도 말고 (잠23:17) 불평하지 말라(시37:7)고 하셨습니다. 그러므로 성공 인생의 시작은 누구든지 그리스도의 큰 사랑을 인하여 하나님 자녀가 될 때부터 시작되는 것입니다(요1:12). 하나님은 죽은 자의 하나님이 아니시고 살아 있는 자의 하나님이시기 때문입니다(마22:32). 엡2:4~6절 말씀대로 죄로 죽었던 자가 그리스도와 함께 살리심을 얻은 하나님 자녀는 이미 성공한 자입니다.

"긍휼이 풍성하신 하나님이 우리를 사랑하신 그 큰 사랑을 인하여 허물로 죽은 우리를 그리스도와 함께 살리셨고 너희는 은혜로 구원을 받은 것이라 또 함께 일으키사 그리스도 예수 안에서 함께 하늘에 앉히시니"(엡2:4~6)

하나님의 시간으로는 이미 하늘에 앉힘을 받은 천국의 상속자(롬8:17)로 축복 덩어리이기 때문입니다. 우리는 예수님의 핏값으로 사신바 되었기에 우리의 가치가 예수님 짜리입니다(고전7:23). 그래서 하나님은 우리를 왕관의 보석처럼 귀하게 보십니다(슥9:16). 우리는 단지 이 땅에서 하나님의 뜻을 이루는 삶을 위해 부름받았습니다(빌3:14). 이 일이 완전 가능하도록 하나님으로부터 우리는 하늘에 속한 모든 신령한 복(엡1:3)과 생명과 경건에 속한 모든 것(벧후1:3)을 선물로 받은 것입니다. 그러므로 성경에서 말하는 성공은 마귀의 자녀들(요일3:10)과는 전혀 상관없는 이야기입니다. 우리가 하나님의 자녀가 되는 순간부터 우리는 마귀와 영적 전쟁을 시작하는 그리스도의 군사가 되는 것입니다. 사도 바울이 믿음의 아들 디모데에게 주신 말씀을 보십시오. 딤전6:12-14절 말씀입니다.

"믿음의 선한 싸움을 싸우라 영생을 취하라 이를 위하여 네가 부르심을 받았고 많은 증인 앞에서 선한 증언을 하였도다 만물을 살게 하신 하나님 앞과 본디오 빌라도를 향하여 선한 증언을 하신 그리스도 예수 앞에서 내가 너를 명하노니 우리 주 예수 그리스도께서 나타나실 때까지 흠도 없고 책망 받을 것도 없이 이 명령을 지키라"(딤전6:12-14)

여기서 바울은 '믿음의 선한 싸움'을 말했는데 우리는 날마다 우리의 3대 적(敵)인 1) 마귀, 2) 이 세상, 3) 옛 사람과 전쟁을 하고 삽니다. 믿음의 선한 싸움에서 지는 삶을 계속 살면 실패중인 인생이고 승리하며 살면 성공중인 인생인 것입니다. 그런데 누구도 처음부터 믿음의 선한 싸움에서 승리하도록 어떤 사람은 실패하도록 프로그램화 된 로봇처럼 살도록 설정되어 있지 않습니다. 하나님은 하나님의 형상대로 사람을 지으실 때부터 자유의지를 우리에게 주신 것입니다. 만약 사람의 책임, 수고, 노력, 순종, 헌신 등이 필요 없다면 사도 바울이 디모데에게 "영생을 취하라"고 하고 "명령을 지키라"고 당부할 필요가 없었을 것입니다. 그래서 하나님의 사랑을 받아들이면 누구나 동일하게 영생을 선물로 받지만 하늘의 상은 우리의 행함의 결과대로 다르게 받습니다(마16:21-28, 고전3:8, 계22:12). 그러므로 불신자에게 복음을 전하는 전도는 타인을 가장 성공시키는 일입니다. 실로 전도는 이웃을 향한 최대의 사랑입니다.

성공의 기준

사람은 누구나 한 번밖에 없는 인생을 성공적으로 살고 싶어 합니다. 특히 오늘 이 시대는 과거의 그 어느 때보다도 성공에 대한 관심이 높습니다. 그런데 중요한 것은, 과연 무엇이 성공인가요? 과연 누가 성공한 사람인가요?

예수님을 그리스도로 믿는 하나님 자녀가 불신자와 똑같이 성공해 보겠다고 동분서주하는데, 그 목표하는 바가 진정한 성공인지요?

잠14:12절을 보면 성공한 것 같으나 실상은 실패한 인생이 많다는 것입니다.

"어떤 길은 사람이 보기에 바르나 필경은 사망의 길이니라"(잠14:12)

히11장은 하나님께서 인정하신 성공한 인생들의 사례를 기록하였습니다. 그 인물들을 소개하실 때 공통점은 "믿음으로"라는 단어입니다. 무엇을 믿었을까요? 믿기 전에 그들에게 주신 하나님 말씀을 믿은 것입니다. 예를 들면 믿음의 조상 아브라함의 경우입니다. 어느 날 그는 아들 이삭을 번제로 바치라(창22:1-2)는 하나님의 청천벽력같은 명령을 듣게 됩니다. 이삭은 아브라함이 100세가 되어서 하나님의 능력으로 얻은 아들입니다. 오랜 기다림 끝에 하나님의 약속의 결과로 얻은 금보다도 더 귀한 아들입니다. 그런데 번제라고 하는 제사는 제물을 장작 위에 올려 완전히 불살라버리는 제사입니다(레1:9). 그러므로 이삭을 번제로 드리고 나면 남는 것은 재 밖에 없습니다. 그런데도 아브라함은 하나님의 약속의 말씀 곧 "내가 너로 큰 민족을 이루고 네게 복을 주어 네 이름을 창대하게 하리니 너는 복이 될지라"(창12:2)

말씀대로 '큰 민족'을 이루게 하시려면 약속의 아들로 선물 받은 이삭이 반드시 다시 살아나야 하므로 아브라함은 살아날 것을 믿었습니다. 즉 재가 변하여 이삭이 다시 부활할 것을 믿은 것입니다. 히11:17-19절 말씀을 보겠습니다.

"아브라함은 시험을 받을 때에 믿음으로 이삭을 드렸으니 그는 약속들을 받은 자로되 그 외아들을 드렸느니라 그에게 이미 말씀하시기를 네 자손이라 칭할 자는 이삭으로 말미암으리라 하셨으니 그가 하나님이 능히 이삭을 죽은 자 가운데서 다시 살리실 줄로 생각한지라 비유컨대 그를 죽은 자 가운데서 도로 받은 것이니라"(히11:17-19)

그러므로 하나님 말씀을 지키면서 남에게 가르치는 하나님의 자녀가 성공한 인생이며(마5:19), 오늘도 말씀을 붙잡고 열심히 기도하며 하나님과 교제하는 자가 성공한 인생입니다. 또한 산상수훈에 나오는 팔복(마5장)을 받도록 사는 분이 성공한 인생입니다. 특히 마5:11-12절 말씀을 보십시오.

"나(예수 그리스도)로 말미암아 너희를 욕하고 박해하고 거짓으로 너희를 거슬러 모든 악한 말을 할 때에는 너희에게 복이 있나니 기뻐하고 즐거워하라 하늘에서 너희의 상이 큼이라 너희 전에 있던 선지자들도 이같이 박해하였느니라"(마5:11-12)

하나님 말씀을 지키기 위해 예수 그리스도로 인해 박해받고 사는 성도가 성공중인 인생입니다. 예레미야는 이스라엘 백성을 향해서 하나님께서 전하라고 하신대로 곧 사람들이 듣기 싫어하는 회개의 메시지 "속히 회개하라"고 외쳤습니다. 렘6:14절을 보십시오.

"그들이 내 백성의 상처를 가볍게 여기면서 말하기를 평강하다 평강하다 하나 평강이 없도다"(렘6:14)

그런데 당시의 거짓 선지자들이 외치는 "평강하다"라는 메시지는 얼핏 보면 좋은 말인 것 같습니다. 오늘날로 말하면 긍정적인 사고로 긍정적으로 말하는 것입니다. 얼마나 듣기 좋은 희망의 메시지이고 희망의 신학인가요. 그러나 그리스도 밖의 긍정적인 사고나 긍정적인 말들로 잠시 성공할수록 그를 교만케하고 사람들을 지옥가게 하는 것입니다. 의사가 암세포가 퍼져가는 환자를 진단하고서 환자의 기분을 염려해서 감기니까 약 먹으면 곧 낫게 된다고 하면 절대 안됩니다.

회개하여야 할 때 회개의 메시지는 사람을 살리지만 예레미야 선지자 시대 때 거짓 선지자들의 평강의 메시지, 곧 긍정적 사고에서 나온 메시지는 백성들을 살리는 메시지가 아니라 죽이는 메시지였습니다. 지금도 하나님께서는 때를 따라 양식(하나님 말씀)을 나눠 줄 충성되고 지혜로운 종을 찾고 있습니다(마24:45~46). 히브리서 11장에 나오는 성공 인생으로 산 모두가 믿음으로 하나님 말씀을 순종한 인물들입니다. 하나님의 말씀을 순종하였느냐 불순종하였느냐가 성공의 척도입니다. 그리고 하나님이 나와 함께 하여 내가 형통한 삶을 사는 것은 하나님 (롬1:9)과 내 양심이 증인이고, 나의 삶을 가까이서 지켜보는 가족이나 친구와 동역자들이 증인이 될 것입니다(창39:3). 하나님과 함께하는 그리스도인은 그리스도를 세상에 보여주게 되어있습니다. 그리스도를 세상에 보여주는 삶, 이것이 성경이 말하는 성공한 삶입니다.

성공의 자원

하나님께서 아브라함에게 말씀하신 것처럼, 하나님이 우리의 상급이 되십니다(창 15:1). 원어성경의 의미를 보면 '상급'은 싸카르로 원래 임금, 보수, 봉급의 의미입니다. 즉 하나님은 나의 필요를 공급해 주시는 주인이시다는 뜻입니다. 그러므로 하나님보다 더 큰 자원이 있을 수 없으며, 하나님과 온전히 함께 하는 자는 세상의 그 어떤 다른 것을 성공의 자원으로 여길 수도, 그럴 필요도 없습니다. 성경에 나오는 형통한 인생을 살다 간 믿음의 선배들은 눈에 보이는 재물, 인맥, 건물, 학위 등을 의지하지 않았습니다. 그분들은 눈에 보이지 않은 '예수님을 자원으로 삼은 믿음의 사람들입니다. 쉽게 말하면 예수님 한 분으로 족하다고 생각하고 사는 사람들입니다. 예수님은 모든 하나님의 자녀들에게 그가 의사든, 전업주부든, 사업가든, 군인이든, 농부든, 교사든 무슨 직업을 가졌든지 자신을 따르는 제자가 되라고 하셨습니다. 요12:26절을 보면 "누구든지 나를 섬기고자 하면 나를 따라야 한다. 내가 있는 곳에 내 종도 있을 것이다. 누구든지 나를 섬기면 내 아버지께서 그를 귀하게 여기실 것이다."(요 12:26)

그러므로 예수님을 따르지 않는 사업가는 그가 돈을 얼마나 많이 벌었든 실패한 그리스도인입니다. 예수님의 방법으로 사업을 하지 않는 자는 예수님을 섬기는 자가 아니며 주님의 양도 아니라고 하셨습니다.

"내 양은 내 음성을 알아듣고 나는 그들을 알며 그들은 나를 따른다."(요 10:27)

그러므로 우리가 날마다 중심에 잡고 힘쓸 일이 바로 예수님을 깊이 생각하는 것입니다.

"그러므로 함께 하나님의 부르심을 받은 거룩한 형제 여러분, 우리가 고백하는 신앙의 사도이시며 대제사장이신 예수님을 깊이 생각하십시오."(히 3:1)

영어성경은 이를 "consider Jesus!" 또는 "fix your thoughts on Jesus!"로 번역하고 있습니다. 예수님의 생애와 말씀들에 집중하고 숙고하고 고찰하는 것입니다. 또한 우리 생각들을 항상 예수님께 고정하고 예수님을 모델링하는 것입니다. 모든 상황에 예수님이라면 어떻게 하셨을까? 생각하는 것입니다. 그리고 예수님의 영이신 성령 하나님께 모든 매사를 묻는 것입니다. 한 번밖에 없는 인생, 형통하고 싶으십니까? 그럼 가장 성공한 인생을 사신 예수님을 깊이 연구하고 모방하십시오. 예수님과 동행하는 사람이 바로 성공한 그리스도인입니다. 왜냐하면 예수님을 떠나서는 아무것도 할 수 없기 때문입니다(요15:5).

예수님보다 더 완전하고 더 큰 능력자가 어디 있습니까? 예수님보다 더 똑똑한 사람이 누구입니까? 예수님을 막아설 자나 국가가 어디에 있습니까?

하늘과 땅의 모든 권세를 가지신 예수님을 주인으로 모시고 동행하는 삶이 성공의 길입니다. 아직도 예수님 한분으로 만족하지 못하는 사람은 실패한 인생의 길에서 지금 방황하는 중입니다.

성공의 모본

인류 역사상 가장 성공적인 인생을 사신 분은 예수님이십니다. 예수님께서 십자가 지시기 전 겟세마네 동산에서 기도하실 때 주님도 잠시 마음과 생각이 흔들리셨습니다. 그러나 나의 원대로 마옵시고 아버지의 원대로 하옵소서 하시며 하나님의 뜻을 이루는 마음과 생각을 지키셨습니다.

"조금 나아가사 얼굴을 땅에 대시고 엎드려 기도하여 이르시되 내 아버지여 만일 할 만하시거든 이 잔을 내게서 지나가게 하옵소서 그러나 나의 원대로 마시옵고 아버지의 원대로 하옵소서 하시고"(마26:39)

예수님은 일생동안 하나님의 뜻을 행하며 그의 일을 온전히 이루는 것을 양식으로 삼고 사시는데(요4:34) 성공하셨습니다. 즉 음식을 드시고 사시는 목적이 오직 하나님의 뜻을 행하시기 위해서였습니다. 그리고 우리와 같이 시험을 받으셨으나 단 한 번도 실패하지 않으시고 죄는 없으셨습니다(히4:15). 예수님은 성결하게 사시는데 성공하셨습니다. 예수님은 하나님의 뜻대로 우리 죄를 대신 짊어지시고 죗값을 피흘려 치루셨습니다(요19:30). 이 땅에 오신 임무를 성공적으로 완수하신 것입니다(마20:28). 예수님은 실로 하나님의 뜻을 이루신 가장 성공적인 삶의 참 모델이셨습니다. 신약성경은 우리가 평생 본받아야 예수님의 뒤를 성공적으로 따르던 제자들과 초대교회 성도들의 인생들과 예수님을 대적한 이스라엘 지도자들이나 가룟유다와 데마와 같은 실패한 인생들의 이야기로 가득합니다. 그런데 오늘날의 교회 안에는 세상으로부터 들어 온 세속적인 성공론이 뒤섞이면서 교회 건물이 아름답고 웅장할수록 그리고 교인들이 많고 교회 재정이 많을수록 성공한 목회자로 인정받기 쉽습니다. 교인들도 좋은 직장, 좋은 차에 좋은 집 살수록 하나님의 축복받는 성공한 교인들로 봅니다.

세상 나라의 성공관으로 스데반 집사나 사도바울을 보면 그들은 영락

없이 실패한 인생들입니다. 스데반 집사는 제대로 된 재판도 한번 받아보지 못하고 전도하다 돌에 맞아 죽었고(행7:59-60) 사도바울은 결혼도 못해보고 맨날 도망 다니거나 자주 두들겨 맞고 감옥에 갇히고 나중에는 칼로 참수당한 실패한 인생입니다. 많은 교인들이 바울을 닮고 싶다고는 말하면서 만약 당신 아들이 바울처럼 산다고 하면 어떻게 하렵니까?하면 "아닙니다. 그렇게 사는 것은 원치 않습니다" 이렇게 속으로는 이중적인 태도를 보이는 것입니다. 이렇게 세상의 성공관이 교인들의 마음에 견고한 진처럼 자리 잡고 있어서 교회 안에서는 많은 교인들이 제자훈련 받아도 교회 밖에서는 제자다운 제자를 찾기 힘든 것입니다. 사도바울은 우리에게 자기를 배우고 받고 듣고 본 바를 행하라고 합니다. 그리하면 평강의 하나님이 너희와 함께 계시리라고 합니다(빌4:9). 그러므로 우리가 무슨 직업을 갖고 살든 바울의 삶을 본받아야 성공적인 인생을 살게 됩니다. 하나님께서 함께 하지 않은 삶은 마치 나무 가지가 뿌리에서 절단된 것처럼 실패할 수밖에 없습니다.

성공의 시간

세상에서는 어떤 사람이 어떤 분야에서 1등을 했을 때 즉 최고봉에 올랐을 때 성공했다고 인정하고 축하해 주거나 상을 주기도 합니다. 그러나 하나님나라에서는 요셉이 총리되었을 때부터 상급주시기 위한 카운트에 들어가신 것이 아닙니다. 그가 총리되기 전에 매일의 삶 속에 하나님앞에 거룩하게 산 순간순간들을 카운트 세시는 것입니다. 주인의 아내가 그와 동침하기를 강청할 때(창39:7-12) 거절하기 힘든 상황에서도 거룩함을 지키는데 성공했지만 억울하게 감옥에 갇혔습니다. 세상나라의 성공관으로 볼 때는 처세술에 실패한 것으로 볼 수 있습니다. 그러나 하나님나라 성공관으로 볼 때는 감옥 안에서도 하나님이 함께하셔서 형통하게 즉 성공하게 하셨다고 창39:23절에 기록되어 있습니다.

"간수장은 그의 손에 맡긴 것을 무엇이든지 살펴보지 아니하였으니 이는 여호와께서 요셉과 함께 하심이라 여호와께서 그를 범사에 형통하게 하셨더라"(창39:23)

그러므로 오늘 우리가 매일 영의 생각을 하고 영의 생각을 마음에 품고 순종하는데 성공하는 성도는 성공한 인생이 되는 것입니다. 세상나라에서는 자기 직업, 예를 들면 정치인은 정치인의 최고봉인 대통령이 되는 것이 꿈일 수 있습니다. 그리고 드디어 그가 대통령이 되면 성공했다고 합니다. 그러나 하나님은 그렇게 보시지 않습니다. 사울은 오늘날로 말하면 대통령이 되었으나 하나님 없이도 성공할 수 있다고 잘못 생각하였습니다. 결국 하나님을 버린 대통령의 생활로 인해 불행하고 실패한 인생이 된 것입니다.

성공의 진가

유가 儒家에서는 인간의 오복을 서경 書經의 홍범 洪範편에 나오는 수 壽, 부 富, 강녕 康寧, 유호덕 攸好德, 고종명 考終命 다섯 가지로 봅니다. 첫째는 "수"입니다. 말 그대로 오래오래 장수하는 것입니다. 두 번째는 "부"입니다. 가난하게 먹을 것도 없이 오래 산다면 그것은 복이 아니라 재앙입니다. 셋째는 "강녕"입니다. 오래 사는 것도 좋고 돈 많은 것도 좋지만 건강하지 않으면 아무 소용이 없습니다. 넷째는 "유호덕"입니다. '유'는 닦는다는 뜻이니, 좋은 덕을 닦는 것을 말합니다. 저 혼자 잘 먹고 잘 사는 것은 참된 의미에서 복된 삶이라고 할 수가 없습니다. 남에게 베풀고 이웃과 나누는 덕을 갖추어야 합니다. 다섯째는 "고종명"입니다. 타고난 수명을 다 누리고 고통 없이 자기 집에서 깨끗이 죽음을 맞는 것입니다, 만약 하나님이나 천국 지옥도 없다면 누구나 간절히 소망할만한 오복입니다. 서양에서도 이런 오복의 조건을 갖추고 살았다면 누구나 행복하게 일생 잘 살았다 할만합니다. 중국 영향을 받은 우리나라는 예로부터 집을 지을 때 얹는 대들보에 오복을 갖추기를 소망하여 '비인간지오복'이라 쓰기도 했습니다. 또한 입춘때는 "개문오복래"라고 오복을 구하는 염원을 담아서 대문에 즐겨 붙였습니다. 그러나 누가복음 16장에 나오는 부자같이 이 땅에서는 잠시

오복은 누렸지만 영원히 지옥에서 고통받는다면 그 오복은 축복이 아니라 저주였습니다. 이에 반해 거지 나사로는 병이 들어 온 몸이 헌데 투성이고 그 부자의 상에서 떨어지는 것으로 배불리려 하는데 심지어 개들이 와서 그 헌데를 핥은(눅16:21) 잠시는 실패한 인생이요, 저주받은 삶 같았습니다. 그러나 그는 끝까지 믿음을 지켰고 죽어 천국에서 영원히 영생복락을 누리니 성공한 인생으로 잘 산 것입니다. 오늘날 교회 안에 전염병처럼 유행하는 거짓된 성공관을 말하는 자들은 주로 요삼1:2절을 써먹습니다. 요삼1:2절에 '영혼이 잘됨같이'란 뜻은 진리 안에서 행하는 삶(요삼1:3-4)에 성공하여 믿음이 잘 자라는 것과 같이라는 의미입니다.

"사랑하는 자여 네 영혼이 잘됨 같이 네가 범사에 잘되고 강건하기를 내가 간구하노라"(요삼1:2)

여기서 '잘됨 같이', 그리고 '잘되고'는 성경원어를 보면 성공하고, 번성해가는 의미로 시제는 현재형입니다. 성경원어의 의미로 다시 번역하면 지금 당신이 진리 안에서 순종하는(믿는) 삶을 살고 있음으로 말미암아 영적인 생명이 잘 자라나는 것처럼 당신이 하는 모든 일이 성공하고 번성할 뿐 아니라 건강하기를 기도한다는 것입니다. 여기서 유의할 점은 '범사가 잘되는 것'도 하나님의 인도함을 받아 하나님의 뜻이 이루어지는 것입니다. 너희로 모든 일에 항상 모든 것이 넉넉하여 착한 일을 넘치게 하는 것(고후9:8)도 범사가 잘되는 것입니다. 그리고 고후8:9절을 보면 " 우리 주 예수 그리스도의 은혜를 너희가 알거니와 부요하신 이로서 너희를 위하여 가난하게 되심은 그의 가난함으로 말미암아 너희를 부요하게 하려 하심이라"(고후8:9). 여기서 그리스도의 가난하게 되심은 물질적인 가난을 의미하지 영적인 가난을 의미하지 않습니다. 예수님은 결코 영적으로 가난한 적이 없기 때문입니다. 예수님이 가난하게 되심으로 우리를 부요하게 하신다는 '대속적 가난'을 말씀하고 있습니다. 성경은 우리가 재물이나 건강이나 장수의 복을 구하는 것 자체를 금지하지 않습니다. 단지 먼저 영혼이 잘되는 것(신28:1-2, 요삼1:2)을 우선순위로 살면 하나님의 축복인 것입니다(신28:4-6, 약5:14, 막10:29-30). 그런데 우리가 조심해야 할 일은 고후9:8절에서 말한 항상 모든 것이 넉넉하여 착한 일을 넘치게 하는 은혜가 모든 하나님자녀에게 모든 상황에 다 천편일률적으로 적용되는 의미가 아니라는 것입니다. 아래 세 군데의 성경말씀을 유심히 살펴 보십시오. 감옥에 갇힐 수도 있고 소유도 빼앗길 수도 있는데 담대함을 버리지 않고 믿음을 지키는 것이 즉 천국의 큰 상을 받는 것이 범사가 잘되는 일입니다.

"너희가 갇힌 자를 동정하고 너희 소유를 빼앗기는 것도 기쁘게 당한 것은 더 낫고 영구한 소유가 있는 줄 앎이라 그러므로 너희 담대함을 버리지 말라 이것이 큰 상을 얻게 하느니라"(히10:34-35)

히11:35-40절 말씀과 같은 여건에서 만약 우리가 그렇게 산다면 우리 주위의 많은 사람들은 다들 우리가 너무 지나치게 믿는다고 하거나 저주받은 인생으로 볼 것입니다. 그러나 천국에서는 좋은 상으로 영원히 영광을 누릴 범사가 잘되는 축복이었습니다.

"여자들은 자기의 죽은 자들을 부활로 받아들이기도 하며 또 어떤 이들은 더 좋은 부활을 얻고자 하여 심한 고문을 받되 구차히 풀려나기를 원하지 아니하였으며 또 어떤 이들은 조롱과 채찍질뿐 아니라 결박과 옥에 갇히는 시련도 받았으며 돌로 치는 것과 톱으로 켜는 것과 시험과 칼로 죽임을 당하고 양과 염소의 가죽을 입고 유리하여 궁핍과 환난과 학대를 받았으니 (이런 사람은 세상이 감당하지 못하느니라) 그들이 광야와 산과 동굴과 토굴에 유리하였느니라 이 사람들은 다 믿음으로 말미암아 증거를 받았으나 약속된 것을 받지 못하였으니 이는 하나님이 우리를 위하여 더 좋은 것을 예비하셨은즉 우리가 아니면 그들로 온전함을 이루지 못하게 하려 하심이라"
(히11:35~40)

서머나 교회 성도들처럼 믿음을 지키기 위해 환난과 궁핍하게 사는 것이 범사가 잘되는 것입니다.

"내가 네 환난과 궁핍을 알거니와 실상은 네가 부요한 자니라 자칭 유대인이라 하는 자들의 비방도 알거니와 실상은 유대인이 아니요 사탄의 회당이라"(계2:9)

즉 먼저 그의 나라와 의를 구하는 삶(마6:33)으로 인해 궁핍, 옥에 갇히고, 소유도 빼앗기고 수많은 고난을 당하는 것도 '범사가 잘되는 것'이라는 것입니다. 그리고 하나님께서 이스라엘 백성을 낮추시고 단련하시기 위해 광야 길을 걷게 하시고 주리게 하실 때(신8:2~3)와 같은 혹독한 훈련기가 누구에게나 다 있는 것입니다. 우리가 하나님의 광야학교에서 훈련받을 때는 다 위험하고(신8:15) 춥고 배고픈 것입니다. 또한 불순종하는 하나님 자녀가 사랑의 매를 맞아(히12:5~10) 하는 일마다 막히고 재정적인 어려움을 당할 때 주님앞에 나가 무릎꿇을 수 있다면 그것이 축복이고 범사가 잘되는 것입니다. 그런데도 이 본문 말씀을 갖고 영혼이 잘되는 것보다 '범사가 잘되고 육체의 건강'에 비중을 두고 사실상 세상 사람들과 똑같이 부자, 좋은 직장, 좋은 의식주 환경과 명성 그리고 육신의 건강만 우선순위로 추구한다면 하나님을 믿으면서도 현세의 축복을 더 추구한 사두개인의 누룩(마16:6)과 다름없는 "번영신학"입니다. 또한 오늘날 성경의 근거도 분명치 않은 무슨 '재정의 기름부음'이나 '부유의 영'을 받기만 하면 모든 재정 문제가 해결되고 금방이라도 부자가 될 것처럼 교인들을 현혹하는 이상한 책들이나 세미나들도 적지 않습니다.

여러분! 예수님이 명하신 대 명령(마28:18-20)을 붙잡고 갖은 핍박을 받아도 재물을 전달하는 통로가 되어 나는 먹을 것과 입을 것이 있으면 족한 줄로 알고(딤전6:8) 감사하며 오늘도 열심히 복음을 전하는 자가 성공한 삶입니다. 원수까지 용서하고 사랑하는 삶이 성공한 자의 삶(마5:44)입니다. 스데반 집사는 죽기까지 예수님을 증거하였고 돌에 맞아 죽을 때 예수님이 우편에 서서 자신을 보신 것을 보고(행7:55-56) 천국에 갔으니 성공한 인생입니다. 결국 믿음이 없이는 하나님 말씀을 준행할 수 없으므로 믿음이 있는 자가 성공한 인생이고 믿음이 없이 사는 자는 실패한 인생입니다.

성공의 채점-하나님의 카운트

우리가 믿음으로 돈을 벌고 쓸 때는 세상 사람들의 눈으로는 실패한 자처럼 보이고 미련하게 보일수도 있습니다. 창6:4절 말씀을 보면 "당시에 땅에 네피림이 있었고 그 후에도 하나님의 아들들이 사람의 딸들을 취하여 자식을 낳았으니 그들이 용사라 고대에 유명한 사람이었더라"(창6:4)

이 말씀은 세상에서 유명한 자가 어떤 자인지 잘 말해주고 있습니다. 자식을 잘 나은 자는 유명한 자입니다. 힘 있는 사람은 유명한 자입니다. 오늘날 세상의 힘은 돈이라고 합니다. 돈 있으면 힘 있는 자요, 그는 유명한 사람입니다. 고후6:9-10절 말씀을 보면, "무명한 자 같으나 유명한 자요 죽은 자 같으나 보라 우리가 살아 있고 징계를 받는 자 같으나 죽임을 당하지 아니하고 근심하는 자 같으나 항상 기뻐하고 가난한 자 같으나 많은 사람을 부요하게 하고 아무 것도 없는 자 같으나 모든 것을 가진 자로다"(고후6:9-10)

사도바울은 세상의 가치 기준을 열거하고 나서 하나님나라의 가치 기준을 말합니다. 세상의 기준으로는 힘들고 열악하기 그지없지만 하나님나라의 기준으로는 부요하고 기쁘고 행복해합니다. 세상에서는 매 맞고 감옥에 가는 신세지만 하나님나라에서는 부자입니다. 세상에서는 무명하지만 하나님나라에서는 유명합니다. 비단 사도바울만 천국에서 부자가 아니라 하나님의 자녀들은 다 예수 그리스도와 함께 천국을 상속받은 무한대의 영원한 부자입니다(롬8:17). 유명하고 안 유명하고는 사람들이 판단하는 게 아니라 인생 성패의 심판관이신 하나님께서 오차없이 정확히 판단하십니다.

예수님께서 유월절에 문둥이 시몬의 집에서 음식을 잡수실 때 예수님 곁으로 다가와 향유 한 옥합을 깨뜨려 닦아준 여인이 있었습니다. 제자들이 팔아서 가난한 사람들을 도와주는 게 낫겠다는 비판도 있었지만 주님은 이렇게 말씀하십니다. "내가 진실로 너희에게 이르노니 온 천하에 어디서든지 이 복음이 전파되는 곳에는 이 여자의 행한 일도 말하여 저를 기념하리라 하시니라"(마26:13). 그녀의 이름이 마태복음에는 기록되지 않았어도, 그녀는 채점관이신 예수님이 알아준 유명한 사람입니다. 그것으로 족합니다. 그리고 갈2:6절 말씀을 보면 "유명하다는 이들 중에 본래 어떤 이들이든지 내게 상관이 없으며 하나님은 사람의 외모를 취하지 아니하시나니 저 유명한 이들은 내게 더하여 준 것이 없고"(갈2:6)라는 표현을 바울이 썼습니다. 세상에서 유명한 자라고 복음에 아무런 도움이 못되었다는 말입니다. 여러분! 하나님과는 상관없이 유명해지려고 하지 마십시오. 진정 유명한 자는 하나님이 알아주셔야 합니다. 지금은 자기 PR시대라고 합니다. 한마디로 "나 좀 알아 달라"는 것입니다. 인간이란 집단을 이루고 살아가는 사회성을 가진 존재입니다. 그래서 인간들 세상에서는 '남들이 많이 알아주는 것'을 성공한 인생이라고 합니다. 반대로 사람들의 시선에서 사라지고 외면당하면 실패한 인생이라고 생각합니다. 그러나 채점관이신 하나님에게 인정받으면 됩니다. 이 땅에서 사람에게 인정을 받으려고 의를 행하고 그리하여 사람에게 인정받으면 받을수록 천국에서는 상이 줄어들거나 상이 없습니다(마6:1-6). 그러므로 사람들이 여러분의 수고와 선행을 알아주지 않을수록 천국에 상이 크므로 도리어 감사하고 기뻐해야 합니다. 막12:41-44절을 보면 "예수께서 헌금함을 대하여 앉으사 무리가 어떻게 헌금함에 돈 넣는가를 보실새 여러 부자는 많이 넣는데 한 가난한 과부는 와서 두 렙돈 곧 한 고드란트를 넣는지라 예수께서 제자들을 불러다가 이르시되 내가 진실로 너희에게 이르노니 이 가난한 과부는 헌금함에 넣는 모든 사람보다 많이 넣었도다"(막12:41~44)

예수님께서 성전에 있는 연보 궤를 대하여 앉으셨습니다. 연보 궤는 헌금을 드리는 통이었습니다. 예수님은 우리의 헌금을 보고 계십니다. 예수님은 우리의 헌금을 받으시는 분이시기 때문입니다. 예수님은 우리 인생을 채점하고 계십니다. 예수님께서 보고 계시는 동안 여러 부자들이 와서 많은 액수의 돈을 넣었습니다. 그런데 한 가난한 과부가 와서는 두 렙돈 또는 한 고드란트라는 아주 적은 액수의 돈을 헌금한 것입니다. 오늘날의 화폐가치로 치면 겨우 한국 돈으로 천 원 정도에 지나지 않습니다. 그런데 예수님께서는 이 과부의 돈 넣는 것을 보시고 제자들을 불러 말씀하셨습니다. "내가 진실로 너희에게 이르노니 이 가난한 과부는 연보 궤에 넣는 모든 사람보다 많이 넣었도다!" 왜 예수님께서 이 과부의 적은 헌금을 이렇게 높이 칭찬하시는 것입니까? 44절에서 예수님께서는 이렇게 설명하십니다.

"그들은 다 그 풍족한 중에서 넣었거니와 이 과부는 그 가난한 중에서 자기의 모든 소유 곧 생활비 전부를 넣었느니라 하시니라"(막12:44)

과부에게 있어서 이 두 렙돈은 그녀가 갖고 있던 생활비 전부였습니다. 그녀에게 두 렙돈은 그녀의 "전 재산"이었습니다. 이런 점에서 이 두 렙돈은 그녀의 "생명"이며 "자신의 일부"였습니다. 이 두 렙돈을 헌금한다는 것은 곧 그런 자신을 도려내어 드리는 것과 같습니다. 이것은 여간 해서 할 수 없는 일입니다. 그런데도 이 과부는 그 두 렙돈을 하나님께 드렸습니다. 이는 곧 그녀 "자신"을 드린 것입니다. 즉 하나님께 "산제사"를 드린 것입니다(롬12:1). 세상나라의 기준으로는 헌금 액수로 채점하지만 예수님은 우리의 중심을 보시고 채점하십니다.

우리가 하나님께 드릴 제사는 "내가 가진 것"중 일부를 드리는 것이 아닙니다. 하나님께서 열납하시는 산제사는 바로 "나"로 드리는 것입니다. "나"를 희생하여 드리는 것입니다. 우리가 믿음으로 돈을 벌고 쓰는 일은 하나님께 산제사 드리는 거룩한 삶입니다. 그러므로 우리는 성공에 대한 개념 즉 마음의 생각을 하나님의 잣대인 성경에 맞춰야 합니다. 예를 들면 전도란 말 그대로 하나님의 말씀, 복음을 누군가에게 전하면 그것이 전도입니다. 그런데 교회에서는 복음을 전하여 어떤 사람을 교회로 데리고 와야 한 사람 전도했다고 채점하고 칭찬하고 전도상도 줍니다. 그러나 우리 하나님은 우리가 누군가에게 예수님을 그리스도로 전하면 "너는 오늘 한 사람에게 전도했다"라고 채점하신다는 사실입니다. 그러므로 우리가 복음을 전할 때에 교회의 카운트, 즉 사람의 카운트가 아니라 하나님의 카운트에 맞춘다면 날마다 쉬지 않고 신나게 복음을 전할 수 있는 것입니다. 필자의 영어 이름은 '다니엘'인데 다니엘이라는 이름의 뜻은 "하나님이 나의 심판자이시다"입니다. 그래서 필자는 이 이름을 쓸 때나 타인이 나의 이름을 부를 때마다 채점자이신 하나님앞에 나는 어떠한가 자주 살펴봅니다. 성경안의 다니엘은 세상의 모든 사람이 하나님이 그들의 심판자이심을 알기를 소원하며 다니엘서를 기록하였습니다. 그리고 그 자신도 하나님을 자신의 심판자로 삼고 살았습니다. 여러분도 하나님이 여러분의 심판자 곧 성공 채점관이신 것을 믿습니까?

이스라엘 역사상 제 2성전인 스룹바벨 성전은 B. C. 586년 솔로몬 성전이 함락된 후 B.C. 516년 건축한 것으로서 옛 성전에 비해 크게 초라했습니다. 그래서 이스라엘 백성은 솔로몬 성전을 생각하고 통곡합니다. 솔로몬 성전이 얼마나 웅장하고 화려했습니까? 성전의 내소와 외소, 온 전을 정금으로 입혔습니다. 그리고 성전의 기명들도 금으로 만든 것들이 많았습니다. 사람들은 성전이 웅장하면 웅장할수록, 교인이 많으면 많을수록 하나님이 그곳에 계시겠지 착각하는 것입니다.

그래서 세계적인 대형교회를 목회하는 사람들이 무슨 말하면 다 성공적인 교리로 쉽게 받아들이기 때문에 기독교가 세속화되는데 가속도가 붙을 수 있는 것입니다. 사람 숫자로 말하면 출애굽했던 이스라엘 백성들 200만과 여호수아와 갈렙 즉 200만대 2명이었습니다. 그런데 200만이 틀렸고 두 명이 옳았습니다. 예레미야 선지자 시대 때는 500만 넘는 이스라엘 백성들이 하나님의 말씀을 불순종하고 우상숭배했을 때 예레미야 선지자 한 사람만이 하나님편에 서서 울면서 회개의 메시지를 전했습니다. 그래도 듣지 않자 하나님은 죄를 범한 이스라엘을 치시기 위해서 하늘과 땅과 육지를 진동시키셨습니다(학2:6-7). 하나님은 바벨론을 들어서 죄를 범한 이스라엘을 멸망시키셨습니다. 그때 그토록이나 웅장하고 화려했던 하나님의 집인 솔로몬 성전은 여지없이 불에 타고 파괴되고 말았습니다(느1:3). 이스라엘 백성들은 설마 했는데 대충격이었습니다. 그리고 하나님은 약속하신 대로(학2:9) 수 백년후에 예수님이 사람 몸으로 오셔서 "이 전(殿)의 나중 영광이 이전보다 충만케" 해주셨습니다(요1:14). 예수를 그리스도로 믿지 않는 자에게 건물은 아무 것도 아닌 것입니다. 하나님은 빌립보 감옥에서도 바울과 실라와 함께 하셨고 고대 로마의 지하무덤인 카타콤 속에서도 성도들과 함께 하셨습니다. 또한 장차 예수님이 다시 오셔서 영원히 충만토록 완성하여 주실 것입니다. 그런데도 어리석은 우리 인간은 오늘날도 자꾸 헛다리만 짚습니다. 목회자들까지도 마귀가 퍼뜨리는 거짓된 성공관에 속아서 눈에 보이는 교회 건물이나 교인의 숫자와 교회 재정 액수 등에 집착합니다. 사람들이 교회 건물이나 교인들의 수 그리고 재정 액수 등으로 목회 성공, 실패를 저울질하므로 목회자들까지 거짓된 성공관에 속고 삽니다. 하나님께서 중요하게 여기시는 일이 아닌 일에 목숨 걸고 밤낮으로 바쁩니다. 물리적인 숫자로만 따지면 노아는 최소한 70년 넘게 전도했는데 고작 자신을 포함해서 8명만 홍수심판으로부터 구원받았으니 세상 나라의 기준으로 보면 실패한 것입니다. 예레미야는 대략 40년간 말씀사역을 하였는데 그를 따르는 제자겸 동역자는 바룩 한 명 정도였으니 실패한 사역자인가요? 사도바울도 개척한 교회는 다른 사람 세우고 떠나 다른 곳에서 또 전도하고 개척만 계속해서 큰 교회 목회 한번 못했으니 실패한 사역자인가요?

전혀 그렇지 않습니다. 교회나 목회자가 유명하든 그렇지 않든, 교회 건물이 크든 안 크든, 교인 수가 얼마인지 등은 하나님은 상급에 관련해서 전혀 채점에 넣지 않으십니다. 하나님은 불꽃같은 눈으로(계2:18) 하나님 말씀과 뜻에 순종 여부로 판단하십니다(계3:8).

성공의 적용-성공적으로 돈벌고 쓰기

성경의 기준으로 우리는 모든 면에 성공해야 합니다. 성경에 예수님의 비유중 3분의 2가 돈에 대한 비유입니다. 돈에 관련된 성경구절이 700구절이나 됩니다. 이는 재물에 대한 바른 성경적 가치관이 신앙생활에 얼마나 중요한가를 반증합니다. 척 스미스 Chuck Smith목사가 교회를 처음 개척할 당시, 그는 수백 불의 빚을 지게 되었습니다. 그는 빚의 목록을 앞에 놓고 하나님께 간절히 기도했습니다. 그런데 기도가 끝나자마자 절친한 부자 친구로부터 전화가 왔습니다. 그 부자 친구는 척 스미스에게 약간의 돈을 부칠 테니 필요한 곳에 쓰라고 말했습니다. 그런데 부자 친구가 부친다는 돈의 액수가 빚보다 조금 더 많았습니다. 그는 너무 기뻐서 부엌에서 음식을 준비하고 있는 부인을 끌어안고 덩실덩실 춤을 추었습니다. 그런데 그때 마음속에서 "스미스야, 네가 왜 덩실덩실 춤을 추느냐?"라는 하나님의 음성이 들려왔습니다. 척 스미스는 "예, 친구가 기도 응답으로 돈을 보낸다고 약속했습니다. 그래서 춤을 춥니다"라고 대답했습니다. 문득 머릿속을 스쳐 가는 말씀이 "돈이 어디 있느냐?"라는 것이었습니다. 척 스미스는 "이 친구는 신실하니, 내가 믿습니다"라고 대답했습니다. 그때 하나님은 "그렇다면 너는, 내가 너와 함께 하고, 너를 도와주고 인도할 것이라고 약속했는데, 그 일을 위해서는 감사해 보았느냐, 춤을 춰 보았느냐?"라고 하셨습니다. 척 스미스 목사님은 하나님을 절대 신뢰하지 못한 부분들을 회개하며 주님의 긍휼을 구했습니다.

우리는 하나님을 머리로는 전능하시고 신실하시다고 믿으면서 눈에 보이는 것을 더 믿을 때가 많습니다. 여러분이 아무리 태산을 옮길만한 믿음이 있다 해도 중력의 법칙을 무시하고 높은 건물에서 뛰어내리는 것은 하나님을 시험하는 미련한 일일 것입니다. 이와 마찬가지로 성경에서 제시한 재정원칙을 무시하면서 하나님을 눈먼 돈 주시는 분으로 기대하는 것은 어리석은 일입니다. 예컨대 구원받은 하나님의 자녀가 당연히 구별하여 하나님께 내어야 할 십일조도 드리지 않는 것은 돈의 노예라는 반증입니다(벧후2:19). 십일조도 못내는 그리스도인은 돈 쓰는데 실패한 사람입니다. 믿음의 다른 영역은 더 볼 것도 없습니다. 성경은 십일조도 못내는 자는 하나님 것을 훔치는 도적이라고 말합니다(말3:8-10). 이런 도적에게는 하나님으로부터 축복이 아니라 도리어 죄를 회개케 하기 위해 하나님의 매를 맞는 저주가 임합니다(말3:9). 예수님께서 우리 마음을 보시고 네 보물이 있는 그곳에는 네 마음도 있다고(마6:21) 말씀하셨듯이 돈 벌고 돈쓰는 것을 보면 그 사람의 믿음, 곧 하나님을 얼마나 사랑하는지, 얼마나 하나님 말씀을 순종하고 사는지 알 수 있습니다. 빌4:19절 말씀은 다들 좋아하는 말씀이지만 조건이 있는 말씀입니다.

"나의 하나님이 그리스도 예수 안에서 영광 가운데 그 풍성한 대로 너희 모든 쓸 것을 채우시리라"(빌4:19). 앞 절의 결과로 주어진 말씀입니다. "빌립보 사람들아 너희도 알거니와 복음의 시초에 내가 마게도냐를 떠날 때에 주고 받는 내 일에 참여한 교회가 너희 외에 아무도 없었느니라 데살로니가에 있을 때에도 너희가 한 번뿐 아니라 두 번이나 나의 쓸 것을 보내었도다 내가 선물을 구함이 아니요 오직 너희에게 유익하도록 풍성한 열매를 구함이라 내게는 모든 것이 있고 또 풍부한지라 에바브로디도 편에 너희가 준 것을 받으므로 내가 풍족하니 이는 받으실 만한 향기로운 제물이요 하나님을 기쁘시게 한 것이라"(빌4:15-18). 즉 빌립보 성도들이 바울처럼 하나님 나라를 넓히는 하나님의 종에게 물질을 흘러 보냈고 그리고 그 드림이 하나님을 기쁘시게 하였습니다. 그 열매로 하나님께서 그들의 필요를 채워주시기를 원한다는 말씀입니다. 즉 19절의 열매와 축복은 먼저 심겨진 씨앗에 근거한 것입니다. 심는데로 거두는 것입니다. 잠22:4절 말씀과 같이 우리가 재물의 영역에서도 축복받을 삶을 먼저 산다면 하나님은 필연코 우리를 축복하십니다. "겸손과 여호와를 경외함의 보상은 재물과 영광과 생명이니라"(잠22:4). 하나님은 우리의 모든 것을 알고 계십니다. 하나님 사랑의 특성은 나눔입니다(롬8:32). 하나님은 독생자 예수 그리스도를 죽이기까지 우리를 사랑하셨습니다. 즉 자신마저도 나누어 주셨습니다. 하나님은 우리가 하나님의 것을 더 많이 나누는 것을 비전으로 갖고 살기를 원하십니다. 우리의 나눔을 통해서 하나님의 생명과 축복이 흘러가고 다시 하나님을 영화롭게 합니다. 그러므로 하나님을 닮을수록 나누기를 좋아합니다(시112:5, 잠58:10-11).

여러분은 하나님께 무엇인가를 받을 때만큼 나눌 때도 동일한 기쁨을 느끼십니까? 사랑 없이 주는 것은 가능하지만 주는 것 없이 사랑할 수는 없는 법입니다. 하나님을 사랑하는 사람은 나를 사랑하시는 하나님의 사랑도 느낄 줄 알아야 합니다. 반대로 내 삶을 풍성케 하시는 하나님께 감사하는 사람은 즐거이 필요한 분들에게 나누는 기쁨도 누릴 줄 알아야 합니다. 잠 19:17절을 보면, "가난한 자를 불쌍히 여기는 것은 여호와께 꾸어 드리는 것이니 그의 선행을 그에게 갚아 주시리라"(잠19:17)

그리스도의 사랑으로 가난한 자를 섬기는 것은 하나님을 채무자가 되도록 만드는 것입니다. 우리의 채무자가 된 하나님은 반드시 우리의 빚을 갚아 주시는데 흔들어 넘치도록 갚아 주신다고 약속하셨습니다.

"주라 그리하면 너희에게 줄 것이니 곧 후히 되어 누르고 흔들어 넘치도록 하여 너희에게 안겨 주리라 너희가 헤아리는 그 헤아림으로 너희도 헤아림을 도로 받을 것이니라"(눅6:38). 그러므로 우리는 감사와 기쁨으로 어려운 이웃에게 넉넉이 주는 하나님의 자녀가 되어야합니다. 우리가 감사함으로 넉넉하게 나보다 생활이 어려운 이웃과 물질이 필요한 하나님의 종들에게 나눔을 통하여 물질을 흘러 보내는 것은(신15:7~10) 하나님께 빌려드리는 것이기 때문에 떼일 염려가 없습니다. 아래 도표를 보시면서 잠시 여러분 자신을 돌아보십시오. 성경의 기준으로 성공적인 돈 벌기와 돈 쓰기를 해 오셨나요?

성공적으로 돈 벌기			
	비교내용	성경기준	세상기준	관련성경
1	돈의 주인	하나님	나 혹은 돈	학2:8
2	돈 버는 노동	하나님 일	생계와 자아실현	롬12:1
3	돈의 위치	먼저 그의 나라와 의	머니해도 돈	마6:33
4	타인과의 관계	남을 윤택하게	적자생존, 양육강식	잠11:25
5	돈 버는 목적	하나님께 영광	생계와 자아실현	고전10:31
성공적으로 돈 쓰기			
	비교내용	성경기준	세상기준	관련성경
6	돈에 대한 권리	선한 청지기	내 마음대로	벧전4:10
7	돈의 사용	하나님의 기쁘신 뜻	나의 필요와 만족	골3:17
8	돈의 관리	하늘에 쌓아두라	땅에 쌓아두라	마6:19~20, 고후8:3
9	돈의 위험성	돈을 사랑하지 마라	돈을 사랑하라	딤전6:10
10	돈 사용에 대한 결산	영원한 면류관	심판	마25:14~30, 고후5:10

우리가 하나님을 나의 공급자로 항상 믿고 고백합니다(잠12:14). 우리의 손은 부지런히 일하여 후에 착한 일을 넘치게 하기 위해(고후9:8) 경제력 향상을 추구합니다(잠21:5). 성경은 일확천금을 좇는 자가 형벌을 받게 될 것을 경고합니다. 대박의 꿈은 마귀의 유혹입니다. 땀 흘리지 않고

쉽게 얻은 돈은 그 사람을 타락시키거나 가정을 파괴하는 원인이 될 수 있기 때문입니다. 맨날 로또 복권 같은 각종 복권들을 사서 헛물을 켜고 살지 말기를 바랍니다. 대박의 미끼로 우리를 유혹하는 것들을 경계하십시오. 하나님의 자녀는 대박을 터뜨리는 것을 좋아하지 마십시오. 부자가 되려고 서두르다가 하나님의 형벌을 받게 됩니다.

"성실한 사람은 풍성한 복을 받아도 부자가 되려고 서두르는 사람은 형벌을 면치 못할 것이다."(잠28:20) 곳곳에 대박을 향한 유혹의 손길이 우리 주위에 너무나 많습니다. 예를 들어 성인 도박, 다단계 판매의 유혹, 암호 화폐나 주식의 단기 투자는 사업이 아닌 투기(도박)에 가까운 것을 알아야 합니다. 돈의 주인이 하나님이십니다. 우리가 성실하게 일하면서 나의 힘과 능력과 지혜만을 의지하는 것이 아니라 하나님의 도움을 구하며 돈 벌면 재물 얻을 능력도 주십니다(신8:18). 궁극적으로 우리 하나님의 영광을 위해서(고전10:31) 인간관계 해결뿐 아니라 삶과 각종 일의 문제들을 해결하고 잘 되가기 위해 하나님의 지혜가 필요합니다. 믿음으로 하나님께 지혜를 구하면 반드시 주십니다(약1:5). 그래서 성공적으로 돈 벌고 돈 쓰게 되면 100% 하나님께 영광을 돌릴 수밖에 없습니다. 우리가 일하고 성공하는 것 같아도 사실은 일의 주인 되신 분은 하나님이십니다. 하나님께서 일을 지으시고 행하시며 우리를 성공케 하신 것입니다(렘33:2).

성공의 보상

성경기준의 성공은 하나님의 말씀과 뜻에 대한 순종이라고 성경 도처에 기록되어 있습니다. 그럼 순종하는 즉 성공의 보상은 무엇일까요? 하나님 자녀에게 지극히 큰 상급은 우리와 함께 하시는 하나님이십니다(창15:1). 하나님보다 더 큰 상급이 없습니다. 그러므로 예수님을 영접한 하나님 자녀는 이미 지극히 큰 상급을 받은 것입니다. 그런데 하나님 마음을 시원하게 해드리는 효자들에게 주시는 상이 있는데 비단 천국에서의 상뿐 아니라 현세에서도 주십니다(엡6:2-3). 예컨대 잠3:1절-10절을 보면 상급의 축복들은 다 조건이 있는 상급임을 알 수 있습니다. 먼저 하나님 말씀에 순종하면 상급은 결과로 따라오는 것입니다. 사단은 우선순위를 끊임없이 바꾸려 하나님 자녀들을 유혹합니다. 그러나 예수님은 먼저 그의 나라와 의를 구하라고 하십니다(마6:33).

첫째는, 장수와 평강의 축복(1-2절).

"내 아들아 나의 법을 잊어버리지 말고 네 마음으로 나의 명령을 지키라 그리하면 그것이 네가 장수하여 많은 해를 누리게 하며 평강을 더하게 하리라"(잠3:1-2)

둘째는, 하나님과 사람 앞에서 은총과 존귀함을 받는 축복(3-4절).

"인자와 진리가 네게서 떠나지 말게 하고 그것을 네 목에 매며 네 마음판

에 새기라 그리하면 네가 하나님과 사람 앞에서 은총과 귀중히 여김을 받으리라"(잠3:3~4)

사무엘이 이런 축복을 받았고(삼상 2:26) 예수님의 성장도 하나님과 사람 앞에서 사랑과 존귀함을 받으셨습니다(눅2:52).

셋째는, 하나님의 인도를 받는 축복(5~6절).

"너는 마음을 다하여 여호와를 신뢰하고 네 명철을 의지하지 말라 너는 범사에 그를 인정하라 그리하면 네 길을 지도하시리라"(잠3:5-6)

넷째는, 건강의 축복(7-8절).

"스스로 지혜롭게 여기지 말지어다 여호와를 경외하며 악을 떠날지어다 이것이 네 몸에 양약이 되어 네 골수를 윤택하게 하리라"(잠3:7-8)

다섯째는, 물질의 축복(9-10절).

"네 재물과 네 소산물의 처음 익은 열매로 여호와를 공경하라 그리하면 네 창고가 가득히 차고 네 포도즙 틀에 새 포도즙이 넘치리라"(잠3:9-10)

허드슨 테일러 James Hudson Taylor는 "하나님의 일은 하나님의 방법으로 되어지며 하나님의 공급하심에 결코 부족함이 없다" God's work done in God's way never lacks God's supply. 라고 믿음의 말을 했습니다.

여섯째는 하나님과 교제의 축복

시24:3~4절을 보면 "여호와의 산에 오를 자가 누구며 그의 거룩한 곳에 설 자가 누구인가 곧 손이 깨끗하며 마음이 청결하며 뜻을 허탄한 데에 두지 아니하며 거짓 맹세하지 아니하는 자로다"(시24:3-4)

여기에서 손이 깨끗하다는 말은 행동을 바르게 한다는 말입니다. 마음이 청결하며 마음과 성품을 다해 주님을 섬기는 신실한 백성들은 다른 이들이 경험하지 못하는 언약적 축복을 풍성하게 누립니다(시24:3-4). 그들에게는 세상이 알지 못하는 기쁨과 만족, 평안과 감사가 있습니다. 그것을 통하여 그들은 하나님을 더욱 감사하며 섬길 수 있습니다.

일곱 번째, 하나님께 쓰임받는 축복(딤후2:21)

사람도 더러운 그릇에 음식을 담지 않습니다. 하나님은 성결한 그릇을 사용하십니다.

"그러므로 누구든지 이런 것에서 자기를 깨끗하게 하면 귀히 쓰는 그릇이 되어 거룩하고 주인의 쓰심에 합당하며 모든 선한 일에 준비함이 되리라"(딤후2:21)

그러므로 성결한 개인과 교회가 하나님께 귀하게 쓰임 받으므로 가장 잘 성장하고 하나님의 영광을 나타냅니다.

여덟 번째, 천국의 큰 상의 축복(마5:12)

우리가 하나님께 많이 쓰임 받을수록 상이 큽니다.

"여호와께서 내 의를 따라 상 주시며 내 손의 깨끗함을 따라 내게 갚으셨으니"(시18:20)

"보라 내가 속히 오리니 내가 줄 상이 내게 있어 각 사람에게 그의 일한 대로 갚아 주리라"(계22:12)

천국은 하나님의 공의와 사랑이 완성된 나라입니다. 그러므로 천국의 상(히11:35-40) 또한 하나님의 공의대로 공평하게 집행될 것입니다. 그런데 이 '상'을 모든 성도들이 동등하게 받는 '구원'이나 '영생'의 의미로 볼 수는 없는 것은 왜냐하면 마5:12절을 보면 "하늘에서 너희 상이 크다"고 말씀하셨기 때문입니다.

"기뻐하고 즐거워하라 하늘에서 너희의 상이 큼이라 너희 전에 있던 선지자들도 이같이 박해하였느니라"(마5:12).

여기서 '크다'는 말은 원래 단수일 때는 '양이 많은',이고 복수일 때는 '수가 많은'이라는 뜻입니다. 그러므로 상이 '많다'는 것은 '적다'에 대비되는 개념입니다. 즉, 상을 많이 받는 사람도 있고 적게 받는 사람도 있다는 말입니다. 어떤 사람의 주장처럼 '천국 자체'를 '상'賞이라고 본다면 '많다'고 말할 수 없었을 것입니다. 뿐만 아니라 여기에 약속된 '많은 상'은 예수님 때문에 욕을 얻어먹고 핍박을 당할 때에 주어지는 보상입니다. 이것을 '천국 자체'로 본다면 우리의 '행위'로 천국에 들어간다는 즉 성경에서 벗어난 행위구원이 되고 맙니다. 천국에서는 모든 것이 다 똑같으며 상급의 차이가 없다고 주장하는 것은 인간의 생각을 따른 것이며 하나님의 기쁘신 뜻에 도전하는 것이 됩니다. 한편 우리가 선한 일을 했으니 마치 마땅히 상을 받을 권리가 있는 것처럼 생각하는 것은 옳지 않습니다. 우리는 하나님이 명하신 일을 다 한 후에 "우리는 무익한 종입니다. 우리의 하여야 할 일을 한 것뿐입니다."(눅17:10)라고 고백하여야 합니다. 왜냐하면 우리는 하나님께서 주신 모든 것을 받아서(벧전4:10-11) 하나님 말씀을 믿고 순종하였기 때문입니다.

결국 '상'은 어디까지 하나님의 은혜이며 선물입니다. 우리가 장차 새 하늘과 새 땅에서도 하나님을 가장 큰 상급으로 여길 수밖에 없습니다. 그때 모든 천국백성들은 다윗처럼 "내 잔이 넘치나이다"라고 큰 기쁨과 감사 속에서 고백할 것입니다(시23:5). 비록 성도들이 들고 있는 잔의 크기와 모양은 다를지 모르나, 모든 사람의 잔이 끝없이 흘러넘치기 때문입니다. 그리고 천국에서의 우리의 마음과 몸은 예수님처럼 죄성과 연약성도 없는 거룩한 성품과 영화의 몸을 입습니다(고전15:49). 그러므로 우월감이나 열등감 자체를 느끼지 않는 그리스도의 영광으로 충만합니다. 그렇다면 우리가 천국에서 받게 될 상은 구체적으로 무엇인지에 대해서는 구체적으로 기록되어 있지 않습니다. 그래서 이 상에 대해서는 우리가 구체적으로 알지 못하며 또 굳이 알려고 할 필요도 없습니다. 왜냐하면 주께서 그의 의로 세계를 판단하시며 공평으로 그의 백성을 심판하실 것(시98:9)을 믿기 때문입니다.

02
상을 받도록 이와 같이
달음질하라

상을 받도록 이와 같이 달음질하라

2000년 9월에 시작된 시드니 올림픽 여자 다이빙에서 우승한 미국의 로라 윌킨슨 laura wilkinson 이야기입니다. 그녀가 오른쪽 다리 골절상을 당한 것은 2000년 3월이었습니다. 코치는 윌킨슨을 향해 '올림픽 출전불가 不可'를 선언했습니다. 그러나 그녀는 하루에 수십 번씩 한 성경구절을 묵상하며 힘과 용기를 얻었습니다. 그리고 마침내 올림픽에서 아무도 예상 못한 금메달을 획득했습니다. 윌킨슨에게 꿈과 희망을 주었던 성구는 빌4:13절이었습니다. "내게 능력주시는 자 안에서 내가 모든 것을 할 수 있느니라" 희망적인 성구 하나가 절망의 나락으로 추락하기 직전의 운동선수를 '최고의 자리'에 올려놓았습니다. 고전9:24절 -27절을 보면, "운동장에서 달음질하는 자들이 다 달릴지라도 오직 상을 받는 사람은 한 사람인 줄을 너희가 알지 못하느냐 너희도 상을 받도록 이와 같이 달음질하라 이기기를 다투는 자마다 모든 일에 절제하나니 그들은 썩을 승리자의 관을 얻고자 하되 우리는 썩지 아니할 것을 얻고자 하노라 그러므로 나는 달음질하기를 향방 없는 것 같이 아니하고 싸우기를 허공을 치는 것 같이 아니하며 내가 내 몸을 쳐 복종하게 함은 내가 남에게 전파한 후에 자신이 도리어 버림을 당할까 두려워함이로다"(고전9:24~27)

사도바울은 고린도 교인들에게 경주자로서의 그리스도인의 모습을 말하고 있습니다. 그러면서 달음박질하는 운동선수를 비유하고 있습니다. 운동 경기는 헬라 세계에 매우 성행하던 것이었으므로 고린도 교인들에게 이 비유는 매우 잘 이해되었을 것입니다. 특히 고린도 지역에서는 매 3년 마다 이스트미안 경기 Isthmian games가 개최되었다고 합니다. 그러한 경기를 고린도 교회의 성도들도 보아 알고 있었기에 그들이 이해하기 쉬운 육상경기를 예를 들어 믿음의 경주를 설명한 것입니다. 우리가 경주에서 우승하려면 어떻게 시작해야 할까요?

첫째, 절제하고 몸 관리 잘해야

1988년 서울올림픽 당시, 육상 100m 경기에서 세계신기록을 달성했음에도, 약물 복용으로 선수 자격을 상실하고 기록이 취소되었던 벤 존슨 Ben Johnson 선수가 있었습니다. 그는 한 인터뷰에서 "약물을 복용한 이유가 무엇이었습니까?"라는 질문에, "우승자가 되고 싶었습니다. 하지만 절제하지 못했고 훈련에 소홀하고 말았습니다. 결국 약물 복용의 유혹을 이기지 못했습니다."라고 대답했습니다. 음식, 수면, 기호, 고된 훈련, 체중 조절 등에 있어 절제를 못하면 승리자가 될 수 없습니다. 절제하지 못한 선수에게는 "패배"만 있을 뿐입니다. 고대 문헌에 보면 바울 당시에 고린도에서 3년마다 여름에 거행되는 경기에 대규모 인파가 운집한 가운데 내 로라 하는 경주자들이 참가하였습니다. 심지어 어떤 이들은 이 경주만을 위해 먹고 자고 또한 훈련할 정도였습니다. 그러므로 이러한 경기에 참가하는 모든 선수들 간의 경쟁의식은 대단할 수밖에 없었습니다. 기록에 따르면 이 경기에는 심지어 로마의 황제들조차도 경기자들의 명단에 포함되었을 정도입니다.

상을 얻기 위해 엄격한 훈련을 통해 몸에 익힌 "절제"가 필요합니다. 그리스도의 군사가 절제하지 못하면 성공적인 삶을 살 수 없습니다(빌 2:25). 그것은 곧 "패배"로 이어지기 때문입니다. 운동선수들가 먹고 싶은 대로 다 먹고, 자고 싶은 대로 다 자며, 자신의 몸 단련하기를 게을리 하면 몸은 쉽게 비대해지고 둔해져서 결코 우승자가 될 수 없습니다. 나쁜 습관 하나 제어하지 못한 성도에게는 이기기 위한 경주에 출전할 자격이 없습니다. 좋지 않은 습관, 쉽게 넘어지는 죄들, 나쁜 버릇 등 모든 것들을 과감하게 잘라 버리고 자제할 수 있어야 합니다. 육신의 정욕, 안목의 정욕, 이생의 자랑, 음란함, 술 취함, 방탕함, 우상 숭배 등, 이런 모든 것들은 지난날의 반복적인 실패의 생활로 충분히 경험 했습니다(벧전4:3). 우리는 개처럼 토해 낸 것으로 돌아갈 만큼 자주 돌아 갔었고, 돼지처럼 지겨우리만치 진창 속에 뒹굴며 살았었습니다(벧후 2:22). 이제는 성령의 능력과 열매로 절제하는 은혜를 입어야합니다. 한국교회 초기에 깡패였다가 목사가 된 분 중 김익두목사님은 예수 믿고 새롭게 살기로 결심을 했습니다. 과거의 죄악을 다 벗어버리고 이제는 성결하게 살겠다고 단단히 결심한 겁니다. 그리고 그는 사람 들에게 부고장을 돌렸습니다. 바로 자기 이름이 적힌 부고장이었습니 다. '옛날의 김익두는 죽었다'는 겁니다. 우리도 다 죽었다가 새로 살아 난 자들입니다. 갈5:24절을 보면, "그리스도 예수의 사람들은 육체 와 함께 그 정과 욕심을 십자가에 못 박았느니라"(갈5:24). 그렇습니다.

우리는 이런 단호한 자세를 가지고 절제된 삶을 살아야 하는데 '모든 일에'해야 합니다.

신라시대의 '김유신장군'이 젊은 시절에 친구들과 술집에 자주 드나들었던 이야기가 유명합니다. 그 술집에서 '천관'이라는 아주 어여쁜 여자를 만나서 연애를 하게 됩니다. 아주 예의도 바르고 착하고 용모 또한 예뻐서 김유신이 아주 푹 빠졌다고 합니다. 그래서 무술과 공부를 게을리하고 틈만 나면 자신의 애마를 타고 그 술집에 들락거렸다고 합니다. 매일 술에 취해 늦게 귀가하는 일이 잦아지자 김유신의 모친이 그를 몹시 나무랐습니다. 어머니의 간곡한 부탁에 잘못을 깨우친 김유신은 앞으로 '천관' 이를 만나러 가지 않겠다고 굳게 결심하고 발길을 딱 끊었습니다. 그런데 하루는 훈련을 마치고 말을 타고 집에 오는 길에 어찌나 고단했던지 그만 말위에서 졸아버렸다고 합니다. 말이 멈추어서 깨어보았더니 말은 평소에 주인이 가던 대로 그 술집 앞에 가버렸더라는 것입니다. 오랜만에 찾아 온 김유신을 '천관'은 몹시 반색을 하며 맞았습니다. 퍼뜩 정신을 차린 김유신은 말에서 뛰어내려 칼을 뽑아들고 "아무리 아끼는 짐승이라도 주인 뜻을 거스르는 것은 필요 없다!"하며 말의 목을 단칼에 쳐버렸습니다. 그러고선 우는 '천관'을 뒤로하고 뒤도 돌아보지 않고 가버렸다고 하는 김유신의 결단의 이야기는 너무나 유명합니다. 이렇게 하나님을 모르는 세상 사람도 사명을 위해서 절제할 줄아는데 하물며 하나님 나라를 대표하는 그리스도의 군대의 장교(왕같은 제사장:벧전2:9) 로서 마땅히 자주 범하는 죄로부터 철저히 떠나는 굳은 결단을, 확실한 절제를 하여야 하지 않겠습니까?

25절(하) 보면 " ……. 모든 일에 절제하나니 ……."

운동선수들이 자기 훈련을 할 뿐 아니라 그리고 몸을 가볍게 하기 위해 신발도 운동복도 간편하게 합니다. 신앙 인생의 경주도 마찬가지입니다. 히12:1절 말씀과 같이 무겁고 거추장스러운 것들을 다 제거해야 됩니다.

"이러므로 우리에게 구름 같이 둘러싼 허다한 증인들이 있으니 모든 무거운 것과 얽매이기 쉬운 죄를 벗어 버리고 인내로써 우리 앞에 당한 경주를 하며"(히12:1)

여기서 '무거운 것'은 세상의 걱정 근심을 가리킵니다. 우리가 걱정해도 안 되는 것 하나님께 기도로 맡기시기 바랍니다. 그리고 죄악된 습관이나 세상 욕심, 곧 옛사람을 다 버려야 합니다. 다윗의 실수가 우리에게 중요한 교훈을 줍니다. 삼하11장을 보면 그가 큰 실수를 합니다. 밧세바를 범하고 그 남편 우리야를 살해합니다. 그런데 그때가 모든 게 형통할 때였습니다. 낮잠을 자고 저녁 무렵 일어나 옥상을 거닐다가 유혹을 받은 겁니다. 영적으로 깨어 있지 못하면 형통할 때 모든 게 잘 풀릴 때가 오히려 위험합니다. 주님 오시기 임박한 오늘날과 같은 말세 때의 두드러진 특징 중 하나는 무절제한 모습이지만(딤후 3:3), 하나님 자녀들은 성령의 열매를 통해 절제하면 성공합니다(갈 5:23). 또한 주님의 다시 오심이 가까움을 볼수록 더욱 절제해야 하는데(빌 4:5),

이는 바로 그날에 자신이 달렸던 경주에 대한 채점 결산이 이루어지기 때문입니다.

둘째, 달리기 훈련을 해야

운동선수가 모든 생활에 절제하고 몸 관리를 잘하면서 훈련을 하여야 합니다.

25절(상) 보면 "……. 다투는 자마다 ……."

여기서 '다툰다'는 단어는 본래 우승을 위한 자기 훈련을 가리킵니다. 운동선수들이 우승하기 위해 얼마나 고된 훈련을 받습니까? 또 얼마나 많이 반복합니까?

썩을 면류관을 위해서도 그렇게 고된 훈련을 한다면 영원한 면류관을 위해 얼마나 더 철저히 훈련해야 되겠습니까?

딤전4:7절-8절을 보면, "망령되고 허탄한 신화를 버리고 경건에 이르도록 네 자신을 연단하라 육체의 연단은 약간의 유익이 있으나 경건은 범사에 유익하니 금생과 내생에 약속이 있느니라"(딤전4:7-8). 여기에서 '경건'이란 말이 성경에서 사용된 횟수가 약 102회가 되는 것으로 보아 경건이 얼마나 중요한가를 알 수 있습니다. 성경에서 말씀하시는 "경건"이란 말은 헬라어로 "유세베이아 ευσεβεια"라고 말하는데, 여기에서 "유 ευ, 좋은" + 세베이아 σεβεια, 두려움의 합성어입니다. 따라서 경건 敬虔에 대한 헬라어의 뜻은 "바람직한 두려움"이란 뜻입니다. 그러므로 경건이란 결코 하나님 앞에 공포에 사로잡힌 상태를 가리키지 않습니다. 이것은 우리 자신이 거룩하신 하나님의 임재 앞에 서 있다는 의식을 갖는 것을 말합니다. 그리스도인이 교회에서 예배할 때만 아니라 언제 어디서나 항상 하나님 앞에 예배하는 자세로 생활하는 것을 말합니다. 그러므로 "경건을 연습하라"는 말은 하나님께 대한 경외 그리고 예배와 순종을 통해서 우리 인간의 기본 태도를 바로 가지기를 연습하는 것을 의미합니다. 성경에서는 '경건'이라는 말이 '믿음'이라는 말과 같이 사용되어 뜻도 같습니다. 바른 믿음 생활이 바로 경건 생활입니다. 예배는 반복되는 신앙의 훈련의 장입니다. 하나님의 앞에 드려지는 예배는 '보는 것'이 아니라 '드리는 것'입니다. 하나님은 예배를 통해 우리의 신앙을 세우시고 축복하시기를 원하십니다. 여러 가지 신앙의 훈련이 있지만 특별히 매일 말씀 묵상 훈련, 한 시간 이상 기도하는 훈련, 전도 훈련, 제자훈련, 믿음 훈련, 섬김과 사역훈련 등을 해야 합니다. 교회 안에 여전도회라는 조직이 있는데 말 그대로 여성분들이 전도하는 모임이지 식사를 만들거나 조달을 우선하는 그런 조직이 아닙니다. 남전도회에도 교제하고 먹고 마시는 곳이 아니라 하나님의 제자들이 그리스도의 장성한 분량에까지 자라도록 훈련 받는 곳입니다. 또 그렇게 자라고 있는 제자들이 불신자들을 십자가 복음 안으로 초대합니다. 그리고 하나님 말씀으로 자기들처럼 예수님의 제자가 되게끔 훈련시키는 곳입니다. 훈련받아 보지 못한 병사는 다른 병사를 훈련시키기 힘들고 훈련받지 않은 병사는 전쟁에서 패배자가 됩니다. 전도도 훈련을 거쳐야 합니다. 딤후2:3절-4절 말씀을 보십시오.

"너는 그리스도 예수의 좋은 병사로 나와 함께 고난을 받으라 병사로 복무하는 자는 자기 생활에 얽매이는 자가 하나도 없나니 이는 병사로 모집한 자를 기쁘게 하려 함이라"(딤후2:3-4)

우리는 주의 군사로 부름 받았습니다. 군인은 상관의 명령에 절대 복종합니다. 우리의 대장대신 예수님의 뜻과 말씀에 절대 복종하여야 합니다. 예수님은 교회 안에 영적인 감독과 코치를 세우셨습니다. 성도들을 좋은 군사로 세우기 위해서입니다. 엡4:11-12절 말씀입니다. "그가 어떤 사람은 사도로, 어떤 사람은 선지자로, 어떤 사람은 복음 전하는 자로, 어떤 사람은 목사와 교사로 삼으셨으니 이는 성도를 온전하게 하여 봉사의 일을 하게 하며 그리스도의 몸을 세우려 하심이라"(엡4:11-12)

영적인 감독과 코치들(목회자)의 지도에 감사함으로 복종하고 순종하여야 합니다. 눈에 보이는 교회 지도자들의 말에도 불순종하는 사람이 눈에 보이지 않는 하나님의 말씀을 순종잘 할 수 있을까요?

히13:17절 말씀을 보면 "너희를 인도하는 자들에게 순종하고 복종하라 그들은 너희 영혼을 위하여 경성하기를 자신들이 청산할 자인 것 같이 하느니라 그들로 하여금 즐거움으로 이것을 하게 하고 근심으로 하게 하지 말라 그렇지 않으면 너희에게 유익이 없느니라"(히13:17). 지도자의 말에 순종치 않으면 결국 자기 손해입니다. 예수님을 사랑하는 성도는 영적 지도자를 순종함으로 즐거워하게 합니다. 예수님께서 명령하셨습니다.

마28:9-20절입니다. "그러므로 너희는 가서 모든 민족을 제자로 삼아 아버지와 아들과 성령의 이름으로 세례를 베풀고 내가 너희에게 분부한 모든 것을 가르쳐 지키게 하라 볼지어다 내가 세상 끝날까지 너희와 항상 함께 있으리라 하시니라"(마28:19-20)

모든 족속을 대상으로 제자 삼아 분부한 모든 것을 가르쳐 지키게 하라고 하셨으므로 교회 안에서는 반드시 가르치는 자와 배우는 자가 공존합니다. 어떤 직업을 가졌든 누구나 배우든지, 아니면 가르치든지 해야 합니다. 단 한 사람도 예외가 있을 수 없습니다.

셋째, 운동장에 들어와야

경주자에게 요구되는 것은 무엇보다 먼저 운동장에 들어와야 합니다. 그리고 자기 레인 lane의 출발선에 서야 합니다. 성경은 요셉이 누명을 쓰고 감옥에 갇힌 상황을 두고 '성공' 혹은 '형통'이라고 말하고 있습니다(창39:23). 성경이 말하는 성공이란 하나님의 계획안에 내가 들어가 있는 것부터 시작됩니다. 그러므로 경주를 하기 위해선 경기장에 들어와야 하는 것이 경주자에게 첫 번째로 요구되는 것입니다. 그런데 많은 사람들이 운동장에는 들어오지 않고 운동장 밖에서 뛰고 있습니다. 하나님께서 채점하지 않은 일에 열심히 뛰고 있다는 것입니다. 그러므로 여러분을 부르신 하나님의 계획을 아는 것이 무엇보다도 중요합니다.

1920년도에 선교사를 뽑는 심사위원회가 열렸습니다. 그 심사위원들 앞에는 오스왈드 스미스 Oswald J. Smith라고 하는 젊은 청년이 서있었습니다. 그의 마음은 한 가지 꿈으로 가득차 있었습니다. 그 꿈은 바로 선교사가 되는 것이었습니다. 그는 계속해서 기도했습니다. "주님, 저는 주님을 위해 선교사가 되고 싶습니다. 제가 섬길 수 있도록 기회를 주십시오." 그러나 각고의 심사 끝에 그 위원회는 오스왈드 스미스를 선교사로 뽑지 않기로 결정했습니다. 그는 그들이 원하는 자격 조건에 미달되었던 것이었습니다. 결국 그는 그 심사에서 탈락되었습니다. 오스왈드 스미스는 자신의 방향을 정해놓았지만 이제 그는 새로운 삶을 결정해야 했습니다. 그는 어떻게 해야 할까? 그가 하나님께 기도했을 때 하나님께서는 새로운 기도 비전을 주셨습니다. 그것은 만일 그가 선교사로 나갈 수 없다면, 그는 선교사로 파송할 수 있는 교회를 짓겠다는 것이었습니다. 그리고 그는 그 일을 성공적으로 해내었습니다. 오스왈드 스미스는 캐나다 토론토에서 회중 교회의 목사가 되었고, 그 당대의 다른 어느 교회보다도 수많은 선교사를 배출해 냈습니다. 하나님께서는 오스왈드 스미스를 그런 상황으로 몰아가셨고, 그의 여정을 아주 중요한 섬김의 자리로 바꾸셨던 것입니다.

여러분! 목표가 있으면 열심히 달릴 수 있습니다. 그런데 그것이 바른 목표가 아니면 다 달리고 나서 나중에 허무해집니다. 실패한 인생을 산 것입니다. 그러므로 인생이란 자동차는 속도보다 방향이 더 중요합니다. 예를 들어 어떤 경주자가 정해진 골인 지점과 전혀 다른 방향으로 달린다면 어떻게 되겠습니까? 아무리 빨라도 결코 우승할 수 없을 겁니다. 세상에 지나갈 것들 곧 물질, 명예, 권세, 쾌락 등을 인생의 목표로 산다면 심판관이신 하나님이 보실 때는 운동장 밖에서 사망의 길로 열심히 뛰고 있는 셈입니다(잠14:12). 본문은 상을 얻기 위해 달음박질하라고 이미 영생 얻은 하나님 자녀들에게 주신 말씀입니다. 베드로전서 1장 24절을 보면, "그러므로 모든 육체는 풀과 같고 그 모든 영광은 풀의 꽃과 같으니 풀은 마르고 꽃은 떨어지되"(벧전1:24). 이 말씀처럼 세상의 것들은 일시적이고 사라지는 겁니다. 그런 것들을 성공의 목표로 삼으면 나중에 후회막심해집니다. 요일2:17절 말씀처럼, "이 세상도, 그 정욕도 지나가되 오직 하나님의 뜻을 행하는 자는 영원히 거하느니라"(요일2:17)

하나님의 뜻을 행하는데 성공하는 인생은 영원한 승리자가 되는 것입니다. 운동장 밖에서 그들은 열심히 뛰나 결코 천국의 상을 얻는 경주자가 될 수 없습니다. 왜냐하면 경주자의 조건은 경기장에 들어와야 하는 것처럼 구원받아 그리스도 안에 들어와야 비로소 경주자가되기 때문입니다. 분명 본문은 그리스도인들에게 구원을 위해서 달리라고 말씀하고 있는 것은 아닌 것입니다. 그런데 경기장 밖에서 뛰는 사람들은 마치 경기장 안으로 들어오는 것이 목표인 것처럼 구원을 위해서 달리고 있는 것입니다. 성경은 '상을 얻게 되도록 달리라' 말씀하시는데도 그들은 '구원을 얻게 되도록 달리라'로 잘못 이해하고 열심히 뛰는 것입니다. 그러나 구원받지 않은 사람들은 결코 경주자가 될 수 없습니다. 왜냐하면 구원은 상으로 주어지는 것이 아니기 때문입니다. 구원은 값없이 주어지는 것입니다(엡2:8-9). 그러나 상은 열심히 달린 경주자에게 주어지는 것입니다. 본문 기록 당시에 헬라인들과 로마인들이 벌이는 경주에서는 경주를 할 경쟁자들이 반드시 그 나라 시민이어야만 했습니다. 노예나 이방인은 절대 선수로 참가해서 경쟁할 수 없었습니다. 이처럼 그리스도인의 경주도 경주자는 모두 하늘의 시민권을 가진 하나님의 자녀들이어야만 합니다.

여러분은 경주자이십니까? 여러분의 이름이 생명의 책에 기록되어 있다면(빌4:3) 여러분은 경주자에 등록된 것입니다.

모든 그리스도인들은 사실 상 경주자로 부름을 받은 사람들입니다. 롬1:5-6절을 보십시오.

"그로 말미암아 우리가 은혜와 사도의 직분을 받아 그의 이름을 위하여 모든 이방인 중에서 믿어 순종하게 하나니 너희도 그들 중에서 예수 그리스도의 것으로 부르심을 받은 자니라"(롬1:5-6)

경주자로 부름 받는 조건은 다름 아닌 예수 그리스도를 구주로 영접하는 것입니다. 그렇게 하지 않은 사람은 상을 받을 수 있는 경주자의 자격이 없는 사람입니다. 그리고 경주가가 아닌 사람은 경기장 밖에 있는 사람인 것이고 경기장 밖에서는 아무리 열심히 달려도 헛일인 것입니다. 경주를 하려면 경주자의 자격을 얻어 경기장 안으로 들어와야 합니다.

여러분은 구원받으셨습니까? 그렇다면 경기장 안에 들어와 계신 것이고 출발선에 서있는 것입니다. 우리가 하나님을 택한 것이 아니라 하나님께서 우리를 택해 주셨으므로(요15:16) 경기장에 나온 선수는 다 축복받은 사람입니다. 하나님의 축복을 받아 영생을 얻은 하나님 자녀가 성공 인생될 자격을 갖춘 경주자입니다.

넷째, 경기에 나가서 달려야

여러분! 우리가 왜 달려야 합니까? 우스운 질문 같지만 많은 그리스도인들이 경주자라면서도 달리지 않고 있기 때문입니다. 사실 어디를 향해서 달려야 하는 지도 모르고 있는 것처럼 보입니다. 경주자가 경기장에 왜 들어왔겠습니까? 달리기 위해서가 아닙니까? 우리가 경기장에 들어온 목적이 남이 달리는 것을 보기 위해서가 아닙니다. 그렇다면 우리가 관중입니까? 아닙니다. 우리는 경주자들입니다. 고전9:24절 말씀을 다시 보십시오.

"운동장에서 달음질하는 자들이 다 달릴지라도 오직 상을 받는 사람은 한 사람인 줄을 너희가 알지 못하느냐 너희도 상을 받도록 이와 같이 달음질하라"(고전9:24)

고전9:24에서 '달음질하라' trevcete 이 말의 성경원어는 현재시제이며 전력을 다하여 경기장을 달리는 중이다는 의미입니다. 이 비유를 통하여 바울이 보여주려는 것은 모든 성도들은 도상적途上的 존재, 즉 아직 완성되지 않은 목표를 향해 여전히 달려가고 있는 존재이며, 신앙의 경주에서 최후 승리하기까지 절제와 인내가 필요함을 강조하려는 것입니다. 신앙생활을 하는 성도에게 있어서 어떤 누구도 자신의 모습을 이미 다 완성 된 존재라거나 더 이상의 진보나 발전이 필요 없는 존재라 주장할 수 없는 것입니다. 그러나 당시 많은 고린도 교인들은 그야말로 다 된 것처럼, 다시 말해 더 이상 영적 진보가 필요 없는 것처럼 달음박질할 필요가 없는 것처럼 행동하는, 영적으로 교만한 자들이었습니다. 한마디로 그들은 더 이상 목표가 필요 없는 존재들이었습니다. 우리가 경주장에 나와서 달음박질할 때 달릴수록 목표에 더 가까이 가게 되는 것입니다.

"내가 살 것과 너희 믿음의 진보와 기쁨을 위하여 너희 무리와 함께 거할 이것을 확실히 아노니"(빌1:25)

제대로 달려온 분들은 믿음이 진보가 있는데 믿은지 몇 년이 되었는데 아직도 영적으로 어린아이 같으면 하나님을 기쁘시게 할 수 없습니다. 어떤 분들은 믿은지 오래되어 남을 가르쳐야 할 때가(히5:12) 되었는데 아직도 초보에 머물고 계속 배우고만 있으면 군사로 부르신 하나님의 마음을 아프게 하는 불효막심한 짓입니다. 하나님은 우리 믿음과 마음의 중심을 보십니다. 그런데 출애굽한 이스라엘 백성들처럼 하나님의 사랑을 받고서도 뒤로 물러서는 사람이 있습니다. 발람처럼 은사와 은혜를 체험하고도 뒤로 완전히 물러서는 사람이 있습니다. 사울왕처럼 일할 능력과 기회를 부여받았음에도 불구하고 자기 욕심을 채우려고 뒤로 물러서는 사람들이 있습니다. 히10:38절을 보면 하나님은 이런 사람들을 싫어하십니다.

"나의 의인은 믿음으로 말미암아 살리라 또한 뒤로 물러가면 내 마음이 그를 기뻐하지 아니하리라 하셨느니라"(히10:38)

따라서 바울은 그들이 여전히 과거를 떨쳐 버리고 미래를 향해, 그리스도의 장성한 분량이 충만한 데까지 이르러야 하는 달리는 목표를 말합니다. 엡4:13절을 보십시오.

"우리가 다 하나님의 아들을 믿는 것과 아는 일에 하나가 되어 온전한 사람을 이루어 그리스도의 장성한 분량이 충만한 데까지 이르리니"(엡4:13)

하나님의 뜻은 우리는 반드시 달려가야만 하는 도상적 존재이며, 절제함으로 신앙생활의 향상 向上을 이루어 가는데 성공해야 하는 것입니다. 점 點이 모아져서 선 線을 이루고 선이 모아져서 면 面을 이루듯이 오늘 순간순간 달음박질 잘하므로 오늘 하루 성공하고 하루하루 성공이 모여서 성공한 인생이 되는 것입니다. 그러므로 오늘도 부지런히 달려야 합니다. 세상에서 가장 사랑이 많은 삶을 사신 분은 예수님입니다. 사람들처럼 말로 사랑하는 것이 아니라 "우리가 아직 죄인 되었을 때에 그리스도께서 우리를 위하여 죽으심으로 하나님께서 우리에 대한 자기의 사랑을 확증하셨느니라"(롬5:8)

우리 대신 죽으신 사랑으로 확증하시는 그런 사랑이셨습니다. 대속의 죽음 전에 예수님의 사랑이 어떻게 나타났습니까? 말할 수 없는 부지런함으로 나타났습니다. 예수님은 쉴 새 없이 일하셨습니다. 너무 바쁘게

일하셔서 어떤 때는 식사할 겨를도 없었습니다. 막3:20절을 보면,
"집에 들어가시니 무리가 다시 모이므로 식사할 겨를도 없는지라"(막3:20)

사람들을 사랑하셨기 때문에 세상에서 가장 부지런하게 사신 것입니다. 예수님은 하늘 영광을 버리고 이 땅에 오셨습니다. 요4:34절을 보십시오.

"예수께서 이르시되 나의 양식은 나를 보내신 이의 뜻을 행하며 그의 일을 온전히 이루는 이것이니라"(요4:34)

우리는 배고파서 혹은 더 맛있는 것을 먹으려고 맛집 찾아다니는데 예수님은 하나님의 뜻을 행하는 것으로 양식을 삼으셨습니다. 그리고 하나님의 뜻대로 십자가에서 죽으셨습니다. 우리가 예수님의 제자라면 예수님의 마음을 품게 됩니다. 예수님의 마음을 품으면 예수님처럼 이웃을 사랑하게 됩니다. 그러면 부지런히 이웃을 섬기게 되는 것입니다. 성령 충만한 곧 예수님 사랑으로 충만한 바울은 목숨을 내놓고 영적인 자녀를 사랑했습니다. 살전2:8절 말씀을 보십시오. "우리가 이같이 너희를 사모하여 하나님의 복음뿐 아니라 우리의 목숨까지도 너희에게 주기를 기뻐함은 너희가 우리의 사랑하는 자 됨이라"(살전2:8)

여러분! 주의 사랑은 부지런한 것입니다. 바울처럼 하나님이 맡겨주신 소명을 이루기 위해 온몸이 부서지도록 열심히 일하는 것입니다. 물론 건강을 위해 적절한 휴식은 있어야겠지만 절대 게으름을 피우지는 않습니다. 사랑은 부지런한 것입니다. 하나님을 사랑하지 않은 자는 게으릅니다. 부지런히 예수님을 닮기 위해서 말씀 묵상하고 기도하기

에 바빠야 합니다. 비단 영적인 면에서뿐 만 아니라 경제 생활에서도 진보가 있어야 합니다. 고전7:20절을 보면, "각 사람은 부르심을 받은 그 부르심 그대로 지내라"(고전7:20)

우리가 자신의 처지에 만족하고 감사하지만 여기서 우리가 하나 주의할 점이 있습니다. 자신의 처지에 만족만 하면서 지내다 보면 발전이 없을 수 있다는 것입니다. 그래서 사도 바울은 한 마디 덧붙이고 있습니다. 종들은 할 수 있으면 자유하라고 합니다. 고전7:21절은 노예의 신분으로 그리스도인이 된 성도에 대한 교훈입니다.

"네가 종으로 있을 때에 부르심을 받았느냐 염려하지 말라 그러나 네가 자유롭게 될 수 있거든 그것을 이용하라"(고전7:21)

바울은 앞에서 성도 각자는 부르심에 만족하는 생활을 하라고 하였습니다. 그러나 이는 자기 발전을 위한 어떤 형태의 노력도 금해야 한다는 말은 아닙니다. 다만 현재 자신의 처지와 형편을 완전히 무시하고 그에 따른 책임과 의무를 회피하는 것에 대하여 경계하는 것입니다. 그래서 바울은 그의 그러한 권면을 보충하기 위하여 종으로 부름 받은 성도의 경우를 실례로 들고 있는 것입니다. 바울은 먼저 그들에게 '염려하지 말라' 고 했습니다. 노예가 된 그 신분에 대해 너무 비관하지 말라는 뜻입니다. 왜냐하면 "주 안에서 부르심을 받은 자는 종이라도 주께 속한 자유자"(22절)이기 때문입니다. 그렇다고 해서 바울이 그 종 된 자들에게 평생을 종으로 지내라고 하는 말은 아닙니다. 그는 오히려 "자유할 수 있거든 차라리 사용하라"고 했습니다. 여러분, 고대 그리스 세계에서는 노예가 자유인이 될 수 있는 조건이 있었습니다. 예컨대 국가를 위하여 큰 공을 세운다든가 자기가 종으로 있는 가정에 큰 공을 세웠을 때 그 종은 노예 신분에서 벗어날 수가 있었습니다. 또 한 가지 방법은 주인에게 돈을 주고 자유하는 길입니다. 아르바이트해서 돈을 모아 자기가 자기를 사는 것입니다. 하나님은 성도가 노예처럼 자신의 운명과 처해진 상황에 그냥 머물러 있을 것을 바라시는 분이 아니십니다. 각 사람이 그 처해진 상황에서 최선을 다하길 원하십니다. 우리는 가난해도 질병에 걸려도 만족하고 감사할 수 있습니다. 그러나 할 수 있으면 부유하여 주의 일에 물질을 드려 쓰임 받는 것이 좋고 건강한 몸으로 주의 일에 충성하는 것이 좋은 것입니다. 그러므로 성령의 전인 몸을 잘 관리하는 것도 하나님의 일입니다. 또한 빌립보 성도들처럼 하나님 나라 확장을 위해 즉 세계 선교에 동참하기 위해(빌4:18) 그리고 어려운 자를 섬기기 위해 경제력 향상도 필요합니다(엡4:28).

사도바울은 살후3:1절을 보면 데살로니가 교회에 복음이 온 세상에 빨리 전파되는 되어 하나님께 영광 돌리기를 기도 요청하고 있습니다.

"끝으로 형제들아 너희는 우리를 위하여 기도하기를 주의 말씀이 너희 가운데서와 같이 퍼져 나가 영광스럽게 되고"(살후3:1)

마28:8절에는 천사들을 만난 예수님을 쫓던 여제자들이 부활하셨다는 예수님의 소식을 다른 사람들에게 전하러 가는 모습을 이렇게 기록하고 있습니다.

"그 여자들이 무서움과 큰 기쁨으로 빨리 무덤을 떠나 제자들에게 알리려고 달음질할새"(마 28:8).

우리도 큰 기쁨으로 부활의 소식을 전하기 위해 달음박질한 여인들처럼 마땅히 "가서 모든 족속을 제자 삼으라"(마28:19) 명하신 만왕의 왕의 말씀을 붙잡고 땅 끝까지 내가 가든지 다른 분을 보내든지 해야 합니다. 모든 민족에게 천국복음이 전파될 때까지(마24:14) 우리는 달음박질 해야합니다. 사랑하는 여러분! 천국에서는 전도할 기회가 없습니다. 오늘이 대사명을 준수할 마지막 날이라고 매일 생각하며 사십시다. 사랑하는 여러분! 왕 같은 제사장의 권세와 사명으로 만왕의 왕과 함께 지구촌 선교를 감당하는 예수의 증인들이 다 되십시다.

다섯째, 상을 분명히 바라볼 수 있어야

플로렌스 채드윅 Florence Chadwick이라는 여자 수영선수가 있었습니다. 그는 영국 해협을 왕복으로 헤엄친 최초의 여성입니다. 그가 한번은 카탈리나 섬에서 캘리포니아 해안으로 수영하는 일에 도전을 했습니다. 마침 추운 시기라 얼음 투성이 바다에 안개까지 짙게 끼어 있었습니다. 뒤에서 보트가 호위하고 모친과 코치가 "얼마 남지 않았어! 힘내!"라고 응원을 했습니다. 그럼에도 불구하고 불과 5마일을 놔두고 중도에 포기하고 말았습니다. 나중에 그가 실패 원인을 이렇게 고백했습니다. "육지가 보이지 않으니까 도저히 헤엄칠 수 없었습니다. 육지가 보이기만 했어도 ……." 그러니까 그의 실패 원인은 추위도 피로도 아니고 안개 때문이었습니다. 그 후 2개월 만에 다시 도전을 했습니다. 그런데 이번에는 성공했습니다. 어떻게 그가 가능했을까요? 그것도 그 구간을 수영으로 건넌 최초의 여성일 뿐 아니라 그것도 남자 선수의 기록을 2시간이나 단축시켰는데 어떻게 그럴 수 있었을까요? 거리의 변화가 있었던 게 아니고, 여전히 육지가 안 보였지만 이번에는 요령이 생겨 마음속으로 안개 저편의 육지를 그려보면서 헤엄쳤다는 것입니다. 분명한 목표가 얼마나 중요한지 설명해 주는 사건입니다.

성도의 목표 곧 표준은 예수 그리스도입니다. 고전9:26절을 보면 사도바울은 "그러므로 나는 달음질하기를 향방 없는 것 같이 아니하고 싸우기를 허공을 치는 것 같이 아니하며"(고전9:26)라고 했는데, 경기하는 사람이 푯대를 잃어버리면 실패합니다. 예수의 형상에 도달하는 것이 성도의 목표입니다(빌3:14). 그리스도인은 모두 예수의 제자입니다. 예수님을 배우고 본받고 따라야 마땅한 것입니다. 예수님의 제자로 사는 자는 세 가지를 잘해야 합니다.

첫째, 예수님의 마음과 성품을 닮아야 합니다. 주님의 온유와 겸손과 사랑을 본받아야 합니다. 예수님은 인내하심으로 승리하셨습니다. 거룩한 분이십니다.

둘째, 예수님의 삶을 닮아야 합니다. 예수님의 삶은 철저히 하나님을 순종하고 하나님의 뜻을 이루시고 하나님의 영광을 위해서만 일하신 삶이었습니다. 모든 이적도 하나님의 영광을 위해 행하셨습니다.

예수님은 하나님의 뜻에 순종하시기 위해 기도를 많이 했습니다(히5:7).

셋째, 예수님의 사역을 본받아 행해야 합니다.

우리의 사명은 예수님의 본을 따라 하나님의 뜻을 이 땅에 이루는 것입니다. 하나님께서 예수님에게 위임하신 일은 사람들에게 영생을 주는 일이었습니다(요17:2-4). 기독교 사역에서 우리가 해야 할 일이 너무나 많습니다. 그러나 이보다 더 급하게 하여야 하고 더 중요한 것이 없는 일은 사람들에게 영생을 얻게 하는 일, 곧 전도하는 일입니다. 우리가 예수님을 닮아 나갈 때 하나님이 영광 받으십니다. 예수님은 모든 삶을 통해 하나님께 영광 돌리셨습니다. 죽기까지 순종하셨습니다. 그래서 하나님이 예수님을 지극히 높이셨습니다. 성도의 제일 되는 목적이 하나님을 영화롭게 하는 것입니다. 이것 때문에 우리를 구원하셨습니다. 고후5:9절을 보면, "그런즉 우리는 몸으로 있든지 떠나든지 주를 기쁘시게 하는 자가 되기를 힘쓰노라"(고후5:9)라고 했는데 주를 기쁘시게 하면 반드시 기쁨이 오게 되어있습니다. 그러므로 우리가 예수님의 마음과 성품을 갖고 주님처럼 살고 일하는 것이 목표에 도달하는 것입니다(롬14:7-8). 그리스도인은 "이기는" 경기를 해야 합니다. 우리가 애초부터 지는 경기를 해야 할 이유가 없습니다. 왜냐하면 내 힘과 능력으로 승리하는 것이 아니라 주의 은혜와 능력으로 가능한 일이기 때문에 달릴만 합니다. 이에 성경은 "상을 얻게 되도록 달리라."고 말씀하는데, 이는 상이 믿음을 가진 승리자에게만 주어지기 때문입니다(고전9:24). 계21:6-7절을 보면, "또 내게 말씀하시되 이루었도다 나는 알파와 오메가요 처음과 마지막이라 내가 생명수 샘물을 목마른 자에게 값없이 주리니 이기는 자는 이것들을 상속으로 받으리라 나는 그의 하나님이 되고 그는 내 아들이 되리라"(계21:6-7). 이기는 자가 천국의 기업들을 상속으로 받습니다. 또한 성도는 '이기려고 애쓰는 사람'이지(딤후2:5), 경기에 재미삼아 참여하거나 단순히 참가하는데 의의를 두는 사람이 아닙니다. 이런 생각을 하는 성도가 있다면, 그는 상을 주시기 위해 준비하고 계신 주님을(계22:12) 무시하는 것입니다. 반드시 상을 받을 수 있도록 경주해야 합니다. 그만큼 우리가 달리는 믿음의 경주는 분명한 목적이 있고 필사적으로 달려야 하는 경주인 것입니다. 이를 위해서는 각자에게 정해진 레인을 믿음으로 열심히 달리면서, 결승 지점에서 상을 주시기 위해 기다리시는 주님만을 응시해야 합니다. 스스로 고상한 믿음을 가진 것으로 착각한 사람들 중에는 상을 받기 위해 주님을 섬기는 것은 부도덕한 동기라고 말하지만 그 말이 옳다고 동조해 줄 만한 성경구절은 없습니다. 오히려 본문 24절에서 "그러므로 너희도 상을 얻게 되도록 달리라"고 말합니다. 그리고 사도바울 자신도 빌3:14절을 보면, "푯대를 향하여 그리스도 예수 안에서 하나님이 위에서 부르신 부름의 상을 위하여 달려가노라"(빌3:14) 고백하고 있고 그리고 히11:6절에서도 "믿음이 없이는 하나님을 기쁘시게 하지 못하나니 하나님께 나아가는 자는 반드시 그가 계신 것과 또한 그가 자기를 찾는 자들에게 상 주시는 이심을 믿어야 할지니라"(히11:6)

그러므로 우리도 상을 바라볼 수 있어야 합니다. 사랑하는 연인사이에 상대방이 나를 사랑해서 장미 한 송이를 선물해도 그 선물에 감동을 받고 좋아합니다. 그러나 나를 사랑하지 않은 사람이 나를 전혀 모르는 사람이 나에게 고가의 다이아몬드 박힌 금반지를 선물한다면 그 진위를 알아보려고 하고 의심하고 도리어 거부할 것입니다. 이와 마찬가지로 우리를 살리기 위해 목숨을 버리시기까지 우리를 사랑하신 신랑 되신 예수님이 준비하신 상을 곧 예수님을 사랑하면 할수록 귀히 여기고 받으려 할 것입니다.

그리스도인의 바른 인생 목표는 과연 무엇입니까? 24절. "……. 상을 얻도록 ……. 달음질 하라" 25절. " ……. 썩지 아니할 것 ……." 즉 하늘의 썩지 않은 상입니다. 당시 경기 우승자들에게 수여된 것은 월계관이었습니다. 당시로서는 최고의 영예였지만 쉬이 시들어 버리는 것입니다. 그래서 썩을 면류관이라고 부른 것입니다. 우리의 목표는 썩지 않는 면류관이어야 합니다. 영원한 하늘나라의 면류관입니다. 그러니까 인생의 바른 목표는 영원한 것이어야 합니다. 무엇보다 예수 믿고 영생을 얻는 겁니다. 그리고 이 땅에 사는 동안 하나님의 뜻대로 살다가 천국에 들어갈 때 면류관을 얻는 것입니다. 이를 위해 우리는 하나님의 영광을 위해 살고, 사랑하며 살고, 복음을 전파하며 살아야 합니다. 이것만이 후회 없는 영원한 인생 목표인 것입니다. 주님은 우리가 잘 달릴 수 있도록 하시기 위해서 상을 준비해 두시고 계신 것입니다. 왜냐하면 주님은 우리의 연약성을 너무도 잘 아시고 또 공정하신 하나님이시기 때문입니다. 그러므로 우리는 반드시 상을 목표로 달리지 않으면 안 됩니다. 그리고 알 것은 우리가 상을 그토록 바라보고 존중하는 것은 상을 주시는 그분을 존중하기 때문입니다. 또한 그 상 자체는 참으로 우리의 일생을 달음박질해서 얻을 만큼 귀중한 것이기 때문입니다. 하나님께서 그리스도인의 삶을 '경주'라고 하신 데에는 분명한 이유가 있습니다. 우리 앞에 상이 있기 때문입니다. 그리고 그 상은 아무런 대가 없이 받을 수 있는 것이 아니기 때문입니다. 그리스도인의 경주는 참가하기만 하면, 경기장에 들어오기만 하면 상을 주는 그러한 경주가 아니기 때문입니다. 그래서 사도바울은 "그러므로 너희도 상을 얻게 되도록 달리라."고 말하고 있는 것입니다. 성경은 그 상을 '썩지 않을 면류관'이라고 말씀하고 있습니다. 이 면류관은 세상의 것들과는 전혀 다른 영원한 면류관인 것입니다.

여섯째, 규칙대로 달려야

규칙에 따라 달려야 합니다. 규칙대로 달리지 않으면 1등을 해도 실격을 당합니다. 미국의 단거리 스타 마이클 존슨 Michael Johnson는 2000년 시드니 올림픽 100m, 200m, 400m, 1600m에서 금메달을 획득하여 4관왕을 차지했습니다. 그러나 2007년에 금지 약물인 더 크리어 The Clear 복용 사실이 밝혀져 모든 메달과 6억 원 상당의 상금을 박탈당했습니다. 그리고 위증죄 판결까지 받아 6개월 실형을 선고받았습니다.

이는 국제 육상경기 규칙에 위반되기 때문입니다. 이처럼 경기자는 경기 규칙대로 해야 됩니다. 경주를 할 때에는 시작하기 전에 주최 측에서 고지하는 규칙에 따라 달려야 합니다. 인생의 경주에서도 마찬가지입니다. 규칙, 하나님의 규칙에 따라 달려야 합니다. 우리가 자신의 계획을 하나님의 계획인 양 여기는 것은 쉽습니다. 그러나 하나님의 계획을 자신의 계획으로 받아들이고 그것에 자신의 인생을 거는 것은 아무나 할 수 없습니다. 성공적인 삶을 살려면 경기장의 규칙과 같은 하나님의 뜻과 계획에 자신의 전 인생을 걸 줄 알아야 합니다. 바울은 썩어질 면류관을 위해서도 세상의 경주자들이 그처럼 자제하는데 하물며 썩지 않을 면류관을 위해서는 어떠해야 하겠냐고 말하는 것입니다. 자제한다는 것에 대해서 바울은 27절에서 좀 더 구체적으로 "내가 내 몸을 쳐 복종하게 함은 내가 남에게 전파한 후에 자신이 도리어 버림을 당할까 두려워함이로다"(고전9:27)

여기서 '친다'는 단어는 헬라어로 '휘포피아조'인데 분석해 보면 '눈 아래를 세게 가격한다'는 뜻입니다. 권투 선수가 상대방의 급소인 눈 아래를 멍이 들도록 타박상이 생기도록 인정사정없이 가격하는 것을 의미합니다. '복종하게 한다'는 단어는 헬라어로 '둘라고게오'인데 '종으로 다룬다'는 뜻입니다. 그러니까 자기 의지를 굴복시켜 하나님의 뜻에 복종시켜 하나님의 종이 되어 하나님께서 하라고 하신대로 한다는 의미입니다. 말하자면 자기 뜻대로 살지 않고 오로지 하나님의 뜻대로 산다는 것이고 이런 삶이 성경적인 관점의 성공인생입니다.

예수님이 십자가에서 하신 "다 이루었다"(요19:30)는 말씀이 하나님의 뜻을 성취하신 성공을 나타내고 있습니다. 반면에 솔로몬의 인생은 강대국 건설과 엄청난 건설 사업으로 많은 것을 이룬 업적의 삶이었습니다. 그러나 하나님 밖에서의 많은 업적들은 "모든 것이 헛되다"(전1:2)고 토로하여 그 자신의 인생이 진정으로 성취하는 삶이 아니었음을 고백하였습니다. 이 세상에서는 보이는 업적을 세운 사람들은 다 유명한 분으로 통합니다. 그러나 규칙을 어기고 달리면 결국 주님께서는 절제에 실패한 성도가 더 이상의 수치를 낳지 못하도록 "버림받게" 만드십니다(고전 9:27). 물론 이것은 구원을 잃어버린다는 말이 아닙니다. 섬기는 일을 더 이상 못하게 된다는 뜻입니다. 즉 지속해 오던 사역을 중단해야 하는 사태가 발생합니다. 도중하차나 낙오자라는 불명예와 수치를 안게 됩니다. 결국 쓸모없는 사람이 되어 하나님께서 더 이상 쓰시지 않는 비참한 그리스도인으로 전락하고 맙니다. 더 나아가 상급(면류관)과 유업을 잃어버리게 됩니다(계3:11). 요이1:8에서는 "너희는 스스로 삼가 우리가 일한 것을 잃지 말고 오직 온전한 상을 받으라"(요이1:8)고 경고합니다. 그리고 운동장에서 달음박질할 때 내 힘과 노력만으로는 부족합니다. 왜냐하면 우리를 높이는 일과 낮추는 일은 하나님의 손에 달려 있기 때문입니다. 하나님께서 나를 높이시도록 살아야 합니다. 어떻게요? 경기의 규칙인 성경은 이렇게 답하고 있습니다. 신28:1절 말씀입니다.

"네가 네 하나님 여호와의 말씀을 삼가 듣고 내가 오늘 네게 명령하는 그의 모든 명령을 지켜 행하면 네 하나님 여호와께서 너를 세계 모든 민족 위에 뛰어나게 하실 것이라"(신28:1)

그리고 여호수아 1장 8~9절 말씀을 보면, "이 율법책을 네 입에서 떠나지 말게 하며 주야로 그것을 묵상하여 그 안에 기록된 대로 다 지켜 행하라 그리하면 네 길이 평탄하게 될 것이며 네가 형통하리라 내가 네게 명령한 것이 아니냐 강하고 담대하라 두려워하지 말며 놀라지 말라 네가 어디로 가든지 네 하나님 여호와가 너와 함께 하느니라 하시니라"(수1:8-9)

하나님의 규칙에 따라 달려야 합니다. 내가 좋을 대로 규칙을 만드는 것이 아닙니다. "이건 맘에 들지 않아. 지키지 않겠어. 달리기 힘든데 자동차를 타고 간들 뭐가 문제람" 하는 식은 있을 수 없습니다. 곧바로 실격 처리됩니다. 규칙을 만드시는 분은 한 분, 하나님뿐이십니다. 우리는 그 규칙을 따라 달려야 할 사람들입니다.

딤후2:5절을 보면 "경기하는 자가 법대로 경기하지 아니하면 승리자의 관을 얻지 못할 것이며"(딤후2:5) 경기자가 아무리 잘 달려도 규칙을 어기면 면류관은 없습니다. 경기규칙이 무엇입니까? 다름 아닌 성경대로 믿고 실행하는 것을 말합니다. 자신을 하나님의 뜻에 날마다 순간순간마다 복종시켜야 합니다. 사람들이 인정해 주는 성공은 사람을 쉽게 교만케하여 규칙을 어기고 달릴 유혹이 많습니다. 예를 들면 잘 생긴 외모나 미모 美貌, 성격좋고 주위 사람들에게 인기 많음, 많은 재물, 농사 잘 짓는 농민, 돈 잘 버는 사업가, 공부 잘하는 학생, 일 잘하는 공무원,

명문 대학교 나온 졸업생, 출세한 정치가등입니다. 또한 고린도 교회 일부 교인들처럼 성령의 은사가 많거나 제3장에 나오는 라오디게아 교회처럼 신앙은 엉터리인데 재정이 풍부하고 건강하게 잘 사는 것입니다. 여러분! 규칙을 어기고 아무리 열심히 빨리 달려도 천국의 상이 없는 헛된 인생입니다.

일곱째, 인내하며 끝까지 전력을 다해서 달려야

본문 24절 보면 "운동장에서 달음질하는 자들이 다 달릴지라도 오직 상을 받는 사람은 한 사람인 줄을 너희가 알지 못하느냐 너희도 상을 받도록 이와 같이 달음질하라"

성경은 "다 달릴지라도 한 사람이 상을 받는다"고 합니다. 이것은 고대 그리스의 올림픽 Ancient Olympic Games에 근거한 것입니다. 수많은 선수들이 경쟁을 해도 우승자는 한 명입니다. 선수들은 우승하기 위해 모든 일에 절제하고 훈련에 몰두 합니다. 특히 입상을 원하는 사람들은 치열합니다. 사도 바울은 성도들이 우승을 위해 전력하는 이런 선수들처럼 우리도 그런 믿음의 경주를 해야 한다는 말입니다. 하나님은 선수들을 1위부터 꼴찌까지 줄을 세워서 1등에게만 관 crown을 주시겠다는 말이 아닙니다. 본문이 말하는 것은 우리가 상을 받도록 선수들이 상을 받기 위해 달리듯 그렇게 달리라는 말입니다. 그 말은 "이와 같이"란 한 단어에 걸려 있습니다. "너희도……. 이와 같이 달리라." 우리는 상을 받기 위해 자기를 절제하고 치열하게 훈련하는 선수들처럼 달려야 합니다. 우리는 상을 받기 위해 달리는 선수들처럼 우리도 부르심의 상, 하나님의 보상을 받기 위해 달려야 합니다. 보상에 대한 믿음이 없는 하나님 자녀들은 믿음이 좋은 것이 아니라 무지한 것입니다. 여기서 말씀하는 바는 다른 사람들과 경쟁해서 이기라는 게 아니고, 경주에서 이기기 위해 사력을 다하듯이 인내하며 최선을 다하라는 겁니다. 세상의 경주에서는 경쟁을 통해 1등 한 사람이 되지만, 신앙 인생의 경주에서는 각각 최선을 다하면 각각 우승할 수 있습니다. 마25:14-23절까지의 말씀을 보면 다섯 달란트를 받은 사람이 장사해서 다섯 달란트를 남기고 두 달란트를 받은 사람은 두 달란트를 남겼다. 세상나라의 성공관으로 보면 다섯 달란트 남긴 사람이 더 대우받아야 하지만 하나님나라에서는 두 사람에게 똑같이 잘 하였다고 똑같이 칭찬받고 많은 것을 맡음받고 주인의 즐거움에 참여하는 보상을 받습니다. 우리가 지금 달음박질하고 있는데 골인지점이 예수님이 다시 오신후의 그리스도의 심판대입니다(롬14:10). 소금기둥이 되었던 롯의 아내처럼(창19:26), 달리다가 뒤를 돌아봐서는 안 됩니다. 예수님께 "요한이 어떻게 될 것인지"에 관해 질문하며 쓸데없는 관심을 보였던 베드로처럼(요21:21,22), 옆에 있는 성도가 어떻게 뛰고 있는지 흘깃흘깃 쳐다보면서 불필요하게 간섭하기 위해 옆 레인으로 넘어갈 필요도 없습니다. 소돔 성읍에서 떠나기를 머뭇거렸던 롯처럼(창19:15,16), 아합 왕 때의 대다수 이스라엘 백성들처럼 하나님과 우상 사이에서 눈앞에 닥친 장애물만 쳐다보느라 머뭇거려서도 안 됩니다(왕상18:21). 우리 앞서서 믿음의 경주를 시작하시고 완성하신 후(히12:2), 저 목표 지점에 서 계신 예수 그리스도만을 바라보며 어떤 장애물이라도 예수님과 함께 훌쩍 뛰어넘을 수 있어야 하는 것입니다.

출애굽 당시 이스라엘 백성들 대부분은 광야에서 낙오하고 말았습니다(고전10:5). 마가 요한은 바울과 함께했던 제1차 선교여행에서 끝까지 완주하지 못했고(행13:13), 데마 역시 의로운 고난보다 세상을 사랑한 나머지 중도에 포기하고 말았습니다(딤후4:10). 잘 달려가던 갈라디아 교회의 성도들은 사탄의 방해로 막히기도 했습니다(갈5:7). 딤후4:7~8절 말씀처럼

"나는 선한 싸움을 싸우고 나의 달려갈 길을 마치고 믿음을 지켰으니 이제 후로는 나를 위하여 의의 면류관이 예비되었으므로 주 곧 의로우신 재판장이 그 날에 내게 주실 것이며 내게만 아니라 주의 나타나심을 사모하는 모든 자에게도니라"(딤후4:7~8)

죽음의 문턱에서 이렇게 고백할 수 있는 사람이야말로 가장 행복한 사람입니다. 그리스도인에게 있어서 성공중인 인생은 바로 이와 같습니다. 바울에게는 아무런 미련도, 후회도, 아쉬움도 없었습니다. 지금 감옥에 갇혔고 순교를 앞둔 상황이었지만 그는 결코 낙담하거나 위축되어 있지 않았습니다. 세상 사람들이 그를 볼 때는 완전 실패한 인생 같지만 그는 비굴하게 목숨을 구걸하지도 않았습니다. 도리어 그의 마음속에는 성공중인 인생들이 갖는 강한 확신과 소망만이 넘치고 있

었습니다. 이렇듯 모든 성도는 자기 앞에 놓인 경주를 완주해야 합니다. 예수님과 함께 끝까지 달릴뿐 아니라 온전한 승리로 골인할 수 있어야 합니다. 사도 바울은 자기뿐 아니라 누구라도 가능하다고 했습니다(딤후4:8). 우리가 달음박질할 때 힘들 때가 있습니다. 너무 힘들어 모든 것을 포기하고 싶을 때가 있습니다. 그러나 절대 낙심하지 마십시오. 성령의 열매로 인내하면 반드시 승리합니다. 우리 혼자 달리는 것이 아니라 예수님이 우리와 함께 달려 주십니다. 천지가 없어져도 일점일획이라도 변함없는 예수님의 약속입니다(마5:18, 마28:19-20). 세상의 승리자도 인내와 열심이 필요합니다. 1992년 바르셀로나 Barcelona 올림픽 금메달리스트인 황영조선수의 이야기입니다. 그는 최고 수준의 선수라도 연습 때나 시합 때나 거의 예외 없이 전 코스를 뛰다 보면 너무 힘들어서 차라리 에스코트 차량에 뛰어들어 죽고 싶은 충동을 몇 번씩 느낀다는 겁니다. 그 순간을 '사점'이라고 합니다. 마치 심장이 터질 듯한 순간입니다. 그러나 승리를 바라보면서 끝까지 인내한 결과 우승하게 된 것입니다. 우리 인생도 마찬가지입니다. 갈6:9절을 보면 "우리가 선을 행하되 낙심하지 말지니 피곤하지 아니하면 때가 이르매 거두리라"

예수님 다시 오시는 날, 상급 심판받을 때, 기쁘게 면류관 받으시는 여러분 되시길 기원합니다.

03

생각의 결과

생각의 결과

차 두 대가 고속도로를 달리고 있었습니다. 하나는 고통 받는 사람을 도와주려고 달리는 앰뷸런스였고, 또 한 대는 최신식 모델의 세단이었으나, 차선을 마구 달리면서 다른 차를 추월하고 중앙선을 침범하여 위험스럽게 달리고 있었습니다. 결국은 남의 귀중한 생명을 빼앗을 사고를 저지르고 말 아주 위기의 형세였습니다. 이들 두 대의 차량의 근본적인 차이는 무엇에서 왔을까요? 엔진? 차체의 모양? 값의 차이? 아닙니다. 유일한 차이는 누가 운전석에 앉아 있느냐 입니다. 하나는 사랑과 봉사의 목적을 가진 사람이었고 또 다른 사람은 술 취한 운전사였습니다. 더럽고 악한 마음을 소유한 사람과 성령 충만하여 좋은 열매가 가득한 마음을 소유한 사람과의 삶의 차이가 바로 여기에 있습니다. 누가 삶의 운전석에 앉아서 운전을 하고 있느냐에 있습니다. 1초 후의 일도 알 수 없는 우리들이 아닙니까? 내 마음의 운전수는 창조주이시며 영원한 하나님의 아들이신 예수 그리스도이십니까? 아니면 유한하고 지치고 무거운 짐 진 연약하고 괴로운 나 자신입니까? 허물과 질병, 미움과 질투의 교차로를 달리면서 생의 목적지도 모른 체 황급하게 내달리기만 하려하는 나 자신입니까? 아니면 천국을 목적지로 그리고 영생의 길로 설정된 네비게이션대로 인도하시는 예수님이신가요?

틀린 생각을 고집하고 살다가는 결국 지옥행

하루는 한 청년이 예수님께 와서 물었습니다.

"어떤 사람이 주께 와서 이르되 선생님이여 내가 무슨 선한 일을 하여야 영생을 얻으리이까"(마19:16) 여기에서 '어떤 사람'은 부자였습니다. 그리고 눅18:18절에 보면 그는 관원이었습니다.

"어떤 관리가 물어 이르되 선한 선생님이여 내가 무엇을 하여야 영생을 얻으리이까"(눅18:18)

그는 젊고 오늘날로 말하면 국회의원이고 돈도 많고 도덕적으로도 경건한 그야말로 출세한 사람이요 세상나라에서는 누구든지 부러워할 대상인 성공한 인생입니다. 그런데 그는 예수님께 와서 영생을 얻는 방법을 물었습니다. 당시에 많은 사람들이 빵을 얻어먹고 병을 고치고자 예수님께 나왔습니다. 그러나 이 청년 부자 관원은 영생을 얻기 위해서 나왔습니다. 바로 예수님을 얻기 위해서 나왔습니다. 그가 예수님을 찾은 동기는 매우 좋았습니다. 최고의 부와 사회적인 지위를 가진 자가 이렇게 예수님께 나와 영생에 관해 묻는다는 것을 참으로 놀라운 일입니다. 사람이 돈과 명예가 있고 사회 지위가 높을수록 마음이 교만해지기 쉽습니다. 그러나 그는 그렇지 않았습니다. 그는 예수님께 달려나와 겸손히 영생을 얻기를 원했습니다. 그동안 영생을 원했지만 그의 마음속에 영생에 대한 확신은 없어서 늘 불안하기만 했으므로 예수님을 찾아 온 것입니다. 그런데 이 부자청년은 당시 유대인들의 전형적인 구원관을 보여 줍니다. 즉 당시 유대인들은 자신이 선을 행함으로 구원을 얻는다고 잘못 생각하였습니다. 그래서 그들은 율법을 수행하고 자선도 베풀었습니다. 마19:17-20절을 보면,

"예수께서 이르시되 어찌하여 선한 일을 내게 묻느냐 선한 이는 오직 한 분이시니라 네가 생명에 들어 가려면 계명들을 지키라 이르되 어느 계명이오니이까 예수께서 이르시되 살인하지 말라, 간음하지 말라, 도둑질하지 말라, 거짓 증언 하지 말라, 네 부모를 공경하라, 네 이웃을 네 자신과 같이 사랑하라 하신 것이니라 그 청년이 이르되 이 모든 것을 내가 지키었사온대 아직도 무엇이 부족하니이까"(마19:17-20)

이 부자 청년은 이 모든 것을 다 지켰다고 생각하고 살았고 그렇게 말하였습니다. 즉 다 지켰으니 영생을 얻고 장차 천국에 갈 수 있지 않는가 하고 예수님께 확답을 받고 싶은 것입니다.

이 부자청년의 착각하고 살아 온 것입니다. 비단 이런 부자청년뿐만이 아닙니다. 예수님께서 육체로 계실 때 이스라엘 백성을 이끈 지도자 계층은 예컨대 대제사장, 백성의 장로, 바리새인, 사두개인, 율법사, 서기관들이 다 그러했습니다. 이들은 다 하나님을 믿었고 구약 성경을 가르치고 설교하는 지도자들입니다. 그리고 성전을 통하여 즉 하나님 종교로 돈벌이하고 권세를 누리고 백성들의 존경을 받은 자들입니다. 그런데 영적으로는 앞을 못 보는 맹인이 다른 맹인을 인도한다고 떠드

는 어리석은 인도자들(마15:14,마23:16-17)라고 예수님은 그들의 무자와 위선을 신랄하게 지적하셨습니다. 지도층 중에 속으로는 돈을 하나님보다 좋아하면서(눅16:14) 경건한 흉내를 가장 잘 내고 다녀서 백성들에게 인정받은 바리새인들을 보면 참 어이가 없습니다. 구약 곳곳마다 인간이 율법을 다 지킬 수 없어서 예수님이 인류의 죄를 대신지시고 대속 代贖하러 죽으러 오실 것을 예언하셨는데도 자신들의 행위로 구원을 받을 것이라고 잘못 생각했습니다(눅18:10-14). 그리고 율법의 박사 博士라고 할 수 있는 대제사장과 율법사와 서기관들은 아주 작은 율법을 지키면서 가장 큰 율법, 첫 계명인 하나님이신 예수님은 부인하고 그것도 모자라 예수님을 어떻게든 죽이려했습니다(눅19:47).

마23:23~24절을 보면, "화 있을진저 외식하는 서기관들과 바리새인들이여 너희가 박하와 회향과 근채의 십일조는 드리되 율법의 더 중한 바 정의와 긍휼과 믿음은 버렸도다 그러나 이것도 행하고 저것도 버리지 말아야 할지니라 맹인 된 인도자여 하루살이는 걸러 내고 낙타는 삼키는도다"(마23:23-24)

여러분! 레위기 11장을 보면 하나님께서 정하신 부정한 생물체인 작은 곤충들은 걸러내고 같은 부정한 생물체인 낙타는 삼키는 어리석음을 풍자하여 그들의 죄를 지적하셨습니다. 그들 마음속에 믿음이 없으니 잘못된 생각을 한 것입니다. 마음의 생각이 잘못된 상태로 그들이 바다와 육지를 두루 다니며 포교활동을 잘 할수록 더 많은 사람을 지옥으로 가게 한다는 것입니다(마23:15).

어리석은 맹인들에게 길 안내받은 맹인들인 이스라엘 백성들은 예수님이 예루살렘으로 나귀타시고 입성하실 때 당시 많은 백성들은 예수께서 이스라엘의 왕이 되시기를 원했습니다. 그 분이 왕이 되시면 로마의 식민 생활에서 해방되고 굶주린 백성들의 배를 채워줄 것이고, 병든 자를 고쳐 주실 것이라고 잘못 생각하고 잘못 기대했습니다. 그들은 예수님을 보면서 소리를 칩니다. 겉옷을 벗어 예수님의 나귀가 가는 길에 깔고, 손에 종려나무 가지를 꺾어 들고 흔들면서 호산나 외칩니다(마21:9). 이렇게 열렬하게 예수님 예루살렘 입성을 환영했던 사람들이 나중에 예수님이 무력하게 죽게 생기니깐 예수를 죽이는데 찬동합니다. 유대인 명절이 되면 죄수 하나를 놓아 주는데 누구를 놓아주면 좋겠느냐고 물었습니다. 사람들은 살인자 바라바를 놓아주고 예수를 십자가에 못 박으라고 외쳤습니다(눅23:18~21).

그들은 예수를 잘못 보았다고 생각한 것입니다. 그들은 메시야 상 像을 자기들이 마음대로 만든 것이었습니다. 정치적인 메시야로 받아들었는데 죽게 생기니까 왕이 되는데 실패한 인생으로 본것입니다. 사실 자기들을 포함해서 우리들의 죄를 짊어지시고 대신 죽으러 오신 진짜 메시야인데 그들은 생각하기를 그동안 우리는 잘못 보았다. 그는 가짜 메시야였다 라고 생각한 것입니다. 만약 예수님이 십자가 같은 나무에 달려 죽으시지 않고 다른 방법으로 죽으셨다면 아마도 그렇게 많은 자들이 예수를 죽이는데 동조하지 않았을 것입니다. 신21:22~23절을 보면,

"사람이 만일 죽을 죄를 범하므로 네가 그를 죽여 나무 위에 달거든 그 시체를 나무 위에 밤새도록 두지 말고 그 날에 장사하여 네 하나님 여호와께서 네게 기업으로 주시는 땅을 더럽히지 말라 나무에 달린 자는 하나님께 저주를 받았음이니라"(신21:22~23)

그런데 예수님은 하나님 앞에 저주받으신 모습으로 죽게 되신 것입니다. 그들은 신명기 같은 모세오경은 조금 알고 있었습니다. 예수님이 나무에 달려 죽으시는데 즉 저주받은 자가 메시야일리 없다고 잘못 생각한 것입니다. 놀라운 것은 그들이 이렇게 잘못 생각할 것이 대략 B. C. 739 경 이사야서에 예언되었습니다. 사53:4절을 보십시오. "그는 실로 우리의 질고를 지고 우리의 슬픔을 당하였거늘 우리는 생각하기를 그는 징벌을 받아 하나님께 맞으며 고난을 당한다 하였노라"(사53:4)

예수님이 하나님 앞에 저주받으신 것은 맞는데 우리 대신 저주받는 것을 알지 못한 것입니다(갈3:13). 예수님은 우리 죄를 대신 짊어지시고 십자가상에서 피 흘리신 것입니다.

사53:5~6절 말씀을 보면, "그가 찔림은 우리의 허물 때문이요 그가 상함은 우리의 죄악 때문이라 그가 징계를 받으므로 우리는 평화를 누리고 그가 채찍에 맞으므로 우리는 나음을 받았도다 우리는 다 양 같아서 그릇 행하여 각기 제 길로 갔거늘 여호와께서는 우리 모두의 죄악을 그에게 담당시키셨도다"(사53:5-6)

그리하여 우리가 예수 그리스도 안에서 아브라함이 받은 복을 받고 성령의 약속을 받게 된 것입니다. 갈3:13~14 절을 함께 읽겠습니다.

"그리스도께서 우리를 위하여 저주를 받은 바 되사 율법의 저주에서 우리를 속량하셨으니 기록된 바 나무에 달린 자마다 저주 아래에 있는 자라 하였음이라 이는 그리스도 예수 안에서 아브라함의 복이 이방인에게 미치게 하고 또 우리로 하여금 믿음으로 말미암아 성령의 약속을 받게 하려 함이라"(갈3:13-14)

돌발질문

여러분! 함께 생각해 보십시다. 지금 비행기 안입니다. 미국으로 가는 비행기인데 추락하여 다 죽게 되었습니다. 죽음 직전에 이런 생각을 한번 해보겠습니다. 죽은 후에 하나님 앞에 서있다고 생각하십시다. 하나님께서 묻습니다. 당신은 천국가고 싶은가? 당연히 네 하고 대답할 것입니다. 하나님께서 계속 묻습니다. 어떤 이유 때문에 당신을 천국으로 가게 할 수 있다고 생각하는가?

어떻게 대답하시겠습니까?

첫 번째 대답은 "나는 교회 다녔습니다. 나는 집사였습니다. 교회에서 봉사활동을 많이 했습니다. 나는 성경도 많이 알고 기도도 많이 했습니다. 나는 주일성수도 잘하고 십일조도 꼬박꼬박 잘 냈습니다. 그리고 나는 상대적으로 착하게 살았습니다." 이런 답을 한다면 당신은 본문의 부자청년처럼 잘못된 구원관으로 살아왔다는 것입니다. 이와 달리 두 번째 답은 "예수님께서 나의 죄를 짊어지시고 나 대신 형벌을 받으셨습니다. 그래서 나는 죄의 벌을 받는 장소인 지옥에 갈 이유가 없습니다. 나는 당연히 죄 용서받은 자가 가는 천국에 갈 수 밖에 없습니다. 그것이 하나님의 약속이니까요." 이런 내용의 답이 유일하게 천국 갈 모범 답안입니다. 여러분은 첫 번째 대답을 한 사람인가요? 아니면 두 번째 답을 한 사람인가요?

첫 번째 답을 하셨다면 꼭 『영생의 길』 같은 책을 구하셔서 기도하시고 배우시면서 복음을 깨닫고 영생을 얻으시길 권합니다.

여러분! 예수님은 말씀하시는 수준과 본문에 나오는 부자청년이 생각하는 기준을 다릅니다. 그는 사람을 죽이지 않은 것을 살인이라고 생각하였습니다. 그러나 성경은 남을 미워하면 살인이라고 하셨습니다.

"그 형제를 미워하는 자마다 살인하는 자니 살인하는 자마다 영생이 그 속에 거하지 아니하는 것을 너희가 아는 바라"(요일3:15)

그는 여자와 육체적으로 잠을 자지 않으면 간음을 행하지 않았다고 생각하였습니다. 그러나 예수님은 마음에 음욕을 품지 않아야 간음을 하지 않은 것이라고 하였습니다.

"또 간음하지 말라 하였다는 것을 너희가 들었으나 나는 너희에게 이르노니 음욕을 품고 여자를 보는 자마다 마음에 이미 간음하였느니라"(마5:27~28)

그는 살아 계신 하나님 앞에서 자신을 발견하지 못하고 인간 예수님 앞에서 자신을 발견하지 못하였습니다.

첫 계명이 무엇입니까?

"너는 나 외에는 다른 신들을 네게 두지 말라"(출20:3)

그는 첫 계명도 지키지 못한 자신을 발견하지 못했습니다. 하나님의 눈으로 볼 때 그 청년관원은 사실상 한 계명도 지키지 못하고 있습니다. 약2:1011절을 함께 보겠습니다.

"누구든지 온 율법을 지키다가 그 하나를 범하면 모두 범한 자가 되나니 간음하지 말라 하신 이가 또한 살인하지 말라 하셨은즉 네가 비록 간음하지 아니하여도 살인하면 율법을 범한 자가 되느니라"(약2:10-11)

그는 할 일을 다 했는데 왜 자신은 영생을 얻을 수 없는가 되묻습니다. 내가 무엇이 부족한가를 묻습니다. 우리의 생각을 하나님의 생각이 담긴 하나님의 말씀을 거울로 삼고 비춰봐야합니다. 하나님의 말씀을 저울이나 자로 삼고 재봐야합니다. 틀린 생각이면 곧바로 버려야 합니다. 예수님은 이런 그에게 다시 한 번 그에게 그의 죄를 알려 주십니다.

예수께서 이르시되 "네가 온전하고자 할진대 가서 네 소유를 팔아 가난한 자들에게 주라 그리하면 하늘에서 보화가 네게 있으리라 그리고 와서 나를 따르라"(21절) 하셨습니다. 21절에 보면 모든 율법을 다 지켰다고 하면서 구원을 위해 '아직도 무엇이 부족한지를 묻는 청년에게 예수님께서는 "네가 온전하고자 할진대 가서 네 소유를 팔아 가난한 자들을 주라"고 하셨습니다. 마가는 예수님께서 그를 보시고 '사랑하사' 이렇게 말씀 하신 것으로 적고 있습니다(막10: 21). 이는 주의 나라를 사모하며 이를 위해서 애쓰는 사람들에게 보이시는 주의 관심이 어떤 것인지 알게 합니다. 그러나 주님의 이 말씀은 한편으로 부자 청년의 계명 준수가 불충분함을 암시해 주기도 합니다. 막10: 21의 "네게 오히려 한 가지 부족한 것이 있으니"라는 말씀은 이를 증명해 줍니다. 이 부자청년은 돈을 하나님 보다 더 귀히 여기고 사랑하는 우상숭배하는 중인 즉 실패중인 인생이 었습니다. 오늘날도 교회 안에서 예배드리고 있는 교인들 중에도 예수님을 그리스도로 그리고 인생의 주인으로 모시고 살지 않은 사람은 절에 가서 불공드리는 것과 똑같이 장소만 예배당이지 우상숭배 중에 있는 것입니다. 하나님께서 모든 것을 지으시되 때를 따라 아름답게 하셨고 또 사람들에게는 영원을 사모하는 마음을 주셨습니다. 전3:11절을 보면, "하나님이 모든 것을 지으시되 때를 따라 아름답게 하셨고 또 사람들에게는 영원을 사모하는 마음을 주셨느니라 그러나 하나님이 하시는 일의 시종을 사람으로 측량할 수 없게 하셨도다"(전3:11). 그래서 누구든지 원래는 영원히 살고 싶어서 천국과 지옥이 있다면 천국가고 싶은 것입니다. 그리고 하나님께서 우주만물을 창조하신 때부터 그의 영원하신 능력과 신성이 하나님께서 만드신 만물에 분명히 보여 알려져 있으므로 누구도 하나님의 존재를 핑계할 수 없을 뿐 아니라 "창세로부터 그의 보이지 아니하는 것들 곧 그의 영원하신 능력과 신성이 그가 만드신 만물에 분명히 보여 알려졌나니 그러므로 그들이 핑계하지 못할지니라"(롬1:20) 그리고 양심의 소리를 들으면 "하나님은 살아계시다" 하십니다. 그리고 하나님은 우리 마음에 법을 새겨서 옳은 행위와 틀린 행위를 분별할 수 있게 하셨습니다.

"이런 이들은 그 양심이 증거가 되어 그 생각들이 서로 혹은 고발하며 혹은 변명하여 그 마음에 새긴 율법의 행위를 나타내느니라"(롬2:15). 그런데 그 생각이 허망하여지고 미련한 마음이 어두워져서 "그 생각이 허망하여지며 미련한 마음이 어두워졌나니 스스로 지혜 있다 하나 어리석게 되어"(롬1:21-22) 스스로 지혜있다하나 마음의 어리석게 되어 마음의 귀를 틀어막고 그의 마음에 스스로 말하기를 시14:1절 말씀처럼 "하나님이 없다"라고 잘못 생각하고 살다가 지옥갑니다. "어리석은 자는 그의 마음에 이르기를 하나님이 없다 하는도다 그들은 부패하고 그 행실이 가증하니 선을 행하는 자가 없도다"(시14:1)

그런데 본문에 나온 부자 청년은 하나님은 믿으면서 예수님을 그리스도로 믿지 않으므로 지옥 가는 전형적인 사례입니다. 그러나 예수님을 그리스도로 생각하지 않고 마음에 영접하지 않은 자는 사실상 하나님을 믿지 않은 자라고 하셨습니다(요14:7-9).

"내가 진실로 진실로 너희에게 이르노니 내가 보낸 자를 영접하는 자는 나를 영접하는 것이요 나를 영접하는 자는 나를 보내신 이를 영접하는 것이니라"(요13:20)

지옥에 가는 자들 중에는 그가 상대적으로 아무리 법없이도 착하게 살았던 사람이라 해도 계시록 21:8절을 보면 '믿지 아니하는 자들'이 들어 있습니다.

"그러나 두려워하는 자들과 믿지 아니하는 자들과 흉악한 자들과 살인자들과 음행하는 자들과 점술가들과 우상 숭배자들과 거짓말하는 모든 자들은 불과 유황으로 타는 못에 던져지리니 이것이 둘째 사망이라"(계21:8). 왜냐하면 단 한 번의 죄를 지어도 죄의 삯은 사망(롬6:23), 곧 영원한 지옥이기 때문입니다. 믿음으로 죄 용서 받지 않은 사람은 천국 갈 방법이 없습니다. 예수님은 부자 청년을 사랑하셔서 그가 영생을 얻게 하시려고 그 길을 알려 주십니다. 그에게 네가 온전하고자 한다면 가서 네 소유를 다 팔아 가난한 자들에게 주라고 하셨습니다. 즉 우상을 숭배하는 죄를 버리고 회개하고 하나님 한 분만 섬기라고 하신 것입니다. 그러면 영생을 얻을 것이라고 하셨습니다. 이 말씀은 모든 사람들에게 적용되는 것이 아닙니다. 모두가 모든 재산을 팔아서 주님께 드리지 않아도 영생을 얻은 사람이 많습니다. 예수님은 이 명령을 또 다른 사람들에게 주시지 않았습니다. 이 부자청년의 근본문제가 우상숭배 문제이기 때문에 이 사람에게 이 명령을 주셨습니다. 그의 근본문제는 하나님보다 돈을 더 사랑하는 것입니다. 이 청년은 우상을 섬기고 있었습니다. 한 하인이 두 주인을 섬길 수 없습니다.

"집 하인이 두 주인을 섬길 수 없나니 혹 이를 미워하고 저를 사랑하거나 혹 이를 중히 여기고 저를 경히 여길 것임이니라 너희는 하나님과 재물을 겸하여 섬길 수 없느니라"(눅16:13)

그 청년에게 재물은 사실상 하나님이었습니다. 하나님보다 더 사랑하는 것이 있다면 그것은 욕심이고 우상숭배이며 무엇이든지(하나님보다 더 사랑하고 의지하는 것이, 돈, 명예, 세상쾌락, 학위, 어떤 사람이든) 죄입니다. 예수님을 믿고 따르는데 방해되는 것이 있으면 그것은 죄입니다. 그것을 포기할 수 있어야 합니다. 하나님을 믿고 따르는데 방해된다면 자녀의 뜻도 포기할 수 있고 재물도 포기할 수 있고 부부나 부모의 우선권도 포기할 수 있어야 합니다(막10:29-30). 자존심이나 명예심도 포기할 수 있어야합니다. 돈도 마찬가지입니다. 우리는 예수님을 믿는다는 말의 의미가 무엇인지 이해해야 합니다.

주 예수를 믿으라

행16:31절을 보면 "주 예수를 믿으라"(행16:31). 이 말씀은 구원의 유일한 조건인데, 여기서 우리는 '주 主' 라는 단어에 주목해야 합니다. '주'는 종의 반대 개념으로 '주인' 이라는 뜻입니다. 따라서 예수님을 믿는다는 것은 그분으로 하여금 자기 인생의 주인이 되시게 하는 것을 의미합니다. 많은 기독교인들이 주 예수님을 믿는다고 말하면서도 생활에 변화가 없다면 그것은 믿음에 문제가 있는 것이 분명합니다. 우리를 구원에 이르게 하는 믿음은 예수님을 자기 인생의 주인으로 영접하는 것이며(요1:12), 이 사람들에게는 구원 얻은 표적으로 변화가 나타납니다. 생활이 바뀌게 되는 것입니다. 생각이나 마음도 바뀌고 가치관과 세계관도 살아가는 방식 또한 바뀝니다(고후5:17). 번쩍인다고 모두 보석이나 금은 아닌 것처럼 교회에 다닌다고 모두가 천국 갈 성도는 아닙니다. 모양은 성도처럼 보여도 성도가 아닌 이들이 많습니다. 가치관이나 생활에 변화가 없는 이들이 곧 그들입니다. 예수님을 믿는다고 하면서도 자기를 부인할 줄 모르고 세속적인 것에 집착하는 이들이 그들입니다. 바울은 "내게 사는 것이 그리스도니 죽는 것도 유익하다"(빌1 :21)고 외쳤는데, 예나 지금이나 구원 얻은 성도는 모두 이와 같이 말합니다. 영생에 이르는 온전한 성도가 되기를 원하는 자마다 자기를 부인하고 예수님을 자기 인생의 주인으로 모셔 들여야 합니다. 그러나 마19:22절을 보면, "그 청년이 재물이 많으므로 이 말씀을 듣고 근심하며 가니라"(마19:22)

여러분!

여인이 낳은 자 중에 가장 지혜가 있었다는 솔로몬은 이스라엘 왕국의 제 3대 왕으로, 기원전 971년부터 기원전 931년까지 이스라엘 왕국을 다스린 왕입니다. 그는 자기 생각대로 성공과 행복을 찾아 영화와 권세와 부귀와 예술과 쾌락의 극치를 탐닉한 오복의 상징 같은 인물이었습니다. 1,000명의 처첩과 황금 궁전에 정원을 가꾸고, 집과 포도원, 동산, 각종 과목과 삼림과 연못, 가축, 노예들 금은보석, 노래하는 남녀, 무엇이든지 내 눈이 원하고 마음이 즐거워하는 것을 금하지 아니하고(전 2:8), 먹고 즐거워하는 일이 누가 나보다 승하랴(2:25). 그러나 그는 하나님 밖에서의 부귀영화 끝에 오는 허무를 절감하며 탄식합니다. "전도자가 이르되 헛되고 헛되며 헛되고 헛되니 모든 것이 헛되도다"(전1:2). 이렇게 그는 쾌락주의 인생의 극한에서 허무의 심연을 체험합니다. 그가 크게 깨달은 것은 성공한 인생이 되려면 사람의 본분을 다하는 것인데 그것은 하나님을 경외하고 그 명령을 지키는 일(전12:13)이었습니다. 수많은 현대인들은 힘을 다해 돈과 육체의 쾌락과 지식과 명예를 얻을수록 성공하고 행복한 것인 줄 압니다. 그리고 비정한 생존의 각축장에서 이리 뛰고 저리 뛰지만 다 작은 솔로몬에 불과합니다. 본문에 나오는 부자청년도 작은 솔로몬에 불과했습니다. 우상을 버리고 하나님 품에 돌아오지 않으면 진정한 행복은 없습니다. 인생의 실패중의 실패는 지옥 가는 영원한 불행입니다(마25:46). 그렇습니다. 이 세상에 부귀, 공명, 권세가 있다고 사는 환경이 좋다고 반드시 행복한 것이나 성공한 인생이 아닙니다.

여러분! 온 천하를 얻어도 생명을 잃으면 무슨 소용이 있겠습니까?

영원히 찬양할 예수 그리스도

다시 마19장 본문으로 돌아갑니다. 부자청년이 떠난 후 23절을 보면 "예수께서 제자들에게 이르시되 내가 진실로 너희에게 이르노니 부자는 천국에 들어가기가 어려우니라."(마19:23) 그리고 이 말씀을 설명하기 위해서 한 가지 비유를 드셨습니다. 24절입니다. "다시 너희에게 말하노니 낙타가 바늘귀로 들어가는 것이 부자가 하나님의 나라에 들어가는 것보다 쉬우니라 하시니."(마19:24)

낙타는 당시 팔레스틴에서 가장 큰 동물이고, 바늘귀는 가장 작은 구멍입니다. 가장 큰 동물인 낙타가 가장 작은 구멍인 바늘귀에 들어 간다고 하는 것은 절대 불가능한 것을 나타내는 것입니다. 고로 가난한 자는 천국 들어가기 쉽다는 뜻으로 말씀하신 것이 아니라 인간의 행위 로는 절대 천국 못 들어간다는 의미를 강조하신 것입니다. 인간의 행위 로는 사람 중에 가장 능력 있는 자로 여김을 받는 부자, 그리고 당대의 유대인들의 전통 관념 속에는 부자는 하나님의 축복을 받는 자인데 부자 도 인간의 의로는 절대 천국 못 간다는 뜻입니다. 가히 율법주의를 단칼 에 찌르는 요즘 말로 표현한자면 신의 한 수 같은 유머였습니다. 예수님 이 이 비유의 말씀을 하시자 제자들이 '몹시' 놀라 물었습니다. 25절을 보면 "제자들이 듣고 몹시 놀라 이르되 그렇다면 누가 구원을 얻을 수 있으 리이까."

유대인들의 지혜사상에 의하면 재물과 부는 하나님의 축복이요, 가난과 빈곤은 하나님의 저주를 의미합니다. 그 실례로 부자였던 욥이 고난을 당하게 되자 사람들은 그가 하나님의 벌과 저주를 받았다고 믿었 습니다(욥5:17). 따라서 유대인에게 있어서 가난은 '불편함' 이전에 '부끄 러움과 멸시'의 대상이었습니다(잠19:7, 23). 그러므로 예수님의 부자에 대한 경고와 재물 포기와 가난으로의 권유는 제자들에게 새롭고도 놀라운 메시지였던 것입니다. 그래서 제자들은 뒤통수를 얻어맞은 것처럼 "몹시 놀랐던" 것입니다. 그들은 부유 富裕를 하나님의 축복으로 여기 는데 즉 부를 추구하지 않는 유대인은 하나도 없을 텐데, 부자가 천국에 들어가는 것이 그렇게 어렵다면 도대체 "누가 구원을 얻을 수 있겠느냐?"는 것입니다. 이 질문에 예수님께서 대답하십니다. 26절입니다. "예수께서 그들을 보시며 이르시되 사람으로는 할 수 없으나 하나님으로서는 다 하실 수 있느니라."

구원 사역은 하나님께서 하시는 일입니다. 하나님은 이와 같이 능히 부자도 구원할 수 있습니다. 그러므로 단지 부자이기 때문에 구원받지 못하는 것이 아닙니다. "부자가 낙타가 바늘귀로 들어가는 것보다 어려운 것"은, 많이 가지고 있기 때문이 아니라 재물을 자기의 신 神으로 삼았기 때문입니다. 많은 명예와 권력을 가지고 있기 때문이 아니라 그것에 자기 자신을 맡겼기 때문입니다. 주님은 20장 28절에서 "인자가 온 것은, 자기 목숨을 많은 사람의 대속물로 주려 함이니라"(마20:28)하고, 하나님이 하시는 방법을 말씀하십니다. 로마서 8장 3절을 보면 "율법이 육신으로 말미암아 연약하여 할 수 없는 그것을", 합니다. 율법이 할 수 없는 것이 있다는 것입니다. 그것은 영생, 구원을 주는 일, 즉 의롭다함을 얻게 못합니다. 율법은 기능은 마치 체온계처럼 몸의 온도를 재주는 일만 하지 펄펄 끓는 몸의 열을 내려 줄 수는 없는 것과 같습니다(롬3:20). 그것이 율법의 책임이 아니라, "육신의 연약으로 말미암아" 율법을 행할 수 없는 우리에게 있다는 것입니다. "그것을 하나님은 하시나니", 어떻게 해주셨나요? "곧 죄를 인하여 자기 아들을 죄 있는 육신의 모양으로 보내사 육신에 죄를 정하사"(롬 8:3) "육신을 따르지 않고 그 영을 따라 행하는 우리에게 율법의 요구가 이루어지게 하려 하심이니라"(롬8:4) 이라고 말씀합니다. 율법의 요구가 죽음입니다(롬6:23). 우리의 죄짐을 지신 예수께서 피를 흘려야 합니다(히9:22). 그래서 예수님이 천사의 몸으로 오신 것이 아니라 이 땅에 사람 몸으로 오셨습니다. 우리의 죄의 짐을 짊어지시고 대신 피를 흘리셔서 죽으심으로 죄의 값을 치르셨습니다(요19:30). 그리고 우리 대신 죽으시고 부활의 생명을 주신 것입니다. 그리스도 안에서 영생을 선물로 주신 것입니다(롬5:21).

믿음 vs 율법주의

오늘날 "믿음으로 구원받는다"고 말은 하면서도 실제로는 적지 않은 교인들이 행함 있는 믿음이 있어야 한다며 갈라디아 교인들 일부처럼 율법주의로 돌아갑니다. 오늘날도 이런 신新율법주의자들이 교회안 밖으로 적지 않습니다. 그들이 즐겨 인용하는 성경은 두 구절인데 첫 번째는 약2:26절입니다. "영이 없는 몸이 죽은 것처럼 행동이 따르지 않는 믿음은 죽은 것입니다." 그러나 먼저 약2:21절을 보십시오. "우리 조상 아브라함이 아들 이삭을 제단에 드릴 때 그가 행한 일로 의롭다는 인정을 받지 않았습니까?"

이 구절은 오랫동안 논쟁이 되어 왔습니다. 사실 야고보서하고 논쟁 하는 것 같은 느낌을 가지게 됩니다. 그래서 마틴 루터 Martin Luther는 야고보서를 읽다가 롬1:17절을 통해 오직 믿음으로 믿음에 이르는 칭의 稱義 개념을 이해한 그는 "야고보서를 지푸라기 서신이라"고 표현했습니다. 그랬더니 칼뱅 John Calvin은 "루터는 성경을 끝까지 다 읽지 않고 말했다"고 평했습니다. 그럼 야고보서가 특별히 강조한 점이 무엇입니까?

아브라함의 사건을 바울은 로마서에서 "아브라함이 믿음으로 의롭다 함을 얻었다"고 말했습니다. 이 말씀은 창15:6절과 관련된 것입니다. 하나님께서 아브라함에게 분명히 아들을 주시겠다고 했는데 그 아들이 없었습니다. 아브라함은 초조해지기 시작했습니다. 그런데 어느 날 하나님께서 아브라함에게 나타났습니다. 그리고 아브라함을 천막 밖으로 데리고 나와서 "아브라함아." "네, 하나님." "저 하늘의 별들을 세어 보아라." 하나님은 아브라함에게 "네 자손이 저 별처럼 많아질것이다."(창15:5)고 약속하셨습니다. 아브라함은 그 언약을 믿었습니다. 그 순간 하나님은 아브라함의 믿음을 의로 여기셨습니다. 다시 말하면 하나님의 말씀을 근거로 아브라함은 믿었고, 하나님은 이 믿음을 귀하게 보셨습니다. 그리고 아브라함을 "의롭다" 칭찬하셨습니다(갈3:6). 그런데 야고보서 2장의 말씀을 그 사건과 같은 사건으로 생각하기가 쉽습니다. 그러나 자세히 읽어보면 장소와 환경이 다른 경우인 것을 발견할 수 있습니다. 야고보서 2장에 언급한 아브라함의 성경 배경은 창세기 22장의 내용입니다. 하나님의 명령에 따라 아브라함이 그 아들이삭을 모리아 산에 제물로 바치는 장면이 나옵니다. 야고보서는 이렇게 말했습니다. "여러분도 알고 있듯이 그의 믿음에는 행동이 따랐으며 그것으로 그의 믿음이 완전하게 되었습니다."(약2:22) 했습니다. 그러니까 창세기 15장에서 아브라함이 하나님께 믿음으로 의롭다 함을 받은 사실이 온전하게 드러난 사건은 바로 창세기 22장에서 이삭을 바칠 때입니다. 이삭을 바치라는 하나님의 의도를 아브라함은 잘 이해할 수가 없었을 것입니다. 그러나 아브라함은 신실하신 하나님으로 믿었습니다. 이삭을 번제로 드려 재가 된다 하더라도 하나님의 약속대로 약속의 자손을 통해서 하늘의 별과 같이 바다의 모래같이 많은 자손을 주실 것이라는 이 믿음은 그의 이삭을 정말로 바치려는 그 행함을 통해서 온전히 나타났습니다. 여러분 아브라함도 우리와 같은 죄인이었습니다. 하나님의 명령대로 아들 바치는 것은 율법으로 보면 '살인하지 말라'는 계명을 범하는 모순된 내용입니다. 율법주의자들이 말하는 행함으로 구원받는 것이 전혀 아닌 것입니다. "그러나 우리는 사람이 율법을 지켜서 의롭게 되는 것이 아니라 예수 그리스도를 믿음으로 의롭게 된다는 것을 알기 때문에 우리도 그렇게 되려고 예수 그리스도를 믿고 있습니다. 그 누구도 율법을 지켜서 의롭게 될 사람은 없습니다."(갈 2:16) 그러므로 로마서와 야고보서는 대립적인 내용이 아니라 상호 보완적입니다. 야고보서 기자는 믿음이 뿌리라면 믿음의 뿌리에서 행함이란 열매가 있어야 할 것을 우리에게 가르치고 있습니다. 23절에 그래서 "아브라함이 하나님을 믿었으므로 하나님은 이 믿음 때문에 그를 의롭게 여기셨다"는 성경 말씀이 이루어졌고 그는 하나님의 친구로 불려졌습니다(약2:23).

성경은 아브라함이 하나님을 믿어서 의롭다 여김을 받은 사실이 이에 비로소 응하여진 것을 설명하고 있습니다. 그래서 아브라함은 '하나님 의 벗'이라는 영광스러운 칭호까지 얻게 된 것입니다. 24절에 "따라서 사람이 의롭다는 인정을 받는 것은 행동으로 되는 것이지 믿음만으로 되는 것이 아닙니다." 했습니다. 이 말씀은 믿음이 행함으로 온전하게 된다 는 사실을 말해 주고 있습니다. 참 믿음을 가진 사람에게는 반드시 행함 이 있습니다. 그런데 많은 사람이 오해하는 것은 의롭다 인정받는 것 은 행동이라고 하니까 구원받는 길을 율법 지키는 것으로 어리석은 갈라디아 일부 교인들처럼 돌아간다는 사실입니다(갈3:3).

그것이 결코 아님을 야고보서는 이렇게 설명합니다. 야고보서 기자는 2장 25절에서 기생 라합의 예를 들고 있습니다. 아브라함이 유대인이 라면 기생 라합은 여리고 사람으로서 여호수아가 보낸 정탐꾼들을 보호해 준 여인입니다(수6:17, 23). 수많은 믿음의 사람이 있지만 굳이 라합 의 경우를 예로 든 것은 유대인 중에 한 명 아브라함, 이방인 중에 한 명 라합을 뽑아서 균형을 맞추려는 의도로 보입니다. 그리고 남자인 아브라함과 여자인 라합을 함께 언급함으로서 성적인 배려도 고려했 다고 볼 수 있습니다(약2:15). 어쨌거나 라합의 경우에도 자신의 속에 있 는 믿음을 '정탐꾼들의 보호' 라는 실제적인 행동을 통하여 구체적으로 보여준 여성임에 틀림없습니다. 여호수아가 여리고성을 점령할 때의 일입니다. 정탐군 둘이 여리고 성을 정탐하러 들어갔습니다. 당시의 최 강대국이었던 애굽을 탈출한 백성들이 그들의 신 여호와와 함께 여리고로 쳐들어온다는 소식을 들었기 때문입니다. 여리고 성 사람들은 이 소식을 듣고 간담이 녹았습니다. 그래서 성문을 굳게 닫아걸고 있었습니다. 이때 정탐꾼이 성벽 위에 살던 라합의 집에 들어간 것입니다. 이때 라합은 이들에게 이렇게 자기의 믿음을 고백했습니다. 여호수아서은 이렇게 기록되어 있습니다. "그 정찰병들이 잠들기 전에 라합은 옥상으로 올라가 그들에게 말하였다. 나는 당신들의 하나님이 이 땅을 이미 당신들에게 주신 줄로 압니다. 우리는 당신들을 두려운 존재로 여기고 있습니다. 이 땅에 사는 모든 사람들이 이스라엘이란 말만 들어도 무서워 떨고 있답니다. 우리는 당신들이 이집트를 탈출해 나오던 때에 여호와께서 당신들 앞에서 홍해 물을 말리셨다는 이야기를 들었어요. 어디 이뿐이겠습니까! 우리는 당신들이 요단 동쪽에 있는 두 아모리 왕, 시혼과 옥을 어떻게 처치했는지도 다 들었습니다. 그런 말을 듣는 순간 우리는 당신들이 무서워 정신을 잃고 말았답니다. 정말 당신들의 하나님 여호와야말로 천하에서 제일 가는 신이십니다. 그래서 내가 당신들에게 한 가지만 부탁하겠습니다. 내가 당신들을 도와 호의를 베풀었으니 당신들도 나에게 은혜를 베풀어 여리고가 정복당할 때 나와 내 가족과 친척을 모두 살려 주겠다고 당신들의 하나님 여호와의 이름으로 맹세하고 믿을 만한 표를 주세요."(수2:8-12)

라합은 여호와 하나님은 누구신지를 라합은 알았습니다. 세상 어떤 신도 할 수 없는 일을 하신 하나님, 그 무엇보다 비교할 수 없이 뛰어나신 분이 여호와 하나님임을 알았습니다. 여호와 하나님은 그녀에게 복음이었습니다. 하나님께서 가나안을 정복하라고 뜻을 정하셨을 때, 가나안에 살고 있는 사람이 할 수 있는 유일한 소망은 그 전쟁으로부터 구원받는 것뿐입니다. 노아의 홍수 심판이 결정되었을 때 이 세상에 살고 있던 사람이 할 수 있는 유일한 소망도 구원받는 일뿐입니다. 하나님께서 정하신 뜻은 변론의 대상이 아니라 오직 순종의 대상일 뿐임을 알게 된 것입니다. 그러므로 라합이 자기 가족을 부탁한 것은 단순하게 자기 친족만 살 길을 궁리한 것이 아니라, 하나님의 절대주권과 하나님하시는 일의 선함을 받아들이는 행동입니다. 가나안 사람으로 선택할 수 있는 유일하게 선한 행동인 것입니다. 그 결과 그녀는 믿음의 행동을 했습니다. 정탐꾼을 숨겨 주고 자기의 보호를 요청했습니다. 그리고 여호와 하나님으로 맹세할 것을 요구했습니다. 결국 라합은 이스라엘의 하나님께로 돌아서서 하나님의 편이 된 것입니다. 이렇게 믿음은 하나님의 능력을 신뢰하는 것입니다. 하나님의 약속 뿐 아니라 하나님의 능력을 믿어 자신의 삶과 운명을 하나님께 전적으로 내어 맡기는 것입니다. 이것이 바로 참다운 믿음입니다. 라합이 정탐꾼을 영접한 것도 일종의 믿음의 행위였습니다. 그녀의 믿음 때문에 용기 있는 행위가 가능할 수가 있었습니다. 라합은 지금까지 하나님에 관해서 들었습니다. 그래서 믿음이 생겼고(롬10:17) 그는 행동했습니다. 목숨을 걸고 한 행동이었습니다.

아브라함과 라합의 예는 믿음과 행함은 서로 모순되는 것이 아니라 참 믿음의 뿌리에서 행함의 열매가 맺는다는 사실을 보여 주는 것입니다. 라합은 여자고 이방인이요, 타락한 삶을 사는 기생이었습니다. 율법의 기준으로만 보면 라합이 제9계명을 어기면서 즉 여리고 왕과 군대에게 거짓말(수2:5)을 하여 살게 된 것입니다. 율법을 지켜서 구원받은 게 아니라 도리어 율법을 범했습니다. 그런데 성경이 그녀가 몸을 팔아 기생 질하며 살아 온 것이나 거짓말로 목숨 구하는 것을 지지하는 것이 아니라 그녀가 율법을 준행해서 구원받은 것이 아니라 믿음으로 구원받았다는 것을 강조하는 것입니다.

여러분! 예수님의 보혈의 공로를 믿지 못하고 단 0.00001%라도 인간의 공로와 행위를 보테서 구원받으려고 시도하는 것은 예수님의 보혈을 능욕하는 구원받지 못할 믿음입니다. 하나님 말씀은 이런 자들에게 엄히 경고합니다. 히10:29절을 보십시오.

"하물며 하나님의 아들을 짓밟고 자기를 거룩하게 한 계약의 피를 깨끗지 않은 것으로 여기고 은혜를 주시는 성령님을 모욕한 사람이 받을 형벌이 어찌 더 무겁지 않겠습니까?"(히 10:29)

죄인 된 인간이 유일하게 구원받을 행동은 하나님께 회개하고 예수님을 그리스도로 믿고 영접하는 행위입니다(요1:12). 라합이 성벽 창문에 드리운 붉은 줄은(수2:21) "나는 상천하지의 하나님을 믿습니다. 나는 당신의 뜻을 따릅니다. 나는 하나님을 영접합니다. 나를 구원하여 주옵소서" 하는 신앙의 고백입니다. 우리가 하나님을 믿는다는 고백은 이런 고백을 뜻합니다. 그러므로 행함 있는 믿음을 율법을 지켜서 구원받는 것으로 왜곡해서는 안 됩니다. 라합처럼 온 몸과 마음을 다해 그분을 선택하고 있습니까?

율법주의자나 이단들이 많이 인용하는 또 다른 대표적인 구절이

마7:21절입니다.

"내게 주여, 주여 한다고 해서 모두 다 하늘 나라에 들어갈 것이 아니라 하늘에 계신 내 아버지의 뜻을 실행하는 사람만 들어갈 것이다."(마 7:21)

여러 이단들은 '내 아버지의 뜻'을 율법이나 계명으로 해석하고 율법을 지켜서 구원받은 것으로 가르치나 성경은 언제나 구원의 유일한 조건은 예수 그리스도를 오직 믿음으로 영생을 얻는 것이라고 갈1:4 등에서 가르치고 있습니다.

"그리스도께서는 우리 하나님 아버지의 뜻을 따라 우리를 이 악한 세상에서 구원하시려고 우리 죄를 위해 자기를 바치셨습니다."(갈 1:4)

또 요6:40에서는 예수께서 말씀하시기를 "사실 내 아버지의 뜻은 아들을 보고 믿는 사람마다 영원한 생명을 얻는 것이다. 그리고 나는 마지막 날에 그들을 다시 살릴 것이다."라고 하여 '아버지의 뜻'을 분명히 밝히셨습니다. 하나님의 뜻이란 예수를 믿어 영생을 얻으라는 것입니다. 그리고 예수님께서 영생을 얻는 길에 대해서도 이렇게 말씀하셨습니다.

"영원한 생명은 한 분밖에 없는 참된 하나님이신 아버지와 그리고 아버지께서 보내신 예수 그리스도를 아는 것을 말합니다."(요17:3)

여기에서 헬라어 '안다'는 말은 '오이다 οἶδα'와 '기노스코 γινώσκω'가 있습니다. '오이다'는 이성 理性적인 이해의 의미이고 '기노스코'는 전인적인 경험과 인격적으로 대상의 존재를 다 안다는 의미의 말입니다. 필자가 뉴스를 통해 우리나라 대통령의 활동을 알지만(오이다) '기노스코' 의미로는 그분과 나는 서로 모르는 관계인 것과 마찬가지입니다. '기노스코'에 상응하는 히브리어 '야다' 동사는 때로 부부간의 성적인 연합을 의미합니다(창4:1). 따라서 부부간에 서로를 '안다'고 하는 것은 육체적이고 심리적이고 영적인 연합을 말합니다. 그러므로 "유일하신 참 하나님과 그의 보내신 자 예수 그리스도를 안다"는 것은 하나님과 예수 그리스도를 마음속에 영접하여 인격으로 연합하고 교제하는 것을 말합니다. 이것이 하나님과 예수 그리스도를 믿는다는 개념입니다. 즉 아는 것이 믿는 것이고 바로 하나님을 알고 예수 그리스도를 아는 것이 곧 영생이라는 의미입니다. 그러므로 하나님을 믿지 않는 사람은 죽은 자요, 불쌍한 자요, 살았으되 생명이 없는 자인 것이고 하나님을 아는 자, 곧 하나님을 믿는 자는 영생을 소유한 사람인 것입니다. 죽어서 영생하는 것이 아니라 그리스도와 교제하는 시간이 영생의 시간이며, 그리스도와 교제하는 시간부터 영생이 천국까지 출발되는 것이며 천국에서도 영원한 것입니다.

율법은 축복

우리는 '율법'이라는 단어를 들으면 반사적으로 부정적인 어감으로 느낍니다. 이유는 원어적 의미가 신학과 교리에 의해 왜곡된 경우가 많았기 때문입니다. A. D. 50년경에 구약성경을 헬라어 성경으로 번역할 때 '토라ㄱㄱㅠ'는 본래 화살을 쏘다, '가르침'Teaching 또는 '지시' Instruction라는 뜻을 갖고 있는데 구약성경의 모든 '토라'를 율법 Law으로 번역했습니다. 그래서 실제 토라가 갖고 있는 다양한 의미와 율법이 갖고 있는 지엽적 의미로 인해 성경 해석상에 차이가 발생하게 된 것입니다. 또한 토라라는 단어 안에는 후에 유대인의 전통과 율법주의라는 뜻도 함의되어 있기에 율법주의와 율법을 구분하여 해석하지 않으면 오해가 생기게 되어 있습니다. 예를들어 엡2:14-15의 말씀을 보면, "예수님은 우리의 평화가 되시는 분이십니다. 그분은 유대인과 이방인을 갈라 놓은 담을 헐어서 둘이 하나가 되게 하셨습니다. 그들을 원수로 만들었던 계명의 율법을 예수님이 자신의 육체적인 죽음으로 폐지하신 것은 유대인과 이방인을 자기 안에서 하나의 새로운 백성으로 만들어 화목하게 하고"

　　여기의 율법은 유대인들이 성전안의 유대인들의 뜰에는 이방인의 출입을 금하는 담이 있었는데 그 출입구에 "누구든지 유대인 외에 이곳을 출입할 수 없다. 죽고자 하는 자는 이곳을 지나가라"는 사람이 만든 전통법, 곧 이런 의미의 토라가 있었습니다. 예수님께서는 십자가로 바로 이 유대인의 전통 악법을 폐하시고 유대인과 이방인이 예수 그리스도 안에서 한 새사람이 되어 하나님을 함께 예배할 것을 말씀하고 있는 것입니다. 갈5:18절을 보면,

　　"그러나 여러분이 성령님의 인도를 받으면 율법의 지배를 받지 않습니다." (갈 5:18) 여기에서의 율법은 율법주의를 뜻하고 있습니다. 우리가 온전히 성령 안에 거하게 되면 외식하게 하는 율법주의 아래 있지 않다는 것을

말하고 있습니다. 이에 반하여 약4:11절의 '율법'은 구원받은 우리가 감사함으로 마땅히 지켜야 할 토라(율법)입니다.

"형제 여러분, 서로 헐뜯지 마십시오. 형제를 헐뜯거나 판단하는 사람은 율법을 헐뜯고 판단하는 사람입니다. 여러분이 율법을 판단하면 율법을 지키는 사람이 아니라 오히려 재판자가 되는 것입니다."(약4:11)

모세를 통해 주신 율법은 시내 산에서 주셨습니다. 그러므로 율법 지키면 애굽에서 나온다는 이야기가 아닙니다. 하나님께서는 세상을 상징하는 애굽에서 나온 사람들에게 율법을 주신 것입니다. 순서상 율법은 구원받은 다음에 주신 것입니다. 그러므로 율법을 지켜야 구원받는다는 '율법주의' Legalism는 이단 사상입니다(갈1:6-7). 여러 이단들은 '144,000인'(계7:4) 가지고 많은 사람들을 미혹하고 자기들만 구원이 있다고 떠드는데 결국 교주의 말을 듣고 따라야 구원받는다는 '삼류 율법주의'에 불과합니다. 그리고 예수님은 이단들이 말하는 생명나무가 아니라 예수님은 생명(요14:6) 그 자체이십니다. "그 증거는 하나님이 우리에게 영원한 생명을 주신 것과 이 생명이 그분의 아들 안에 있는 이것입니다. 하나님의 아들을 모신 사람은 생명을 가졌으나 아들을 모시지 않은 사람에게는 생명이 없습니다."(요일5:11-12)

예수님을 유일한 그리스도로 믿지 않은 자는 누구든지 사망중입니다(엡2:1). 끝까지 이단을 따르면 하나님 나라를 상속받지 못하고 지옥 갑니다(갈5:20-21).

한편 구원받은 하나님의 백성들에게 하나님은 어떤 요구도 하지 않으시고, 이제는 지켜야 할 어떤 계명이나 법도 없다는 '율법폐기론' 또한 이단입니다(요일5:3).

그리고 율법은 율법의 실체이신 예수님으로 오심으로 폐하여질 내용이 있습니다(히10:9). 영화 예고편은 본 영화가 나오기 전까지 선전용입니다. 본 영화가 상영되기 시작하면 폐기처분하여야 하는 것과 마찬가지로 구약의 제사는 지금은 마땅히 폐하여야 할 예수님의 예고편과 같습니다(고전13:10). 그런데도 유월절 같은 구약의 절기들을 지켜야 구원받는다는 곳들도 이단입니다. 이와는 다르게 '이웃을 네 몸처럼 사랑하라'는 율법 내용은 오늘날도 계속 지켜야할 계명이 있습니다(레19:18,마5:17). 그중에 십일조도 계속 지켜야할 계명인 것입니다(눅11:42).

구원받은 하나님자녀에게 있어 율법과 계명은 어떤 것이 죄인줄 알게 하여(롬7:7-11) 죄짓는 것을 막는 역할을 하는 성벽이며 천국의 상이 될 수 있는 성공의 기회입니다. 우리가 하나님을 사랑할 때 율법은 우리에게 축복이고 율법지키는 일이 어려운 일이 아닙니다(요일5:3).

돈 없이도 할 수 있는 하나님 일들

적지 않은 사람들이 돈을 열심히 벌어서 하나님의 일을 많이 하겠다고 생각합니다. 그러나 돈이 있어야 하나님의 일을 많이 하는 것이 아닙니다. 그리고 언제 목적하는 돈의 액수를 벌게 될지도 모를 뿐 아니라 돈 벌다 인생의 황혼이 오게 됩니다. 필자도 한 때 세속적인 성공관에 물들어 돈이 좀 더 있으면 하나님 일 더 많이 그리고 멋지게 할 수 있겠다고 생각하고 잘못 투자했다가 낭패를 보았습니다. 그래도 다시금 성공인생 설명서인 성경으로 돌아가 영적으로 수리받고 이 책이 나오게 된 것입니다. 그리스도 안에서 합력하여 선을 이루시는(롬8:28) 주님을 찬양합니다.

여러분! 돈 없이도 하나님 일 할 수 있는 일은 어떤 것들이 있을까요? 하나님께서 상급 주시려고 카운트하시는 것은 우리가 하나님 말씀을 순종하였을 때인데 돈 없이도 우선 십계명을 지킬 수 있습니다. 십계명뿐 아니라 613가지의 계명을 지킬 수 있습니다. 또한 1) 하나님의 일중 하나님의 일인 기도, 2) 찬양과 감사하기, 3) 축복하기, 4) 미소 짓기, 5) 인사하기, 6) 주의 사랑으로 격려하고 권면하기, 7) 전도, 8) 성경 가르치기, 9) 삼위 하나님을 인하여 기뻐하기, 10) 마귀를 대적하기, 11) 하나님의 시간을 기다리기, 12) 용서하기, 13) 인내하기, 14) 고린도전서 10장 31절 말씀과 같이 하나님의 영광을 위해 먹든지 마시든지 무엇을 하든지 생략(예를 들면 체력관리, 잠자기 등) 얼마나 많을까요? 돈이 없어도 최소한 매일 620가지 이상의 행함을 통해 천국의 상을 받을 수 있는 성공의 기회가 얼마든지 있습니다.

하나님께서 우리를 긍휼히 여기시고(시116:5) 구원받을 믿음을 주셔서 (엡2:8-9) 영생을 얻었다면 우리는 이미 성공중인 인생입니다. 우리 생애에 성공중의 성공은 영생과 천국을 하나님의 선물로 얻은 사건입니다

(요일5:13). 하나님의 선물로 천국 가는데 성공했다면 전적으로 예수님의 보혈의 공로 의지해서 가므로 우리가 자랑할 것은 아무것도 없습니다. 영원히 예수님을 찬양하고 감사할 것 밖에 없습니다. 구원받은 저와 여러분이 이제는 율법과 계명을 축복으로 그리고 상급 받을 기회로 여기고 잘 지켜서 하나님께 영광 돌리는 저와 여러분 되시길 주의 이름으로 축원합니다.

04

위에 것을 생각하라

위에 것을 생각하라

하버드 대학교 심리학과 '엘렌 랭어 Ellen Langer' 교수의 실험은 우리의 생각과 말이 얼마나 큰 힘을 가지고 있는가를 잘 보여줍니다. '랭어' 교수는 호텔에서 청소부로 일하는 사람들의 운동량을 조사해, 그들이 일을 통해 충분한 운동을 유지하고 있음을 알게 되었습니다. 그럼에도 불구하고 그들의 체중은 육체노동을 하지 않는 사무직원과의 비슷한 상태였습니다. 그래서 '랭어' 교수는 그들 중 절반에게 지금 하고 있는 청소 일이 건강과 열량소모에 큰 도움이 되는 일이라고 귀띔을 해 주었습니다. 그리고 한 달 후에 다시 건강상태 체크를 했는데, 아무 말도 듣지 못한 사람은 체중과 건강상태에 변화가 없었지만 '청소하는 일이 열량소모에 큰 도움이 된다'는 이 이야기를 들었던 사람들에게는 몸무게와 비만율이 크게 감소하는 결과를 가져왔다는 연구 결과를 발표했습니다. 이 실험은 우리가 어떤 말을 듣고, 어떤 생각을 하느냐에 따라서 우리 신체도 영향을 받는다는 것을 증명해 주고 있는 것입니다. 사람의 생각은 자기 육체에만 그런 영향력을 미치는 것이 아닙니다. 사람의 생각은 자기의 운명과 환경에도 큰 영향을 미치게 되는 것입니다. "인류의 가장 위대한 발견 중 하나는, 우리의 태도와 생각을 바꿈으로써 인생을 바꿀 수 있다는 것이다"고 윌리엄 제임스 William James는 말했습니다. 어떤 생각을 하고 사느냐가 여러분의 인생을 결정합니다. 왜냐하면 생각은 행동을 낳기 때문입니다. 생각을 품으면 그 생각이 마음을 지배하여 행동으로 옮기기 때문입니다.

성경에 "대저 그 마음의 생각이 어떠하면 그 위인도 그러한즉"(잠23:7)이라는 말씀이 있습니다. 이것은 그 사람의 마음속에 품고 있는 생각이 곧 그 사람의 모습이라는 뜻입니다. 다시 말해서 그 사람의 됨됨이를 알려면 그 사람의 마음과 생각을 보면 된다는 것입니다.

돌발제안

여러분은 어떤 생각을 하고 사시나요?

여러분! 저하고 지금 여행을 함께 갑시다. 생각놀이를 함께 해 보겠습니다. 생각으로 달나라에 갑니다. 출발이요, 도착했습니다. 도착하신 분 손들어 보세요. 예~

그럼 초등학교 1학년 때 처음 학교 가던 날로 가 보십시다. 우리는 과거로 순식간에 갈 수 있습니다. 그러면 언젠가 앞으로 죽음을 거치고 사후 세계 곧 천국에 들어가 보십시다. 도착하신 분은 손들어 보십시오. 와~ 이처럼 우리는 생각으로 과거와 미래를 갔다 올 수 있고 순식간에 달나라까지 다녀 올 수 있습니다. 이렇게 생각할 수 있는 사람으로 하나님은 사람을 창조하셨습니다.

몸을 움직이는 세 가지

우리는 날마다 영적 전쟁이 계속되고 있습니다. 우리는 우리의 적인 귀신이라는 존재를 망각하고 살아서는 안 됩니다. 우리가 분명히 알아야 할 사실이 있습니다. 그것은 우리는 예수 그리스도안에서 이미 귀신과의 전투에서 승리한 자라는 사실입니다. 왜냐하면 우리의 대장이 되신 예수님께서 이미 갈보리 십자가에서 피를 흘리셔서 죽으심으로 우리의 죄 삯을 지불하시고 부활하심으로 귀신의 정수리를 깨뜨리셨기 때문입니다(골2:13-15). 그래서 귀신은 하나님 자녀의 권세를 가진 우리에게는 이미 종이호랑이에 불과합니다(요1:12). 그런데 안타까운 사실은 아직도 많은 그리스도인들이 귀신들이 자신들을 지배하고 기만하도록 허용하고 있다는 사실입니다. 승리한 사람들이 마치 마귀의 포로처럼 행동할 때가 많은 것입니다. 그러나 하나님의 자녀인 우리가 포로가 되어야 할 이유는 하나도 없습니다.

여러분! 재판장이 법정에서 죄수 앞에 두려워하는 경우가 있습니까? 없습니다. 왜냐하면 국가로부터 재판장은 판결할 수 있는 즉 심판할 수 있는 권세를 받았기 때문입니다. 우리도 모든 마귀와 사탄을 물리칠 수 있는 권세를 받았습니다. 그러므로 언제든지 우리가 예수 그리스도 이름으로 마귀를 대적히면 한 길로 왔다 일곱 길로 도망가게 되어 있습니다(신28:7,약4:7).

그러므로 우리는 귀신과의 영적 전투에서 항상 승리자의 입장에서 든든히 서야 하겠습니다. 그렇게 하기 위해서는 어떻게 해야 할까요?

여러분! 실제 전쟁이 일어났을 때 가장 중요한 것은 무기창고, 비행장, 레이다 기지, 방송시설 등과 같은 전략 요충지를 지키는 것입니다. 이런 곳이 무너지면 전쟁을 이길 수 없는 것입니다. 영적 전쟁에서도 마찬가지로 지켜야 할 전략 요충지가 있는데 첫째는 생각, 둘째는 마음, 셋째는 입술 곧 말입니다. 이 세 가지가 우리 몸을 움직입니다. 즉 행동을 하게하는 3대 요소입니다. 우리는 믿음으로 우리의 생각과 마음과 입을 지켜야 합니다. 우리에게는 수시로 여러 생각이 찾아오는데 그러한 생각 중에서 좋은 생각은 취하고 나쁜 생각을 버려야 합니다. 고후 10:4절-5절을 보면 이러한 말씀이 나옵니다.

"우리의 싸우는 무기는 육신에 속한 것이 아니요 오직 어떤 견고한 진도 무너뜨리는 하나님의 능력이라 모든 이론을 무너뜨리며 하나님 아는 것을 대적하여 높아진 것을 다 무너뜨리고 모든 생각을 사로잡아 그리스도에게 복종하게 하니"(고후10:4~5)

이 말씀에서 말하는 견고한 진이 무엇일까요? 어떤 분들은 기독교를 대적하는 견고한 진을 인본주의적 휴머니즘 humanism이나 이슬람교나 진화론 같은 기독교를 반대하는 이교나 무슨 적대적인 사상이나 이념라고 생각합니다. 그러나 진짜로 견고한 진은 생각을 통해 굳어진 견고한 진들입니다. 예를 들어 불신, 낙담, 두려움, 선입관 등 그리고 부정적인 생각들로 인해 우리 속에 지어진 고정관념이 바로 진짜로 견고한 진입니다. 오늘날에는 기독교인들이나 비 기독교인들이나 할 것 없이 거의 공통적으로 가지고 있는 생각의 견고한 진들이 있습니다. 대표적인 것이 열등감과 죄책감입니다. 가끔 우리에게도 이런 생각이 찾아와 속삭입니다. "너는 하는 일마다 잘 안 된다, 너는 능력이 너무 없다, 너는 운이 없다, 너는 키가 작다, 너는 너무 못생겼다!" 그렇게 속삭이며 열등감을 부채질합니다. 또한 어떤 경우에는 "너는 하나님을 기쁘시게 못해, 너는 영적인 사람이 될 수 없어, 생각해봐 , 너는 기도도 잘 하지 않지 , 매일 성경 읽거나 묵상하지도 않지, 너는 하나님과 친할 수 없어" 등등의 속삭임이 생각으로 찾아와 열등감과 죄책감을 주고 점차로 굳어집니다. 그리고 생각과 동시에 지켜야 할 것은 바로 마음입니다. 특히 우리는 마음속의 쓴 뿌리로 인해 잘못된 태도가 생겨나지 않도록 조심해야 합니다(히12:15). 엡4:26절을 보면 "분을 내어도 죄를 짓지 말며 해가 지도록 분을 품지 말고"라고 구절이 나옵니다. 이 구절은 무엇을 의미합니까? 분노하는 마음을 가져서는 안 된다고 하는 말씀이 아니라 분노하는 마음을 다스릴 줄 알아야 한다는 말씀입니다.

악한 생각과 선한 생각의 결과 차이

　인간 마음의 악한 생각이 얼마나 끔찍한 비극을 초래하는지 우리는 역사를 통해서 알 수 있습니다. 20세기 초 경제 대공황이 온 세계를 뒤엎었을 때 독일 국민들은 절망에 빠졌습니다. 공장들이 문을 닫고 중소기업들이 도미노 Domino 현상처럼 무너졌습니다. 그때 등장한 사람이 아돌프 히틀러 A. Hitler입니다. 히틀러는 훗날 극악한 독재자로 역사의 판결을 받았습니다. 그러나 한때 그는 기독교의 이름 아래 많은 박수를 받았었습니다. 그의 저서 〈나의 투쟁〉은 온통 기독교의 용어로 채색되었습니다. 그는 전능하신 하나님의 축복을 곧잘 들먹거렸고 기독교의 신앙고백이 새 국가의 기둥이 되어야 한다고 주장하였습니다. 또한 여전도사들이 모였을 때 자기의 낡은 성경을 보이면서 "너무 많이 읽었더니 이렇게 낡았다."라고 겸손한 음성으로 말한 적도 있었습니다. 히틀러가 연설 때 사용한 그 유명한 음성은 권위와 자신감이 표명되도록 많이 연습한 음성이었습니다. 그래서 당시 독일의 많은 경건주의 그리스도인들은 그 음성을 듣고 그가 정말 하나님이 보내 준 지도자라고 믿었습니다. 그는 '독일의 게르만 Germanen 민족은 온 세계에서 가장 우수한 민족이며 유럽과 세계를 다스려야 한다. 그러므로 세계를 다스리고 지배해야 되겠다'는 잘못된 생각과 야망으로 제 2차 세계대전을 일으켜 유럽이 초토화되고 온 세계가 불바다가 되었습니다.

▲ 아돌프 히틀러(Adolf Hitler, 1889~1945)

  그의 반유대주의는 히틀러가 자랐던 오스트리아의 기독교 문화에 깊이 뿌리박혀 있었습니다. 이런 잘못된 생각들을 흡수한 히틀러는 그의 정치 관념의 밑바탕이 되는 아리아 인종 우월주의를 배웠습니다. 게르만 민족입장에서 볼 때는 긍정적인 사고였습니다. 그러나 성경에서 나온 믿음이 아니었습니다. 히틀러는 세계사를 '적자생존'의 원칙에 의해 지배되는 인종들 사이의 끝없는 생물학적 투쟁으로 파악했습니다. 그리고 그 투쟁에서 아리아족의 유럽이 위험에 처해 있다고 믿었습니다. 그에게 있어 유럽의 주된 적은 국제적인 유대인 집단이었습니다. 국제적 금융자본주의와 국제적 사회주의가, 유럽을 불안정하게 만들고 나아가 뒤집어엎으려는 유대인들의 두 핵심 무기라는 것입니다.

유대인이 중요한 역할을 하는 미국의 자본주의와 유대인들이 조종한다고 믿은 볼세비즘 Bolshevism을 아리아 인종 Aryan Race의 주된 위협으로 본 것입니다. 그러므로 그가 나중에 독일민족의 생활영역을 확보하기 위해 소련을 침공하고 동유럽에서 유대인의 대량학살을 감행한 것은 결코 우연이 아닙니다. 결국 히틀러는 유대인들이 아리아인의 적이며, 독일의 경제적 문제의 핵심 원인이라고 믿게 되었습니다. 잘못된 생각이 그의 마음속에 중단 없이 견고한 진을 구축하게 된 것입니다. 이는 후에 나치의 유대인 학살에 영향을 끼쳤습니다. 유태인들은 '인종의 쓰레기'라도 주장하며 아우슈비츠 Auschwitz 수용소와 같은 곳에서 600만 명 이상의 유태인들을 무참히 학살하였습니다. 유태인들을 포함 2차 대전으로 천만 명 이상이 죽음을 당한 것입니다. 한 사람의 잘못된 생각이 얼마나 무서운 결과를 초래하는지 경악을 금치 못할 일입니다. 이런 히틀러 같은 악한 생각이 악한 행동을 낳는 사람과 반대로 좋은 생각으로 2천명이 넘는 고아들을 돌보고 양육한 조지 뮬러 George Muller가 있습니다. 조지 뮬러는 어느 날 시68편을 읽다가 "그의 거룩한 처소에 계신 하나님은 고아의 아버지시며 과부의 재판장이시라"(시68:5)

그는 하나님께서 고아의 아버지시면 나는 고아들을 돌보는 총무만 잘해도 되겠구나. 는 생각이 들었습니다. 말씀을 통해 믿음의 생각을 갖게 된 것입니다. 당시 이 말씀은 조지 뮬러 목사의 넋을 뒤흔들었습니다. 그는 하나님의 말씀을 붙들고 "고아를 돌볼 사명을 주셨으니 길을 열어주세요"라고 기도했습니다. 그는 이렇게 하나님의 말씀을 붙잡고 기도한 끝에 고아원을 세우는 길을 얻어 세계에서 가장 존경받는 고아의 아버지가 됐습니다. 뮬러는 후에 믿음을 갖게 되었고, 영국 브리스톨 Bristol에 보육원을 세웠습니다. 그는 그 누구에게도 물질을 요구하지 않으면서, 오직 기도와 믿음으로 아이들의 모든 필요를 채워주기로 했습니다. 1836년 4월 최초의 보육원이 문을 열었고, 30명의 소녀를 받아들였습니다. 1870년까지 뮬러는 학교가 있는 다섯 개의 큰 보육원에서 2천여 명을 돌봤습니다. 그는 한 번도 빚을 지거나 은행 대출을 받은 적이 없었습니다. 그리고 고아들을 한 번도 굶긴 적이 없었습니다. 그의 사역기간동안 하나님의 놀라운 기적들이 연속적으로 끊이지 않고 나타났습니다. 그는 오직 기도로 그 운영비용을 마련했습니다.

폭우가 쏟아지던 어느 날 아침, 고아원에는 먹을 수 있는 것이라곤 아무것도 남아 있지 않았습니다. 뮬러는 400명의 고아와 함께 빈 식탁에 둘러앉아 손을 맞잡고 식사기도를 드렸습니다. 그의 기도가 끝났을 때, 한 대의 마차가 고아원 앞에 도착했습니다. 그 마차에는 아침에 막 구운 빵과 신선한 우유가 가득했습니다. 인근 공장에서 종업원들 야유회에 쓰기 위해 주문했지만, 폭우로 취소되자 고아들에게 보내온 것이었습니다. 뮬러는 이처럼 고아원을 운영한 60여 년 동안 순간순간 주님의 기적적인 공급을 체험했습니다. 그는 하나님께서는 구하는 자에게 가장 선한 것으로 주신다는 사실을 의심 없이 믿었고 그 믿음은 늘 사실로 증명됐습니다. 뮬러는 하나님께서 응답해 주신다는 믿음으로 끈질기게 기도해서, 평생 5만 번 이상의 응답을 받았습니다. 이렇게 믿음을 통해 나온 좋은 생각은 선한 열매를 맺는 축복의 통로로 쓰임 받게 됩니다.

고난에 대한 세가지 반응과 결과

우리에게 닥치는 고난이나 어려움도 생각에 따라 축복이 되기도 하고 불행이 되기도 합니다.

슈레시 파드마나반 Suresh Padmanabhan. '돈에 관한 완벽한 사용설명서'에 삶의 고난으로 불평하던 한 여인과 그녀 어머니와의 대화가 있습니다. 딸은 자신의 인생이 얼마나 힘든지 늘어놓았고, 모든 것을 포기하고 싶다고 했습니다. 어머니는 딸을 주방으로 데려간 뒤 3개의 냄비에 물을 채웠습니다. 냄비에 당근 계란 커피를 각각 넣고 말없이 끓였습니다. 시간이 흘러 어머니는 당근 계란 커피를 그릇에 담아 딸에게 물었습니다.

"뭐가 보이니?"

"당근 계란 커피요."

어머니는 다시 물었습니다.

"그런데 이것들이 지금 어떻게 되었지?"

딸은 대답했습니다.

"당근은 물렁해졌고, 계란은 단단하게 삶은 계란이 되었고, 커피는 깊은 커피 향을 내고 있어요."

어머니는 말했습니다. "당근 계란 커피가 뜨거운 물이라는 똑같은 고난을 통과했을 때 당근은 무르고 약해졌고, 달걀은 단단해지는 변화를 겪었고 커피는 뜨거운 물 자체를 향기롭게 변화시켰잖니!" "고난이 찾아왔을 때 너의 반응은 약해지는 것이니? 단단하게 굳어지는 것이니? 커피처럼 역경과 더불어 너 자신만의 아름다운 향기로 변화시키는 것이니?"

우리가 영의 생각을(롬8:6) 갖고 고난을 대하면 시119:71절 말씀 같은 영적 체험을 하여 하나님께 영광돌릴 수 있습니다.

"고난당한 것이 내게 유익이라 이로 말미암아 내가 주의 율례들을 배우게 되었나이다"(시119:71). 그리고 우리가 매일 쉬지않고 하는 생각은 행복의 지수도 결정합니다. 무명인이 쓴 시 '발자국 Footprint'에는 이런 내용이 있습니다. 한 사람이 주님과 함께 나란히 모래사장을 걸었습니다. 하나님과 한 사람의 발자국이 모래 위에 선명하게 남았습니다. 그런데 어느 지점부터 모래 위에 찍힌 발자국은 하나뿐이었습니다. 그 사람은 자신의 가장 힘든 시기였던 것을 기억하며 주님께 물었습니다. "힘든 나를 두고 어디 가셨었나요?"

주님께서 대답하십니다. "그 발자국은 내 발자국이다. 네가 힘들어 해서 내가 너를 업고 갔었단다."

사실은 그대로지만 사실에 대한 생각이 달라졌습니다. 이 생각의 변화가 감사와 감격 그리고 행복의 지수를 결정합니다. 이처럼 우리가 품는 생각은 우리 인생의 행복과 불행을 낳는 씨앗입니다. 예레미야서 6장 9절을 보면, "땅이여 들으라 내가 이 백성에게 재앙을 내리리니 이것이 그들의 생각의 결과라 그들이 내 말을 듣지 아니하며 내 율법을 거절하였음이니라"(렘6:19). 그렇습니다. 사람의 모든 행위는 결국 그 사람의 생각의 열매입니다. 그래서 주님도 들의 백합화가 어떻게 자라는가 생각하여 보라!(마6:28)며 '생각'을 하라고 하셨습니다. 생각해 보십시오. 모든 게 생각하기 나름이고, 생각의 결과물 아닙니까?

갈6:7절에는 "사람이 무엇으로 심든지 그대로 거두리라"고 하였습니다. 우리는 마음 밭에 어떤 생각과 말과 행동의 씨앗을 심는가를 깊이 생각해야 됩니다. 우리는 인생의 농사를 짓는 사람들입니다. 우리의 마음이 밭이고 우리의 생각이 씨앗입니다. 우리가 마음 밭에 생각의 씨앗을 심어 놓고 그것이 열매를 맺게 되면 좋은 열매를 맺기도 하고 나쁜 열매를 맺기도 합니다.

막7:21절-23절은 "속에서 곧 사람의 마음에서 나오는 것은 악한 생각 곧 음란과 도둑질과 살인과 간음과 탐욕과 악독과 속임과 음탕과 질투와 비방과 교만과 우매함이니 이 모든 악한 것이 다 속에서 나와서 사람을 더럽게 하느니라"(막7:21-23)고 말씀합니다. 악한 생각은 우리의 속 곧 사람의 마음에서 나오는 것입니다. 즉 더러운 마음은 더러운 생각을 나오게 하는 한 발원지입니다. 다시 렘6:19절을 보면 하나님은 이스라엘 백성을 향해서 말씀하십니다. "땅이여 들으라 내가 이 백성에게 재앙을 내리리니 이것이 그들의 생각의 결과라 그들이 내 말을 듣지 아니하며 내 율법을 거절하였음이니라"(렘6:19)

예레미야 당시 유대인들에게 무서운 시련과 재앙이 찾아왔습니다. 그 근본적인 이유를 하나님은 말씀하십니다. "그들이 내 말을 듣지 아니하며 내 율법을 거절하였음이니라." 하나님의 말씀을 거절하니, 하나님이 없는 그들의 생각이 재앙을 초래했다는 것입니다. 삶의 열매는 '생각의 결과'라는 말입니다. 과거 유다 백성은 늘 세상을 더 사랑하고 악한 생각, 가증한 생각으로 결국 하나님의 진노를 자초했습니다.

돈으로 살 수 없는 것

"돈이면 귀신에게 맷돌을 돌리게 할 수 있다"는 중국 속담이 있습니다. 돈이 있으면 무슨 일이든 할 수 있다는 뜻입니다. 오늘날 우리는 물질만능의 거대 물결속에 살고 있습니다. 수 많은 사람들이 하나님보다 돈의 힘을 더 의지하여 하나님 찾는 것보다 돈을 벌기 위해 전쟁 중에 있습니다. 사람들이 돈이면 뭐든지 살줄 아는데 사실은 마귀에게 속고 있는 것입니다. 실제로 사람에게 진정한 행복의 요소가 되는 중요한 것들은 돈으로 살 수 없습니다.

피터 리브스 Peter Lives라는 분이 '돈으로 살수 없는 것'이란 단상을 아래와 같이 말하였습니다.

"돈으로 사람 person을 살 수는 있으나 그 사람의 마음 spirit을 살 수는 없다.

돈으로 호화로운 집 house은 살 수 있어도 행복한 가정 home은 살 수 없다.

돈으로 최고로 좋은 침대 bed는 살 수 있어도 최상의 달콤한 잠 sleep은 살 수 없다.

돈으로 시계 clock는 살 수 있어도 흐르는 시간 time은 살 수 없다.

돈으로 얼마든지 책 book은 살 수 있어도 결코 삶의 지혜 wisdom는 살 수 없다.

돈으로 지위 position는 살 수 있어도 가슴에서 우러난 존경 respect은 살 수 없다.

돈으로 좋은 약 medicine은 살 수 있어도 평생 건강 health을 살 수는 없다.

돈으로 피 blood는 살 수 있어도 영원한 생명 life은 살 수 없다.

돈으로 섹스 sex는 살 수 있어도 진정한 사랑 love은 살 수 없다.

돈으로 감각적인 쾌락 pleasure은 살 수 있으나 마음 속 깊은 곳의 기쁨 delight을 살 수는 없다.

돈으로 맛있는 음식 food을 살 수 있지만 마음이 동하는 식욕 appetite은 살 수 없다.

돈으로 화려한 옷 clothes은 살 수 있으나 내면에서 우러난 참된 아름다움 beauty을 살 수는 없다.

돈으로 사치 luxury를 꾸리며 살 수는 있으나 전통어린 문화 culture를 살 수는 없다.

돈으로 고급품 articles goods은 살 수 있으나 아늑한 평안함 peace을 살 수는 없다.

돈으로 미인 beauty을 살 수는 있으나 정신적인 평화로움 stability은 살 수가 없다.

돈으로 동료 colleague를 구할 수는 있지만 진실한 친구 true friend를 얻을 수는 없다.

돈이 있으면 성대한 장례식 funeral을 치를 수 있지만 행복한 죽음 glorious death은 살 수 없다.

돈으로 종교 religion는 얻을 수 있으나 소망하는 구원 salvation을 살 수는 없다.

그렇습니다. 돈은 일상생활에 절대 필요하고 편리한 수단이지만 어디까지나 생활의 수단이지 인생의 목적은 결코 아닙니다. 돈은 인간에게 꼭 필요한 것입니다. 그러나 돈만 가지고는 인생에서 가장 가치 있고 진정으로 필요한 것은 살 수가 없는 것이 너무나 많습니다. 진정한 행복은 물질이 아니라 마음에서 옵니다. 렘13절을 보면, "내 백성이 두 가지 악을 행하였나니 곧 그들이 생수의 근원되는 나를 버린 것과 스스로 웅덩이를 판 것인데 그것은 그 물을 가두지 못할 터진 웅덩이들이니라"(렘2:13). 여기서 살아있는 물을 공급하는 생수의 근원은 끊임없는 영적 생명과 활력을 공급하시는 하나님을 가리킵니다. 그러나 이스라엘 백성은 이러한 하나님을 버렸습니다. 대신 그들은 스스로 물을 얻기 위해 웅덩이를 팠습니다. 하지만 '웅덩이'는 단순히 물을 가두어두는 역할만 합니다. 더욱이 '터진 웅덩이'라면 상황은 훨씬 더 악화되어 생수는 고사하고 아무 물도 저장할 수 없는 곳이 되어버립니다. 거기엔 생명도 없고 오히려 죽음만 존재할 뿐입니다. 이것은 이스라엘의 우상 숭배를 염두에 둔 표현입니다. 우상 숭배는 마치 스스로 웅덩이를 파는 행위와 같습니다. 그리고 그 웅덩이는 '터진 웅덩이'이기 때문에 생명의 물을 줄 수도 없습니다.

이 세대에는 어떤 것들이 터진 웅덩이일까요?

다음과 같은 것들이 거기에 해당할 것입니다. 돈, 섹스, 명성, 권력같은 우리가 분별하기 쉬운 세속적인 것도 있습니다. 그런데 공허한 신학적 논쟁, 율법 준수라는 교만함, 열정적인 종교성 같은 경건의 모양에 오래동안 속는 것들도 많습니다. 이런 것들은 사람들의 타는 목마름을 결코 만족하게 해 주지 못합니다. 그런데 예수께서는 요7:37~38절을 보면 이렇게 말씀하셨습니다. "명절 끝날 곧 큰 날에 예수께서 서서 외쳐 이르시되 누구든지 목마르거든 내게로 와서 마시라 나를 믿는 자는 성경에 이름과 같이 그 배에서 생수의 강이 흘러나오리라 하시니"(요7:37-38). 사55:1절을 보십시오. 주님은 결코 마르지 않는 샘과 같습니다.

"오호라 너희 모든 목마른 자들아 물로 나아오라 돈 없는 자도 오라 너희는 와서 사 먹되 돈 없이, 값 없이 와서 포도주와 젖을 사라"(사55:1)

터진 웅덩이를 계속 파지 말고 예수님의 생수의 샘에서 물을 마시십시오. 성경에서 말하는 성공적인 인생의 근원은 돈이나 지식이 아니라 예수 그리스도라고 말합니다. 믿음을 통해서만 예수님을 만나 영생을 얻습니다. 믿음은 돈으로 사는 것이 아니라 하나님께서 주신 선물입니다(엡2:8-9).

마17:20절을 보면 "이르시되 너희 믿음이 작은 까닭이니라 진실로 너희에게 이르노니 만일 너희에게 믿음이 겨자씨 한 알 만큼만 있어도 이 산을 명하여 여기서 저기로 옮겨지라 하면 옮겨질 것이요 또 너희가 못할 것이 없으리라"(마17:20)

예수님께서 너희가 만약 겨자씨만 믿음만 있어도 못할 것이 없다고 하신 것입니다. 믿음이 있으면 성공적인 인생을 살 수 있다는 것입니다. 그렇다고 우리가 사는 데 돈이 필요 없다는 뜻이 아닙니다. 딤전6:10절을 보면 돈을 하나님보다 더 찾고 사랑하고 그 사람에게는 돈이 일만 악의 뿌리가 되어 결국 실패한 인생으로 끝납니다. "돈을 사랑함이 일만 악의 뿌리가 되나니 이것을 탐내는 자들은 미혹을 받아 믿음에서 떠나 많은 근심으로써 자기를 찔렀도다"(딤전6:10). 그러나 돈보다 먼저 하나님을 찾고 사랑하고 순종하면 재물을 얻을 능력을 하나님으로부터 받아 재물을 얻을 수 있는 것입니다(신8:18). 하나님께서 주시는 믿음이 없으면 아무리 돈이 많을수록 더 망하는 인생길을 가는 것입니다.

"자기의 재물을 의지하는 자는 패망하려니와 의인은 푸른 잎사귀 같아서 번성하리라"(잠11:28)

그런데 돈은 눈에 보이지만 믿음은 눈에 보이지 않기 때문에 좁은 길이라 할 수 있는데 많은 사람들은 눈에 보이는 돈을 찾아 넓은 길을 갑니다. 뭐니 뭐니 해도 돈이 최고야, 돈이 있어야 성공해. 하지만 감사하게도 하나님은 믿음으로 행하면 성공한 인생이 된다고 가르치십니다. 성공적인 인생을 살다 간 사도바울의 고백을 들어 보십시오. 고후

5:7절 말씀입니다. "이는 우리가 믿음으로 행하고 보는 것으로 행하지 아니함이로라"(고후5:7)

"나는 내가 느끼는 것으로 움직이지 않는다. 나는 내가 보는 것으로 움직이지 않는다. 나는 오직 내가 믿는 것으로 움직인다." 이것이 믿음의 길이요, 성공 인생의 길입니다. 그런데 이 믿음은 사람이 돈으로 사는 것도 아니고 사람이 만들어 내는 것이 아니라 하나님께서 주신 선물입니다(엡2:8-9). 하나님께서는 믿음을 주시는데(롬12:3) 어떻게 주시느냐 하면 그리스도의 말씀을 통하여 주십니다. 롬10:17절을 보십시오.

"그러므로 믿음은 들음에서 나며 들음은 그리스도의 말씀으로 말미암았느니라"(롬10:17)

그래서 우리가 믿음을 얻기 위해서는 그리스도의 말씀을 여러분처럼 지금 보실 때 깨닫게 주십니다. 그리고 그리스도의 말씀을 배우고 묵상할 때 그리고 성경 말씀을 외우고 읽을 때 믿음을 주십니다. 믿음으로 생각하고 믿음으로 기도하고 믿음으로 말하고 믿음으로 참고 믿음으로 바라고 믿음으로 행동하는 것은 하나님의 선물이니 얼마나 감사한가요?

여러분! 이제부터 잘 들으십시오. 즉 이 시간에 하나님의 선물, 곧 하나님께서 주시는 믿음을 받으실 마음 준비를 하십시오. 여러분이 한번밖에 없는 인생을 성공하고 살 것인가? 실패한 인생으로 살 것인가?

성공과 실패가 '믿음이 없고 있고' 에 달려 있다면 이 시간은 여러분의 인생 가운데 가장 중요한 순간입니다. 근대철학의 아버지로 불리는 프랑스의 철학자이자 수학자인 데카르트 Rene Descartes, 1596-1650는 "나는 생각한다, 고로 나는 존재한다 I think, therefore I am ; 코기토, 에르고 숨 cogito, ergo sum"라는 유명한 말을 남겼습니다. 사람은 생각이라는 관념을 통해 존재의 유무, 살아 있는 자인가 죽은 자인가를 판단할 수 있다는 것입니다. 생각은 인간이 하나님께로부터 받은 큰 성공 자원이며 축복입니다. 하지만 생각이라고 다 좋은 것이 아니라 우리의 생각이 어디에서 왔으며 어디에 소속되어 있느냐에 따라 생각의 가치가 엄청나게 달라진다는 사실을 알아야 합니다. 잘 드는 칼이 의사의 손에 들리면 환자를 수술하여 병을 치료하는 칼 scalpel이 되지만 강도의 손에 들리우면 사람을 해치는 흉기 凶器입니다. 생각도 마찬가지입니다. 성경 롬8:6절에 보면 "육신의 생각은 사망이요 영의 생각은 생명과 평안이니라"라고 말씀합니다. 생각은 생각인데 육신의 생각이 있고 영의 생각이 있다는 것입니다. 그리고 그 생각의 소속이 어디에 있느냐에 따라 하나는 사망이고 하나는 생명과 평안의 결과를 가져다 준다는 것입니다. 그렇다면 과연 육신의 생각은 무엇이며 영의 생각은 무엇일까요?

성경은 사람의 구성 요소를 세 부분으로 나누고 있습니다. 그래서 데살로니가 5:23절에 보면 "평강의 하나님이 친히 너희를 온전히 거룩하게 하시고 또 너희의 온 영(spirit)과 혼(soul)과 몸(body)이 우리 주 예수 그리스도께서 강림하실 때에 흠 없게 보전되기를 원하노라"고 말하고 있습니다. 여기서 보는 바와 같이 사람은 보이는 외면적인 부분과 보이지 않는 내면적인 부분이 있는데, 보이는 부분은 육 body이라면 보이지 않는 부분은 영 spirit과 혼 soul의 부분으로 말씀하고 있음을 보게 됩니다. 아담이 범죄하고나서 하나님의 영이 아담을 떠나게 되었습니다. 그 후 아담의 후손은 태어날 때부터 죄악 중에 출생하여(시51:5) 죄를 범하게 됩니다.

여러분! 육신의 생각이란 무엇입니까? 그것이 바로 영의 생각과 반대되는 개념의 육적인 생각인 것입니다. 그러므로 영과 혼을 구별하지 못하는 것은 인생성패와 영적 성장에 치명타를 가져올 뿐 아니라 영생과 영벌(마25:46)을 가르는 결정적인 영향을 미치게 되는 것입니다. 과연 여러분은 지금 세상을 살아갈 때 주로 혼적인 생각으로 살아가십니까, 아니면 영적인 생각으로 살아가십니까?

롬8:5-8절까지의 말씀을 찾아 함께 읽겠습니다.

"육신을 따르는 자는 육신의 일을, 영을 따르는 자는 영의 일을 생각하나니 육신의 생각은 사망이요 영의 생각은 생명과 평안이니라 육신의 생각은 하나님과 원수가 되나니 이는 하나님의 법에 굴복하지 아니할 뿐 아니라 할 수도 없음이라 육신에 있는 자들은 하나님을 기쁘시게 할 수 없느니라"(롬8:5-8)

우리는 모두 영의 생각 아니면 육의 생각에 사로잡혀 살게 되어 있습니다. 빛 아니면 어둠이지 회색지대는 없습니다. 온 우주에 사탄의 나라와 하나님 나라만 존재합니다. 우리가 어떤 생각을 선택하며 사느냐에 따라 우리 삶의 결과가 달라지는 것입니다. 우리는 일반적으로 육의 본성을 생각하는데 익숙해져 있고, 세상의 영과 육신의 영으로 가득차 있는 TV나 영화, 동영상 같은 메스미디어 보는데 많은 시간을 쓰면 육신의 생각에 사로잡히는 삶을 살게 됩니다. 성령으로 거듭난 우리는 성령으로 인도함을 받는 삶을 살아야 하고, 영의 생각으로 육의 생각을 물리치고 이기는 삶을 살아야 합니다(갈5:16-17). 성령은 우리의 생각에 감동을 주시고 우리를 인도해주십니다. 생각은 행동의 씨앗입니다. 즉 생각을 심는 대로 삶에 열매가 나타나는데 육의 생각은 사망이요, 영의 생각은 생명과 평안입니다. 그러면 무엇이 영의 생각일까요? 한마디로 하나님의 말씀이 영의 생각입니다. 우리는 삶의 기준을 하나님 말씀에 두고 사는 삶이 바로 성공 인생의 길입니다. 나쁜 생각을 품으면 나쁜 사람이 되고, 좋은 생각을 품으면 좋은 사람이 되므로 악한 생각을 버리고 하나님이 기뻐하실 일을 생각하며 살아야 합니다 (롬6:11-12, 고후10:5, 렘4:14). 잠23:7절에 보면, "대저 그 마음의 생각이 어떠하면 그 위인도 그러한즉 그가 네게 먹고 마시라 할지라도 그의 마음은 너와 함께 하지 아니함이라"(잠23:7)고 기록되어 있습니다. 마음의 생각이 그 사람을 결정합니다. 그러므로 생각을 간단하게 취급해서는 안 됩니다. 우리의 행동의 문제가 아니고, 행동의 근원인 생각의 문제입니다. 가장 치열한 영적 전쟁, 격전지중의 격전지는 생각의 영역입니다. 이것은 눈에 보이는 전쟁이 아니라, 눈에 보이지 않는 전쟁입니다. 그러므로 영적 전쟁은 생각 안에서 일어납니다. 마귀는 어디를 집중적으로 공격할까요? 우리의 생각입니다. 마귀는 다른 데를 먼저 공격하지 않습니다. 우리의 생각을 집중 공격합니다. 생각이 잘못되면 행동도 잘못되기 때문에 그래서 마귀는 우리의 생각을 집중적으로 공격합니다. 마귀는 우리의 생각에 포탄을 쏟아 붓습니다. 그래서 우리의 생각을 지배하려고 합니다. 우리의 생각에 영향을 주려고 합니다. 우리가 생각의 영역을 방치해놓으면, 사탄에게 내어주는 것입니다. 마귀에게 생각만 허용해주면 싸움은 끝난 것입니다. 엡4:26~27을 보십시오.

"분을 내어도 죄를 짓지 말며 해가 지도록 분을 품지 말고 마귀에게 틈을 주지 말라"(엡4:26~27).

가룟 유다는 예수님을 따라 다니면서 자기가 원하는 메시야가 되길 원하였습니다. 예수님이 다윗 왕처럼 세상 군왕이 되시면 한 몫 챙길 생각으로 따라 다닌 것입니다. 이런 잘못된 생각을 계속 버리지 않고 마음에 품으니 점점 견고하게 굳어져 갔습니다. 예수님을 따라다니며 그는 돈을 생각했습니다. 그리고 돈궤를 맡았는데 자주 훔쳤습니다(요12:6). 요13:2절에 보면, "마귀가 벌써 시몬의 아들 가룟 유다의 마음에 예수를 팔려는 생각을 넣었더라"고 기록되어 있습니다. 마귀가 가룟 유다에게 생각을 넣었습니다. 이것은 아주 무서운 것입니다. 그리고 요13:27절에 보면, "사탄이 그 속에 들어간지라"고 기록되어 있습니다. 마귀가 가룟 유다 속에 들어갔다고 했습니다. 처음에는 마귀가 가룟 유다에게 생각만 넣었습니다. 그때까지는 가룟 유다가 마귀에게 완전히 잡히지 않았습니다. 그런데 그것을 그대로 유지하고 그대로 받아들이자, 나중에는 마귀가 가룟 유다 속에 들어가 버렸습니다. 그때부터 가룟 유다는 마귀의 하수인이 되었습니다. 마귀가 가룟유다에게 처음에는 생각을 넣었는데, 그 생각을 허용하니까 나중에는 마귀가 가룟유다 마음속으로 들어가서 그를 지배해 버렸습니다. 요13장에 보면, 예수님께서 성만찬을 베푸셨습니다. 가룟 유다는 예수님께서 베푸신 성만찬에 참여했습니다. 예수님께서 주시는 떡을 아주 태연하게 받았습니다. 그리고 그곳을 유유히 떠났습니다. 가룟 유다는 자신을 완벽하게 위장했습니다. 예수님의 제자가 예수님을 팔았습니다. 가룟 유다는 인류의 가장 큰 사기, 배반을 했습니다. 예수님의 제자 중 한 사람이 어떻게 그렇게 할 수 있는가, 믿어지지 않습니다. 가룟 유다가 예수님을 판 엄청난 행동은 마귀가 가룟 유다에게 넣은 생각에서 출발했습니다. 약4:7절에 보면, "그런즉 너희는 하나님께 복종할지어다 마귀를 대적하라 그리하면 너희를 피하리라"고 기록되어있습니다. 영적 전쟁에서 우리가 해야 하는 매우 중요한 것은 마귀를 대적하는 것입니다. 우리는 마귀를 대적하지 않으면, 수세에 몰립니다. 우리 안에 생각이 들어왔을 때에 곧바로 대적해야 합니다. 어떻게 대적합니까? 마귀가 주는 나쁜 생각을 대적해야 합니다. 하나님께서 싫어하시는 불순종의 생각이 떠오르면, 적극적으로 대적해야 합니다. 그렇지않으면 마귀의 생각이 나의 생각이 됩니다. 마귀를 대적하는 것은 허공에다 하는 것이 아닙니다. 내 생각 속에서 대적해야 합니다. 내 안에 밀고 들어오는 생각을 공격해야 합니다. 생각을 그대로 두면 안 됩니다. 롬8:5을 다시 보면, "육신을 따르는 자는 육신의 일을, 영을 따르는 자는 영의 일을 생각하나니"라고 기록되어있습니다. 여기서 '생각한다'는 것은 의도적인 행위를 의미합니다. 생각은 그냥 떠오르는 것이 아니고, 의도적으로 무언가에 집중하는 것을 의미합니다. 무언가에 사로잡혀 주목하는 것을 의미합니다. 우리의 생각을 지배하고 사로잡고 있는 것이 무엇입니까? 그것이 우리의 일상이 되고, 우리의 인생 전체가 됩니다. 그래서 우리는 영의 일에 주목해야 합니다. 육신의 생각을 버리고, 영의 일을 의도적으로 주목하고, 영의 일만 생각하는 은혜가 있기를 바랍니다. 우리가 복음을 받아들이고 나면, 그 뒤에는 죽이는 영, 의문의 영이 아니라, 살리는 영이 우리를 지배합니다. 그래서 영의 일을 생각합니다. 부활의 영은 죽은 자를 다시 살리는 영입니다. 당연히 살리는 영 곧 성령 하나님께서 우리의 생각을 지배하시도록 해야 합니다. 그때 우리는 항상 살리는 사람이 됩니다. 공장에서 폐수가 자꾸 흘러나와 강을 오염시킵니다. 서서히 흘러나오는 폐수를 방치하면, 강을 오염시킵니다. 이와 마찬가지로 지속적으로 생각하게 되는 것을 용납하면, 그것이 인생 전체를 망가뜨릴 수 있습니다.

생각의 성별

레11장에 보면 하나님께서 이스라엘 백성들의 삶속에 먹을 수 있는 정한 음식과 먹을 수 없는 부정한 음식을 구분하시고 지키도록 명하셨는데 이것은 영적으로 성별훈련입니다. 사람이 음식을 먹지 않으면 죽는데 음식을 먹을 때마다 먹어야 할 것과 먹지 말아야 할 것을 훈련시키심으로 생명의 길 곧 영의 생각 사망의 길 곧 육신의 생각을 우리는

성별하여 살도록 하셨습니다. 인생의 성패成敗는 생각 관리하는데 달려
있습니다. 그래서 골3:2은 말합니다. "위의 것을 생각하고 땅의 것을 생각
하지 말라"(골3:2)

　아래의 도표를 보면 하나님 나라에 속한 영의 생각과 사단의 나라에
속한 육신의 생각을 구분하여 놓았습니다. 사단의 나라에 속한 생각과
마음은 죽음에 이르는 맹독으로 여기고 거부해야 합니다. 심는 데로
거둡니다. 마귀가 주는 땅에 것을 심으면 결국 망합니다. 매순간 말씀
대로 생각하며 육신의 생각을 물리치고 이길 때, 부와 존귀와 명예를
얻는 삶을 누리게 될 것입니다.

번호	하나님 나라	사탄의 나라
1	"오직 성령의 열매는 사랑과 희락과 화평과 오래 참음과 자비와 양선과 충성과 온유와 절제니 이같은 것을 금지할 법이 없느니라"(갈5:22~23)	"육체의 일은 분명하니 곧 음행과 더러운 것과 호색과 우상 숭배와 주술과 원수 맺는 것과 분쟁과 시기와 분냄과 당 짓는 것과 분열함과 이단과 투기와 술 취함과 방탕함과 또 그와 같은 것들이라 전에 너희에게 경계한 것 같이 경계하노니 이런 일을 하는 자들은 하나님의 나라를 유업으로 받지 못할 것이요"(갈5:19~21)
	사랑, 희락, 화평, 오래 참음, 자비, 양선,충성, 온유, 절제	음행, 더러운 것, 호색, 우상 숭배, 주술, 원수 맺는 것, 분쟁, 시기, 분냄, 당 짓는 것, 분열, 이단, 투기, 술취함, 방탕함
2	"믿음은 바라는 것들의 실상이요 보이지 않는 것들의 증거니"(히11:1)	"의심하고 먹는 자는 정죄되었나니 이는 믿음을 따라 하지 아니하였기 때문이라 믿음을 따라 하지 아니하는 것은 다 죄니라"(롬14:23)
	믿음	의심, 불신
3	"소망이 우리를 부끄럽게 하지 아니함은 우리에게 주신 성령으로 말미암아 하나님의 사랑이 우리 마음에 부은 바 됨이니"(롬5:5)	"사랑 안에 두려움이 없고 온전한 사랑이 두려움을 내쫓나니 두려움에는 형벌이 있음이라 두려워하는 자는 사랑 안에서 온전히 이루지 못하였느니라"(요일4:18)
	하나님의 사랑	두려움

4	"참고 선을 행하여 영광과 존귀와 썩지 아니함을 구하는 자에게는 영생으로 하시고"(롬2:7)	"다만 네 고집과 회개하지 아니한 마음을 따라 진노의 날 곧 하나님의 의로우신 심판이 나타나는 그 날에 임할 진노를 네게 쌓는도다"(롬2:5)
	참고 선을 행하는 것, 영광과 존귀와 썩지 아니함을 추구	고집, 회개치 않음,
5	"또 마음을 아시는 하나님이 우리에게와 같이 그들에게도 성령을 주어 증언하시고 믿음으로 그들의 마음을 깨끗이 하사 그들이나 우리나 차별하지 아니하셨느니라"(행15:8~9)	"속에서 곧 사람의 마음에서 나오는 것은 악한 생각 곧 음란과 도둑질과 살인과 간음과 탐욕과 악독과 속임과 음탕과 질투와 비방과 교만과 우매함이니 이 모든 악한 것이 다 속에서 나와서 사람을 더럽게 하느니라"(막7:21~23)
	마음을 깨끗케 하심	악한 생각, 음란, 도둑질, 살인, 간음, 탐욕, 악독, 속임, 음탕, 질투, 비방, 교만, 우매함
6	"우리는 그의 약속대로 의가 있는 곳인 새 하늘과 새 땅을 바라보도다 그러므로 사랑하는 자들아 너희가 이것을 바라보니 주 앞에서 점도 없고 흠도 없이 평강 가운데서 나타나기를 힘쓰라"(벧후3:13~14)	"또 롯의 때와 같으리니 사람들이 먹고 마시고 사고 팔고 심고 집을 짓더니 롯이 소돔에서 나가던 날에 하늘로부터 불과 유황이 비오듯 하여 그들을 멸망시켰느니라"(눅17:28~29)
	천국을 사모, 주 앞에서 점도 없고 흠도 없이 평강 가운데 나타나기를 힘씀	하나님없이 먹고, 마시고, 사고 팔고 심고 집을 짓는데만 정신팔림

7	"너희의 두려워하며 정결한 행실을 봄이라 너희의 단장은 머리를 꾸미고 금을 차고 아름다운 옷을 입는 외모로 하지 말고 오직 마음에 숨은 사람을 온유하고 안정한 심령의 썩지 아니할 것으로 하라 이는 하나님 앞에 값진 것이니라"(벧전3:2~4)	"그러므로 내가 이것을 말하며 주 안에서 증언하노니 이제부터 너희는 이방인이 그 마음의 허망한 것으로 행함 같이 행하지 말라 그들의 총명이 어두워지고 그들 가운데 있는 무지함과 그들의 마음이 굳어짐으로 말미암아 하나님의 생명에서 떠나 있도다 그들이 감각 없는 자가 되어 자신을 방탕에 방임하여 모든 더러운 것을 욕심으로 행하되"(엡4:17~19)
	정결한 행실, 온유, 안정한 심령	허망한 것으로 행함, 무지함, 마음이 굳어짐, 방탕에 방임, 모든 더러운 것을 욕심으로 행함
8	"두세 사람이 내 이름으로 모인 곳에는 나도 그들 중에 있느니라"(마18:20)	"모이기를 폐하는 어떤 사람들의 습관과 같이 하지 말고 오직 권하여 그 날이 가까움을 볼수록 더욱 그리하자"(히10:25)
	두 세사람이 내 이름으로 모임	모이기를 폐하는 어떤 사람들의 습관
9	"너희가 진리를 순종함으로 너희 영혼을 깨끗하게 하여 거짓이 없이 형제를 사랑하기에 이르렀으니 마음으로 뜨겁게 서로 사랑하라"(벧전1:22)	"그 때에 너희는 그 가운데서 행하여 이 세상 풍조를 따르고 공중의 권세 잡은 자를 따랐으니 곧 지금 불순종의 아들들 가운데서 역사하는 영이라 전에는 우리도 다 그 가운데서 우리 육체의 욕심을 따라 지내며 육체와 마음의 원하는 것을 하여 다른 이들과 같이 본질상 진노의 자녀이었더니"(엡2:2~3)

	진리를 순종, 영혼을 깨끗하게 함, 마음으로 뜨겁게 서로 사랑	세상풍조를 따름, 마귀를 따름, 육체의 욕심을 따라 지냄, 육체와 마음의 원하는 것을 함
10	"오직 위로부터 난 지혜는 첫째 성결하고 다음에 화평하고 관용하고 양순하며 긍휼과 선한 열매가 가득하고 편견과 거짓이 없나니 화평하게 하는 자들은 화평으로 심어 의의 열매를 거두느니라" (약3:17~18)	"이는 세상에 있는 모든 것이 육신의 정욕과 안목의 정욕과 이생의 자랑이니 다 아버지께로부터 온 것이 아니요 세상으로부터 온 것이라" (요일2:16)
	성결, 화평, 관용, 양순, 긍휼, 선한 열매 가득함,편견과 거짓이 없음	육신의 정욕, 안목의 정욕, 이생의 자랑
11	"너희 몸은 너희가 하나님께로부터 받은 바 너희 가운데 계신 성령의 전인 줄을 알지 못하느냐 너희는 너희 자신의 것이 아니라 값으로 산 것이 되었으니 그런즉 너희 몸으로 하나님께 영광을 돌리라"(고전6:19~20)	"그들이 너희에게 말하기를 마지막 때에 자기의 경건하지 않은 정욕대로 행하며 조롱하는 자들이 있으리라 하였나니 이 사람들은 분열을 일으키는 자며 육에 속한 자며 성령이 없는 자니라"(유1:18~19)
	성령의 전, 몸으로 하나님께 영광 돌림	자기의 경건하지 않은 정욕대로 행하며 조롱하는 자, 분열을 일으키는 자, 육에 속한 자, 성령이 없는자

12	"육신을 따르지 않고 그 영을 따라 행하는 우리에게 율법의 요구가 이루어지게 하려 하심이니라 육신을 따르는 자는 육신의 일을, 영을 따르는 자는 영의 일을 생각하나니"(롬8:4-5)	"육신의 생각은 사망이요 영의 생각은 생명과 평안이니라 육신의 생각은 하나님과 원수가 되나니 이는 하나님의 법에 굴복하지 아니할 뿐 아니라 할 수도 없음이라"(롬8:6-7)
	영을 따라 행함, 영의 일을 생각, 생명과 평안	육신의 생각, 하나님과 원수, 사망
13	"진리를 알지니 진리가 너희를 자유롭게 하리라"(요8:32)	"또 무거운 짐을 묶어 사람의 어깨에 지우되 자기는 이것을 한 가락으로도 움직이려 하지 아니하며"(마23:4)
	진리로 자유	무거운 짐을 묶어 사람의 어깨에 지움, 자기는 전혀 율법을 행하지 않음
14	"아무 것도 염려하지 말고 다만 모든 일에 기도와 간구로, 너희 구할 것을 감사함으로 하나님께 아뢰라 그리하면 모든 지각에 뛰어난 하나님의 평강이 그리스도 예수 안에서 너희 마음과 생각을 지키시리라"(빌4:6-7)	"내 영혼아 네가 어찌하여 낙심하며 어찌하여 내 속에서 불안해 하는가 너는 하나님께 소망을 두라 그가 나타나 도우심으로 말미암아 내 하나님을 여전히 찬송하리로다"(시43:5)
	염려하지 않고 감사함으로 기도, 하나님의 평강이 그리스도 예수 안에서 마음과 생각이 보호받음	낙심, 불안

15	"하나님의 나라는 먹는 것과 마시는 것이 아니요 오직 성령 안에 있는 의와 평강과 희락이라" (롬14:17)	"내가 피곤하고 심히 상하였으매 마음이 불안하여 신음하나이다" (시38:8)
	성령 안에서 의와 평강과 희락	피곤, 마음이 불안, 신음 고통
16	"나는 마음이 온유하고 겸손하니 나의 멍에를 메고 내게 배우라 그리하면 너희 마음이 쉼을 얻으리니"(마11:29)	"내 죄악이 내 머리에 넘쳐서 무거운 짐 같으니 내가 감당할 수 없나이다"(시38:4)
	마음이 쉼	죄악이 머리에 넘침
17	"평안을 너희에게 끼치노니 곧 나의 평안을 너희에게 주노라 내가 너희에게 주는 것은 세상이 주는 것과 같지 아니하니라 너희는 마음에 근심하지도 말고 두려워하지도 말라"(요14:27)	"마음의 즐거움은 양약이라도 심령의 근심은 뼈를 마르게 하느니라"(잠17:22)
	예수님이 주신 평안	심령의 근심
18	"우리 하나님이여 이제 우리가 주께 감사하오며 주의 영화로운 이름을 찬양하나이다"(대상29:13)	"이 사람들은 원망하는 자며 불만을 토하는 자며 그 정욕대로 행하는 자라 그 입으로 자랑하는 말을 하며 이익을 위하여 아첨하느니라"(유1:16)
	하나님께 감사, 하나님의 이름을 찬양	원망, 불만을 토함, 정욕대로 행함, 자기자랑, 아첨

19	"그런즉 너희가 먹든지 마시든지 무엇을 하든지 다 하나님의 영광을 위하여 하라"(고전10:31)	"헤롯이 영광을 하나님께로 돌리지 아니하므로 주의 사자가 곧 치니 벌레에게 먹혀 죽으니라"(행12:23)
	무엇을 하든지 하나님의 영광을 위하여 행함	영광을 자기에게 돌림
20	"하나님이 이르시되 그가 나를 사랑한즉 내가 그를 건지리라 그가 내 이름을 안즉 내가 그를 높이리라 그가 내게 간구하리니 내가 그에게 응답하리라 그들이 환난 당할 때에 내가 그와 함께 하여 그를 건지고 영화롭게 하리라 내가 그를 장수하게 함으로 그를 만족하게 하며 나의 구원을 그에게 보이리라 하시도다"(시91:14~16)	"너희 중에 싸움이 어디로부터 다툼이 어디로부터 나느냐 너희 지체 중에서 싸우는 정욕으로부터 나는 것이 아니냐 너희는 욕심을 내어도 얻지 못하여 살인하며 시기하여도 능히 취하지 못하므로 다투고 싸우는도다 너희가 얻지 못함은 구하지 아니하기 때문이요"(약4:1~2)
	구원받음, 보호받음, 간구하여 기도응답받음, 하나님이 함께 하심, 영화롭게 됨, 장수, 하나님의 구원을 봄	다툼, 싸우는 정욕, 기도 응답받지 못함, 욕심을 냄, 기도하지 않음
21	"술 취하지 말라 이는 방탕한 것이니 오직 성령으로 충만함을 받으라 시와 찬송과 신령한 노래들로 서로 화답하며 너희의 마음으로 주께 노래하며 찬송하며 범사에 우리 주 예수 그리스도의 이름으로 항상 아버지 하나님께 감사하며 그리스도를 경외함으로 피차 복종하라"(엡5:18-21)	"베드로가 이르되 아나니아야 어찌하여 사탄이 네 마음에 가득하여 네가 성령을 속이고 땅 값 얼마를 감추었느냐 땅이 그대로 있을 때에는 네 땅이 아니며 판 후에도 네 마음대로 할 수가 없더냐 어찌하여 이 일을 네 마음에 두었느냐 사람에게 거짓말한 것이 아니요 하나님께로다"(행5:3-4)

	성령충만, 시와 찬송, 항상 하나님께 감사, 그리스도를 경외, 피차 복종	사탄이 마음에 가득, 속임, 거짓말
22	"하나님의 말씀을 너희에게 일러 주고 너희를 인도하던 자들을 생각하며 그들의 행실의 결말을 주의하여 보고 그들의 믿음을 본받으라"(히13:7)	"너희끼리 서로 차별하며 악한 생각으로 판단하는 자가 되는 것이 아니냐"(약2:4)
	영적 지도자를 생각, 행실의 결말을 주의있게 봄, 지도자를 본받음	서로 차별, 악한 생각으로 판단
23	"믿음의 주요 또 온전하게 하시는 이인 예수를 바라보자 그는 그 앞에 있는 기쁨을 위하여 십자가를 참으사 부끄러움을 개의치 아니하시더니 하나님 보좌 우편에 앉으셨느니라"(히12:2)	"이 세상이나 세상에 있는 것들을 사랑하지 말라 누구든지 세상을 사랑하면 아버지의 사랑이 그 안에 있지 아니하니"(요일2:15)
	예수를 바람 봄	이 세상을 사랑
24	"너희 마음에 그리스도를 주로 삼아 거룩하게 하고 너희 속에 있는 소망에 관한 이유를 묻는 자에게는 대답할 것을 항상 준비하되 온유와 두려움으로 하고"(벧전3:15)	"악인에게는 많은 슬픔이 있으나 여호와를 신뢰하는 자에게는 인자하심이 두르리로다"(시32:10)
	거룩, 소망 온유와 경외심으로 준비	많은 슬픔

25	"평강의 하나님이 친히 너희를 온전히 거룩하게 하시고 또 너희의 온 영과 혼과 몸이 우리 주 예수 그리스도께서 강림하실 때에 흠 없게 보전되기를 원하노라" (살전5:23)	"도둑질한 물이 달고 몰래 먹는 떡이 맛이 있다 하는도다"(잠9:17)
	온전한 성결, 영과 혼과 몸이 흠 없게 보전	죄악의 낙에 탐닉
26	"그런즉 너희는 하나님께 복종할지어다 마귀를 대적하라 그리하면 너희를 피하리라"(약4:7)	"그러나 성령이 밝히 말씀하시기를 후일에 어떤 사람들이 믿음에서 떠나 미혹하는 영과 귀신의 가르침을 따르리라 하셨으니"(딤전4:1)
	하나님께 복종, 마귀를 대적	믿음에서 떠나 미혹하는 영과 귀신의 가르침을 따름
27	"오직 너 하나님의 사람아 이것들을 피하고 의와 경건과 믿음과 사랑과 인내와 온유를 따르며 믿음의 선한 싸움을 싸우라 영생을 취하라 이를 위하여 네가 부르심을 받았고 많은 증인 앞에서 선한 증언을 하였도다"(딤전6:11~12)	"돈을 사랑함이 일만 악의 뿌리가 되나니 이것을 탐내는 자들은 미혹을 받아 믿음에서 떠나 많은 근심으로써 자기를 찔렀도다"(딤전6:10)
	의, 경건, 믿음, 사랑, 인내, 온유 따르며 믿음의 선한 싸움을 싸움, 영생을 취함	돈을 사랑, 미혹을 받아 믿음에서 떠남, 많은 근심으로 자기를 찌름

여러분!

여러분 집에 누가 오물을 가지고 와서 방안에 집어 던지면 가만 두겠습니까?

화를 내면서 오물 던진 사람을 가만 두지 않을 것입니다. 마귀와 세상이 주는 영적인 더러운 것을 여러분 마음의 밭에 던졌는데 가만 두시면 결국 심는 데로 거두는 법칙대로 죄를 범하고 망하는 것입니다. 인생의 성패는 생각 관리부터 시작됩니다. 하나님나라에 속한 깨끗한 것은 받아들이고 마귀의 나라에 속한 더러운 것은 버려야합니다. 매일 그리스도의 보혈을 의지하여 마음의 청소를 해야 합니다. 매일 순간 순간마다 생각들을 잘 성별하여 마음에 넣을 것은 넣고 버릴 것은 버려서 하나님께 영광 돌리는 멋진 삶이 되시길 바랍니다.

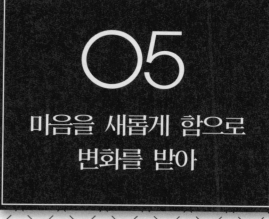

05

미음을 새롭게 함으로
변화를 받아

마음을 새롭게 함으로 변화를 받아

인생 경영학 리더이고 『성공하는 사람의 7가지 습관』이라는 책으로 널리 알려진 스티븐 코비 Steven Covey 박사는 결혼한 딸과 대화를 나눕니다. 그의 딸은 결혼하고 출산 후 아이 뒤치다꺼리를 하느라 자신의 일을 거의 하지 못하는 바람에 가정에 파묻혀 하나님이 주신 은사를 묻어버리는 무의미한 시간낭비의 세월을 산다는 고민을 하고 있었습니다. 그때 코비박사가 말합니다. " 딸아, 인생에 있어 시간 관리보다 더 중요한 것은 방향 관리! 방향관리를 위한 마음관리!" "중요한 것은 인생의 방향을 바로 잡기 위한 것인데 진정 방향이 분명한 것이라면 어떤 것도 낭비가 아니다."

여러분! 마음과 생각의 차이가 어디에 있을까요?

마음이라는 말과 생각이라는 말의 의미는 거의 비슷하여 구별하기가 쉽지 않습니다.

마음이라는 낱말을 사용할 때에는 생각이라는 말보다 인간의 감정적인 측면이 많고 인간의 의지적인 측면을 가리킵니다. 물론 생각이라는 말에도 감정적인 의미와 의지적인 의미가 없는 것은 아닙니다마는 '생각'은 '마음'에 비해 좀 지각이라는 의미가 강한 것처럼 느껴집니다. 즉 상상이나 추리와 판단의 능력인 인식의 뜻이 강하다고 할 수 있습니다. 그리고 생각이나 마음 모두 뇌에서 발생하는 일입니다. 그런데 왜 사람들은 마음이 가슴에서 울려나오는 것처럼 느끼게 될까요?

그것은 마음, 곧 감정이나 의지의 작용이 시작되면 교감신경의 작용으로 가슴에 있는 심장에 영향을 미쳐 가슴의 감각입니다. 예를 들면 가슴이 두근거리거나 통증을 느끼는 것 등으로 나타나기 때문입니다. 앞에서도 언급되었지만 인간의 구조는 물질과 비물질로 나누면 영과 육으로 나누고 "육으로 난 것은 육이요 영으로 난 것은 영이니"(요3:6) 구성요소로 나누면 영과 혼과 육으로 나눌 수 있습니다. "평강의 하나님이 친히 너희를 온전히 거룩하게 하시고 또 너희의 온 영과 혼과 몸이 우리 주 예수 그리스도께서 강림하실 때에 흠 없게 보전되기를 원하노라"(살전5:23). 간단하게 말하자면 '마음 = 혼(영혼)'입니다. 좀 더 상세하게 설명을 드리자면 일반적으로 우리가 인식하는 마음은 혼(영혼)의 기능이라고 할 수 있습니다. 고전4:14절을 보면 "내가 만일 방언으로 기도하면 나의 영이 기도하거니와 나의 마음은 열매를 맺지 못하리라"(고전14:14). 우리가 알아들을 수 없는 방언으로 기도하면 자신의 영은 기도하지만 자신의 마음(혼)은 무슨 기도를 하는지 기도 내용을 이해할 수 없다는 뜻입니다. 즉 성경은 영과 마음(혼)을 서로 다른 것으로 설명합니다(살전5:23, 히4:12,사57:16). 그리고 사람의 혼, 즉 마음이 흙으로 지음 받은 육에 속한다는 사실은 고린도전서 15장 45절에 잘 나와 있습니다.

"기록된 바 첫 사람 아담은 생령이 되었다 함과 같이 마지막 아담은 살려주는 영이 되었나니 그러나 먼저는 신령한 사람이 아니요 육의 사람이요 그 다음에 신령한 사람이니라"(고전15:45-46). 위 성구는 혼의 사람 아담과 영의 사람 예수님을 비교한 말씀입니다. 이 말씀을 보면 혼은 땅 곧 흙에서 나온 것입니다. 그리고 영은 하늘로부터 난 것, 곧 성령으로 태어난

(요3:6) 것임을 알 수 있습니다. 혼이 땅의 흙으로부터 나왔다는 것은 혼도 몸 body처럼 흙으로 지음 받은 육의 일부라는 의미입니다. 사람의 구조는 다음 그림과 같습니다.

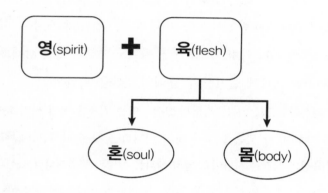

우리의 혼(마음)은 늘 생각을 하며 살아갑니다. **이 생각이 오는 발원지는 세 곳입니다. 첫째는 우리 마음에서 우러나옵니다**(잠23:7). **두 번째는 마귀로부터 옵니다**(요13:2). **셋째는 하나님으로부터 옵니다**(요14:26). 성령님과 자신의 영의 다스림을 받아 품는 생각은 영의 생각이라 하며, 성령님과 자신의 영의 다스림을 떠나 하는 모든 생각은 육에서 나오는 생각이므로 육신의 생각이라 합니다(롬8:5-7). 우리는 반드시 이 두 가지 중 하나의 생각을 하며 살아가지 이도 저도 아닌 중간은 없습니다. 앞에서 언급한 로마서 8장 5~7절 말씀을 보면 육신의 생각은 사망이요, 하나님과 원수가 되는 것이라 했습니다. 즉, 육신의 생각은 그 자체로 죄라는 의미입니다. 그리고 죄를 짓는 자는 마귀에게 속한다(요일3:8)고

하셨으니 우리가 육신의 생각으로 살 때 우리의 혼은 반드시 마귀(악령)에게 이용당하고 있는 상태 즉 실패중인 인생임을 알아야 합니다. 믿는 자는 반드시 영의 생각이나 육신의 생각, 둘 중 하나의 생각을 하며 살아가므로 우리의 혼은 성령님과 자신의 영의 다스림을 받든지 악령의 다스림을 받든지 반드시 둘 중 하나의 상태에 있게 됩니다. 어느 한 순간도 성령님이나 악령, 둘 중 어느 쪽에도 속하지 않은 상태로 있지는 않습니다. 아래에 열거한 두 군데의 말씀을 보십시오.

(A) "의심하고 먹는 자는 정죄되었나니 이는 믿음을 따라 하지 아니하였기 때문이라 믿음을 따라 하지 아니하는 것은 다 죄니라"(롬14:23)

(B) "육신의 생각은 사망이요 영의 생각은 생명과 평안이니라 육신의 생각은 하나님과 원수가 되나니 이는 하나님의 법에 굴복하지 아니할 뿐 아니라 할 수도 없음이라"(롬8:6-7)

위의 두 성구는 죄가 무엇인지 설명하는 말씀입니다.

i) 믿음으로 하지 않는 모든 것이 죄다.

ii) 육신의 생각으로 하는 모든 것이 죄다.

사실 표현만 다르지 의미적으로 이 둘은 서로 같은 의미를 말하는 것입니다. 영의 생각이 곧 믿음이며 육신의 생각은 믿음이 아니기 때문에 육신의 생각으로 하는 모든 것이 죄라는 말씀입니다. '마음'은 '느낌'과 '생각'과 '뜻'을 세울 수 있는 기능이 가능합니다. 느낌은 양심, 즉 도덕적 자각의 기능도 있습니다. 마치 도로의 신호등과 같습니다. 양심의 가책을 느껴 의지단계에서 하나님께서 기뻐하신 것을 택할 수 있습니다. 하나님을 찾는 선한 양심도 있고(벧전3:21) 죄를 범해도 가책을 느끼지 못하는 양심이 화인 맞은 정도가 된(딤전4:2) 상태도 있습니다. 에스라처럼 여호와의 율법을 연구하여 준행하며 율례와 규례를 이스라엘에게 가르치기로 결심한후 그는 실행에 옮깁니다(스7:10).

죄의 유혹과 끝

많은 그리스도인들이 시험을 강하게 당할 때 그것이 죄인 줄 알고 거짓의 영에 속아서 좌절부터 하는 그리스도인들이 참 많습니다. 시험과 죄 그리고 연약성에 대한 정의와 차이를 분명히 알지 못하면 실패와 혼동의 늪에 빠져 헤어 나오지 못합니다. 마틴 루터 Martin Luther는 말했습니다. "새가 당신 머리 위로 날아가는 것을 막을 수는 없지만 당신 머리 위에 둥지를 트는 것을 막을 수 있다" 사탄이 우리에게 여러 가지 더러운 죄 된 생각을 주입시키는 것은 막을 수 없지만 그 생각이 내 마음에 자리 잡고 그 생각을 행동으로 옮기지 않도록 막을 수는 있습니다. 성경에서는 죄와 시험을 명확히 구분하고 있습니다.

약1:14~15절 말씀을 함께 읽겠습니다. "오직 각 사람이 시험을 받는 것은 자기 욕심에 끌려 미혹됨이니 욕심이 잉태한즉 죄를 낳고 죄가 장성한즉 사망을 낳느니라"(약1:14~15). 시험은 죄에서 태어나지만 시험 자체가 죄인 것은 아닙니다. 시험(혹은 유혹)은 죄를 짓게 요청하는 것입니다.

뿐만 아니라 죄는 우리의 육체나 정신적인 욕망에서 옵니다. 우리가 예수님을 의지해서 거룩한 의지력으로 시험을 물리칠 때 시험은 죄가 되지 못합니다. 그러나 그 의지력이 시험에 굴복하여 시험을 거절하는 것이 아니라 기쁘게 받아들인다면 사욕은 잉태하여 죄를 낳습니다. 어떤 사람들은 유혹(시험)을 분간하지 못하여 번뇌하는데 마귀는 이런 번뇌를 가중합니다. 일단 마귀가 자기의 교활한 유혹에 사람을 굴복시키지 못할 때 바로 유혹을 죄라 말하며 많은 영혼들을 좌절시키고 의기소침하게 합니다. 시험이 강하고 시간이 길수록 이런 현상이 쉽게 나타납니다. 그러나 우리는 의지의 단계에서 우리가 이런 죄의 유혹을 받았는가, 기뻐하는가, 발전시켰는가를 보아야 하며 혹은 나아가서 이 죄를 즐기려하고 혹은 우리의 의지를 유혹에 굴복했는가를 확인해야 합니다. 만일 우리의 의지단계에서 죄의 유혹을 받아들이지 않았다면 우리는 담대하게 나는 하나님의 도움과 은혜로 죄를 짓지 않았으며 나에게는 범죄의 염원조차 없다고 말해야 할 것입니다. 우리는 그리스도를 의지하여서 능히 죄를 이길 수 있습니다(빌4:13,막9:23). 마귀는 '도둑질한 물이 달고 몰래 먹는 떡이 맛이 있다' 하는 것처럼(잠9:17) 잠시 순간적인 죄악의 낙을 줍니다(히11:25). 마치 낚시 바늘에 달린 달콤한 미끼와 같습니다. 이 미끼는 순간적인 만족을 주지만 고기의 생명과 운명을 낚아갑니다. 아담과 하와, 소돔과 고모라 성 사람들, 게하시, 가룟유다, 아나니아, 삽비라 부부 등이 죄의 미끼를 먹다가 망한 자들입니다. 성경 말씀을 보면 죄에 빠지는 직접적인 원인은 자기의 욕심이며(약1:14) 그

욕심을 잉태했다가 끝까지 쫓는 자는 사망에 이른다는 말입니다. 약1:14절 안에 '미혹되다'는 말은 '미끼로 물고기를 잡다', '올가미로 사냥하다' 델레아죠;deleavzw는 뜻입니다. 우리가 욕심을 가지면 마귀의 미끼에 물린다는 말입니다. 우리가 시험을 받지만 시험에 들지 않을 수 있습니다. 욕망이 일어나고 시험이 올 때 즉시 그것을 거부하면 됩니다. 예수님은 광야에서 마귀의 강력한 유혹을 세 번이나 받았지만 즉시 물리치셨습니다. 주의 보혈로 정결함을 받은 깨끗한 심령은 우리가 토한 음식을 다시 쳐다보기도 싫은 것처럼 죄가 싫어집니다. 5관 3욕을 통해 오는 유혹은 5관은 눈(보고 싶고), 코(맡고 싶고), 입(먹고 싶고), 귀(듣고 싶고), 피부(만지고 싶고), 3욕은 (육체의 생리적인 3가지 욕구) 식욕, 색욕, 수면욕이 있고 5관과 3욕 자체는 죄가 아닙니다. 이것들은 주님께서 우리에게 주신 축복입니다. 목마를 때 시원한 냉수 한 잔 마실 때에도 기쁨과 시원함이 있습니다(잠25:13,25). 그런데 5관 3욕에 욕심이 붙으면 죄가 되는 것입니다. 예를 들면 보는 것도 음란한 사진, 영화, 동영상등 은 이러한 더러운 영적쓰레기를 보면 계속 보면 중독까지 가는 것입니다. 그리고 유혹은 크게 3가지입니다.

마귀 유혹의 3가지

	창3:6	요일2:16	영역	마4:1-11
1	먹음직	**육신의 정욕** * 몸에 느낌이나 기분이 좋아지는 것을 탐하는 죄	육체적	돌이 떡덩이 되게 하라(3) – 하나님의 모든 말씀으로 살 것이라(4)
2	보암직	**안목의 정욕** * 부정한 것을 눈으로 보고 즐기는 죄	정신적	뛰어 내리라(6) – 주 너의 하나님을 시험치 말라(7)
3	지혜롭게 할 만큼 탐스럼	**이생의 자랑** * 자기 추구, 자기 성취로 자기를 높이고 자랑하는 죄	영적	모든 것을 네게 주리라(9) – 하나님께 경배하고 그를 섬기라(10)

하나님앞에서 거룩

요셉은 유혹하는 여인에게 "내가 어찌 이 큰 악을 행하여 하나님께 득죄하리이까?"(창39:9)라고 말합니다. 죄의 유혹을 이기는 비결은 '하나님을 경외하는 살아 있는 믿음'뿐입니다. 곧 신전 의식 Coram Deo입니다. 여인은 날마다 요셉에게 동침하자고 간청을 했습니다. 그러자 요셉은 아예 그녀와 함께 있지도 않았습니다. 요셉처럼 유혹의 장소를 피하는 것이 지혜이며 믿음의 행동입니다. 요셉은 그 유혹을 받을 때 하나님을 사랑하는데 성공한 것입니다. 삼하 11:2절을 보면 다윗은 우연히 목욕하는 여인을 보게 되는 유혹을 당했을 때 "저녁 때에 다윗이 그의 침상에서 일어나 왕궁 옥상에서 거닐다가 그 곳에서 보니 한 여인이 목욕을 하는데 심히 아름다워 보이는지라"(삼하11:2), 다윗이 유혹의 자리를 피하지 않고 계속 바라보고 있었기에 결국 하나님을 사랑하는데 실패하여 충신이었던 우리아까지 죽이는 무서운 죄악을 범하게 되었습니다.

어느 날 기도 가운데 주님께서 내적인 음성으로 필자에게 물으셨습니다. "나를 어느 정도로 의식하는가?" "항상 의식하죠." "아니다 너는 나를 경찰관 정도보다 의식하지 않는다" 저는 할 말을 잃었습니다. 아무리 간 덩어리 큰 도둑이라도 경찰이 보고 있는데 도적질 못합니다. 만왕의 왕이신 하나님을 황제 앞에서는 고사하고 일개 경찰관보다 더 의식하지 않은 때가 있었습니다. 도움이 필요할 때는 나와 함께 하시는 주님을 기억하고 도움을 구합니다. 그런데 각종 죄의 유혹이 올 때 하나님을 경찰관보다 못하게 여기니까 넘어질 때가 있었습니다. 믿음으로 하지 않은 모든 것이 죄입니다. 24시간 주님을 의식하며 의지합니다. 나의 죄를 용서하시기 위해서 뿐 아니라 성결케 하시기 위해 십자가위에 죽으신 예수님을 바라봅니다.

"그러므로 예수도 자기 피로써 백성을 거룩하게 하려고 성문 밖에서 고난을 받으셨느니라"(히13:12)

우리가 24시간 주님을 바라보며 날마다 장례를 치르고 그리고 그리스도로 살아갑니다. 믿음으로 옛사람을 못 박고 그리스도의 성결로 마음의 정결함을 얻습니다. 예수님의 권세와 능력으로 마귀와 세상을 이기는 성결한 삶이야말로 이 세상에서 가장 행복한 삶입니다. 깨끗한 세마포를 입은(계19:8) 그리스도의 신부요, 유업을 얻을 항상 '이기는 자'(계21:7) 곧 성공자입니다. 어둠과 빛이 공존할 수 없습니다. 의의 태양이신(말4:2) 그리스도께서 우리 가운데 내주하십니다. 믿음으로 나는 죽어 내 안의 빛이신 예수님만 드러나게만 하면 됩니다. 우리는 세상을 밝히는 빛입니다(마5:14). 시편 1편 1절은 우리가 유혹 앞에 어떤 삶을 살아야 하는지를 우리에게 제시해 주고 있습니다. "복있는 사람은 악인의 꾀를 좇지 아니하며 죄인의 길에 서지 아니하며 오만한 자의 자리에 앉지 아니하고"(시1:1)

죄의 유혹에서 이기는 방법은 단 한가지 길 밖에 없습니다. 무소부재하신 하나님에 대한 신전의식으로 죄의 유혹보다 더 강한 산 소망과 축복을 보게 하고 죄의 대가와 보응의 끝을 보게 합니다(엡1:18-19). 그리고 죄의 유혹보다 더 강한 하나님과 동행하는 기쁨과 행복을 맛보고(시45:15) 더 좋은 것을 붙잡게 하면 됩니다. 욥31:1~2 절을 보며 욥이 어떻게 죄의 유혹을 이겼는지 말합니다. "내가 내 눈과 약속하였나니 어찌 처녀에게 주목하랴 그리하면 위에 계신 하나님께서 내리시는 분깃이 무엇이겠으며 높은 곳의 전능자께서 주시는 기업이 무엇이겠느냐"(욥31:1~2)

여러분! 시험(유혹)이 당신에게 임할 때 아래와 같은 것을 자기에게 물어 보십시오.

첫째, 이것이 마귀가 주는 죄의 유혹인 것을 알고 있는가?

둘째, 이 죄의 생각을 분명히 마귀가 주는 것을 알면서도 자기의 마음에 받아들이는가?

상기 질문에 "아니다. 나는 하나님을 사랑한다. 악과 죄를 증오한다. 죄를 짓지 않고도 살아갈 수 있다. 사단(교만, 음란, 분노, 탐욕 등)아! 나는 벌써 교만과 함께 십자가에 못 박혔다!" 이때 당신은 떳떳이 거리낌 없이 말할 수 있습니다. "나는 유혹을 받았습니다. 그러나 예수님의 십자가를 의지하여 결코 유혹에 빠져 죄를 범하지 않도록 하셨습니다." 이는 마치 욥이 억울함을 당하고 강열한 시험을 받을 때 당시한 말을 대신 할 수도 있습니다.

욥27:5~6절을 보면, "나는 결코 너희를 옳다 하지 아니하겠고 내가 죽기 전에는 나의 온전함을 버리지 아니할 것이라 내가 내 공의를 굳게 잡고 놓지 아니하리니 내 마음이 나의 생애를 비웃지 아니하리라"(욥27:5-6)

이러하면 하나님도 욥에게 말씀하신 것처럼 우리에게 " … 이 모든 일에 욥이 입술로 범죄치 아니하니라"(욥2:10)고 말씀하실 것입니다.

예를 하나 들면 한 사람이 배고파서 참기 어려웠지만 그의 호주머니에는 일전 한 푼 없어 그냥 거리를 무작정 걷고 있었습니다. 그러다가 그는 길옆의 한 빵집 앞을 지나게 되었는데 참으로 향긋한 빵 냄새가

코를 자극합니다. 마침 빵집 주인 또한 손님접대로 빵 진열장을 돌볼 겨를이 없었습니다. 이때 그 사람의 머리에는 이런 생각이 스쳐 지나 갑니다. 빵을 집어 가방에 넣을까? (인식 단계: 유혹이 찾아왔으나 아직 죄로 되지는 않았습니다.) 잇따라 그의 입에서는 침이 흘러나왔고 배에서도 꾸르륵 소리가 그치지 않습니다. (감정 단계: 유혹이 갈수록 강열해 지지만 아직까지도 죄를 범했다고 볼 수 없습니다.) 마지막은 범죄를 하느냐 아니면 유혹을 거절하느냐 하는 분계선인 '의지 단계'입니다. 이때 만약 손을 가슴에 얹고 " 다른 사람의 물건을 도둑질 하는 것은 범죄인데 어찌 하나님앞에서 범죄를 할 수 있느냐?"하는 식으로 자신에게 말하며 의지 단계에서 도적질할 생각을 버리고 성결로 돌아 왔다면 우리는 이런 것을 비록 시험은 받았지만 범죄는 하지 않았다고 말할 수 있습니다. 그러면 연약성은 우리에게 어떤 유익이 있을까요?

연약은 보자기에 싸인 축복

　죄의 책임에 대한 정도의 차이(레4:7, 눅12:47~48, 요19:11, 롬2:6, 히2:2, 3:10, 10:28~29)는 각 개인이 하나님 말씀에 많이 알수록 성결의 요구가 높아집니다. 어린아이가 넘어지는 것과 어른이 자꾸 넘어지는 것은 같지 않습니다. 선생이 넘어지는 것과 학생이 넘어지는 것은 책임이 다릅니다(약3:1). 또한 예수님을 영접하고 시간이 지남에 따라 책임이 다릅니다. 히5:12절을 보십시오.

"때가 오래므로 너희가 마땅히 선생이 될 터인데 너희가 다시 하나님의 말씀의 초보가 무엇인지 누구에게 가르침을 받아야 할 것이니 젖이나 먹고 단단한 식물을 못 먹을 자가 되었도다"(히5:12)

성경 신약에서는 여러 곳에서 죄와 연약성의 구별을 언급했습니다. 바울이 로마교회 성도들에 보내는 교훈에서 이 차이점을 충분히 말해 줍니다.

그중에 세 군데를 보겠습니다.

(A) "죄로부터 해방되어 의에게 종이 되었느니라 너희 육신이 연약하므로 내가 사람의 예대로 말하노니 전에 너희가 너희 지체를 부정과 불법에 내주어 불법에 이른 것 같이 이제는 너희 지체를 의에게 종으로 내주어 거룩함에 이르라"(롬6:18~19)

(B) "이는 그리스도 예수 안에 있는 생명의 성령의 법이 죄와 사망의 법에서 너를 해방하였음이라"(롬8:2)

(C) "이와 같이 성령도 우리의 연약함을 도우시나니 우리는 마땅히 기도할 바를 알지 못하나 오직 성령이 말할 수 없는 탄식으로 우리를 위하여 친히 간구하시느니라"(롬8:26)

죄성과 연약성의 차이는 무엇인가?

　기독교내에서 죄의 도화선 곧 죄의 경향성으로 갈 수 있는 연약성을 죄성으로 보는 부류가 있습니다. 죄성이라는 단어는 성경에 없는 단어인데 신학적인 용어중의 하나입니다. 죄성은 죄의 마음으로 보기 쉬우므로 연약성과 죄의 마음은 따로 구분하는 것이 옳고 진리를 분명히 이해하기 쉽습니다. 바울은 상기한 성경말씀을 통하여 우리에게 성령은 우리를 완전히 죄에서 구해주시며 우리를 연약함도 담당하여 우리를 도우신다는 것을 똑똑히 가르쳐 주었습니다. 롬8:26에서는 우리의 연약성으로 "우리가 마땅히 빌 바를 알지 못하나", 성령은 이것을 알며 우리의 연약함을 도우십니다. 무지한 것은 고의적인 것이 아니고 성령은 결코 죄로 정하지 않습니다.

　예를 들면 제가 알고 있는 K 목사님이 어느 날 밤 교통규칙을 위반하지 않고 자동차를 정상적으로 운전하다가 어느 술 취한 사람이 갑자기 신호 등을 박차고 찻길에 뛰어드는 바람에 그만 부딪쳐 죽고 말았습니다. K 목사님은 사람 죽인 목사가 더 이상 목회할 수 없다고 목회를 그만 두고 말았습니다. K 목사님은 연약성과 죄를 구분 못하였기에 목회까지 그만두는 큰 우를 범한 것입니다. 술 취한 사람이 차에 치여 죽었지만 하나님은 결코 K 목사님에게 살인죄라 정죄하지 않으시고 인간의 연약으로 보십니다. 하나님은 중심을 보시고 판단하십니다(삼상 16:7). 그러나 우리가 만일 어떤 사람을 미워하였다면 비록 그 사람을 죽이지는 않았지만 하나님의 앞에서는 살인죄를 범한 것입니다. 왜냐 하면 성경에서 "그 형제를 미워하는 자마다 살인하는 자니 살인 하는 자마다 영생이 그 속에 거하지 아니하는 것을 너희가 아는 바라"(요일3:15)고 말씀했기 때문입니다.

그럼 죄와 연약성의 대가(결과)의 차이는 무엇일까요?

죄의 대가는 사망입니다(롬6:23). 그러나 사람의 연약함으로 가져온 좋지 않은 결과는 뉘우침과 후회입니다. 고의가 아니지만 사람을 차로 죽게 되었는데 기뻐할 수 없습니다. 이러한 결과를 피하려면 우리는 언제나 주님이 가르쳐준 기도문대로 시시때때로 하나님께 "우리를 악에서 구하옵소서"(마6:13)하고 간구해야 합니다. 그러면 알고도 고의로 범한 죄와 모르고 연약해서 지은 죄의 죄책은 어떻게 다를까요?

첫째, 알고 고의로 지은 죄의 경우

"또 주의 종으로 (고범죄를) 짓지 말게 하사 그 죄가 나를 주장치 못하게 하소서 그리하시면 내가 정직하여 큰 죄과에서 벗어나겠나이다" (시 19:13).

둘째, 모르고 범한 죄의 경우는

"주인의 뜻을 알고도 준비하지 아니하고 그 뜻대로 행하지 아니한 종은 많이 맞을 것이요 알지 못하고 맞을 일을 행한 종은 적게 맞으리라 무릇 많이 받은 자에게는 많이 요구할 것이요 많이 맡은 자에게는 많이 달라 할

것이니라"(눅12:47~48)

알고 지은 죄는 모르고 지은 죄보다 죄가 더 크고 심판이 큽니다. 죄
는 점점 발전하기 때문에 처음에 끊지 못하면 자꾸만 장성하고 길들어
져 사람을 결박하고 빠져나오기 힘들게 합니다. 구약에는 무지, 연약성,
실수, 부지중에 지은 죄(민15:29~31)를 구분하고 있습니다. 즉 하나님도
죄의 동기를 보시고 심판하십니다. 연약성과 시험과 죄를 구분하지 못
하면 영적전쟁에 백전백패합니다. 실패하는 인생으로 살아가게 됩
니다.

내가 약한 그 때에 강함이라

우리는 자신의 약함은 어떻게 해서든지 감추려고 하지 자랑하지 않습
니다. 그리고 약한 것을 수치스럽게 여깁니다. 그래서 약한 것을 없애
려고 합니다. 사람들은 상대적으로 강한 것을 알아주기 때문에 약점을
최대한 최소화하고 좀 더 강해지기 위해 일평생 몸부림칩니다. 그런데
바울이 성령의 감동으로 쓴 서신서를 보면, 바울이 어떤 성격의 소개
서를 작성했는가를 알 수 있습니다. 바울은 우리들과 다르게 소개서를
쓰고 있습니다. "죄인 중에 내가 괴수니라"라고 했습니다(딤전1:15).
"만삭되지 못하여 난 자"라고 했습니다(고전15:8). "모든 성도 중에 지극히
작은 자보다 더 작은 나"라고 했습니다(엡3:8).

만약 오늘날 바울이 가말리엘 문하(행22장)에서 수학한 학력내용은 쓰지않고 상기한 이력서만 주로 써서 신학대학이나 교회 목회자 임용 신청서에 써서 제출했다면, 무조건 탈락할지도 모릅니다. 약2:10절을 "누구든지 온 율법을 지키다가 그 하나를 범하면 모두 범한 자가 되나니"(약2:10) 비춰보면 사실 하나님 앞에 죄인괴수가 아닌 자가 없습니다. 그런데 바울처럼 성령의 조명아래 자신이 죄인괴수처럼 느껴지고 통회자백한 하나님자녀일수록 하나님의 용서의 은혜가 커서 더 감사하게 되어 있습니다(롬5:20-21). 그리고 그에게 자랑할 것이 한 가지 있었습니다. 바로 '약함'이었습니다. 그러면서 자신의 약함 외에는 어떤 것도 자랑하지 않겠다(고후12:5-10)고 했습니다. 그에게 유일한 자랑거리가 있는데, 그것은 '약함'이라고 했습니다. 그는 겸손을 떠는 말이 아닙니다. 바울은 자신의 약함을 감사함으로 자랑하였습니다. 오늘날과 같이 당시의 고린도 지역의 문화는 힘의 문화였습니다. 실제로 로마제국은 새 고린도를 건설할 때에 옛 헬라 도시의 전통을 싹 없애버리려 하였습니다. 군사력과 권력과 재물의 힘을 숭배하는 자기 과시와 개인적인 엘리트 의식이 팽배한 도시의 한가운데서 그리스도의 복음을 전한 바울은 세상의 논리와 다르게 자신의 연약함을 토로하고 있습니다. 고린도후서 12장의 앞부분에서 사도 바울은 자신이 영이 몸에서 떠나 3층천 하늘나라를 가서 천국을 보고 오는 신비로운 경험을 하였습니다. 우리가 이것을 경험했다면, 우리에게는 굉장한 자랑거리이고 대단한 간증거리여서 사방에 말하고 다닐 것입니다. 그런데 사도 바울은 이것을 3인칭으로 기록했습니다. 그리고 우리가 숨기고 싶어 하는 자신의 약함을 사도 바울은 1인칭으로 기록했습니다. 바울은 왜 이렇게 했을까요? 여기에는 하늘나라의 비밀이 있습니다. 모세는 궁궐에서 바로의 공주의 아들이라 칭함을 받으며 당시 인류 최고의 학문과 무술을 익히고 젊고 모든 것을 가지고 있었을 때, 즉 자신의 인생에 전성기가 왔다고 생각하고, 자신의 힘을 자랑할 때, 그 혈기로 사람을 죽였습니다(출2:12). 이로 인해 모세는 역사의 무대 뒤로 사라져버렸습니다. 모세는 자신의 강함 때문에 40년간 미디안 광야에 들어가 세월을 보냈습니다. 하나님께서 그를 부르실 때는 사막의 떨기나무같이 자랑할 것이 없는 양을 치는 나이 많은 목동에 불과했습니다(출3:4). 모세가 2백만이 넘은 이스라엘 백성들을 인도하여 출애굽할 때에 믿을 것이라곤 하나도 없었습니다. 자신을 믿을 수 있었겠습니까 아니면 군사훈련이 전혀 안되었고 무기가 전혀 준비되지 않은 이스라엘 백성을 믿을 수 있었겠습니까. 아무것도 없었습니다. 의지할 것이 하나도 없었습니다. 바로 그때, 하나님께서는 모세를 불러내셔서 바로 앞에 가게 하셨습니다. 모세가 가진 것은 광야에서 사용하던 지팡이 하나뿐이었습니다. 인간적으로는 초라하고 연약한 노인에 불과한 상태였습니다. 광야에 묻혀 살던 80세의 노인이 애급이라는 막강한 제국의 바로와 상대가 되겠습니까.

인간적으로 연약한 순간에 하나님의 능력이 나타났습니다. 세상적으로 화려하고 힘있고 자랑할 것이 많을 때에는 하나님의 능력이 나타나지 않습니다. "약한 그 때에 강함이라" 이 말은 약할 때에 하나님을 강하게 의지하게 됩니다. 하나님을 의지하는 만큼, 하나님의 능력이 우리에게 나타납니다. 그런데 이것은 쉽지 않습니다. 우리의 능력이나 잔재주를 포기하는 것이 어렵습니다. 우리는 조금만 배불러도 하나님을 의지하지 않습니다. 형편이 약간 나아져도 기도하는 것이 약해집니다. 기도를 잘 안하는 것은 하나님을 온전히 의지하지 않는다는 의미입니다. 세상적으로 편하고 좋으면, 우리의 영혼은 쇠약해집니다. 이것이 인간의 한계입니다.

고후1:8~9절에 보면, 사도 바울은 "형제들아 우리가 아시아에서 당한 환난을 너희가 모르기를 원하지 아니하노니 힘에 겹도록 심한 고난을 당하여 살 소망까지 끊어지고 우리는 우리 자신이 사형 선고를 받은 줄 알았으니 이는 우리로 자기를 의지하지 말고 오직 죽은 자를 다시 살리시는 하나님만 의지하게 하심이라"(고후1:8-9)라고 말했습니다. 바울은 자신이 당한 극심한 환난으로 통해 하나님만 의지하게 하시려는 하나님의 뜻을 깨달았습니다.

나의 약함

우리 중에 지금 어려운 시기를 보내는 분이 계십니까? 힘들고 창피해서 사람 만나기조차 싫은 분들이 계십니까? 영적으로 좋은 때를 보내고 계시는 것입니다. 그러므로 그냥 보내시면 안 됩니다. 이 진리를 깨닫지 못하고, 어려운 시기를 그냥 보내시면, 고생한 보람이 없습니다. 좋은 부모님 밑에서 크는 것은 감사할 일이나 이상적이지 않은 부모 밑에서 자랄 때, 좋은 배우자를 만나 사는 것은 감사할 일이나 마음에 안 드는 배우자와 살 때, 효도하는 자식과 사는 것은 감사할 일이나 자식들이 부모 마음을 속 썩일 때, 친구가 많아 감사하나 혼자 무척 외로울 때, 건강하여 감사하나 병들어 힘들 때, 하는 일마다 성과가 많아 감사하나 계속 실패했을 때, 사람들로부터 인정받아 감사하나 욕먹고 비난 받을 때, 가진 돈이 넉넉하여 감사하나 돈이 다 떨어졌을 때, 나를 신뢰하는 사람이 많아 감사하나 믿었던 사람으로부터 배신당했을 때가 더 좋은 때입니다. 왜 더 좋은 때입니까? 의지할 것이 다 없어져서 하나님만 의지할 수 있기 때문입니다. 우리가 하나님만 의지할 때, 하나님의 능력이 우리 가운데 나타납니다. 우리가 하나님만 의지할 때, 하나님은 우리의 힘이 되십니다.

여러분은 지금 무엇을 의지하고 계십니까? 하나님 외에 의지하는 것이 많을수록 인생은 엉망이 되어버립니다. 하나님만 의지하는 것이 아니라, 하나님 외에 자랑할 것이 있으면, 그것은 독이 되어 결과적으로 나를 해칩니다. 그러나 사람을 의지하지 않고, 돈을 의지하지 않고, 세상의 명예를 의지하지 않고, 세상의 자랑거리를 의지하지 않고, 오직 주님만을 바라고 간절히 기도할 때, 위로부터 능력이 입혀집니다(눅24:49). **하나님의 임재와 동행을 경험하는 삶은 성공 인생의 관건입니다.** 오늘날 우리의 삶이 왜 힘듭니까? 힘든 일이 있어 힘든 것이 아니고, 하나님의 임재를 경험하지 못하기 때문에 힘든 것입니다. 아무리 힘든 일이 있어도 하나님의 임재를 느끼면, 이길 수 있습니다. 하나님이 나와 함께 하신다는 하나님의 임재를 경험한다면, 넉넉히 이길 수 있습니다. 우리가 하나님의 임재 안에 살 때, 하나님께 우리와 함께하신다는 것을 믿을 때 우리의 삶에 예수님의 권능과 은혜가 넘칩니다. 주님은 '임마누엘'이십니다. 우리와 항상 함께하시는 분이십니다. 어떤 감정 이나 신비로운 표적을 보고 하나님께서 나와 함께 하신다고 증거를 삼지 마십시오. 하나님 말씀을 붙잡으십시오.

예수님께서는 승천하시기 전에 제자들에게 "내가 세상 끝날까지 너희 와 항상 함께 있으리라"(마28:20). 우리는 질그릇처럼 연약한 존재입니다. 그런데 질그릇과 같은 우리가 그리스도안에서 깨어질 때, 우리에게서 그리스도의 능력이 온전히 드러납니다. 고후4:7절에 보면, "우리가 이 보배를 질그릇에 가졌으니 이는 심히 큰 능력은 하나님께 있고 우리에게 있지 아니함을 알게 하려 함이라"(고후4:7)라고 기록되어 있습니다. 우리 자 신이 억지로 강할 필요가 없습니다. 우리가 그리스도와 함께 죽을 때 그리스도의 성품과 능력이 우리를 통해 드러나기 때문에 우리의 약함 과 깨어짐을 염려할 필요가 없습니다. 행3:6절을 보면 베드로는 나면 서 못 걷게 된 이를 향해 "은과 금은 내게 없거니와 내게 있는 이것을 네게 주노니 나사렛 예수 그리스도의 이름으로 일어나 걸으라"(행3:6)라고 말했습 니다. 베드로에게는 은과 금이 없었습니다. 우리가 자랑할 것이 없고, 의지할 것이 없을 때, 예수님의 이름의 능력이 나타납니다.

누가 사도 바울처럼 자신의 약함을 자랑할 수 있습니까? 하나님의 능력을 확고하게 믿는 사람입니다. 하나님의 능력을 절대적으로 확신하는 사람이라야 자신의 약함을 인정할 수 있습니다. 그런데 이것이 어렵습니다. 바울은 하나님의 능력에 대한 확신을 가지고 있었기 때문에 자신의 능력을 기꺼이 포기할 수 있었습니다. 바울은 자신의 약함을 자랑하는 데 전혀 거리낌이 없었습니다. 하나님의 권능을 전적으로 확신했기 때문입니다. 바울처럼 하나님의 능력이 얼마나 엄청난가를 알고 믿는 사람은 자신의 연약함을 자랑할 수 있습니다.

고전1:27절에 보면, "그러나 하나님께서 세상의 미련한 것들을 택하사 지혜 있는 자들을 부끄럽게 하려 하시고 세상의 약한 것들을 택하사 강한 것들을 부끄럽게 하려 하시며"라고 기록되어있습니다. 세상의 약한 것들을 택하셔서 강한 것들을 부끄럽게 하려 하셨다고 기록되어 있습니다. 약한 우리는 안심하고 주님 앞에 나아가십시다. 우리 자신의 약함에 대해 두려워하지 마십시다. 우리의 약함은 전혀 문제되지 않습니다. 우리의 약함은 하나님 나라의 능력을 드러내는 일에 요긴한 필수조건입니다. 하나님께서 나를 통하여 그분의 영광이 나타나셔야 내 영혼이 잘되는 것입니다. 신앙의 능력은 십자가와 부활의 능력입니다. 어려울 때 예수님을 생각하십시오. 그분이 당하신 십자가의 고난을 생각하십시오.

우리가 십자가를 붙들고 나아갈 때, 부활의 능력이 임하고 나타납니다. 부활의 능력이 임하면, 세상에서 승리합니다. 십자가를 통과하고,

우리의 약함을 인정하고, 우리의 약함을 십자가 앞에 내려놓을 때, 그 속에 부활의 권능이 임하고 역사합니다(살후1:11). 그때 우리를 당할 자가 없습니다. 우리 마음이 왜 불안합니까? 왜 두렵습니까? 부활의 권능을 믿는 믿음이 없기 때문입니다. 부활의 권능이 임하면, 슬픔이나 절망도 무서운 암도 이겨낼 수 있습니다. 암을 치료받아야 이길 수 있다는 의미가 아닙니다. 암의 고통이 짓누르는, 질병의 권세보다 부활의 능력이 더 크기 때문에 아무것도 우리를 흔들어 놓지 못합니다. 부활의 권능을 믿은 그리스도인은 담대합니다. 어떤 슬픔이나 절망도 이겨내며 감사합니다. 그것이 부활의 권능입니다. 여러분의 삶에 있는 연약함 때문에 걱정하거나 두려워 떨지 마십시오. 연약함을 통하여 부활의 권능이 임하고 더 나타납니다. 그러므로 약함을 자랑하십시오. 원래 우리는 우리 것으로 할 수 있는 것이 없는 부족한 사람들입니다. 우리의 무능과 한계를 기꺼이 받아들이십시오. 그것으로 인하여 주눅 들지 마십시오. 하나님 앞에 죄짓는 것 외에는 결코 부끄러워할 일이 없습니다. 사탄은 고통을 가지고 우리를 무너뜨리려 합니다. 사람들을 두려움과 공포로 몰아넣어서 주눅들게 만들고, 자포자기하게 하고 힘들어 죽고싶은 마음은 하나님이 주시는 것이 아니라 마귀가 주는 것입니다(요10:10). 마귀가 하는 일은 도적질하고 죽이고 멸망시키는 일밖에 없습니다. 사탄은 갖은 고통을 통해 우리를 무너뜨리려 합니다. 그러나 하나님은 고통을 통하여 우리에게 부활의 능력을 경험하게 하십니다. 고통으로 인해 우리가 약해질 대로 약해졌을 때, 하나님의 능력이 머물게 됩니다. 그 능력은 부활의 능력입니다. 부활의 권능이 멀리 있는 것이 아니라 예수 그리스도 안에 있습니다. 즉 우리 안에 계시는 예수님 안에 계시므로 바로 우리 안에 있는 것입니다. 이 사실을 믿지 못하시면 영적 전쟁에 승리하지 못합니다(요일5:4). 그러므로 여러분이 겪고 있는 연약함, 사라지지 않는 아픔들을 불행으로 보지 마시기 바랍니다. 그 안에 비밀이 있습니다. 아무리 열심히 기도하는데도 고통이 사라지지 않는 데에는(고후12:1~10) 하나님의 계획과 비밀이 있습니다. 하나님의 생각을 들으십시오. 분명 하나님의 축복이 있습니다. 하나님께서 어떤 때는 우리를 홍해의 광야길 같은 길로 인도하십니다. "그러므로 하나님이 홍해의 광야 길로 돌려 백성을 인도하시매"(출13:18). 이 길은 밑으로 돌아가는 굉장히 먼 길입니다. 게다가 조금 가다가 홍해 바다가 가로 놓여 있는 막다른 길입니다. 그리고 홍해를 건너가면 곧바로 사막으로 된 수르광야가 나오는 길입니다. 또 삼일길을 더 가면 마라의 쓴물이 있는 길입니다. 이어서 르비딤 광야로 들어가면 물이 없어서 목이 타게 되는 길입니다. 그리고 신광야로 들어가면 먹을 것이 없어 배고픈 길입니다. 불뱀이 나오는 코스도 있습니다. 이처럼 험하고 거리가 먼 난코스의 길이 바로 하나님께서 인도하신 홍해 광야 길이었던 것입니다. 하필이면 하나님께서 이 어려운 길로 이스라엘 백성들을 인도하셨습니다. 성경을 잘 보면 이 길에는 가는 곳마다 어려움과 역경이 도사리고 있습니다. 마치 군부대에서 강군을 만들기 위해 실시하는 유격훈련장 코스와도 똑같습니다. 하나님께서 이스라엘 백성을 여호와의 군대(출12:41)로 부르셨기 때문에 군사훈련은 감사할 일입니다.

필자가 하나님으로부터 강한 훈련을 받을 때입니다. 사람들 만나기가 싫고 특히 사람들 앞에 나서기 일하기가 싫었습니다. 어느 날 하나님께서 주의 말씀으로 정신 차리게 하셨습니다. 우리가 하나님으로부터 고된 훈련을 받을 때 주눅 들기 쉽습니다. 그런데 국가대표 운동선수들이 땀 흘리며 고된 훈련받을 때 부끄러워하는 선수가 없다는 것입니다. 도리어 고되게 훈련받을수록 남이 알아주길 바라며 즉 자랑스럽게 생각하며 사진 찍어 대중에 공개하기까지 합니다. 저희 하나님 자녀는 왕같은 제사장들(벧전2:9)로 하나님 나라 대표 선수들입니다. 하나님 앞에 어떤 힘든 훈련을 받든 부끄러워할 필요가 없습니다. 부끄러워하고 기죽는 것은 마귀가 주는 속삭임과 육신 생각에 속기 때문이라는 것입니다. 욥은 주님으로부터 훈련을 받을 때 주께서 나를 단련하신 후에는 장차 내가 순금 같이 되어 나올 것이라며 믿음으로 당당히 말하였습니다. "그러나 내가 가는 길을 그가 아시나니 그가 나를 단련하신 후에는 내가 순금 같이 되어 나오리라"(욥23:10). 우리도 마땅히 그러하여야 합니다. 하나님은 출애굽한 이스라엘 백성들을 왜 힘들고 위험한 길로 인도하셨을까요?

신8:14절을 보면, "여호와는 너를 애굽 땅 종 되었던 집에서 이끌어 내시고 너를 인도하여 그 광대하고 위험한 광야 곧 불뱀과 전갈이 있고 물이 없는 건조한 땅을 지나게 하셨으며 또 너를 위하여 물을 굳은 반석에서 내셨으며 네 열조도 알지 못하던 만나를 광야에서 네게 먹이셨나니 이는 다 너를 낮추시며 너를 시험하사 마침내 네게 복을 주려 하심이었느니라"(신8:14)라고 그 해답을 말씀하고 있습니다. 이러한 홍해 길로 인도하신 것은 어려운 길을 가게 해서 우리를 낮추고 믿음을 굳게 하시며, 그 믿음을 시험한 후에 마침내 복을 주려 하심이었습니다. 낮아지는 연단을 거치지 않고 쉽게 복을 주면 우리는 복을 복으로 여기지 않습니다. 우리는 교만하여져서 쉽사리 하나님을 잊게 됩니다. 그래서 하나님께서 일부러 그렇게 인도하신 것입니다. 다 뜻이 있어서 하나님께서 그 길로 인도하시는 것입니다. 육체만 출애굽하는 것이 아니라 믿음을 통해 홍해를 건너 하나님이 이스라엘을 구원하신다는 구원의 축복을 누리기를 원하셨습니다. 그리고 하나님을 시험한 애굽인들은 심판받는 이 기적을 통하여 많은 이방민족들이 하나님께 돌아오기를 원하시는 것입니다.

여러분! 이제 연약함과 죄의 마음의 차이에 대해서 이해가 되시나요?

그럼 마음이 어떻게 새롭게 함으로 변화를 받게 되는지 주의 말씀을 상고하시겠습니다.

마음을 새롭게 함으로 변화를 받아야

교회에서 성공이라는 단어를 가장 많이 쓰는 말이 "예배 성공이 인생의 성공이다" 이라는 말입니다. 물론 성경적인 의미로 쓴다면 틀린 말이 아니지만 문제는 예배당에서 하나님께 드리는 의식예배를 주로 말하고 교인들을 예배당에 나오게 하는 목적으로 쓴다는데 있습니다. 주로 창22:1-18절 말씀을 본문으로 말하면서 예배 성공이 인생의 성공이기 때문에 예배에 먼저 성공해야 된다는 것입니다. 그리고 강조하는 부분은 하나님이 지시하신 곳, 모리아 산에 가서 예배 드렸으므로 아브라함은 예배의 성공자가 되었다는 것입니다. 그래서 아브라함이 성공하는 인생이 되었다는 결론입니다. 그래서 우리도 예배에 성공하기 위해 하나님이 지시하신 곳에서 드려야 하고 하나님이 지시하신 이런 예배당에 나와서 드려야 하나님께서 받으신다는 것입니다. 이것은 잘못된 성경 해석으로 아브라함이 일생동안 하나님 명령대로 이삭을 번제로 드리려고 한 것은 모리아에서 단 한 번뿐입니다. 나머지는 아브라함이 살 던 모든 곳에서 하나님께 예배드렸는데 그것을 간과한 잘못된 적용인 것입니다. 신약성경(헬라어)에서 '예배'란 말을 표기할 때 "~을 향하여 입맞추다. 손에 입맞추다. 절하여 숙이다. 엎드리다." 등을 의미하는 『프로스큐네오 προσκυνέω』를 자주 사용합니다(요4:20). 이 어휘의 유래가 반갑게 주인의 손을 핥는 개처럼 상전을 섬기고 봉사하고 경배한다는 뜻입니다. 이로볼 때 예배란 결코 무슨 '의식' 집행만을 뜻하는 것이 아닙니다. 예배는 살아계신 하나님의 은혜와 계시에 대한 인간의 응답과 순종입니다. 즉, 하나님과 관계를 맺은 하나님의 자녀들이 하나님은 어떤 분이신가를 깨달은 결과로 나타내는 생활의 표현입니다. 하나님은 영이시기 때문에 시간과 공간에 제한을 받지 않으십니다. 따라서 어떤 특정한 장소, 특정한 시간, 특정한 형식이 구비되었을 때만 받으시는 것이 아닙니다(요4:21~24). 한 개인이 그리스도인으로서 생활전체가 예배이고(롬12:1) 예배의식은 생활예배의 모형이고 대표입니다. 즉 예를 들어 주일날 교회의 형제자매님들과 함께 드리는 예배의식 그 예배순서에 포함되어 있는 내용(찬양, 감사, 기도, 구제, 봉사, 헌금, 교제 등)대로 우리의 평소의 생활이 구성되어 있습니다. 또 그렇게 구성되여져야 한다는 것을 보여주는 모형이며 그 예배의식 자체도 하나의 예배입니다.

예를들어 주일 오전 11시 예배를 드린다면 주일 오후12시부터 다음 주일 오전 11시까지 생활로서 하나님께 예배드리고 그 내용들을 한데 묶어 주일 오전 몇시부터-몇시까지 예배의식으로 표현하는 것입니다. 예배를 받는 분은 하나님이십니다. 그러므로 예배의식중에는 예배자만이 있을뿐 구경꾼이 있을 수 없습니다. 예배의 일차적인 목적은 하나님께 "드리는 것"이지, 그 예배를 통해 우리가 무엇인가를 "얻는

것"이 아닙니다. 적지 않은 목회자들이 간과하는 점은 생활의 예배가 실패하면 낙심되어 예배당안의 의식예배에도 나가기 싫어한다는 점입니다. 즉 하나님은 믿지만 교회에 가지 않은 가나안 교인들이 늘어난다는 것입니다. 그러므로 성경적으로 말하면 **"생활예배 성공이 인생의 성공이다"**는 말이 맞는 것입니다. 그러므로 목회자들은 생활예배부터 성공하도록 주의 양떼를 인도하여야 합니다. 성경은 생활예배가 성공하기 위해서(롬12:1) 오직 마음을 새롭게 함으로 변화를 받아야 한다는 것입니다(롬12:2). 이 영적원리와 순서를 놓치고 예배당안의 예배만 강조하면 깨진 항아리에 계속 물만 붓기 식입니다.

여러분! 사람에게 선한 양심이 있어야 선하게 행하게 됩니다. 히13:18절을 보면,

"우리를 위하여 기도하라 우리가 모든 일에 선하게 행하려 하므로 우리에게 선한 양심이 있는 줄을 확신하노니"(히13:18). 그래서 벧전3:16절을 보면 선한 양심을 가지라고 말씀합니다."선한 양심을 가지라 이는 그리스도 안에 있는 너희의 선행을 욕하는 자들로 그 비방하는 일에 부끄러움을 당하게 하려 함이라"(벧전3:16). 마음이 바뀌어 선한 양심을 가지지 못하면 결국 실패하는 인생이 됩니다, 얼마나 많은 사람들이 마음속에 교만, 탐욕, 혈기, 음욕, 시기질투, 거짓, 미움, 분노 등으로 가득차서 그것들이 폭발할 때 쓰러지나요?

그러므로 마음이 새롭게 되는 일에 목숨을 걸어 은혜를 사모하고 (시107:9) 그리스도의 풍성한 은혜를 받아야 합니다. 거룩하게 사는 즉 사람

의 행동은 마음과 생각에 따라 움직이므로 예수님처럼 살려면 먼저 예수님의 마음을 가져야 합니다. 즉 마음이 성결해야 성결한 삶도 가능합니다. 하나님과 동행하며 하나님의 부르심에 합당하게 사는 데 있어서 성경은 마음, 입, 행동의 세가지 영역에서 성결하게 살라고 하십니다. 그러나 사실 따지고 보면 세 영역—마음, 입, 행동—다 하나입니다. 그 셋은 따로 떼어놓기가 힘듭니다. 마음에 있는 것이 입을 통하여 나오게 되고 또 얼굴 표정으로, 손으로, 발로, 몸짓으로 표현되기 때문입니다. 예를 들면 당신의 마음속에 돈에 무게중심을 두면(관심, 추구) 즉 "뭐니 뭐니 해도 돈이 있어야 최고다. 돈이 있어야 행복하다"라는 가치관을 갖게 되면 "돈이 나에게 많을수록 행복하다"는 신념이 생길 것입니다. 그리고 밤낮으로 돈 벌 생각에 사로잡힐 것이고 돈 벌 계획들을 세우고 돈 벌 기회만 생기면 기분이 아주 좋아집니다. 게다가 자주 돈에 관한 말을 하며 결국 돈 버는 일이라면 하나님도 성경말씀도 제쳐놓고 수단과 방법을 가리지 않고 아주 바쁘게 돈 버는 일에 움직입니다. 그리고 그 번 돈으로 좋은 집, 좋은 차 사들이기에 바쁠 것입니다. 만약 마음에 탐욕으로 가득차면 즉 좀 더 많은 것을 가지려는 꺼지지 않는 욕구로 넘치면 탐욕은 온갖 종류의 죄악으로 발전합니다(딤전6:10). 사람들은 돈을 더 벌려고 거짓말을 하고(잠21:6), 다른 사람을 모질게 대하고(잠22:16) 속이고(잠28:8) 도적질하고(요12:6), 죽이기(눅20:9-18)까지 합니다. 그러므로 마음속에서부터 달라져야 합니다(엡4:17-24). 마음에서부터 시작하여 입으로(엡4:25-32;5:3, 4) 그리고 행동으로(엡5:1, 2, 5-14) 변화가 일어나야 합니다. 하나님께 열납되는 생활예배가 되려면 롬12:2절 말씀이 우리 심령에 먼저 이루어져야 합니다.

"너희는 이 세대를 본받지 말고 오직 마음을 새롭게 함으로 변화를 받아 하나님의 선하시고 기뻐하시고 온전하신 뜻이 무엇인지 분별하도록 하라" (롬12:2)

원문의 뉘앙스 nuance를 살려 다시 번역하면 '그러나 너의 마음 혹은 생각하는 방식을 새롭게 함으로 계속해서 변화를 받으라' 가 됩니다. 우리가 아무리 좋은 생각을 하려고 해도 이미 마음이 더러워졌다면 더러운 것이 묻어나옵니다. 수도꼭지가 녹슬어 있으면 좋은 물을 보내도 녹물이 나오는 것과 같습니다. 우리가 이 악한 세상에서 바르게 살고자 하면 바로 이와 같은 사람의 본질적 요소인 속사람의 근본적 변화가 필수적입니다. 그러면 이러한 변화가 어떻게 일어날 수 있는가? 바울은 우리의 '마음' 즉 '누스'를 갱신함으로써 가능하다고 말합니다. 마음의 변화를 받으려면 먼저 마음이 포맷 Format 되어야 가능합니다(약 2:10-11). 여러분은 여러분이 사도바울처럼 구원받은 죄인 괴수(딤전1:15)로 생각하십니까?

구원받은 죄인 괴수

심령으로 실제 구원받은 죄인 괴수된 사람은 열매를 보면 압니다 (마7:20). 실제 생활 속에서 시험이 왔을 때 '감사'만 있는 자는 진짜 구원받은 죄인 괴수된 사람입니다(딤전1:15).

약2:10-11절 말씀(우리의 거짓된 의를 포맷해 버리는 말씀) 미워하는 것도 살인으로 보시는 (요일3:15) 말씀 한가지만 우리를 비춰봐도 우리는 연쇄 살인범이요, 618가지를 맨날 범하는데 죄인 괴수가 아닐 수 없는 것입니다. 그런데 입술로는 "죄인 괴수, 큰 죄인"라 하면서 실제 생활에서 사건에 부딪히면 속으로 "저 자식이 나를 뭐로 보나?", "왜 날 인정해주지 않는 거야?", "내가 너희 같은 줄 알아", "나한테 이럴 수 있어?" 할 때가 얼마나 많은가? 이런 식의 원망, 불평이 나오면 입술로만, 머리로만 죄인 괴수라며 겸손의 흉내는 내지만 사실상 마음으로는 죄인괴수가 안되었기 때문입니다. 진짜 죄인괴수라 생각한다면, 돌에 맞을 큰 죄인으로 자신을 그렇게 여긴다면 자존심 내세울 수 없습니다. 만약 자신은 죄인 중에 죄인괴수라 하면서 지역감정, 인종주의, 상류계급 의식, 의인 의식이 있다면 그것은 거짓고백입니다. 죄인 중에 제일 더러운 죄인이라고 하면서 동시에 남에 비해 어떤 우월의식을 가질 수 있겠는가?

빛과 어둠이 공존할 수 없음같이 죄인괴수 의식과 우월의식이 동시에 있을 수 없습니다. 겉으로 아무리 겸손하고 참을성 많은 사람 같으나 속으로 참지 못하면 참는 것이 아닙니다.

예수님의 십자가의 은혜(히10;10)를 믿기만 하면 성결케 됩니다. 그러므로 '성결의 복음'입니다. 성결의 복음을 믿고 순종함으로 영혼을 깨끗하게 되고 이웃을 내 몸처럼 사랑하게 되는 것입니다. 벧전1:22절을 보십시오.

"너희가 진리를 순종함으로 너희 영혼을 깨끗하게 하여 거짓이 없이 형제를 사랑하기에 이르렀으니 마음으로 뜨겁게 피차 사랑하라"(벧전1:22)

그러므로 불신자에게 기쁜 소식은 '중생의 복음'이고 거듭난 후에 두 마음을 품고 괴로워하는 그리스도인에게 기쁜 소식은 '성결의 복음'입니다. 오늘도 주의 말씀으로 성령은 역사하십니다. 성령의 사역은 단독자이시면서 동시에 말씀 속에서 말씀으로 말씀과 함께 역사하십니다. 행18:5절에 "바울이 하나님의 말씀에 붙잡혀"에서 '붙잡히다'라는 뜻은 '충만하다 전적으로 사로잡히다, 매료되다'라는 의미를 지닙니다. 결국 말씀의 충만한 상태는 성령 충만한 상태와 동일하게 사용되는 때도 있음을 알 수 있습니다. 성령 충만은 거룩하시고 선하신 하나님의 뜻을 이루기 위한 하나님의 선물이요 사랑임을 잊지 말아야 합니다. 사도들이 성령 충만을 받기까지는 결코 예루살렘을 떠나지 말고 기다리라고 주님은 부탁하셨습니다. 그리스도를 증거하기 위한 삶의 최우선적인 조건은 성령 충만입니다. 그러나 오늘날 많은 그리스도인들이 성령 충만에 대한 약속을 신뢰하지 못하고 있습니다. 예수님을 믿는 자는 누구든지 죄 사함과 거룩함을 받아 회복된 하나님의 형상으로 하나님과 교제하며 동행할 할 수 있게 되었습니다. 그러므로 성결의 은혜는 하나님과 동행하는 필수이며 축복의 기초입니다.

"두 사람이 뜻이 같지 않은데 어찌 동행하겠으며"(암3:3)

그러면 삼위 하나님께서 성결의 은혜에 관련해서 어떻게 역사하시는지 살펴보겠습니다.

1) 성부 하나님께서 성결하라 명하십니다. (벧전1:15~16).

예수님은 간음한 여인을 용서하시며 다시는 죄를 범치 말라고 명령하십니다. 그 명령은 우리에게도 동일합니다. "나도 너를 정죄하지 아니하노니 가서 다시는 죄를 범치 말라하시니라"(요8:11). 성결은 하나님의 명령입니다. 하나님은 성결한 분이십니다. 하나님은 우리도 성결할 것을 명령하십니다. "나는 너희의 하나님이 되려고 너희를 애굽 땅에서 인도하여 낸 여호와라 내가 거룩하니 너희도 거룩할지어다"(레 11:45).

살전4:3절에서 말씀했듯이 "하나님의 뜻은 이것이니 너희의 거룩함이라."

정당한 명령권 자가 명령하면 수령자는 이유 없이 그대로 시행하여야 합니다. "너희는 성결하라"고 명령하신 분이 누구인가? 만왕의 왕이신 하나님이십니다. 절대자 하나님의 명령입니다. 만왕의 왕. 만주의 주이신 분의 명령입니다. 하나님의 명령은 곧 약속입니다. 하나님이

손이 마른 자에게 명령하여 "손을 내밀라"(마12:13)

할 때는 벌써 그에게 손을 내밀 수 있는 힘을 주셨습니다. 인간의 성결은 하나님의 큰 명령입니다. 성결은 하나님의 명령이자 약속이십니다. 벧전1:16절에서 "내가 거룩하니 너희도 거룩할찌어다." 왜냐하면 자비하신 하나님은 우리가 할 수 없는 일을 요구하거나 명령하지 않으시기 때문입니다. "저가 이스라엘을 그 모든 죄악에서 구속하시리로다"(시130:8).

"맑은 물로 너희에게 뿌려서 너희로 정결케 하되 곧 너희 모든 더러운 것에서와 모든 우상을 섬김에서 너희를 정결케 할 것이며"(겔 36:25).

성결은 하나님의 현재 명령입니다. "성결하라"는 명령문은 현재형입니다. 만약에 하나님께서 미래형으로 명령하셨다면 성결은 천국에서야 이루어질 것입니다. 그러나 현재형으로 명령하셨기 때문에 우리는 이 땅에 살아있는 동안에 성결해야 합니다.

"그런즉 사랑하는 자들아 이 약속을 가진 우리가 하나님을 두려워하는 가운데서 거룩함을 온전히 이루어 육과 영의 온갖 더러운 것에서 자신을 깨끗케 하자"(고후7:1).

전지전능하신 하나님은 우리를 온전히 거룩하게 하시고 예수님 재림 때까지 흠 없게 보전시킬 수 있는 위대한 분이십니다(살전5:23-24).

구원의 근원이신 예수님을 알 수 있는 길은 하나님으로부터 오는 지혜와 지각입니다. 바울의 기도처럼 우리 마음의 눈을 밝혀 주시도록 간구해야 합니다. 하나님이 깨닫게 해주셔야만(눅24:45) 우리는 예수님을 바로 알 수 있고 영생(요일5:20)과 거룩함(살전5:23)도 얻을 수 있습니다.

2) 성자 예수님의 죽음이 성결의 길을 여셨습니다.(히13:12)

예수님이 이 세상에 오신 것은 자기의 백성들을 죄에서 완전히 벗어나 거룩케 하려는 것이었습니다. 사단은 지금까지도 사람들에게 죄를 짓도록 충동하고 있습니다(고전7:5). 그러나 예수님은 마귀보다 강하셔서 모든 죄를 뿌리째 뽑아 버리기 위하여 오셨습니다.

"그러므로 예수도 자기 피로써 백성을 거룩케 하려고 성문 밖에서 고난을 받으셨느니라"(히13:12). 사도요한은 요일1:9에서는 행위 죄 sins를 말했을 뿐 아니라 모든 사람이 태어날 때부터 가지고 있는 유전 받은 죄성 sin 인 '불의'도 말했습니다. "만일 우리가 우리 죄를 자백하면 저는 미쁘시고 의로우사 우리 죄를 사하시며 모든 불의에서 우리를 깨끗케 하실 것이요"(요일1:9). 바울은 로마서 6:10~11에서 "그가 죽으심은 죄에 대하여 단번에 죽으심이요 그가 살아 계심은 하나님께 대하여 살아 계심이니 이와 같이 너희도 너희 자신을 죄에 대하여는 죽은 자요 그리스도 예수 안에서 하나님께 대하여는 살아 있는 자로 여길지어다"(롬6:10-11)라고 하였습니다. 예수님의 대속의 죽음은 우리가 내적 싸움 그리고 세상과 마귀와의 영적전투에서 승리할 수 있는 은혜의 근원입니다. 또한 예수님 안에서 우리를 거룩하고 흠이 없게 하시려고 죽으셨습니다. "곧 창세 전에 그리스도 안에서 우리를 택하사 우리로 사랑 안에서 그 앞에 거룩하고 흠이 없게 하시려고"(엡1:4).

예수님은 우리가 주의 앞에서 성결과 의로 두려움 없이 하나님을 섬길 수 있는 은혜를 주시기 위해 죽으셨습니다(눅1:74-75). 우리의 성결을 위한 예수님의 기도는 응답되었고 예수님을 힘입어 하나님께 나아가는 자는 온전히 구원하실 수 있습니다. 지금도 예수님은 우리의 구원을 위해 기도하고 계십니다(히7:25). 나의 거룩을 위해 항상 기도하신다니 얼마나 감사하고 영광스러운가요?

여러분! 예수님은 우리의 죄를 용서하실 뿐만 아니라 깨끗케 하시는 것을 믿으십니까?

그렇습니다. 예수님의 보혈은 우리의 어떠한 더러운 마음도 정결케 하시는 은혜입니다.

"염소와 황소의 피와 및 암송아지의 재를 부정한 자에게 뿌려 그 육체를 정결하게 하여 거룩하게 하거든 하물며 영원하신 성령으로 말미암아 흠 없는 자기를 하나님께 드린 그리스도의 피가 어찌 너희 양심을 죽은 행실에서 깨끗하게 하고 살아 계신 하나님을 섬기게 하지 못하겠느냐"(히9:13-14)

3) 성령 하나님께서 우리를 거룩하게 하십니다.(행15:8-9)

하나님의 구속 계획에는 우리가 성령을 받아 거룩하게 되는 것은 구약에 약속되어졌습니다.

"또 새 영을 너희 속에 두고 새 마음을 너희에게 주되 너희 육신에서 굳은 마음을 제거하고 부드러운 마음을 줄 것이며 또 내 영을 너희 속에 두어 너희로 내 율례를 행하게 하리니 너희가 내 규례를 지켜 행할지라"(겔36:26-27)

성령님은 우리에게 믿음을 주시는 분이시고 믿음으로 마음을 깨끗하게 해주시는 분이십니다. 그러므로 어떤 성도든지 성령으로 충만하

면 마음의 정결을 얻습니다. 베드로는 오순절(행2:1~4)에 성령의 충만
을 받았습니다. 그 후 다음과 같이 기술했습니다.

"또 마음을 아시는 하나님이 우리에게와 같이 그들에게도 성령을 주어
증언하시고 믿음으로 그들의 마음을 깨끗이 하사 그들이나 우리나 차별하지
아니하셨느니라"(행15:8~9)

성령님은 예수 그리스도를 증거하셔서 우리가 예수님을 바로 알게
도우시며 거룩하게 하십니다(고후3:18). 성령님은 우리를 거룩케 하실 때
진리를 믿음으로 구원 얻게 하십니다.

"주께서 사랑하시는 형제들아 우리가 항상 너희에 관하여 마땅히 하나님
께 감사할 것은 하나님이 처음부터 너희를 택하사 성령의 거룩하게 하심과
진리를 믿음으로 구원을 받게 하심이니"(살후2:13)

그리스도인이 육체나 그 안에 있는 정과 욕심에서 해방되어 승리자
의 생활을 하는 것은 성령이 일하신 결과입니다. 바울이 로마서 7장에
서는 마음의 두 개의 법 때문에 고통 중에 몸부림쳤는데 8장에서는 성령
님으로 인해 더러운 마음으로 인한 두 마음의 싸움에서 해방되어 승리
자의 생활을 한다고 증거했습니다.

"이는 그리스도 예수 안에 있는 생명의 성령의 법이 죄와 사망의 법에서
너를 해방하였음이라 율법이 육신으로 말미암아 연약하여 할 수 없는 그것
을 하나님은 하시나니 곧 죄로 말미암아 자기 아들을 죄 있는 육신의 모양
으로 보내어 육신에 죄를 정하사"(롬8:2~3)

초대교회 사도들과 성도들이 성령 충만 되어질 때 마음속에 무슨
일이 생기게 되었는가?

성도들이 성령으로 충만해지면 그들의 마음은 깨끗해지고 사랑으로 충만해졌습니다(행2:1-4;10:1-48;15:8-9,롬5:5).

믿음의 버튼만 누르시면

예수님은 우리를 의롭게 하실 뿐 아니라 성결케 하시려고 죽으셨습니다. 그리스도께서는 인간의 죄책을 지고 하나님의 진노를 받으셨을 뿐만 아니라 아예 근본적으로 죄의 세력을 뿌리째 뽑아 버리셨습니다. 그 십자가의 능력을 오늘 우리가 누리는 것이 성결의 은혜입니다. 그의 죽음은 죄의 세력을 온통 뒤흔들어 버렸으며 모든 정죄의 능력을 상실케 했습니다. 그가 이러한 죽음을 당할 때 우리는 그의 안에 있었습니다. 전혀 우리에게 죽음의 경험은 없지만 그리스도는 우리를 몽땅 품에 안으시고 죽으셨습니다. 그러므로 더 이상 죄는 우리를 지배하는 세력이 될 수 없습니다. 전혀 우리와는 무관한 것이 되어 버리고 말았습니다. 그런데 성결에 대해 믿지 않으면 하나님을 근심케 하는 일이요(엡4:30) 기뻐하시지 않으십니다.

"우리가 마음에 뿌림을 받아 양심의 악을 깨닫고 몸을 맑은 물로 씻었으니 (참 마음과) 온전한 믿음으로 하나님께 나아가자"(히10:22)

여기서 '마음에 뿌림을 받는 것'은 그리스도의 피가 우리의 양심에 효력을 미치는 것을 의미합니다. 그리고 '몸을 맑은 물로 씻는 것'은 우리의 양심이 깨끗케 된 것을 상징하는 외형적인 표식으로 받는 세례를 의미합니다.

　19세기의 유명한 전도자 무디 Dwight L. Moody가 탄광촌을 방문하였습니다. 책임자에게 구원에 관하여 설명하자 "그거 구원이 너무 싸군요. 사실이라고 믿어지지 않습니다. 그저 믿기만 하면 된다니 값이 너무 싸단 말입니다. 뭔가 값이 좀 들어가야 할 것 같군요."라고 했습니다. 무디는 "당신 오늘 갱에 들어갔었나요?" "네" "얼마나 깊이 내려갔었지요?" "수백 피트나 되지요." "어떻게 내려갔습니까?" "네 그것은 간단하지요. 승강기를 타고 버튼만 누르면 됩니다." "그것밖에 하신 일이 없습니까" "그럼요, 석탄회사에서 이미 많은 돈을 들여 승강기를 설치했으니 저는 그저 그 승강기를 타기만 하면 됩니다." "바로 그겁니다. 선생님께서 승강기를 타듯 하나님께서 우리를 위하여 당신의 독생자 예수 그리스도를 십자가에서 대신 죽게 하셨으니 우리는 그저 그 공로를 믿기만 하면 됩니다. 이미 십자가의 승강기를 놓으셨으니 믿음의 버튼만 누르시면 됩니다". 이와 같이 오늘 우리가 거룩한 마음과 생활이 가능하도록 예비된 성결의 은혜를 이 시간 믿음으로 받기만 하면 우리 것이 됩니다.

지금, 마음의 할례를

친애하는 형제자매 여러분! 지금 구원받기 원한다면 하나님께서 주
시는 사랑과 은혜를 내일까지 미루지 말고 지금 믿어야 합니다. 믿음
으로 정결한 마음을 가지며 성령으로 충만한 은혜를 누릴 수 있게 됩니
다. 어머니 배에서부터 타고 난(시51:5) 우리 영혼 속의 더러운 죄의 마음,
옛 사람, 육체의 정욕이나 사욕들은 비누나 잿물로 씻을 수 있는 것이
아닙니다.

"주 여호와 내가 말하노라 네가 잿물로 스스로 씻으며 수다한 비누를 쓸
지라도 네 죄악이 오히려 내 앞에 그저 있으리니"(렘 2:22).

예수님을 믿음으로 죄를 용서받는 것과 같이 믿음으로 성결의 은혜
(성령 충만)를 받습니다.

"이스라엘과 이방인들에게서 내가 너를 구원하여 저희에게 보내어 그 눈을
뜨게 하여 어두움에서 빛으로, 사단의 권세에서 하나님께로 돌아가게 하고
죄 사함과 나를 믿어 거룩케 된 무리 가운데서 기업을 얻게 하리라 하더이
다"(행 26:17~18).

방언이나 병 고치는 은사나 예언의 은사 같은 성령의 은사들은 내가
받고 싶다고 해서 다 받을 수 있는 것이 아니라 성령께서 주셔야 받을
수 있습니다(고전12:30). 그러나 성결의 은혜(성령의 내적 충만)는 누구든
지 그리고 언제든지 믿음으로 받을 수 있습니다. 왜냐하면 우리에게

칭의와 성결을 주시려고 예수님은 죽으셨기 때문입니다. 이미 준비해 놓으시고 초청하고 계십니다. 그리고 성경원어에서의 명령은 모두 현재 진행형으로 표시되어 있습니다.

"너희는 스스로 깨끗케 하여 거룩할지어다 나는 너희 하나님 여호와니라"(레20:17).

"이때부터 예수께서 비로소 전파하여 가라사대 회개하라 천국이 가까왔느니라 하시더라"(마 4:17).

"그러므로 하늘에 계신 너희 아버지의 온전하심과 같이 너희도 온전하라"(마 5:48).

"너는 마음을 다하고 성품을 다하고 힘을 다하여 네 하나님 여호와를 사랑하라"(신 6:5).

이와 같이 성경의 명령은 모두 현재, 지금 이때를 말했습니다. 하나님이 지금 우리에게 완전한 사랑을 요구합니다. 왜냐하면 하나님이 우리에게 어떤 일을 시킬 때는 동시에 우리에게 그 일을 할 수 있는 은혜와 능력을 주시기 때문입니다. 성경이 '겸손하라' 말씀하시면 우리는 겸손할 수 있는 은혜를 받을 수 있다는 말입니다. 성경이 "거룩하라"라고 명령하시면 우리는 거룩할 수 있는 은혜를 받을 수 있다는 하나님의 명령이자 약속입니다. 우리에게 완전한 사랑을 요구하는 하나님은 반드시 이 완전하지 못한 우리들에게 사랑을 부어 주어서(롬5:5) 우리로 하여금 완전한 사랑을 하게 합니다. 만일 이 점을 믿지 않는다면 우리는 하나님이 우리가 할 수 없는 명령으로 우리를 우롱하는 셈입니다. 하나님이 말씀하신 "지금"이란 곧 우리가 믿고 순종해야 할 "지금"인 것입니다. 만일 우리가 지금 하나님이 말씀한 하나하나의 명령을 지킨다면 은혜를 체험할 수 있는데 이는 얼마나 놀라운 약속의 말씀인가요!

"오직 그 말씀이 네게 심히 가까와서 네 입에 있으며 네 마음에 있은즉 네가 이를 행할 수 있느니라"(신 30:14).

"네 하나님 여호와께서 네 마음과 네 자손의 마음에 할례를 베푸사 너로 마음을 다하며 성품을 다하여 네 하나님 여호와를 사랑하게 하사 너로 생명을 얻게 하실 것이며"(신 30:6).

마음의 청결에서 나오는 하늘에 속한 참 기쁨과 희락은 이 세상의 어떤 것으로도 바꿀 수 없는 행복입니다(롬14:17). 그러나 하나님이 주시는 믿음은 또한 기도하며 기다려야 할 때도 있습니다. 120명의 제자들은 오순절 성령세례를 받기 위하여 다락방에서 간절히 기도하며 10일 동안 기다려야 했습니다. 언제 성령 충만을 받을지 몰랐습니다. 그들은 아버지의 약속하신 것을 믿고 기다렸습니다(행1:4). 하나님은 자신의 뜻에 따라 은혜를 주시고 사역하십니다. 우리는 하나님의 약속과 능력을 믿고 사모하며 포기하지 말고 끝까지 구하여야 합니다. 우리가 원하는 시간이 아니라 하나님이 원하시는 시간에 성결의 은혜는 주어집니다. 비록 믿음으로 지금 구할지라도 기다리는 믿음이 필요할 때가 있습니다. 때가 이르면 홀연히(갑자기, 순간적으로) 성령 충만을 주시어 우리를 성결케 하실 것입니다(행2:1-4).

베드로전서4장 1절은 그리스도의 육체의 고난으로 오늘 우리가 죄에 대하여 어떻게 한다고 가르치는가?

"그리스도께서 이미 육체의 고난을 받으셨으니 너희도 같은 마음으로 갑옷을 삼으라 이는 육체의 고난을 받은 자가 죄를 그쳤음이니"(벧전4:1)

'죄를 그칠 수 있게 한다'고 하였습니다. 이는 죄를 못 짓게 하는 은혜가 아니라 죄를 안 짓고도 살 수 있는 은혜입니다. 어떤 물건을 안사는 것과 돈이 없어 못 사는 것은 다릅니다. 오직 믿음으로 은혜를 구합시다.

믿음에서 믿음으로

당신이 믿음으로 성결의 은혜를 받아 마음이 깨끗해 졌고 성령으로 충만하여 풍성한 생명이 시작되었다면 마치 금방 결혼식을 마치고난 신혼부부와 같습니다. 이때 어떤 사람이 "결혼 생활이 어떠냐?"고 묻는다면 참으로 어리석은 질문입니다. 믿음으로 성결의 은혜를 받았다면 겨우 시작일 뿐입니다. 거듭난 후 성결의 은혜가 없는 영적인 성장은 마치 곡식이 잡초 더미 속에서 잘 자랄 수 없고, 병 있는 어린이가 정상적으로 발육하는데 장애가 되는 것과 같은 것입니다. 성결의 은혜는 바로 어린이의 병을 고치고 곡식밭의 잡초를 베어버린 것과 같은 은혜입니다. 성결의 은혜는 우리가 튼튼히 자랄 수 있고 풍성한 생명으로 성령의 열매를 맺을 수 있는 시작인 것입니다. 요15:16절을 보면,

"너희가 나를 택한 것이 아니요 내가 너희를 택하여 세웠나니 이는 너희로 가서 열매를 맺게 하고 또 너희 열매가 항상 있게 하여 내 이름으로 아버지께 무엇을 구하든지 다 받게 하려 함이라"(요15:16)

여기에서 성령 충만(성결의 은혜)은 성질과 상태를 말하고 '열매를 맺는다'는 것은 분량이나 정도를 가리킵니다. 성령은 심령의 성결이나 성령의 열매를 명확히 구분합니다. 성결은 성령이 우리 내심의 죄를 깨끗이 해주는 성질의 변화입니다. 성령의 열매는 성결이 유지되면서 맺는 열매인 것입니다. 고후7:1절을 보십시오.

"그런즉 사랑하는 자들아 이 약속을 가진 우리가 하나님을 두려워하는 가운데서 거룩함을 온전히 이루어 육과 영의 온갖 더러운 것에서 자신을 깨끗케 하자"(고후7:1).

성결의 은혜를 받은 사람이라 할지라도 유아기가 있고 청년기가 있고 중년기가 있습니다(요일2:12-15).

성경에는 죄를 하나하나씩 용서한다는 말이 없고 또 죄를 점차 용서하거나 죄를 한 단계 한 단계씩 청결한다는 말도 없습니다. 직경이 두자인 원도 원이요 직경이 한자인 원도 원입니다. 그러나 하나는 크고 하나는 작습니다. 전기 30와트나 60와트 100와트는 어둠이 아닌 똑같은 빛이지만 강도 면에서 다 다릅니다. 그러므로 성결의 정도와 분량 면에서는 예수님의 분량을 목표로 하고 계속 성장해야 합니다. 그런데 건강한 어린이나 무병한 양이나 벌레 없는 나무는 빨리 커집니다. 이와 같이 신도들도 영과 혼과 육이 성결한 상태(살전5:23), 완전한 상황에서 믿음이 빨리 커집니다. 우리의 모범은 절대적으로 완전한 주님이십니다. 우리는 일생동안 그분을 따라 배워야 하고 예수님의 장성한 분량에 도달해야 합니다(엡4:13). 그래서 예수님의 제자학교는 입학은 있는데 일생동안 졸업장이 없습니다. 그리스도를 닮아 갈수록 비례해서 행복 지수가 높아져갑니다. 성결의 은혜도 성장해갑니다(골1:6, 골2:19, 살후1:3, 벧전2:2, 벧후3:18). 믿음이 성숙하는 데는 시간이 필요합니다(히5:12). 돼지 새끼를 한 마리 사서 키우는 어떤 농부가 빨리 키워 팔고 싶어 밤새 재아무리 돼지 밥을 많이 준다고 하룻밤 사이에 다 성장하지 않습니다. 우리의 믿음이 성숙할 때까지(엡4:13) 감사함으로 인내하는 것은 성령의 열매로 가능합니다. 성장이 늦다고 조급해 하고 안달하는 것은 하나님의 주권과 섭리를 믿지 못한 갓난아이 같은 어린아이 신앙입니다. 성결의 은혜는 믿음으로 어느 한 순간에 이루어지는 전환점이며 동시에 또한 이루어지는 과정을 말합니다.

순간 그리고 계속

빌3:15절 안에 "온전히 이룬 우리가"라고 하였습니다. 이것은 성결의 은혜로서 이미 순간적으로 이루어진 완료 상태를 말하고 12절의 "온전히 이루었다함도 아니요"는 열매, 곧 성장에 관해 말합니다. 성결을 유지한다는 것은 계속 시시각각 하나님께 순종하고 그에 의거하여 구원을 얻는 것입니다.

요일1:7절을 보면, "그 아들 예수의 피가 우리를 모든 죄에서 깨끗하게 하실 것이요"(요일1:7)는 말씀에서 "깨끗하게 하실 것이요"의 원문의 상태는 현재 진행형이며 곧 "깨끗하게 하고 있다"입니다. 이는 우리가 매 순간마다 거룩함을 지키고 다음 순간도 유지하기 때문입니다. "계속되는 현재는 있어도 정지되어 있는 현재는 없습니다". 그리스도는 시간을 초월하여 계속하여 우리의 구세주로 계십니다. 석탄 캐는 노동자가 하루 종일 석탄 먼지 속에서 일하기에 온몸이 먼지투성이지만 그의 눈만은 맑고 깨끗합니다. 무엇 때문일까요? 그것은 눈에서 눈물이 끊임없이 그의 눈동자를 씻어 주었기 때문입니다. 우리가 시시각각으로 "예수의 보혈은 우리를 깨끗이 씻어준다"는 사실을 믿을 때 비로소 예수님이 죄의 세력으로부터 구원하여 주십니다. 성결의 신앙은 자연계의 호흡과 매우 흡사합니다. 시시각각 우리는 호흡을 통해 산소를 폐에 흡수하고 폐에서 피에 새로운 산소를 보충하며 다시 이 피가 흘러 전신에 산소와 영양을 공급함으로서 생명을 유지합니다. 매 순간마다 이러한 호흡은 끊지 않으며 반복적으로 진행하는데 생명 또한 이런 지속적인 호흡으로 유지됩니다. 호흡이 정지되면 생명도 끝납니다. 같은 이치로 우리가 안과 밖으로 죄의 유혹에 부딪칠 때마다 우리는 주님의 보혈을 믿음으로서 살아가고 다음 순간도 주님의 보혈을 믿음으로서 살아가며 그 다음도 역시 이런 믿음으로 신앙생활을 지속함으로서 풍성한 생명을 유지합니다. 롬1:7절을 보십시오.

"복음에는 하나님의 의가 나타나서 믿음으로 믿음에 이르게 하나니 기록된바 오직 의인은 믿음으로 말미암아 살리라 함과 같으니라"(롬1:17).

예수님이 십자가상에서 죽으실 때 예수님의 인성도 함께 정지되었습니다. 우리가 믿음으로 예수님과 함께 죽을 때 우리 안의 모든 죄도 함께 죽었습니다. 산 것은 예수의 부활의 영입니다. 죄(옛사람)에 대해서 날마다 죽음을 선언해야 합니다.

"내가 그리스도와 함께 십자가에 못 박혔나니 그런즉 이제는 내가 산 것이 아니요 오직 내 안에 그리스도께서 사신 것이라"(갈2:20).

마음 지키기

성도는 하나님의 각양의 은혜와 구원(롬10:9)을 마음으로 받는다는 사실을 알고 믿어야 되며, 사람됨의 인격도 마음으로부터 형성된다는 사실을 믿어야합니다(잠4:23). 하나님은 사람을 쓰실 때도 사람의 중심을 보신다고 말씀하셨습니다(삼상16:7). 하나님은 다윗의 중심을 보았습니다. 그리고 하나님 마음에 합당한 자로 인정하셨고 주의 뜻을 그를 통해 이루셨습니다. "사울을 폐하시고 다윗을 왕으로 세우시고 증거하여 가라사대 내가 이새의 아들 다윗을 만나니 내 마음에 합한 사람이라 내 뜻을 다 이루게 하리라"(행13:22)

이 세상은 사람을 쓸 때 외모와 스펙Specification을 먼저 봅니다. 그러나 하나님은 우리 중심 곧 마음을 보십니다. 하나님은 다윗의 마음 때문에 다윗을 택하셨고 사울의 마음 때문에 사울을 폐하셨습니다. 사울이 처음부터 하나님이 싫어하는 마음을 가진 것이 아니었습니다. 그가 마음 지키는데 실패하여 결국 하나님께 버림받은 것입니다. 사실은 사울이 먼저 하나님을 버릴 정도로 마음이 부패해 가는데도 그는 마음을 지키지 않았습니다(삼상15:23-26). 성경은 솔로몬이 죄를 범할 때 그 마음이 아비의 마음 같지 않았다고 말합니다(왕상11:4). "그 아비 다윗의 마음과 같지 않았다" 솔로몬을 평가할 때 솔로몬의 마음이 아비의 마음과 같지 않았다고 말합니다. 솔로몬의 타락은 마음의 타락이며 마음의 실패였습니다. 다윗은 마음을 지키기 위해 얼마나 기도로 주의 도움을 구했는지 모릅니다.

"하나님이여 내 속에 정한 마음을 창조하시고 내 안에 정직한 영을 새롭게 하소서"(시 51:10).

솔로몬은 마음을 지키지 못한 살아온 과거를 후회했습니다. 그리고 잠언서, 아가서, 전도서를 기록하면서 우리에게 중대한 교훈을 줍니다.

"무릇 지킬 만한 것보다 더욱 네 마음을 지키라 생명의 근원이 이에서 남이니라"(잠4:23)

인생의 승패가 마음에서 출발한다는 말입니다.

여러분! 하나님께서 에덴동산에 있는 아담에게 선악과를 다스리며 지키라고 말씀하셨는데 그것을 어떻게 다스리며 지킵니까? 그것은 하나님 말씀을 간직하라는 것입니다. 하나님의 말씀을 내 마음속에 간직

할 때는 봉한 우물처럼 마음이 지켜집니다(아4:12).

"내가 주께 범죄치 아니하려 하여 주의 말씀을 내 마음에 두었나이다"(시119:11)

한 수도사가 자기 스승에게 이런 고민을 얘기했습니다.

"스승님, 제가 세속을 떠나 수도하러 들어왔는데 세속의 생각 때문에 잠시도 마음이 편할 날이 없습니다." "솥 안에 찌꺼기가 남아 있으면 끊임없이 파리가 날아든다. 그래서 솥에 파리가 날아들지 않도록 하기 위해서는 솥 안을 뜨겁게 달궈야 한다. 뜨겁게 달구면 파리가 날아오지 않는다." "선생님, 무슨 말씀입니까?" "네 마음을 하나님을 사랑하는 마음으로 뜨겁게 달구라는 말이다."

하나님의 말씀으로 마음이 뜨거워지고(시39:3) 주님을 뜨겁게 사랑하는 마음으로 이웃을 뜨겁게 사랑해야합니다(벧전1:22). 그래야 파리 같은 사탄과 세상의 유혹들이 내 심령을 침투하지 않습니다. 바쁜 꿀벌은 근심할 틈이 없다는 말처럼 하나님을 사랑하고, 말씀을 사모하여 그 말씀을 주야로 묵상하는 자들에게는 사탄이 틈탈 자리가 없습니다. 우리의 마음을 날마다 하나님의 말씀으로 채워 주의 도움으로 뜨겁게 해야 됩니다(눅24:32).

마음을 지키지 못하면 모든 것에서 실패합니다. 그래서 노하기를 더디 하는 자는 용사보다 낫고 자기의 마음을 다스리는 자는 성을 빼앗는 자보다 낫다고 성경은 말합니다(잠16:32).

우리가 마음을 하나님께서 주신 믿음으로 지키기 때문에 마음 지킨다는 말이나 믿음을 지킨다는 말이나 사실은 같은 의미입니다.

성결 호흡법

성결의 은혜를 호흡으로 비유하여 설명 드리는 것은 순간순간 죄의 유혹을 이겨야 하기 때문입니다.

첫째, 들숨: 들숨을 통해 산소를 우리 몸속으로 들어오게 합니다. 생명을 연장케 하는 산소 같은 예수님은 받아들이고 의지합니다.

"이에 예수께서 제자들에게 이르시되 아무든지 나를 따라 오려거든 자기를 부인하고 자기 십자가를 지고 나를 좇을 것이니라"(마16:24).

"저는 본래 아무런 의가 없고 예수님 의로 용서받은 죄인괴수입니다. 제 십자가 제가 집니다."

둘째, 날숨: 날숨을 통해 우리 몸에 있는 이산화탄소를 바깥으로 배출합니다. 몸을 해치는 이산화탄소 같은 죄는 거부하고 버립니다.

"이와 같이 너희도 너희 자신을 죄에 대하여는 죽은 자요 그리스도 예수 안에서 하나님을 대하여는 산 자로 여길지어다"(롬 6:11).

"죄에 대해서는 죽은 자요 하나님에 대하여는 산 자입니다"

〈응용〉 어떤 사람이 나를 무고하게 비판하여 인격적인 모독을 받는 틈을 타 사단이 미움을 심어 열불이 나기 시작할 때

* 들숨: "주님, 나를 비판하는 저 사람이 바로 접니다. 비판한 내용이 율법 613가지 안에 들어가므로(약2:8-10) 다 맞습니다. 이 정도 인격적으로 모독당한 것은 돌에 맞아 죽을 것, 지옥에 비하면 참으로 경하여 황송할 뿐입니다. 예수님의 보혈로 죄를 용서받아 정말 감사합니다".

* 날숨: "이 미움을 주는 사단아 물러가라. 미움은 예수와 함께 이미 죽었기에 나와 상관없다.
(죽은 시체를 아무리 발길질해도 꼼짝하지 않습니다. 왜냐하면 죽어있기 때문입니다.) 예수님의 보혈로 내 마음은 깨끗해졌고 예수님에 대하여만 살게 되었다".

요단강을 건넌 옛 이스라엘 백성들이 길갈에 세운 열두 돌을 항상 기념하고(수4:20) 할례의 표적을 몸에 지닌 것처럼 그리스도인들은 죄에 대해서는 죽은 새로운 피조물임을(고후5:16-17) 항상 기억하며 살아가야 합니다. 이렇게 지속적으로 믿고 죄는 이기는 것이 우리의 호흡처럼 자연스럽게 되어야 합니다. 이 성결호흡이 당신이 삶에 들어간다면 승리, 자유, 안식, 생명이 시작됩니다. 숨을 쉬지 않으면 목숨이 끊어집니다. 성결 호흡을 하지 않으면 성결을 잃습니다. 성결은 이 세상이 주지 못하는 즐거움을 우리에게 선물하는 하늘에 속한 행복입니다. 마음을 자동차의 엔진에 비유한다면 엔진이 녹슬고 고장나있는데 차체만 세차하고 아무리 광내도 자동차는 달릴 수 없습니다. 차가 작동하기 위해서는 엔진을 고치든지 새것으로 바꾸어야 합니다. 성경은 다음과 같이 우리에게 향하신 하나님의 마음 교환 계획을 말하고 있습니다. 인생의 결과 즉 성패가 마음 지키기에 달렸다고 잠4:23절은 말씀합니다.

"모든 지킬 만한 것 중에 더욱 네 마음을 지키라 생명의 근원이 이에서 남이니라"(잠4:23)

마음은 컴퓨터로 말하자면 본체와 같습니다. 우리로 하여금 성공 인생을 살도록 본체를 아애 교환해 주신다는 것입니다. 겔36:26-27절 을 보겠습니다.

"또 새 영을 너희 속에 두고 새 마음을 너희에게 주되 너희 육신에서 굳은 마음을 제거하고 부드러운 마음을 줄 것이며 또 내 영을 너희 속에 두어 너희로 내 율례를 행하게 하리니 너희가 내 규례를 지켜 행할지라"(겔36:26-27)

겔36:26-27절에서 말하는 '새 마음'은 어떤 마음일까요?

새 마음은 곧 예수님의 마음입니다(빌2:3-8). 우리는 주님과 연합한 자 이므로(롬6:5-9) 예수님의 마음을 품을 수 있습니다. 예수님의 마음을 품 어야 하나님과 동행할 수 있습니다. 예수님은 하나님과 동행하였으므 로 예수님의 마음을 갖고 따라가면 곧 하나님과 동행하는 것입니다.

성경에서 우리에게 명하신 가장 첫째 되고 큰 계명, 명령은 '마음을 다하고 목숨을 다하고 뜻을 다해서 주를 사랑하라'(마22:37)는 계명입니다. 그 의미는 우리가 살아가면서 하나님을 '우선적'으로 생각해야 한다는 것만이 아닙니다. 하나님은 우리의 삶에서 첫째가 되실 뿐 아니라 '모든 것'이 되시기를 원하십니다. 우리의 마음 반이나 99%를 원하시는 것이 아니라 100%, 마음 전체를 원하십니다. 주님과 동행하는 길은 단 한 가지, '전심으로' 행하는 길뿐 이라고 성경은 말합니다(암3:3, 딤전4:15). 이제 우리 마음이 믿음으로 한 마음을 소유할 수 있는 길을 확인했습니다. 하나님과 동행할 마음은 예수님과 동일한 마음 곧 '참 마음'입니다(히10:22). 우리는 예수님의 보혈에 힘입어 전심을 가질 수 있습니다.

"우리가 마음에 뿌림을 받아 양심의 악을 깨닫고 몸을 맑은 물로 씻었으니 참 마음과 온전한 믿음으로 하나님께 나아가자"(히10:22). 여기서 보면 '참 마음, 곧 깨끗한 마음'이 있어야 우리 안에 거하시는 예수님의 풍성한 은혜와 부활의 권능을 세상에 반사시킬 수 있습니다. 우리 힘으로는 힘들지만 주님의 부활의 권능은 무적입니다. 무서운 핍박이 있던 초대 교회 시대에 부활의 권능이 사도들과 하나님의 백성들에게 주어졌습니다. 어떤 환란도, 감옥과 죽음의 어떤 위협도 예수님과 동행한 바울과 초대교회 성도들을 흔들지 못했습니다(롬8:35). 모든 시련을 통과하는 능력이 십자가와 부활의 권세에 있습니다. 기독교의 핵심은 예수 그리스도안의 십자가의 사랑과 부활의 능력입니다. 부활의 권능은 바울의 전매특허가 아닙니다. 오늘 우리도 동일한 은혜와 권능을 받을 수 있고 세상에 드러낼 수 있습니다. 우리를 참으로 승리케, 곧 성공케 하는 그리스도의 풍성한 은혜와 권능이 함께 하시길 소원합니다.

06

말씀으로 말하라

말씀으로 말하라

수년 전에 두 종족의 아메리카 인디언과 함께 연구를 하고 있던 한 과학자가 순수 인디언 혈통을 가진 사람 중에는 말더듬이가 한 명도 없다는 것을 알았습니다. 그는 과학자로서 이것이 우연의 일치인지 아니면 인디언들의 특징인지를 알고 싶었습니다. 그는 흥미와 호기심으로 인해 아메리카에 있는 모든 인디언 종족을 연구하게 되었고, 그는 말을 더듬는 인디언은 한 명도 발견하지 못했습니다. 그래서 그는 그들의 언어를 연구했으며, 그 결과 인디언에게 말더듬이가 한 명도 없는 이유를 알아냈습니다. 그들에게는 '말을 더듬다'라는 말이나 그와 유사한 말이 없었습니다. 분명한 것은 '말을 더듬다'라는 말이 없으면 인디언이 말을 더듬는 일은 불가능하다는 사실이었습니다. 당신은 아마 싱긋 웃으면서 아주 재미있다고 생각할지도 모릅니다. 그래, 그래서 어쨌다는 건가? 좀 더 자세히 알아보십시다. 우리는 단어가 마음속에 그림을 그린다는 것과, 마음이 그 그림을 연상한다는 것을 알고 있습니다. 예를 들어 당신이 '실패', '할 수 없다', '거짓말쟁이' 또는 벙어리라는 말을 읽거나 본다면 당신은 그 말에 의해 마음에 그려진 그림을 완성하기 위한 행동을 위합니다. 자, 말더듬이라는 말이 없다면 그 마음은 말더듬이에 대한 그림을 그릴 수 없으며, 그것을 연상할 수도 없습니다. 그 결과 말더듬이가 하나도 없게 되는 것입니다. 인터내셔널 페이퍼 International Paper 회사는 어휘를 많이 구사할수록 그 사람의 수입이 더 많다는 그들의 주장을 뒷받침하는 통계적인 숫자를 갖고 있습니다. 나는 당신이 어휘를 변화시킴으로써 당신의 인생을 변화시킬 수 있다고 확신합니다.

위와 같이 우리가 하는 말은 우리 생각에 그리고 행동에 영향을 줍니다. 그래서 사람을 지으신 하나님께서 말하는 사람의 혀는 큰 배를 움직이는 키와 같다고 말씀하셨습니다. 약3:3-5 절 말씀을 보면 신체에서 혀는 아주 작은 지체이지만 배의 방향을 움직여 목적지까지 운행케하는 것처럼 인생의 방향을 움직인다는 것입니다. "우리가 말들의 입에 재갈 물리는 것은 우리에게 순종하게 하려고 그 온 몸을 제어하는 것이라 또 배를 보라 그렇게 크고 광풍에 밀려가는 것들을 지극히 작은 키로써 사공의 뜻대로 운행하나니 이와 같이 혀도 작은 지체로되 큰 것을 자랑하도다 보라 얼마나 작은 불이 얼마나 많은 나무를 태우는가"(약 3:3-5)

여러분! 하나님이 무엇으로 세상을 창조하셨습니까? 창1장에서 하나님의 창조는 말씀이었음을 설명합니다. 창1장에 반복되어 나오는 단어들을 여러 개 발견할 수 있습니다. "가라사대"(3,6,9,11,14,20,24,26절) "라 하시매"(3,6,9,11,14-15절 등) "칭하시니"(5,8,10절) "그대로 되니라"(3,7,9,11,15, 24,30절). 히11:3절을 보면 "믿음으로 모든 세계가 하나님의 말씀으로 지어진 줄을 아노니" 이렇게 하나님께서 '말씀으로' 세상을 창조하셨다는 것을 분명히 보여주고 있습니다. 하나님은 하나님의 형상대로 사람을 지으셨습니다. 그래서 하나님도 생각하고(사55:8-9) 사람도 생각합니다. 하나님도 말하고 사람도 말합니다. 하나님께서 천지만물을 창조하신 후에 첫 사람 아담으로 하여금 모든 만물의 이름을 짓도록 했습니다. 즉 하나님은 아담이 말을 통해 세상을 다스리게 하셨습니다(창2:19-20). 그러니까 하나님께서 말씀으로 창조한 모든 만물들의 이름은 첫 사람 아담이 말한 대로 되었다는 것입니다. 아담이 말한 대로 이름이 붙은 것입니다. 아담이 피조물들에게 이름의 부여는 무에서 유를 창조하시는 하나님의 형상을 닮은 인간의 창조행위입니다. 하나님 외에 아무도 할 수 없는 우주 만물의 창조를 단독적으로 하시되, '이름 부여'의 창조는 한낱 피조물에 불과한 아담에게 위임하심으로써, 창조의 사역에 있어서 아담을 하나님의 동역자로 세워 주신 것입니다. 이는 아담이 하나님의 배려와 사랑을 절감하지 않을 수 없게 만드는 감동적인 사건이었습니다. 그리고 하나님께서 주신 기회를 얻은 아담은 피조물들에게 이름을 붙여줌으로써, 적어도 인간이 피조물들과의 관계에서는 하나님을 방불케 할 정도의 창조자(명명자)로 비치게 되는 영광을 누렸습니다. "하나님께서 우주를 창조하실 때 가장 먼저 하신 일은 이름을 짓는 일이었습니다. 빛을 창조하시기 전에 '빛'이라는 이름을 먼저 지으셨습니다. 그리고 "빛이 있으라"고 명령하셨습니다. 이름을 지으신 것은 이름을 부르기 위해서였고 다른 피조물과 구별하기 위해서였습니다. 사람을 지으실 때도 하나님은 먼저 '사람'이라는 이름을 지으셨습니다. 그리고 창조된 사람에게 동물들의 이름을 짓게 하셨습니다. 이름을 짓는다는 것은 권위를 가진다는 뜻입니다. 이름을 부여받는 대상에 대해 이름을 짓는 자가 권위를 가진다는 의미입니다.

이처럼 하나님께서는 천지 만물을 창조하실 때부터 아담에게 말의 권세를 주셨습니다. 그런데 이러한 말의 권세를 아담에게만 주신 것은 아닙니다. 우리 모두에게도 마찬가지로 주셨습니다. 하나님께서 사람을 창조하신 후 하나님이 창조하신 세상을 사람에게 맡기셨습니다. 하나님께서 세상을 창조한 도구인 말을 세상을 통치할 사람에게도 주셨습니다. 그리스도 안에 들어 온 우리에게 지금 이 말이 있습니다. 하나님께 사람을 창조하신 후에 그에게 창조하는 능력이 있는 말을 주셨습니다. 안타깝게도 사람이 죄로 말미암아 타락하면서 말도 함께 타락했습니다(약3:6-8). 말 속에 있던 창조적인 능력이 파괴적인 능력으로 변질되었습니다. 그리고 천지만물을 창조하신 예수님께서는 사람 몸으로 오셨을 때 말씀으로 천하 만물과 질병과 귀신을 다스리셨습니다. 1) 가나안 여인의 딸 치료(마15:28), 2) 회당장의 딸을 살리실 때(막5:41-42), 3) 귀먹고 어눌한 자를 치료하실 때(막7:34-35), 4) 예수님이 죽은 나사로를 살리실 때(요11:43-44), 5) 예수님이 무화과나무를 마르게 하실 때(마21:19), 6) 바다를 잠잠케 하실 때(막4:39), 7) 귀신을 쫓아내실 때(눅4:35-36) 등입니다.

우리가 구원을 받는 것도 사람이 마음에 믿어 의에 이르고, 입으로 시인하여 구원에 이른다고 기록되어 있는 것입니다(롬10:10).

그리스도 안에서 우리가 하는 말은 다스림 권세의 회복입니다. 내가 어떤 말을 하느냐에 따라서 내 몸이 움직여지며 내 인생의 성패에 큰 영향을 끼친다는 사실입니다. 어떻게 말이 이러한 능력이 될 수 있을까요. 그것은 말의 뿌리가 하나님으로부터 왔기 때문입니다. 하나님은 말씀으로 천지 만물을 창조하셨고, 인간과 대화하시며, 하나님의 능력을 나타내십니다. 또한 인간에게 언어를 허락하시고 그 언어에 능력을 주시고 그 말하는 것을 하나님께서 들으십니다.

마8장을 보면 예수님께서 한 동네에 들어가셨는데 로마의 한 백부장이 와서 예수님의 발 앞에 무릎을 꿇었습니다. 식민지 이스라엘의 점령 통치 주둔군인 로마의 백부장이 만인의 눈앞엔 길거리에서 예수님 앞에 무릎을 꿇는다는 것은 예사스런 일이 아니었습니다. 이 같은 행위는 평소에 볼 수 없는 것임은 물론, 상부에 보고되면 백부장에게 큰 문책이 내릴 위험도 있는 것이었습니다. 그럼에도 불구하고 이 백부장은 서슴지 않고 예수님께 나왔습니다. "예수께서 가버나움에 들어가시니 한 백부장이 나아와 간구하여 이르되 주여 내 하인이 중풍병으로 집에 누워 몹시 괴로워하나이다"(마8:5-6). 이 행동으로 보아 백부장은 상당히 사랑이 많은 군인이었다고 볼 수 있습니다. 예수님께서는 그 백부장에게 "내가 가서 고쳐주겠다"(마8:7)고 말씀하셨습니다. 그러나 백부장은 아닙니다. 주님께서 어떻게 누추한 저희 집에 오실 수가 있습니까? 백부장은 믿음도 있었을 뿐 아니라 유대인인 예수님이 이방인인 자기 집에 오시면 예수님이 반대자들로부터 틀림없이 공격당하실 것을 고려한 사랑의 사람이었습니다. 그는 "한마디 말씀만 해 주십시오. 저도 남의 수하에 있고 제 밑에도 군사가 있으니 저들 보고 가라 하면 가고 오라 하면 오고 이것을 하라 하면 하나이다"(마8:8)고 말씀했습니다. 예수님께서는 이 말을 듣고 크게 감동하시고 감탄하셨습니다. "예수께서 들으시고 기이히 여겨 좇는 자들에게 이르시되 내가 진실로 너희에게 이르노니 이스라엘 중 아무에게서도 이만한 믿음을 만나보지 못하였노라"(마8:10) 그리고 백부장에게는 "네 믿은 대로 될지어다"고 하시자 즉시로 중풍을 앓던 종이 깨끗이 낫는 기적이 일어난 것입니다. 이 사건은 우리에게 중요한 믿음의 원리를 보여줍니다. 권세가 어떤 것인가를 분명하게 가르쳐 주는 것입니다. 이 백부장은 예수님의 '권세'를 믿은 사람이였습니다. 백부장이 가진 권세의 배후에는 로마 정부의 권세가 있습니다. 로마의 권세란 로마 정부가 가지고 있는 정치, 경제, 군사력을 총 집합한 것입니다. 그러므로 백부장의 명령을 거역하면 로마의 권세에 항거하는 것이 되기 때문에 로마의 권세가 이런 권세를 거역한 사람들을 처벌하는 것입니다. 백부장은 예수님의 권세가 얼마나 위대한 것인가를 알고 있었습니다. 권세는 말로써 그 위력을 나타냅니다. 일반 사람들은 예수님을 그저 도덕 선생이나 개혁가 정도로 알았지만 백부장은 그가 하나님의 아들이심을 알았기에 예수님의 권세야말로 아무도 거역할 수 없는 위대한 창조주의 권세라는 것을 알고 있었습니다(엡1:21-22). 백부장은 예수님에 대한 바른 믿음이 있었습니다. 예수님을 어떤 분으로 믿느냐 하는 것입니다. 백부장은 고후4:13절 말씀과 같이 "기록한바 내가 믿는 고로 말하였다 한 것같이 우리가 같은 믿음의 마음을 가졌으니 우리도 믿는 고로 또한 말하노라"(고후4:13)

그러므로 백부장은 예수님께 "예수님, 주의 말씀 한마디면 천지 만물이 다 만들어지는데 저희 집까지 오실 필요가 있습니까? 말씀만

해주시면 병이 깨끗이 사라질 줄 믿습니다."고 말했습니다. 그리스도의 권세에 대한 대단한 신앙 고백을 한 것입니다. 예수님이 우리에게도 묻습니다. 여러분은 예수님을 모든 질병과 연약함을 속량하신 구주로 모든 질병을 다스리시는 하늘과 땅의 모든 권세를 가지신 대의사로 믿고 영접하겠는가? "아멘"

하나님의 말씀은 내 말이 내 몸을 움직이며 내 운명을 결정하게 되는데 큰 영향을 끼친다는 것을 인식하고 기억하도록 여러 곳에 말씀하십니다.

(A) "네 입의 말로 네가 얽혔으며 네 입의 말로 인하여 잡히게 되었다."
(잠6:2)

(B) "말이 사람의 온 몸을 굴레 씌운다"(약3:2)

(C) "죽고 사는 것이 혀의 힘에 달렸나니 혀를 쓰기 좋아하는 자는 혀의 열매를 먹으리라"(잠18:21)

(D) "사람은 입에서 나오는 열매로 말미암아 배부르게 되나니 곧 그의 입술에서 나는 것으로 말미암아 만족하게 되느니라"(잠18:20)

다음 네 종류의 말에 대한 연구를 통해 상기한 하나님 말씀이 과학과 의학적으로도 증명되는 것을 살펴 보겠습니다.

(A) 물에 대한 각기 다른 말의 반응 실험

일본의 에모토 마사루 江本勝 박사는 '물은 답을 알고 있다'는 책으로써 세계적인 센세이션을 일으켰는데 그 책에서 보면 물과 관련된 놀라운 실험을 한 것을 볼 수 있는 것입니다. 그는 물에게 말을 들려주고 글씨를 보여주고, 음악을 들려주었을 때 물의 반응을 어떻게 하는가? 연구를 했습니다. 물은 우리말에 반응이 없는 줄 알았지요. 그 물에게 말을 들려주고 글씨를 보여주고 음악을 들려주고 그때 물이 반응을 하는지 시험을 해보니까 한 컵의 물에는 "고맙습니다"라는 말을 들려주고, 다른 컵의 물에는 "짜증나네"라는 말을 들려주었습니다. 그리고 그 물을 얼음이 되게 얼게 만들어서 결정체를 현미경으로 들여다보니까, "고맙습니다"라고 말을 들려준 물은 아름다운 육각수의 결정체를 이루었습니다. "짜증나네"와 같은 말을 들려준 물은 결정체는 보기 싫게 흐트러져 있었습니다. 여러분, 똑같은 물인데 두 컵에 한 컵은, 사랑한다. 예쁘다. 좋다. 그런데 아주 물의 육각형 형태가 아름답게 보존됐는데, 짜증난다. 밉다. 더럽다. 싫다. 그렇게 욕을 해준 물은 산산조각이 났습니다. 결정체가 형편이 없습니다. 그러므로 우리가 여기에 생각해볼 것이 있습니다. 여러분은 자세히 보면 물주머니입니다. 여러분 60%가 물입니다. 그러므로 우리가 서로 말을 할 때, 여러분의 몸속에 있는 물들이 좋은 말을 듣지 않으면 박살이 나는 것입니다. 몸에 병이 드는 것입니다. 세포가 이지러지는 것입니다. 그러나 말을 잘하고 서로 믿음으로 말하면 병이 낫습니다. 몸에 있는 물이 치료가 되고 좋게 배열이 되기 때문인 것입니다.

(B) 피그말리온 현상

심리학적 표현 중에 '피그말리온 현상'이 있다고 합니다. 내 운명은 내가 말하는 그대로 된다는 것입니다. '난 이런 사람이 된다. 하면 그렇게 되는 것입니다. '난 안 돼, 난 글렀어.' 늘 그렇게 말하는 사람이 있습니다. 그 사람은 안 되기만 기다리고 사는 사람입니다. 그래서 '난 글렀어, 틀렸어'하는 사람은 좋은 일이 생기면 '어, 이상하다. 이럴 리가 없는데' 합니다. 그러다가 재수 없는 일이 벌어지면 '맞아! 그러면 그렇지. 재수 없는 내 팔자 어디가?' 이럽니다. 이 사람은 불행을 기다리고 사는 것이며 그 말로 불행을 만들고 있는 것입니다. 우리 주위에는 이런 사람이 의외로 많습니다. 마음과 마음을 표현하는 말은 그 사람의 모든 것을 조정한다고들 합니다. 사람이 자신의 마음을 활용하고 말하고 믿고 인정할 때 이 정보는 입력되어 뇌 쪽으로 건너갑니다. 제어장치에서 나쁜 것을 걸러낸 후 좋은 에너지로 변환되어 뇌로 갑니다. 뇌는 이 정보를 손과 발 혀에 전달합니다. 우리 손과 발, 그리고 혀는 좋은 에너지를 입력하여 역시 좋고 건강한 행동과 말을 출력합니다. 그리고 자기 자신과 주위 사람들에게 늘 희망과 용기, 그리고 행복을 심어줍니다. 그렇다면 나는 정말로 나 자신에 대하여 얼마나 믿음으로 말하는가?

(C) 언어폭력, 뇌에 상처 입히는 결과

미국 하버드대 의대 마틴 타이커 Martin Tiker 교수팀이 2010년 12월 '미국정신건강의학지'에 게재한 논문에 따르면 어린 시절 부모나 동료에게 언어폭력을 당한 사람들은 뇌의 특정 부위가 위축돼 있는 것으로 나타났습니다. 연구팀은 어린 시절 언어폭력을 당한 성인 63명의 뇌를 조사한 결과 그렇지 않은 사람보다 '뇌들보'와 '해마' 부위가 위축된 것을 발견했습니다. 뇌들보는 좌뇌와 우뇌를 연결해 주는 다리로, 이곳이 손상되면 양쪽 뇌의 정보 교류가 원활하지 못해 언어능력이나 사회성에 문제가 생깁니다. 해마는 감정과 기억을 담당하는 부위로, 이곳에 문제가 생기면 쉽게 불안해지고 우울증을 앓을 확률이 높아집니다. 연구팀이 어린 시절 언어폭력을 경험한 707명에게 설문 조사한 결과에서도 많은 이가 불안과 우울증, 소외감을 느끼는 것으로 나타났습니다. 특히 중학교 시절의 언어폭력이 가장 큰 문제를 초래하는 것으로 나타났습니다. 미국의 뇌 전문 학자들의 연구보고에 의하면, 사람의 뇌세포는 230억 개인데, 이 중에 98%가 말의 영향을 받는다고 합니다. 그래서 최근 의학계에서 '뇌 속에 있는 언어중추신경이 모든 신경계를 다스린다'는 학설을 바탕으로 '언어치료법'이 개발되었습니다. 우리 몸에 보는 것, 듣는 것, 느끼는 것 등의 모든 신경이 언어중추신경의 말에 따라서 변화한다는 것입니다. 더러운 말이나 부정적인 말을 바꾸면 성격이 개선되고, 비판적인 말을 바꾸면 마음이 평안해지는 것입니다.

(D) 말과 "메타인지" 관련성 연구 결과

아래의 '학습 효율성 피라미드'는 학습 24시간이 지난 후 남아있는
공부량을 비율로 나타낸 표입니다. 보시는 것처럼 강의를 듣고 읽기만
했을 경우 우리의 기억 속에는 학습량의 채 10% 밖에 남아있지 않습니
다. 반면에 설명을 하면서 공부했을 경우 학습량의 무려 90%가 기억
속에 남아있다는 것을 볼 수 있습니다. 그 이유는 '설명'을 하게 되면
나의 인지·사고능력을 객관적으로 바라보는 '메타 인지' Meta Cognition
가 활성화되어 공부한 내용이 머릿속에 짜임새 있게 저장되면서 장기
기억으로 전환되기 때문입니다.

학습 효율 피라미드

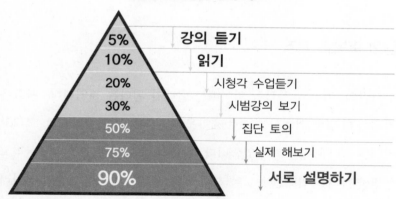

출처 NTL(National Traning Laboratories)

그러므로 학습자들이 서로 설명을 가능하도록 학습 환경을 만들어야 합니다. 그러므로 한 사람이 주입식으로 강의하는 방식을 버리고 서로 나누는 방식으로 배우는 자가 참여할 수 있는 분위기를 유지해야 합니다. 또한 연구결과에 의하면 인쇄물을 가지고 의사를 전달했을 때는 7%의 효과가 있다고 하며 음성으로 전달했을 때는 38%의 효과가 있다고 합니다. 그러니까 직접 만나서 대화하며 복음을 전하고 성경을 가르치는 것이 그렇게 중요합니다. 남에게 전달할 수 있는 내용이 내가 이해한 내용입니다. 이런 교육법이 탁월한 유대인의 하브루타 교육방식입니다. 그러므로 남에게 말로 하나님 말씀을 가르치면서 내가 가장 큰 은혜를 받는 것입니다(딤전4:16).

말의 축복과 저주

사람의 말이 그 사람을 얽어매는 굴레가 된다는 것입니다. 사람은 자신이 한 말에 의해서 스스로 제약을 받게 되는 것입니다(잠6:2). 그리고 말에는 놀라운 생명력이 있습니다. 믿음의 말 한마디가 영혼을 살리고 생명을 살리는 위대한 능력을 지니고 있습니다. 말이란 나쁜만 아니라 다른 사람까지 인생을 망치게 하여 죽이기도 하고, 또한 따뜻한 위로와 격려의 말로 죽을 사람을 살리기도 하는 능력을 가지고 있습니다. 우리가 말하는 한 마디의 말은 작은 것이로되 무심코 내뱉는 한 마디의 말은 다른 사람과 우리가 속한 사회에 큰 영향력을 끼치는 아주 대단한 위력을 나타냅니다. 반대의 경우도 있습니다. 붉은 머리카락을 가진 한 폴란드 소년이 있었습니다. 그는 유명한 피아니스트가 되는 것이 소원이었습니다. 소년은 음악학교에 입학했으나 교수로부터 매우 비관적인 말을 들었습니다. "네 손가락은 너무 짧고 굵다. 유연성도 부족하다. 다른 악기를 택하도록 하라" 소년은 낙심이 되고 마음의 기쁨이 없었습니다. 그러던 어느 날 소년은 만찬회에서 피아노를 치게 되었습니다. 그런데 식사가 끝날 무렵 한 신사가 소년의 등을 두드리며 말했습니다. "너는 피아노에 탁월한 소질을 갖고 있다. 열심히 노력해라". 소년은 중년신사의 격려에 크게 고무되었습니다. 이 노신사의 이름은 안톤 루빈스타인 Anton Rubinstein이었습니다. 소년은 그날부터 하루에 일곱 시간씩 피아노를 연습했습니다. 그리고 세계를 깜짝 놀라게 한 피아니스트로 성장했습니다. 이 소년이 바로 '피아노의 천재'로 불리는 잔 파데레우스키 Ignacy Jan Paderewski입니다. 위대한 루빈스타인 존경받는 본 받을 만한 사람의 한마디 말이 또 다른 위대한 사람을 만들어 낸 것입니다.

민14장에 보면 이스라엘 백성들이 이집트를 탈출해서 시내 산을 거쳐서 가나안땅이 보이는 가데스바네아에 도착을 하게 됩니다. 이제 가나안 땅으로 들어가면 되는 것입니다. 그때 10명의 정탐꾼들은 "그 땅은 젖과 꿀이 흐르는 땅이지만 거인인 아낙 자손들이 살고 있어서 들어가면 다 죽는다"는 부정적인 보고를 합니다. 그 보고를 듣고 이스라엘 백성들이 "차라리 이 광야에서 죽는 것이 낫겠다"고 원망과 불평을 합니다. 그런데 채점관이신 하나님께서 그 말을 들으시고 그대로 행하셔서 20세 이상의 이스라엘 백성들이 광야에서 다 죽게 됩니다. 하나님은 또 말씀하셨습니다. 민14:28입니다. "여호와의 말씀에 내 삶을 두고 맹세하노라 너희 말이 내 귀에 들린 대로 내가 너희에게 행하리니". 그래서 우리가 함부로 말을 해서는 안 됩니다. 말은 부메랑과 같습니다. 내가 축복의 말을 하면 나에게 축복으로 돌아오고, 내가 저주의 말을 하면 나에게 저주로 돌아옵니다. 예수님을 십자가에 못 박으라고 외치면서 "그 피 값을 우리와 우리 자손에게 돌리라"(마27:25)고 외쳤던 이스라엘 백성들의 말대로 이스라엘이 지금까지 어려움을 당하고 있지 않습니까?

우리를 향한 하나님의 생각

렘29:11절 말씀을 보면, "여호와의 말씀이니라 너희를 향한 나의 생각을 내가 아나니 평안이요 재앙이 아니니라 너희에게 미래와 희망을 주는 것이니라"(렘29:11)라고 했습니다. 평안을 주고 미래의 희망을 주는 것이 우리를 향하신 하나님의 생각이라고 말씀하고 있습니다. 그러므로 '안 된다, 이젠 끝이다'와 같은 육신의 생각, 마귀가 주는 생각을 버리고, 우리의 생각 속에 '하나님이 내게 평안을 주시기 원하시며 나에게 희망을 주시기를 원하신다'는 하나님의 생각으로 채워 넣어야 되는 것입니다. 그리고 골3:15절을 보면 "그리스도의 평강이 너희 마음을 주장하게 하라 너희는 평강을 위하여 한 몸으로 부르심을 받았나니 너희는 또한 감사하는 자가 되라"(골3:15)

그러므로 기도 가운데 모든 것을 주께 맡기고 그리스도의 평강이 마음을 주장하도록 하여야 합니다. 그리고 그리스도의 보혈로 마음을 정결케 하여야 합니다. "마음이 청결한 자는 복이 있나니 그들이 하나님을 볼 것임이요"(마5:8). 하나님의 말씀은 우리의 마음을 변화시킵니다. 예수님은 말씀하셨습니다. 눅6:45절입니다. "선한 사람은 마음에 쌓은 선에서 선을 내고 악한 자는 그 쌓은 악에서 악을 내나니 이는 마음에 가득한 것을 입으로 말함이니라."

하나님의 말씀으로 마음을 채우십시오. 그러면 생명의 말씀인 하나님의 말씀과 일치하는 말을 하게 될 것입니다. 그리고 하나님 말씀과 일치하는 삶을 살게 될 것입니다. 하나님의 말씀만이 우리 마음의 어두움을 밝혀줍니다. 하나님 말씀이 감사하게도 우리에게 하나님 말씀을 순종할 힘과 지혜를 줍니다. 그것은 하나님께서 우리를 하나님의 모습을 닮은 존재로 만들어 주셨기 때문입니다. 남에게 흙칠을 하려면 내 손에 흙을 먼저 묻혀야 되는 것과 똑같이 남에게 더러운 말을 하면 내가 먼저 더러워집니다. 우리의 언어 하나하나가 이처럼 생명과 영적 싸움의 승패에 직접적인 영향을 미칩니다. 우리가 더러운 말을 하면 더러운 세력이 우리를 칭칭 묶어 버리는 것입니다. 그렇기 때문에 엡5:4-5절을 보면 "누추함과 어리석은 말이나 희롱의 말이 마땅치 아니하니 오히려 감사하는 말을 하라"(엡5:4). 우리가 말을 잘못하면 사탄의 권세에 잡히게 된다는 것을 성경은 말하고 있는 것입니다. 말조심 하라고 말씀하는 것입니다. "또 무엇을 하든지 말에나 일에나 다 주 예수의 이름으로 하고 그를 힘입어 하나님 아버지께 감사하라"(골3:17). 개인의 흥망성쇠가 우리가 하는 말에 달려 있습니다. "무릇 더러운 말은 너희 입 밖에 내지 않고 오직 덕을 세우는 데 소용되는 대로 선한 말을 하여 듣는 자들에게 은혜를 끼치게 하라"(엡4:29)고 성경은 말합니다. 벧전3:10-11절에도 "그러므로 생명을 사랑하고 좋은 날 보기를 원하는 자는 혀를 금하여 악한 말을 그치며 그 입술로 거짓을 말하지 말고 악에서 떠나 선을 행하고 화평을 구하며 그것을 따르라"(벧전3:10-11)

생명을 사랑하고 좋은 날 보기를 원하는 자, 성공하는 인생을 살기를 원하는 자는 혀로부터 그것을 시작하라는 것입니다.

예수 그리스도 이름으로 말을 하여 사용만하면 되는 일들

우리는 왕같은 제사장의 권세가 있으므로 예수 그리스도 이름으로 사용하면 그대로 되는 일들이 있습니다. 더 이상 예수님께 마귀를 멸해 달라고 닦달하지 말아야 합니다. 예를 들면 아들이 백만 원이 급히 어떤 일로 필요하다고 아버지에게 연락이 왔습니다. 아버지가 백만 원을 아들 통장에 보내 주었습니다. 아버지가 문자를 보냈습니다. "아들아 돈 보냈으니 찾아 써라." 그런데 아들이 계속 아버지에게 전화해서 "아버지 백만 원 보내 주세요. 제발 빨리 보내주세요. 늦어도 내일까지 보내주세요." 이런 식으로 아버지를 졸라대면 아버지는 얼마나 속이 상하겠는가? 똑같은 이치입니다. 하나님은 마귀의 일을 우리가 멸할 수 있도록 천국 열쇠를 주셨습니다. 그 천국 열쇠를 사용하여 마귀의 일을 멸하면 됩니다. 천국 열쇠인 예수 그리스도 이름으로 마귀, 저주, 질병, 죄, 두려움, 불안, 마귀의 묶음, 사망의 권세를 선포하여 쫓아내면 됩니다. 그런데도 "하나님 저 마귀를 쫓아 주세요. 내 더러운 마음을 깨끗케 해주세요. 내 병을 제발 빨리 고쳐 주세요." 이렇게 하나님을 닦달 볶아대면 하나님 마음을 아프게 하는 것입니다. 우리가 죄용서 받아 영생을 얻을 수 있도록(벧전1:18-19) 그리고 성결의 은혜를 받을 수 있도록(히13:12) 그리고 치유의 은혜를 받을 수 있도록(벧전2:24) 예수님이 하실 일은 다 하셨습니다. "예수께서 신 포도주를 받으신 후에 이르시되 다 이루었다 하시고 머리를 숙이니 영혼이 떠나가시니라"(요19:30). 예수님은 더 이상 하실 일이 없으십니다. 우리는 믿음으로 누리면 됩니다. 영적인 싸움이란 마귀의 속삭임, 참소, 불안, 의심등 여러 가지로 공격하지만 우리가 믿음으로 진리를 붙잡고 있는 한 어떤 마귀도 우리에게 능력을 발휘하지 못합니다. 우리를 이기지 못합니다. 그리스도 안에 있는 우리가 승리합니다. 이것이 천국갈 때까지 싸우는 믿음의 선한 싸움입니다(딤전6:12,딤후4:7). 하나님의 통치 안에 사는 하나님 자녀는 지금도 예수 그리스도 이름으로 승리할 수 있으며 앞으로 그리고 이미 승리한 존재입니다. 이미 예수님께서 이루신 것을 이루어 달라고 기도 하지 말아야 합니다. 주님은 믿는 자들에게 복음의 능력과 함께 사단의 권세도 물리칠 수 있는 능력을 이미 주셨습니다. "믿는 자들에게는 이런 표적이 따르리니 곧 저희가 내 이름으로 귀신을 좇아내며 새 방언을 말하며"(막16:17) 사탄과의 영적 전쟁에서 우리가 승리할 수 있는 비결은 하나님의 말씀을 순종하는데 있습니다. 그러기 위해서 우리는 하나님 의 말씀을 먼저 읽고 배우고 묵상해서 그의 뜻을 아는데 있습니다.

"그런즉 너희는 하나님께 순복할지어다 마귀를 대적하라 그리하면 너희를 피하리라"(약4:7)

마귀를 대적하기 전 하나님께 순복하는 성결한 삶이 영적전쟁의 승리의 비결입니다. 사실 하나님의 놀라운 기적은 우리가 그의 말씀을 순종할 때 일어납니다. 영적 전쟁에서 승리하는 비결도 순종할 때 이루어집니다. "그가 아들이시라도 받으신 고난으로 순종함을 배워서"(히5:8)

1) 매일 말씀을 묵상하고, 2) 한 시간 이상 기도하는 생활, 그리고 3) 영성일기를 쓰며 24시간 하나님과 동행하는 생활로 죄와 세상과 마귀를 이기는 첩경이고 성공하는 삶의 토대입니다.

산을 옮길 만한 믿음

많은 사람들이 심지어 교회에서 설교하는 상당수 목회자 중에도 긍정적인 말만하면 문제가 해결되고 큰 비전을 선포하면 큰 성공을 할 것이라고 말하고 가르칩니다. 우리가 성공인생 설명서인 성경으로 돌아가서 정말 그런 한지 찾아봅시다. 잠16:1-3절 말씀입니다.

"마음의 경영은 사람에게 있어도 말의 응답은 여호와께로부터 나오느니라 사람의 행위가 자기 보기에는 모두 깨끗하여도 여호와는 심령을 감찰하시느니라 너의 행사를 여호와께 맡기라 그리하면 네가 경영하는 것이 이루어지리라"(잠16:1-3)

사람이 마음의 생각은 자기가 하고 싶은대로 하고 말도 하고 싶은대로 하지만 말하는대로 이루어지고 이루어지지 않는 것은 전적으로 하나님에게 달려 있다는 것입니다. 마음속에는 하나님보다 돈을 더 좋아하고 사랑하면서 "하면 된다, 사업하면 성공한다." 아무리 잘 계획하고 긍정적인 말을 해도 하나님께서 망하게도 하실 수 있다는 것입니다. 하나님께 말하는 것도 기도입니다. 그런데 하나님은 거짓된 자 예를 들면 평소에는 마음속으로는 자기가 주인행세하며 살면서 어려움만 닥치면 주여 주여 즉 주인님! 주인님! 부르며 기도하는 위선자의 기도를 하나님은 기뻐하지 않으시고 그들이 진정으로 회개하기 전에는 그의 말(기도)를 듣지 않으십니다(사1:15-18). 그러나 정직한 자의 기도는 기뻐하시는 하나님이십니다(잠15:8).

긍정적인 말을 하고 큰 비전을 선포하면 무슨 일을 하든지 성공한다고 말하는 사람들이 자주 사용하는 성경 구절을 자세히 살펴보겠습니다. 마17:20절 말씀입니다.

"이르시되 너희 믿음이 작은 까닭이니라 진실로 너희에게 이르노니 만일 너희에게 믿음이 겨자씨 한 알 만큼만 있어도 이 산을 명하여 여기서 저기로 옮겨지라 하면 옮겨질 것이요 또 너희가 못할 것이 없으리라"(마17:20)

본문은 제자들의 부족한 믿음을 표현하기 위한 과장법적 표현입니다. 이러한 수사법은 청중들에게 메시지를 감동적으로 전달하고, 오래 기억하게 하는 효과적인 도구입니다. 당시 제자들은 과거 전도 여행 중에 행한 귀신 축출의 사건 만을 기억하고 하나님의 능력을 의지하기 보다는 자신의 능력을 의지하고자 하였던 것입니다. 믿음이 겨자씨만큼 작을지라도 그것이 살아있고 온전한 믿음이라면 분명히 놀랄 만한 큰 권능을 행할 수 있습니다. 즉 그들이 병을 고칠 수 없었던 것은 그들의 믿음에 생명력이 없었기 때문입니다. 예수님은 이미 그들에게 모든 귀신을 제어하고 병을 고치는 능력을 주신 것입니다(눅9:1). 그런데 그들은 받은 권세와 능력을 믿지 않은 것입니다. 그리고 여기서 '산을 옮긴다'는 표현은 불가능한 것을 행하는 것에 대한 격언적 표현입니다. 따라서 본문은 어떠한 문제라도 생명력 있는 믿음만을 소유한다면 능히 불가능하다고 생각되는 일조차도 해결할 수 있음을 나타냅니다

(막9:23). 생명력 있는 믿음이란 이미 주신 말씀과 능력과 권세 등을 믿고 누리고 순종하는 것입니다. 이것이 믿음의 말과 자기의 말의 차이입니다. 막9:23절에서 믿는 자에게는 능히 하지 못할 일이 없다고 하셨는데 "예수께서 이르시되 할 수 있거든이 무슨 말이냐 믿는 자에게는 능히 하지 못할 일이 없느니라 하시니"(막9:23). 이 예수님 말씀을 믿는 자는 하나님처럼 전지전능하다는 뜻이 아니라 하나님께서 주신 말씀 안에서 즉 하나님 안에서 가능하다는 것입니다. 예컨대 예수님 다시 오시는 일시는 오직 하나님만이 아시는 일로 인간들은 권한 밖입니다(행1:7)고 이미 말씀 하셨는데도 불구하고 예수님 재림 일시를 말하는 것은 그들이 말하는 일시대로 예수님이 재림하셔도 틀린 것입니다. 주께서 주시지 않는 말씀 곧 하나님 밖에서 자기 생각을 가지고 아무리 긍정적인 말을 반복해서 많이 해도 하나님께서 응답하지 않으십니다. 그래서 사도 바울은 내게 능력 주시는 자 안에서 내가 모든 것을 할 수 있다고 믿음의 고백을 한 것입니다.

"내게 능력 주시는 자 안에서 내가 모든 것을 할 수 있느니라"(빌4:13)

예수 그리스도 밖에서 "하면된다. 나는 할 수 있다. 해보자" 이런 말을 계속하는 일종의 주문이며, 자기암시 혹은 자기 최면과 같은 것입니다. 자기 암시로 설령 어떤 일에 성공했어도 자기에게 영광을 돌리게 되므로 범죄위에 범죄를 저지르는 망하는 길입니다. 심지어 그들이 입술로는 자기 성공을 하나님께 감사하고 찬양해도 그런 창기가 번 돈과 개 같은 자의 소득은 가증이 여기시기 때문에 그런 더러운 제사는 하나님께서 열납하시지 않으십니다(신23:18). 마21:21절에는 "만일 너희가 믿음이 있고 의심치 아니하면 이 무화과나무에게 된 이런 일만 할뿐 아니라 이 산더러 들려 바다에 던지우라 하여도 될 것이요"(마21:21). 라고 기록되어 있습니다. "너희가 믿음이 있고 의심치 아니하면"은 마17:16-20에 기록된 "한 겨자씨만큼의 믿음"이란 바로 마21:18-22에 기록된 "의심 없는 믿음"을 뜻합니다. 한 겨자씨의 믿음이란 의심하지 않는 믿음입니다. 한 겨자씨만큼의 믿음 곧 의심 없는 믿음을 가지면 산을 옮길 수 있다는 말씀입니다. 산을 옮긴다는 것은 절대로 불가능한 것이 이루어지는 큰 기적입니다. 한 겨자씨만큼의 믿음 곧 의심 없는 믿음은 기적을 창조하는 믿음입니다. 만약 큰 믿음을 100 이라한다면 겨자씨 만한 믿음은 1이라 할 수 있습니다. 1 정도의 믿음은 하나님 자녀들은 대부분 다 가지고 있습니다. 그 믿음을 가지고 "이 산을 명하여 여기서 저기로 옮겨지라 하면 옮겨질 것이요 또 너희가 못할 것이 없으리라"(마17:20) 옮겨지고 못할 것이 없다는 것입니다. 예컨대 난치의 암병에 걸려있는가? 큰 산과 같은 문제입니다. 그러나 한 겨자씨만큼의 의심 없는 믿음을 가지면 반드시 치유 받을 수 있습니다. "예수님은 만병통치의 의사이시다." 이 사실을 의심 없이 믿으면 이것이 곧 한 겨자씨 믿음이 되어 특별한 경우를 제외하고는(고후12:7-9) 어떤 불치의 병도 고침을 받을 수 있습니다. 의심 없는 겨자씨의 믿음을 가지려면 "예수님은 나의 병을 고치시는 의사이심을 믿습니다"를 하루에 수천 번 수만 번 반복하여 외우고 선포하면 의심은 사라지고 이것이 의심 없는 믿음 곧 겨자씨의 믿음이 되어 반드시 치유 받을 수 있습니다.

여러분! 한 알의 겨자씨만한 믿음, 1밖에 안 되는 믿음을 가졌다 해도 "나는 산을 옮길 만한 믿음의 분량을 가졌습니다." 이렇게 믿고 말하십시다. 때로는 주위 상황이 힘들고 어려운 문제들이 우리를 심하게 압박하기도합니다. 제대로 되는 일이 하나도 없고 앞이 캄캄하였고 모든 것을 포기하고 싶을 때도 있습니다. 때로는 패배하는 인생을 사는 것 같고 앞이 안보이는 안개속을 걷는 것 같을 때가 있습니다. 그럴 때마다 우리는 믿음으로 이렇게 외치십시다. "나는 산을 옮길 만한 믿음의 분량을 가졌습니다." 하나님의 말씀은 믿음의 양식입니다. 믿음을 자라게 하는 한 방법은 하나님의 말씀과 일치하는 말들로 우리의 입을 채우면 믿음은 성장합니다.

하나님의 주권 앞에 항상 겸손

약4:13-16절 말씀은 하나님을 믿는 교인들에게 주신 말씀입니다.

"들으라 너희 중에 말하기를 오늘이나 내일이나 우리가 어떤 도시에 가서 거기서 일 년을 머물며 장사하여 이익을 보리라 하는 자들아 내일 일을 너희가 알지 못하는도다 너희 생명이 무엇이냐 너희는 잠깐 보이다가 없어지는 안개니라 너희가 도리어 말하기를 주의 뜻이면 우리가 살기도 하고 이것이나 저것을 하리라 할 것이거늘 이제도 너희가 허탄한 자랑을 하니 그러한

자랑은 다 악한 것이라"(약4:13~16)

사도 야고보는 교인 중에 어떤 자들이 어느 도시에 가서 장사하여 성공하겠다고 큰소리치는 것은 악이라고 하였습니다. 그들은 자신들의 미래에 대한 내·외적인 모든 환경을 임의대로 조절할 수 있다고 믿었습니다. 그리고 자신의 유익을 위한 계획의 모든 통제권이 자신에게 있다고 생각하고, 즉 자신을 하나님처럼 생각하고 자신을 믿었습니다. 그런데 도리어 입술로는 "주의 뜻이면 우리가 살기도 하고 이것이나 저것을 하리라 할 것이거늘"이라며 이중적인 태도를 보였습니다. 그들은 성경에서 "너는 내일 일을 자랑하지 말라 하루 동안에 무슨 일이 날는지 네가 알 수 없음이니라"고 경고한 말씀(잠27:1)을 무시한 것입니다. 그들은 예수님께서 어리석은 부자의 비유에서 가르쳐 주셨듯이 실로 어리석은 사람들입니다(눅12:16~21).

본 절에 나오는 상인은 미래에 대한 헛된 계획을 세우고 바로 "긍정적 말"을 하는 것이자 자기 사업과 자기 인생 미래의 큰 비전을 말로 선포하며 실행하려는 시도라고 할 수 있습니다.

그리고 주의 뜻도 들먹이는 경건의 모양은 가졌으나 경건의 능력은 부인하는 어리석은 사람이었습니다. 하나님이 그의 영혼을 오늘 밤이라도 데려 가시면 그는 죽을 수밖에 없는 무력한 존재입니다. 한치 앞도 알 수 없는 인생을 살아가는 인간은 우리 인간의 생사화복을 주관하시는 하나님을 진정으로 경외하여야 합니다. 하나님 절대 주권 앞에 겸손해야합니다. 그럼에도 앞날의 일들을 알며 자기 맘대로 할 수 있다고 여긴다면 우리의 삶을 주관하시는 하나님 앞에 그보다 큰 교만은 없을 것입니다. 사도 야고보는 여기에서 자기 인생을 계획하고 말하는 자들에게 '너희가 내일 일을 알지 못하는도다'라고 분명히 지적하며 인간으로서의 한계를 인식하도록 촉구하고 있습니다. 한나의 기도와 찬미를 들어보십시오.

"여호와는 죽이기도 하시고 살리기도 하시며 스올에 내리게도 하시고 거기에서 올리기도 하시는도다 여호와는 가난하게도 하시고 부하게도 하시며 낮추기도 하시고 높이기도 하시는도다 가난한 자를 진토에서 일으키시며 빈궁한 자를 거름더미에서 올리사 귀족들과 함께 앉게 하시며 영광의 자리를 차지하게 하시는도다 땅의 기둥들은 여호와의 것이라 여호와께서 세계를 그것들 위에 세우셨도다"(삼상2:6-8)

그렇습니다. 하나님만이 온 우주와 우리 인생을 다스리시는 만왕의 왕이십니다. 성경에 분명하게 계시 안 된 것은 즉 믿음에 관한 하나님 나라의 원리가 아니라고 했습니다(롬10:17). 그런데 자신이 마음속으로는 스스로 주인이 되어 미래를 계획하고 허탄하게 자랑하고 말하는 것은 성경이 악이라고까지 단정했다면 이런 사고방식에서 나오는 어떠한 긍정적인 말과 선포도 세상나라의 성공원리입니다. 그리고 이런 것은 멸망으로 이끄는 사탄의 유혹이라고 할 수 있습니다. 그럼에도 불구하고 오늘날 적지 않은 교회 지도자들이 세상나라의 성공원리를 교회에 가지고와서 성경을 멋대로 혹은 억지로 갖다 인용하고 해석해서 교인들을 가르치고 설교합니다. 결과적으로 오늘날의 많은 교인들이 분별

없이 이런 세상나라의 성공 공식을 하나님의 성공 원리로 착각하고 있고 그들의 말을 따르고 있습니다. 잠언 기자의 기록을 더 자세히 살펴보십시다. 사람이 마음의 경영을 해도 그 말의 응답을 안 해 줄 수도 있는 이유를 뭐라고 말하는가? "사람의 행위가 자기 보기에는 모두 깨끗하여도 여호와는 심령을 감찰하시느니라."(잠16:2)

긍정적으로 말하고 그대로 믿고 실천하는 것이 인간의 생각으로는 나쁠 것 하나 없어 보입니다. 그러나 그렇게 하는 심령에는 하나님 보시기에 깨끗하지 않는 것도 있다는 뜻입니다.

말하자면 무조건 목전의 어려움에서 벗어나려고 혹은 자기가 미래 계획을 세우고 자기 소원한 것을 이루려는 목적만으로 긍정적 말을 하는 경우는 하나님 보시기에 잘못이라는 뜻입니다. 말 자체에 일을 이루는 힘만을 믿고 정작 우리 인생 만사를 당신만의 뜻과 계획으로 주관하시는 하나님은 거역하고 무시하는 셈입니다. 그래서 "너의 행사를 여호와께 맡기라 그리하면 너의 경영하는 것이 이루리라."(잠16:3)고 덧붙였습니다. 여기서 우리가 유의할 점은 "너의 말의 응답"이나, "너의 말"을 여호와께 맡기라고 하지 않고 "너의 행사"를 맡기라고 한 것입니다. 아예 긍정적인 말까지도 하지 말고 범사에 주님의 주권만 인정하고 그분 인도만 온전히 따르라는 것입니다. 예수님도 "오직 너희 말은 옳다 옳다 아니라 아니라 하라 이에서 지나는 것은 악으로 좇아 나느니라."(마5:37)고 했습니다. 주님의 이 말씀이 맹세에 관한 것이라 본 주제에 해당

되지 않는다고 오해해선 안 됩니다. 긍정적 말이란 바로 자기에게 행하는 맹세에 해당되기에 동일한 차원입니다.

말씀으로 말하라!

그렇다고 성경이 믿음의 말이나 믿음의 선언과 선포가 다 틀렸다고 말하는 것은 결코 아닙니다. 마음에 경영하여 그대로 이뤄질 것이라고 믿고 긍정적 말을 해도 말의 응답은 하나님께 달렸는데 그 깨끗한 심령을 보고 응답해주신다고 했습니다. 그렇다면 깨끗한 심령으로 하는 긍정적 말은 응답이 된다는 것입니다. 하나님 자녀라도 어제 깨끗한 심령이 오늘 깨끗한 심령을 자동으로 보장해 주지 않습니다. 오늘도 믿음으로 예수님과 함께 죽고 그리스도의 생명으로 사는 깨끗한 심령으로 믿음의 말을 할 수 있는 경우에는 응답된다는 뜻이 됩니다.

주의 응답이 오는 우리 심령의 상태는 아주 간단하고 분명합니다. 마22:37-40절을 보겠습니다.

"예수께서 이르시되 네 마음을 다하고 목숨을 다하고 뜻을 다하여 주 너의 하나님을 사랑하라 하셨으니 이것이 크고 첫째 되는 계명이요 둘째도 그와 같으니 네 이웃을 네 자신 같이 사랑하라 하셨으니 이 두 계명이 온 율법과 선지자의 강령이니라"(마22:37~40)

주님은 성도가 마땅히 지켜 행해야 두 가지 계명은 하나님 사랑과 그와 동일한 사랑과 마음으로 이웃을 내 몸 처럼 사랑하는 것이라고 강조했습니다. 사실 이 사랑은 하나님 자녀들 마음속에 성령 하나님께 로부터 오는 사랑으로(롬5:5) 우리는 성령을 따라 행하면 되는 것입니다 (갈5:16). 성령 하나님께서 주시는 생각과 사랑에서 나오는 말을 하면 됩니다. 골3:17절의 말씀과 같이 "무엇을 하든지 말에나 일에나 다 주 예수의 이름으로 하고 그를 힘입어 하나님 아버지께 감사하며" 사는 것입니다. "또 무엇을 하든지 말에나 일에나 다 주 예수의 이름으로 하고 그를 힘입어 하나님 아버지께 감사하라"(골3:17). 이는 '다 주 예수의 이름으로 하고'란 표현에서 잘 드러납니다. 여기서 '이름'으로 번역된 '오노마티'의 원형은 '오노마 ὄνομα'입니다. 이는 히브리어 '쉠 שם'의 역어 이며, 히브리어에서 '쉠'은 단순한 호칭의 의미를 넘어서 그 이름을 가 지는 자의 인격을 나타낼 뿐 아니라 그 존재가 가지고 있는 권위와 능 력을 나타냅니다. 따라서 본 절에서 주 예수의 이름으로 모든 일을 행 하라는 말은 그리스도의 영광과 명예를 위해서 행동하라는 말입니다. 그리스도는 성도의 주인이고 성도는 그분의 종으로서 성도들은 이 땅 에서 그의 이름에 합당한 영광이 돌아가도록 행동해야 할 책임이 있다 는 말입니다. 그리스도인들은 믿지 않는 사람들에게 그리스도를 보여 주는 작은 예수들입니다. 그러므로 성도의 행동은 바로 성도의 주인 이신 예수 그리스도의 영광과 명예에 직접적인 영향을 미치게 됩니다. 이런 까닭에 성도들은 자신의 의지와 욕심대로 행동해서는 안되며, 그리스도와 연합한 자로서 내 안에서 역사하시는 그리스도의 성품과 기대대로 행동해야 합니다. 이것이 바로 주 예수의 이름으로 행하는 삶입니다. 한편 '말에나 일에나'로 번역된 'ἐν ἔργῳ καὶ λόγῳ(엔 에르고 카이 로고)'는 인간의 모든 언행, 즉 삶 전체를 가리키는 관용적 표현입니다. 즉 이는 그리스도인은 삶의 전 영역에서 그리스도의 종으로서 행동해야 한다는 의미입니다. 한마디로 "내가 거룩한즉 너희도 거룩하라"는 말씀입니다. 그러므로 성도는 언제 어디에서나 어떤 경우에도 따뜻한 사랑으로 이웃을 품어주며 살리는 말을 해야 합니다. 단 하나님을 진정으로 사랑하는 바탕에서 해야 하므로 단순히 동정하고 불쌍한 자를 도우는 차원을 넘어서야 합니다. 예수님을 섬길 길을 말씀하셨습니다. "내가 주릴 때에 너희가 먹을 것을 주었고 목마를 때에 마시게 하였고 나그네 되었을 때에 영접하였고 헐벗었을 때에 옷을 입혔고 병들었을 때에 돌보았고 옥에 갇혔을 때에 와서 보았느니라 이에 의인들이 대답하여 이르되 주여 우리가 어느 때에 주께서 주리신 것을 보고 음식을 대접하였으며 목마르신 것을 보고 마시게 하였나이까 어느 때에 나그네 되신 것을 보고 영접하였으며 헐벗으신 것을 보고 옷 입혔나이까 어느 때에 병드신 것이나 옥에 갇히신 것을 보고 가서 뵈었나이까 하리니 임금이 대답하여 이르시되 내가 진실로 너희에게 이르노니 너희가 여기 내 형제 중에 지극히 작은 자 하나에게 한 것이 곧 내게 한 것이니라 하시고"(마25:35~40)

입으로만 혹은 생각으로만 지극히 작은 자들을 사랑하는 것이 아니라 행함으로 사랑하는 것은 곧 예수님에게 한 것입니다. 그리고 우리가 행하면서 남을 가르치면 우리가 발전하는데 가장 효과적이고 천국에 상이 큽니다. 깨끗한 심령 곧 예수 그리스도의 사랑으로 믿음의 말, 사랑의 말을 하면 주님 뜻에 합당한 깨끗한 심령으로 했기에 반드시 응답됩니다.

없는 것을 있는 것으로 부르시는

롬4:17절 말씀처럼 "기록된 바 내가 너를 많은 민족의 조상으로 세웠다 하심과 같으니 그가 믿은 바 하나님은 죽은 자를 살리시며 없는 것을 있는 것으로 부르시는 이시니라"(롬4:17)

필자가 '지금은 없으나 있는 것처럼 말하는' 기도가 있습니다. 서울에 교회를 개척할 것입니다. 그 교회는 유엔에서 인정하는 197개국 각국마다 최소한 두 분(증인의 수) 씩 저희 교회에 와서 "예명전도"와 "여주제자훈련" 등을 배우고 영향을 받을 것입니다. 교회(글로벌 성경 교회)가 성장하면서 글로벌 미션 센터Global Mission Center도 세워지게 될 것입니다. 그리고 197개국 모든 나라에 글로벌 성경 대학교 Global Bible College가 세워져서 하나님의 일꾼들이 배양될 것입니다. 매일 기도하는데 어느 날은 마귀가 내게 속삭였습니다. "야~ 너 꿈도 야무지다. 돈 한푼도 없이 그게 과연 되겠느냐?" 이때 필자의 육신적인 생각은 "허긴 그렇지 너무 비전이 크지", 그러나 포기하지 않고 계속 기도할 때 성령 하나님께서 필자에게 주의 말씀을 생각나게 하셨습니다. 시2:8절 말씀입니다. "내게 구하라 내가 이방 나라를 네 유업으로 주리니 네 소유가 땅 끝까지 이르리로다"(시2:8) "교활한 마귀야! 예수 그리스도 이름으로 명하노니 떠나가라! 하나님께서 구하라고 하셨고 구하면 열방을 유업으로 주시고 네 소유가 땅끝까지 이른다고 약속하셨는데 니까짓게 감히 의심을 갖다줘" 주께서 마귀의 훼방을 이기게 하셨습니다. 또 어느날 "네가 서울에서 담임 목회할 것이 아닌데 그러면 누가 너하고 같이 일하겠니?" 이런 의심이 들자 기도가 약해지기 시작했습니다. 그때 감사하게도 성령 하나님께서 눅10:2절 말씀을 생각나게 하셨습니다. "이르시되 추수할 것은 많되 일꾼이 적으니 그러므로 추수하는 주인에게 청하여 추수할 일꾼들을 보내 주소서 하라"(눅10:2) 감사함으로 기도를 계속할 수 있게 하셨습니다.

미국의 선교사 스탠리 존스 Stanley Jones는 인도에서의 복음사역을 위해 자기의 일평생을 바쳤습니다. 그는 89세 때 선교지에서 뇌일혈로 쓰러져서 미국 보스턴 Boston으로 후송되어 치료를 받게 되었습니다. 그런데 그는 자기를 치료하는 의사들에게 이런 부탁을 합니다.

"의사 선생님, 저를 보실 때마다 이렇게 나에게 외쳐주시기 바랍니다.

스탠리 존스! 나사렛 예수 그리스도의 이름으로 내가 너에게 명하노니 일어나 걸어라!"

의사들은 그 말을 듣고 피식 웃었습니다.

"아니, 선교사님! 저는 베드로도 아니고, 요한도 아니고 또 부흥사도 아닌데 제가 어떻게 그런 말을 외칠 수가 있습니까? 저는 못합니다."

그러나 계속해서 그가 강권하니까 의사들은 어쩔 수 없이 그를 볼 때마다 그렇게 외쳤습니다.

"스탠리 존스! 나사렛 예수 그리스도의 이름으로 내가 너에게 명하노니 일어나 걸어라!"

그러면 그는 침상에 누워 있다가 큰 목소리로 "아멘! 아멘!"으로 화답을 했습니다.

그는 의사들뿐만 아니고 심지어 간호사들에게까지도 똑같은 부탁을 했습니다. 그래서 누구든지 그를 보면 똑같은 소리로 외쳤습니다.

"스탠리 존스! 나사렛 예수 그리스도의 이름으로 내가 너에게 명하노니 일어나 걸어라!"

그러면 그는 누워서 "아멘! 아멘!"이라고 대답하는 것입니다.

그런데 놀랍게도 그는 6개월 만에 완쾌되었습니다.

그가 병원에 들어올 때는 들것에 실려서 들어왔는데, 나갈 때는 자기의 두 발로 당당하게 걸어서 건강한 몸으로 퇴원을 하게 된 것입니다.

그는 선교지로 다시금 돌아갔습니다. 그리고 죽을 때까지 건강한 몸으로 하나님이 주신 사명에 충성을 다했습니다.

넬 마니 Nell Mohney는 스탠리 존스의 전기에 이렇게 기록했습니다.

"그는 하나님께서 마침표를 찍으실 때까지 자신이 결코 쉼표를 찍지

않았습니다. 그의 고향은 미국도 인도도 아니었고 오직 예수 그리스도
였다."

여러분! 우리가 그리스도 안에서 바로 서야 남을 도울 수 있습니다.
마귀는 우리를 넘어지게 하려고 수단과 방법을 가리지 않습니다.
엡1:17-19 말씀과 같이 기도하시면서 믿음으로 말씀을 말하시고
도움이 필요한 분에게 가르치십시오.

하나님의 자녀가 형통한 삶을 살 수 밖에 없는 30가지 이유

사단은 하나님 자녀에게 실패의식과 궁핍의식 그리고 죄책감과
열등감 등을 주어 낙심하고 좌절하게 만듭니다. 그리스도 안에서 우리
가 형통한 삶을 살 수 밖에 없는 권세와 은혜를 먼저 잘 알아야합니다.
우리에게 이미 주신 하늘에 속한 모든 은혜와 축복(엡1:3,벧후1:3)을 오늘
누리셔야 합니다. 하나님 자녀가 형통한 삶을 살 수 밖에 없는 30가지
이유를 믿음으로 생각하고 말씀을 마음에 품고 입술로 고백하고 선포
하고 남에게 가르치십시오. 아래 말씀이 잘 깨달아지지 않으시면
간절히 기도하십시오. 성령 하나님께서 가르쳐주시고 지도해 주십니
다(요14:26,요일2:27). 매일 내가(본인 이름)를 본인 이름으로 바꾸어서 생각
하시고, 묵상하시고 외우시고 입을 열어 읽으시기를 바랍니다. 주님의
말씀은 여러분을 성공할 수밖에 없는 삶으로 이끌 것입니다.

"우리 주 예수 그리스도의 하나님, 영광의 아버지께서 지혜와 계시의 영을 너희에게 주사 하나님을 알게 하시고 너희 마음의 눈을 밝히사 그의 부르심의 소망이 무엇이며 성도 안에서 그 기업의 영광의 풍성함이 무엇이며 그의 힘의 위력으로 역사하심을 따라 믿는 우리에게 베푸신 능력의 지극히 크심이 어떠한 것을 너희로 알게 하시기를 구하노라"(엡1:17~19)

1. 여호와를 두려운 마음으로 섬기며 그의 명령대로 사는 자마다 복되고 형통한 삶을 사는데 왜 내가 실패하겠는가?

   "여호와를 경외하며 그의 길을 걷는 자마다 복이 있도다 네가 네 손이 수고한 대로 먹을 것이라 네가 복되고 형통하리로다"(시128:1~2)

2. 내가 하나님의 말씀을 밤낮으로 묵상하면 기록한대로 다 지킬 힘을 얻고 내 인생길이 평탄하고 반드시 성공적인 인생이 되는데 왜 낙망하겠는가?

   "이 율법책을 네 입에서 떠나지 말게 하며 주야로 그것을 묵상하여 그 안에 기록된 대로 다 지켜 행하라 그리하면 네 길이 평탄하게 될 것이며 네가 형통하리라"(수1:8)

3. 예수님이 가난하게 되심으로 나를 무한대의 영원한 부자로 만드셨는데 왜 내가 가난한 자라고 생각하며 살겠는가?

   "우리 주 예수 그리스도의 은혜를 너희가 알거니와 부요하신 이로서 너희를 위하여 가난하게 되심은 그의 가난함으로 말미암아 너희를 부요하게 하려 하심이라"(고후 8:9)

4. 나의 하나님이 그리스도 예수님을 통해 영광 가운데서 그 풍성한 대로 나의 필요한 모든 것을 채워주신다고 했는데, 왜 내가 부족하겠는가?

"나의 하나님이 그리스도 예수 안에서 영광 가운데 그 풍성한 대로 너희 모든 쓸 것을 채우시리라"(빌4:19)

5. 하나님이 나에게 주신 것은 두려워하는 마음이 아니요 오직 능력과 사랑과 절제하는 마음인데, 왜 내가 누구를 그리고 무엇을 두려워하겠는가?

"하나님이 우리에게 주신 것은 두려워하는 마음이 아니요 오직 능력과 사랑과 절제하는 마음이니"(딤후1:7)

6. 하나님께서 나에게 필요한 분량만큼 믿음을 주셨는데, 왜 내가 하나님의 소명을 이루는데 실패하겠는가?

"내게 주신 은혜로 말미암아 너희 각 사람에게 말하노니 마땅히 생각할 그 이상의 생각을 품지 말고 오직 하나님께서 각 사람에게 나누어 주신 믿음의 분량대로 지혜롭게 생각하라"(롬12:3)

7. 여호와는 나의 빛, 구원이시고 내 생명의 피난처이신데 내가 누구를 무서워 하겠는가?

"여호와는 나의 빛이요 나의 구원이시니 내가 누구를 두려워하리요 여호와는 내 생명의 능력이시니 내가 누구를 무서워하리요"(시27:1)

8. 내 안에 계시는 하나님이 세상에 있는 이보다 크신데, 왜 내가 마귀의 지배를 허용하겠는가?

"자녀들아 너희는 하나님께 속하였고 또 그들을 이기었나니 이는 너희 안에 계신 이가 세상에 있는 자보다 크심이라"(요일4:4)

9. 백전백승하시는 하나님께서 항상 나를 이기에 하시는데, 왜 내가 실패하리라고 생각하겠는가?

"항상 우리를 그리스도 안에서 이기게 하시고 우리로 말미암아 각처에서 그리스도를 아는 냄새를 나타내시는 하나님께 감사하노라"(고후2:14)

10. 그리스도는 우리의 지혜와 의로움과 거룩함과 구속함이 되셨는데 내가 왜 범죄속에서 실패하며 살겠는가?

"너희는 하나님으로부터 나서 그리스도 예수 안에 있고 예수는 하나님으로부터 나와서 우리에게 지혜와 의로움과 거룩함과 구원함이 되셨으니"(고전1:30)

11. 하나님의 사랑과 자비, 신실하심과 희망이 날마다 새롭게 있는데 왜 내가 우울해져야 하는가?

"여호와의 인자와 긍휼이 무궁하시므로 우리가 진멸되지 아니함이니이다 이것들이 아침마다 새로우니 주의 성실하심이 크시도소이다 내 심령에 이르기를 여호와는 나의 기업이시니 그러므로 내가 그를 바라리라 하도다"(애3:22~24)

12. 나를 보살펴주시는 하나님께 나의 모든 것을 다 맡길 수 있는데 왜 내가 염려하고 두려워하겠는가?

"너희 염려를 다 주께 맡기라 이는 그가 너희를 돌보심이라"(벧전5:7)

13. 그리스도께서 나를 죄에서 해방시켜 자유를 주셨는데, 왜 내가 다시 죄의 멍에 속에 갇혀 있겠는가?

"그리스도께서 우리를 자유롭게 하려고 자유를 주셨으니 그러므로 굳건하게 서서 다시는 종의 멍에를 메지 말라"(갈5:1)

14. 그리스도 안에 정죄함이 없다고 했는데, 왜 내가 유죄 판결 받은 것처럼 두려워하겠는가?

"그러므로 이제 그리스도 예수 안에 있는 자에게는 결코 정죄함이 없나니"(롬8:1)

15. 그리스도께서 항상 나와 함께 하신다고 하셨는데 왜 내가 외로워하겠는가?

"내가 너희에게 분부한 모든 것을 가르쳐 지키게 하라 볼지어다 내가 세상 끝날까지 너희와 항상 함께 있으리라 하시니라"(마28:20)

16. 그리스도께서 나를 위하여 십자가에 달려 대신 저주를 받으사 율법의 저주에서 나를 구해주시고, 믿음으로 약속된 성령을 받게 하셨는데, 왜 내가 저주를 받았거나 불행한 자라고 느끼겠는가?

"그리스도께서 우리를 위하여 저주를 받은 바 되사 율법의 저주에서 우리를 속량하셨으니 기록된 바 나무에 달린 자마다 저주 아래에 있는 자라 하였음이라 이는 그리스도 예수 안에서 아브라함의 복이 이방인에게 미치게 하고 또 우리로 하여금 믿음으로 말미암아 성령의 약속을 받게 하려 함이라"(갈3:13~14)

17. 바울 사도처럼 내가 모든 환경에서 만족하는 법을 배웠는데, 왜 내게 불만이 있을 수 있겠는가?

"내가 궁핍하므로 말하는 것이 아니라 어떠한 형편에든지 나는 자족하기를 배웠노니 나는 비천에 처할 줄도 알고 풍부에 처할 줄도 알아 모든 일 곧 배부름과 배고픔과 풍부와 궁핍에도 처할 줄 아는 일체의 비결을 배웠노라 내게 능력 주시는 자 안에서 내가 모든 것을 할 수 있느니라"(빌4:11~13)

18. 하나님이 죄를 알지도 못하신 그리스도를 나대신 죄를 지우셔서 나를 의롭게 하셨는데, 왜 내가 지옥갈 사람처럼 무가치하게 느끼겠는가?

"하나님이 죄를 알지도 못하신 이를 우리를 대신하여 죄로 삼으신 것은 우리로 하여금 그 안에서 하나님의 의가 되게 하려 하심이라"(고후5:21)

19. 하나님이 나를 위하시니 아무도 나를 해할 자가 없는데, 왜 내가 영적 싸움에서 질것처럼 사전에 두려워하겠는가?

"그런즉 이 일에 대하여 우리가 무슨 말 하리요 만일 하나님이 우리를 위하시면 누가 우리를 대적하리요"(롬8:31)

20. 오직 화평의 하나님이 내주하시는 성령을 통하여 나에게 지혜와 지식을 주시는데, 왜 내가 혼란에 빠지겠는가?(고전14:33, 2:12)

"하나님은 무질서의 하나님이 아니시요 오직 화평의 하나님이시니라 모든 성도가 교회에서 함과 같이"(고전14:33)

"우리가 세상의 영을 받지 아니하고 오직 하나님으로부터 온 영을 받았으니 이는 우리로 하여금 하나님께서 우리에게 은혜로 주신 것들을 알게 하려 하심이라"(고전2:12)

21. 그리스도를 통하여 모든 일에 거뜬히 이길 수 있고 믿는 자에게는 겨자씨만한 믿음만 있어도 못할 일이 없는데(마17:20) 왜 내가 못할까 혹은 실패할까 두려워하겠는가?

"그러나 이 모든 일에 우리를 사랑하시는 이로 말미암아 우리가 넉넉히 이기느니라"(롬8:37)

"예수께서 이르시되 할 수 있거든이 무슨 말이냐 믿는 자에게는 능히 하지 못할 일이 없느니라 하시니"(막 9:23)

22. 예수께서 세상과 세상의 환란을 모두 이기신 것을 알고나니 담대함이 있는데, 왜 잠시당하는 고난이나 생활의 어려움으로 낙심하겠는가?

"이것을 너희에게 이르는 것은 너희로 내 안에서 평안을 누리게 하려 함이라 세상에서는 너희가 환난을 당하나 담대하라 내가 세상을 이기었노라"(요16:33)

23. 예수 그리스도의 이름을 언제 어디서든지 사용할 수 있는 권세 (막16:17)와 특권이 있어서 마귀를 대적하고 언제든지 승리할 수 있고(약4:7) 주의 이름으로 기도하면 무엇이든지 구하든지 다 받을 수 있는데 왜 염려하겠는가?

"너희가 나를 택한 것이 아니요 내가 너희를 택하여 세웠나니 이는 너희로 가서 열매를 맺게 하고 또 너희 열매가 항상 있게 하여 내 이름 으로 아버지께 무엇을 구하든지 다 받게 하려 함이라"(요15:16)

24. 내가 지혜가 부족하면 꾸짖지 않으시고 후히 주시는 좋으신 하나님께 기도하면 지혜를 주시고 그 지혜로 일하면 성공할 수 밖에 없는데 실패할까 염려하겠는가?

"너희 중에 누구든지 지혜가 부족하거든 모든 사람에게 후히 주시고 꾸짖지 아니하시는 하나님께 구하라 그리하면 주시리라"(약1:5)

25. 내 안에 예수님과 똑같으신 보혜사, 최고의 상담사와 변호사, 전능하신 동역자(고전3:9), 언제든지 도우시는(히13:6) 성령 하나님과 항상 교제하며 사는데 내가 무엇을 염려하며 실망하며 살겠는가?

"내가 아버지께 구하겠으니 그가 또 다른 보혜사를 너희에게 주사 영원토록 너희와 함께 있게 하리니"(요14:16)

26. 아무것도 염려하지 않고 다만 모든 일에 기도와 간구로 구할 것을 감사함으로 하나님께 아뢰면 나의 마음과 생각을 넘치는 하나님의 평강으로 지켜주시는데 왜 내가 실패하겠는가?

"아무 것도 염려하지 말고 다만 모든 일에 기도와 간구로, 너희 구할 것을 감사함으로 하나님께 아뢰라 그리하면 모든 지각에 뛰어난 하나님의 평강이 그리스도 예수 안에서 너희 마음과 생각을 지키시리라"(빌4:6-7)

27. 하나님이 주신 믿음으로(롬12:3) 옛사람을 벗어버리고(골3:5-10) 마음이 성결케 되는데(행15:8-9) 내가 두 마음을 품고(약4:8) 실패하는 불경건한 삶을 살겠는가?

"하물며 영원하신 성령으로 말미암아 흠 없는 자기를 하나님께 드린 그리스도의 피가 어찌 너희 양심을 죽은 행실에서 깨끗하게 하고 살아 계신 하나님을 섬기게 하지 못하겠느냐"(히9:14)

28. 공평하신 하나님께서 각 사람에게 그가 행한 대로 갚아주시는 영원한 천국의 상賞이 있는데 내가 즐겁게 하나님 일하지 않겠는가?

"보라 내가 속히 오리니 내가 줄 상이 내게 있어 각 사람에게 그가 행한 대로 갚아 주리라"(계22:12)

29. 예수를 믿어 택함 받은 족속이요 왕같은 제사장이요, 거룩한 하나님 나라된 내가(벧전2:9) 오늘도 성령충만받아(엡5:18) 성령의 지배를 받으니 의와 평강과 희락으로 행복하게 살지 않겠는가?

"하나님의 나라는 먹는 것과 마시는 것이 아니요 오직 성령 안에 있는 의와 평강과 희락이라"(롬14:17)

30. 나의 주님은 선한 목자시고 나는 그의 양인데 그의 인도함을
　　받는 나의 삶이 얼마나 풍성하고 건강하고 안전하고 형통한
　　삶이지 않는가?

　　"여호와는 나의 목자시니 내게 부족함이 없으리로다 그가 나를 푸른
　　풀밭에 누이시며 쉴 만한 물 가로 인도하시는도다 내 영혼을 소생시
　　키시고 자기 이름을 위하여 의의 길로 인도하시는도다 내가 사망의
　　음침한 골짜기로 다닐지라도 해를 두려워하지 않을 것은 주께서 나와
　　함께 하심이라 주의 지팡이와 막대기가 나를 안위하시나이다 주께
　　서 내 원수의 목전에서 내게 상을 차려 주시고 기름을 내 머리에 부으
　　셨으니 내 잔이 넘치나이다 내 평생에 선하심과 인자하심이 반드시
　　나를 따르리니 내가 여호와의 집에 영원히 살리로다"(시23:1~6)

어떤 사람이 친구의 사업장에 초대받아 갔습니다. 그 친구는 단골
손님을 많이 갖고 있는 보석상이었습니다. 보석상은 자기 친구에게
화려한 다이아몬드와 다른 값진 보석들을 자랑스레 구경시켜 주었습
니다. 그런데 그 중에는 조금도 광택이나 빛을 반짝이지 않는 보석
하나가 눈에 띄었습니다.

"여보게. 저건 하나도 아름답지 않은데 어찌 좋다는 보석들과 함께
있는 거지?"

"뭐라고?"

보석상은 이렇게 되묻고는 자기 친구가 찾아낸 그 보석을 쟁반에서
들어내 자기 손으로 꼭 쥐었습니다. 그런데 놀라운 일이 벌어졌습니다.

얼마 후 보석상이 꼭 쥐고 있던 손을 펼쳐 보이자, 그 손 안에서는 방금까지도 아무런 광채를 내지 않던 바로 그 돌이 눈부신 무지갯빛 광채를 내뿜으로 영롱한 자태를 뽐내고 있었습니다.

"아니 이봐. 자네 어떻게 한거야?"

친구가 놀라워하며 묻자 그 보석상은 미소를 지으며 이렇게 말했습니다.

"이 보석은 오팔이라는 것일세. 이걸 우리는 교감의 보석이라고 부르지. 이 보석이 놀라운 아름다움을 내뿜기 위해서는 단지 인간의 손에 꼭 잡혀 있기만 하면 되는 것일세. 난 이 보석에 가장 애착이 간다네. 내 인생은 아무 가치가 없는 모습일 때가 있었지. 그 때 하나님이란 분이 날 붙잡아 주셨고 내 인생은 비로소 빛나게 되었다네."

여러분, 지금까지 살아오면서 별 볼일 없는 인생이셨습니까? 어두운 세상에서 한 번도 빛을 내 본적이 없는 인생이었어도 주님 손 안에 붙잡히게 되면 오팔보석처럼 빛나는 인생이 되실 줄 믿으시기 바랍니다. 과거가 힘들고 어려웠어도, 가진 것이 있던지, 없던지, 학력이 있든지 없던지, 건강하던 건강하지 못하던 간에, 과거와 현재에 실패한 인생이었을 찌라도, 지금 내가 처한 상황이 매우 힘들고 어렵더라도 상관없습니다. 지금 주시는 하나님의 말씀을 내게 주시는 말씀으로 받고 그 말씀을 말하십시오. 그리하여 모든 영역에서 성공하는 삶으로 하나님께 영광 돌리시길 기원합니다.

07

누가 나를
다스리시는가?

누가 나를 다스리시는가?

프랜시스 Francis는 참 복종하는 자를 시체에 비유했습니다. "시체는 반항이 없다. 옮기는 이가 맘 내키는 대로 아무 데나 갖다 놓아도 아무런 저항을 하지 않는다. 한 장소에 오래 계속 두어도 불평이 없고 또한 장소를 옮겨 다른 데로 가져간다 해도 저항하지 않는다. 강단에 올려 놓으면 위를 향하지 않고 아래를 향할 것이다. 그것에 자색 옷을 입힌 대도 한층 더 창백해진 얼굴일 뿐이다." 프랜시스에게 어느 날, 프랜시스의 제자가 되기를 자원하는 제자 후보생 두 사람이 찾아왔습니다. "선생님의 제자가 되어 신앙의 훈련을 닦고 싶습니다." 이들 후보에게 프렌시스는 이런 요청을 했습니다. "저 밭에 나가면 배추들이 많이 있는데, 그 배추를 가져다가 뿌리를 하늘 쪽으로 하고 그 배추를 심으십시오". 한 사람이 말없이 그 배추를 들고 나갔습니다. 그러나 한 사람은 "하하, 이 성자가 여기서 오랫동안 도를 닦더니만 정말 돌았구먼" 하고 비웃었습니다. 그러나 아씨시의 프란시스 Francis of Assisi가 이런 무리한 요구를 한 이유가 어디 있습니까? 이 사람에게 순종이라고 하는 자질이 있는가? 어떤 명령을 주어도 그 명령을 받아 순종할 수 있는 순종의 자질이 이 사람의 마음과 삶 속에 있는가? 이러한 것을 프랜시스는 보기 원하였습니다. 그리스도인들이 배워야 할 교훈은 순종의 교훈입니다. 성경은 말하기를 예수님이 하나님의 아들이시라도 순종함을 배워 온전함에 이르렀다고 하는데, 우리는 이 성경의 교훈을 배우고 있습니까?

우리가 우리 몸을 움직이는 즉 행위를 좌우하는 생각과 마음과 말을 어떻게 다스려야 할까요? 우리 힘과 지혜를 의지하면 실패하고 맙니다. 스데반 집사처럼 주의 은혜와 권능으로 충만할 때(행6:8) 순교까지 가능한 것입니다(행7장). 그럼 우리가 어떻게 주의 은혜와 권능을 받아 성공 인생을 살 수 있나요?

첫째, 성령충만 받고 하나님의 영으로 인도함을 받아야

믿음의 주이신 예수님도 성령 충만을 받으시고 성령의 인도함을 받으셨습니다(눅4:1).

행1:8은 성공인생의 동력과 원천을 설명해주는 말씀입니다.

"오직 성령이 너희에게 임하시면 너희가 권능을 받고 예루살렘과 온 유대와 사마리아와 땅 끝까지 이르러 내 증인이 되리라 하시니라"

'오직 성령이' 이 말의 성경 원문 뜻은 "유일한 하나"라는 의미가 포함되어 있습니다. 즉 '오직 성령이' 이라는 말은 성령 하나님외에는 다른 것으로는 안 된다는 뜻입니다. 구원의 방법은 '오직 예수 그리스도의 십자가'에 있습니다. 구원의 길은 '오직 예수 그리스도 한 분'뿐임을 알아야 합니다. 예수님을 증거하는 성공인생의 삶을 사려면 '오직 성령' 뿐임을 알아야 합니다(슥4:6). 성령 받지 않으면 참 그리스도인이 아니고 (롬8:9), 성령 충만 받지 않으면 성도가 이 땅에 사는 궁극적인 목적인 그리스도를 증거하는 삶을 성공적으로 살 수 없다는 것입니다. 그러므로 성령 충만은 선택사항이 아니라 반드시 받아야 하는 필수 사항입니다. 그래서 하나님은 명령하셨습니다. "술 취하지 말라 이는 방탕한 것이니 오직 성령의 충만을 받으라"(엡5:18). 우리는 순종할 의무만 있습니다.

요14:16절을 보면, "내가 아버지께 구하겠으니 그가 또 다른 보혜사를 너희에게 주사 영원토록 너희와 함께 있게 하리니"(요14:16). 여기서 "보혜사"로 번역된 헬라어 원어의 의미는 "함께 부름을 받은 자"라는 뜻으로서, 변호하고, 돕고, 격려하고 위로하는 자라는 뜻입니다. 성령님께서는 하나님께 보내심을 받아 우리를 돕기 위해서 항상 곁에 계시리라는 말씀입니다. 성령 하나님은 우주에서 가장 능력 많으시고 우리를 가장 잘 아시고 가장 사랑하시는 우리의 변호사, 상담사, 돕는 자이신데 우리는 바보같이 내 방법 그리고 사람을 먼저 찾습니다.

"너희에게 임하시면" 이 말씀을 묵상하면 하나님이 인류에게 주신 모든 은사들 가운데 성령의 임재, 즉 하나님께서 우리와 함께하시는 것보다 더 큰 선물은 없습니다. 우리가 일단 구원을 받고 하나님께 속하게 되면 성령은 영원토록 우리의 마음에 거주하시면서 우리가 영원토록 하나님의 자녀인 사실을 확증하고, 보증하며, 증거하기 위해 인치십니다.

"그 안에서 너희도 진리의 말씀 곧 너희의 구원의 복음을 듣고 그 안에서 또한 믿어 약속의 성령으로 인치심을 받았으니"(엡1:13). 그리고 성령께서는 많은 기능과 역할과 활동을 행하십니다. 옛 언약 시대에 속했던 세례요한은 죽는 날까지도 내적 성령 충만 곧 플레로오 πληρόω를 받지 못하였습니다. 눅7:28절에는 "여자가 낳은 자 중에 요한보다 큰이가 없도다 그러나 하나님의 나라에서는 극히 작은 자라도 저보다 크니라"고 한 것은 마지막 구약 선지자 세례요한은 그가 오직 성령의 외적 충만인 플레도 πληθόω만 받았기 때문입니다. 구약시대의 모든 선지자들은 오직 이런 외적인 성령의 충만을 받았습니다. 마음을 깨끗케 씻어주는 플레로오 πληρόω 성령의 충만은 오순절의 마가 다락방에서 시작되었습니다(행15:8-9). 구약에서는 성령의 내적 충만 플레로오 πληρόω을 예언(겔36:25-27)만 했었습니다. 삼상10:11-13에도 사울이 예언한 것은 사단으로 인한 것이 아니라 하나님의 신이 사울에게 크게 임하므로 가능했습니다. 그러나 사울은 후에 끝까지 하나님을 불순종하자 즉 사울이 하나님을 버리자 하나님의 신이 사울에게서 떠났습니다(삼상16:14). 이것은 사울이 성령의 외적 충만을 받았기 때문이었습니다. 성령의 외적 충만은 이렇게 소멸될 수 있는 것입니다. 그래서 예수님 제자들이 처음에는 둘씩 나가서 귀신도 쫓아내고 했지만(막6:13) 나중에 그들은 귀신을 쫓아내지 못했습니다(막9:28). 성령의 은사는 십자가에서 예수님이 주신 은혜와는 다른 것입니다. 한 번 받아가지고 기도하지 않고 두었다가 쓸 수 있는 것이 아닙니다. 멸시하거나 안 쓰면 중단되는 것입니다. 하나님께서는 성경을 통해 성령의 내적 충만 곧 성결의 은혜에 비중을 두고 언급을 외적 충만보다 많이 하셨습니다. 하나님의 마음을 알아야 합니다. 우리도 예수님을 따르는 제자로서 성령의 외적 충만보다 성령의 내적 충만에 더 비중을 두고 추구하고 재충만 받아야 합니다. 고린도 교회가 성령의 은사 즉 플레도 πληθω 충만하였지만 성령의 열매를 맺는 플레로오 πληρόω 충만이 없어 교회가 시끄럽고 분쟁이 많은 영적 어린아이 상태였습니다(고전3:1). 가룟 유다도 한때 능력 있는 설교자요, 귀신을 제어하며 병을 고치는 큰 권세와 능력 있는 전도자였습니다. 플레도 πληθω 성령 충만은 일할 때 쓰는 도구 道具와 같은 개념입니다.

초대교회의 두 가지 의미의 성령 충만		
두 종류의 성령 충만	특징	관련 성경
성령의 내적 충만	플레로오(πληρόω) : 성령의 열매	행2:28, 행6:3, 행13:52, 롬15:13, 엡5:18, 요이1:12
성령의 외적 충만	플레도(πληθω) : 사역의 도구	행2:4, 행4:8, 행4:31, 행9:17, 행13:8

그리스도 안에서 진정으로 거듭난 모든 그리스도인들에게는 성령이 내주하고 계십니다(요14:17,롬8:9-10). 그러므로 성령 없는 교인은 하나님 자녀가 아니며 성령 없는 교회는 하나님의 교회가 아닙니다. 성령 없는 개인이나 교회는 물 없는 우물이나 불 없는 화로와 같습니다. 살았다 하나 완전히 죽은 존재에 불과한 것입니다. 성령께서 우리 마음에 내주하셔서 우리를 도와주시고 인도하시고 보호하시고 천국에 이르도록 그날까지 승리하도록 이끌어 주십니다.

"권능을" 권능을 나타내는 헬라어는 '두나미스 δυναμις'인데 여기에서 영어의 '다이너마이트' dynamite라는 단어와 '다이나믹스' Dynamics라는 두 단어가 파생되었습니다. '다이너마이트'는 '파괴력을 가진 힘'이고, '다이나믹스'는 역동성을 말합니다. '권능'은 영어로 '파워' power라는 말로, 이 말은 '천지를 창조하신 하나님의 능력'과 '천둥과 번개를 발하는 하나님의 힘'이라는 뜻이 있고, 세상과 죄를 이기는 힘과 귀신을 내어 쫓는 것 같은 능력을 의미하기도 합니다. 교통순경이 거리에서 교통정리는 하는 것은 정부로부터 권한을 받았기에 모든 차량의 기사들이 순복하는 것처럼 마귀들도 하늘 권세 앞에 항복합니다(눅10:17). 그러나 경찰의 권세가 아무리 크다 할지라도 그에게 악당들을 대적할 수 있는 총이 없다면 아무 소용이 없습니다. 예수님을 그리스도로 믿고 영접한 성도는 이미 하나님의 자녀의 권세를(요1:12) 가지고 있으나 이 권세를 사용할 수 있는 '뒤나미스', 곧 성령의 능력이 필요합니다(행1:8). 그러므로 사단의 왕국을 부수고 하나님 나라를 건설하는데 쓰임 받으려면 성령 충만 받아야 합니다. 즉 외적인 성령의 충만을 받아야 하는데 이는 주님의 사역을 하는 신앙생활에서 자못 중요합니다. 성경에 나온 성령의 각양의 은사(고전12장, 엡4장, 롬12장)와 성령의 기름부음심의 역사는 환영하고 사모하며(고전14:1) 구해야 합니다. 우리는 예수님의 제자들처럼 자신을 위해 그리고 교회를 위해 전도와 나아가서는 세계의 복음화를 위하여 성령의 외적 충만인 플레도 πληθω도 사모하고 간구해야 합니다 (행4:29-30). 항상 유의할 점은 예수님과 복음을 앞세우지 않고 플레도

πληθω를 앞세우면 은사주의나 신비주의로 빠지기 쉽습니다. 그러나 성령의 내적 충만을 받은 사람은 교만하지 않으며 겸손하고 온유합니다. 성령의 외적 충만 플레도 πληθω를 받은 사람은 주의 일을 잘 할 수 있는 능력이 있습니다(사41:14-15).

좋은 자동차는 두 가지 기능이 탁월해야 합니다. 달릴 때는 힘이 있어야 하고 설 때는 설 수 있어야 합니다. 달리기만 잘하고 서지 못한다면 사고가 날 것입니다. 액셀러레이터와 브레이크의 기능이 탁월한 차가 좋은 차입니다. 그리스도인이 권능의 사람이 되었다는 것은 하나님의 법도를 벗어나지 않는 것을 말합니다. 죄와 세상과 마귀의 유혹과 육신의 생각에 대해서는 "노"no 할 수 있는 능력입니다. 그리고 하나님의 뜻과 말씀대로 행하는 성결한 사람이 권능을 받은 사람이고 능력의 사람입니다. 그래서 성령을 받지 않고는 증인이 될 수 없고 그리스도를 증거하는 삶을 살 수 없다는 것입니다. 성령을 충만히 받아야 합니다.

"받고" 하나님께서 주실 때 받아야 합니다. 성령은 선물입니다. 성령도 성령이 주시는 권능도 사람이 만드는 것이 아니라 받는 선물입니다. 그러므로 많다고 충만하다고 자랑할 수 없고 하나님께만 영광 돌리는 삶을 살아야합니다.

"예루살렘과 온 유대와 사마리아와 땅 끝까지 이르러"

"예루살렘과 온 유대와 사마리아와 땅 끝까지"라는 말을 '예루살렘을 다 복음화 시키고 온 유대 다 복음화 시키고 사마리아를 다 복음화 하고 땅 끝' 이렇게 받아들이고 있는 분들이 있습니다. '단계적 실천'으로 받아들이는 분들입니다. 아닙니다. 동시同時에 예루살렘에도 전도하고, 동시에 온 유대에도 전도하고, 동시에 사마리아에도 전도하고, 동시에 땅 끝까지 전도해야합니다. 성령이 임하여 통치하는 교회는 행1:8절 말씀처럼 성령이 너희에게 임하시면 예루살렘과 동시에 온 유다와 사마리아와 땅 끝까지에서 전치사 '와'는 영어로 'and'이지 '그런 다음'의 뜻인 영어 전치사 'after'가 아닙니다. 즉 예루살렘 다 복음화 된 다음 온 유다가 아니라 동시다발입니다. 이것이 하나님의 선교전략입니다.

"내 증인이" '증인'이란 말은 재판정에서 쓰이는 용어입니다. 국회에서 증인들이 허위로 증언하면 위증죄로 처벌을 받습니다. 재판정에서도 허위로 증언하면 처벌을 받습니다. 그러므로 전도는 자신의 본 것을 있는 그대로 증언하는 것입니다. 성령은 예수의 영입니다. 성령님은 예수님을 증거하는 영입니다. 초대교회 마가의 다락방에 성령이 제자들에게 임하므로 성령의 역사가 강하게 나타났습니다. 제자들은 권능을 받았고, 전혀 다른 사람들이 되었습니다. 두려움이 없어졌습니다. 매사에 확신이 넘쳤고, 복음 전하는 일에 담대했고(행4:19-20) 자신감이 넘쳤습니다. 그들은 예수 그리스도의 십자가와 부활의 증인이라고 외쳤습니다. 또 증인이라는 말은 전도라는 의미입니다. 성도는 말로 예수를 증거하고 행동과 인격으로 그리스도의 증인이 되어야 합니다. 또 증인이라는 말은 '순교자'란 의미도 있습니다. 증인의 법적 용어는 바른말로 증거해야 하고 보고들은 것만 증거 해야 합니다. 예수님이 사람의 몸으로 오셨고, 우리 죄를 짊어지시고 죽으셨고, 부활하시고 승천하시어 하나님의 보좌 우편에 좌정해 계십니다. 지금도 성령을 보내셔서 교회를 세우시고 재림하실 예수 그리스도를 증거 하는 증인이라는 것입니다. 예수님은 우리가 주님과 함께 죽음으로서 사는 증인이 되는 것을 원하십니다. 그러므로 모든 성도는 '증인'이 되어야 합니다. 초대교회 사도들과 빌립 같은 성도들은 자기 몸으로 예수 그리스도 이름을 '증거'했습니다. "권능을 받아 땅 끝까지 내 증인이 되리라" 우리는 여기에서 주님의 관심이 어디에 더 있었는가를 분명히 알아야 합니다. 세상나라의 정치에나 경제에나 인권에 관심이 있었던 것이 아니라 하나님나라 곧 영혼을 구원하는데 있었다는 말입니다. 이것을 주목해야 합니다. 그러므로 성령님이 오신 궁극적인 목적은 예수 그리스도를 증거하기 위해서입니다(행1:8). 왜 하나님께서 우리를 이 땅에 남겨두셨습니까? 영생 얻고 성화聖化 그 이상입니다. 주님께서 우리를 주의 뜻대로 마음껏 사용하셔서 예수님을 증거하시기 위함입니다. 우리는 입술로 예수를 증거하고 행동과 인격으로는 예수님의 증인이 되어야 합니다. 또 그리스도의 증인은 자기의 생활 속에서 예수가 나타나도록 해야 합니다. 이것이 이 땅에 사는 의미입니다(빌1:20).

"되리라" '되어라'가 아니고 '되리라'입니다. 성경은 한 단어, 한 단어를 잘 읽어야 합니다. '되어라'고 했다면 '내가 노력해서 되어야 하기 때문에 많은 부담'을 갖게 됩니다. 그러나 '되리라'고 하셨으니 '하나님께서 되게 해 주신다'는 것입니다. 얼마나 큰 은혜인지 모릅니다. 복음 전도를 하려는 자들은 먼저 그의 생활이 능력과 생기와 기쁨으로 가득 차 있어야 합니다. 그러기 위해서는 그들이 성령의 지배를 받을 때 즉 성령 충만할 때 가능합니다. 이러한 성령충만은 하나님 자녀들로 하여금 능력과 담대함을 갖고 복음을 증거하게 하며, 복음의 삶을 바로 살게 합니다. 성령 충만한 자는 말씀에 대한 확신을 갖고 성령의 지혜와 능력 안에서 성공적으로 하나님의 사역을 수행할 수 있게 됩니다. 그리고 성령충만한 성도는 어떤 고난과 박해에도 굴하지 않고 이길 수 있으며 열악한 환경에서도 복음을 능력 있게 증거합니다(고후1:4-11). 이는 초대 교회 당시 베드로나 요한(행2:1-4, 행4:1-22, 행5:17-42), 사도 바울(행13:1-4,9, 고후 1:4-11, 고후11:23-33), 바나바(행11:24) 등에게서 그 실제적 모습을 찾아볼 수 있습니다.

다 성령의 충만함을 받고

행2:2-3절은 예수님의 약속대로 드디어 성령 강림의 모습이 증거 되고 있습니다.

"홀연히 하늘로부터 급하고 강한 바람 같은 소리가 있어 저희 앉은 온 집에 가득하며 불의 혀같이 갈라지는 것이 저희에게 보여 각 사람 위에 임하여 있더니"(행2:2-3)

본문 2-3절은 성령 강림의 징표를 두 가지로 나타내고 있습니다.

2절에서는 '바람'으로, 3절에서는 '불'로 나타내고 있습니다. 바람과 불은 둘 다 하나님의 임재를 분명하게 보여줄 필요가 있을 때, 하나님이 징표로 사용하시는 현상입니다. 성령은 '불'과 같습니다. 오늘날 에너지의 대부분이 화력을 통하여 얻어집니다. 석유를 태워 열을 얻고, 석탄을 태워 에너지를 얻습니다. 성령은 불같은 성질이 있습니다. 성령은 사람의 얼어붙은 마음을 녹아내리게 합니다. 성령의 불은 죄악으로 굳어버린 마음을 허물어 버립니다. 죄악을 소멸합니다. 성령은 우리에게 열정을 줍니다. 성령은 '바람'과 같습니다. 바람은 언 땅을 녹이고, 생명을 실어 나르는 전령과 같습니다. 바람이 눈에 보이지 않지만 있는 것처럼 성령은 눈에 보이지 않지만 존재하시는 하나님의 영입니다. 즉 바람은 어디서 불어와서 어디로 불어 가는지 아무도 모릅니다. 또 그 방향도 임의대로 붑니다. 마찬가지로 성령의 역사도 신비하게 나타납니다. 인간의 의지와는 관계없이 성령의 뜻대로 역사합니다. 다락방에 모인 120문도들이 행2-3절을 보면 성령 세례를 받았습니다. 그리고 4절에서는 성령의 충만함을 받게 되었습니다. '성령 세례'와 '성령 충만'은 다릅니다. 우리는 '성령 세례'를 통해서 그리스도의 몸을 이루는 지체가 됩니다(고전12:13, 갈3:27). '성령 세례'는 예수님을 믿고 구원을 받는 순간에 일회적으로 단 한번 이루어지는 일입니다. 그러나 '성령 충만'은 이와는 다릅니다. 성령 충만은 성령이 우리의 삶을 완전히 다스리시고 인도하시는 것을 가리키며 재충만을 받을 수 있습니다(엡5:18). 술을 너무 많이 마셔서 술에 취해버리면 술로 충만해집니다.

그러면 술이 그 사람의 생각도, 말도, 행동도 다 지배를 해버리고 맙니다. 마찬가지로 우리가 성령으로 충만해지면 성령이 우리의 삶을 사로잡습니다. 그리해서 성령이 우리의 삶을 다스리시고 지배하게 되는 것입니다. '성령 충만함'이란 성령께서 나를 완전히 장악하는 상태에서 마음이 깨끗하여 계명(마22:37~40, 요15:12, 갈5:14)을 준행하는 것을 의미합니다. 얌전한 사람도 술에 취하면 못하는 말이 없습니다. 또 힘도 세어집니다. 술기운 때문에 그렇습니다. 성령의 충만함을 받으면 성결의 능력으로 사단과 옛사람과 세상을 이길 수가 있습니다. 성령충만 받은 공통점은 방언을 받는 것이나 어떤 환상을 보는 것이 아닙니다(고전12:30). 믿음으로 마음이 깨끗하여 하나님 말씀을 지킬 수 있는 능력을 받는 것입니다(겔36:26~27, 행15:8~9). 그리고 '충만'이라는 것은 '완전'을 의미하지는 않습니다. 한번 충만하게 되면 더 이상 충만을 받을 필요가 없을 정도의 절대적 의미가 아닙니다. 근본적으로 상대적인 의미입니다. 성령 충만의 양은 받는 그릇에 따라 다릅니다. 믿음의 분량에 따라 채워지는 충만이 달라집니다. 여기에 대해 자주 사용되는 예화가 있습니다. 3살짜리 어린이에게 채워지는 공기의 폐활량과 어른의 그것은 다릅니다. 그러나 둘 다 동일한 충만의 상태입니다. 따라서 그리스도 안에서 갓 태어난 신자도 성령 충만 할 수 있습니다. 그리고 신앙이 자람에 따라 그 충만의 양이 더 커져야 합니다. 그러나 여기서 더 커진다는 것은 성령을 받는 것이 양적으로 더 증가한다는 의미는 아닙니다. 엡5:18절을 보면 "오직 성령의 충만을 받으라"(엡5:18). 존 스토트 John Stott 목사님은 "오직 성령으로 충만함을 받으라"는 이 문장을 성경원어를 문법적으로 분석을 해서 이렇게 말했습니다. "이 문장은 명령문이고, 복수형이며, 수동태이고, 현재형이다." 복수형이란 누구든지 예수님을 믿고 간구하면 성령 충만을 받을 수 있다는 것입니다. 수동태란 성령 충만은 하나님께서 주시는 은혜이자 선물이라는 것입니다. 수동형의 문장을 능동형으로 바꾸어 보면 '성령이 가득차서 너를 주관하시도록 하라'가 됩니다. 이는 성도가 특별한 목적을 이루기 위해 성령을 지배하거나 그분에게 명령하는 것이 아니라 성령이 성도의 마음과 삶을 온전히 이끌어 가시도록 삶의 주권을 계속 내어드리는 것이 성령 충만의 본질임을 보여줍니다. 그리고 본문이 명령문이라는 사실은 성령 충만은 선택 사항이 아님을 보여줍니다. 성령 충만은 성도라면 누구에게나 받아야 하는 명령이므로 성도는 매일매일 성령에 사로잡혀 그분의 인도를 따라 살아야 합니다. 그리고 성령 충만은 어느 날 우연히 임의적으로 오는 것이 아니고 성령의 충만을 간절히 구하는 자에게 주어집니다(눅11:13;행 1:14;2장). 사도행전은 예수 승천 후 오순절 마가의 다락방에 모인 120문도나 스데반, 베드로와 같은 사람들을 성령이 충만한 사람들로 기록하고 있습니다(행2:4;4:8;6:8). 또한 우리가 성령 충만하면, 하나님과 생각의 결을 맞추게 됩니다. 그때 비로소 우리는 땅의 것을 생각하지 않고, 위의 것을 생각하게 됩니다. 죄를 버리고 죄의 생각을 죽이는 것도 성령의 충만함입니다. 성령이 생각을 지배하면, 미워하는 생각을 하지 않게 됩니다. 성령이 지배하시기 때문입니다. 성령 충만하면, 신앙생활이

쉬워집니다. 억지로 그리고 내 힘과 능력으로 영의 생각을 하고 순종하는 것이 아니라 성령의 능력에 힘입어 가능합니다(슥4:6). 신앙생활은 자신의 힘으로 하는 것이 아닙니다. 지금 신앙생활이 아주 힘들게 느껴진다면, 성령의 충만함을 구하셔야 합니다. 성령이 내 생각을 지배하기 때문입니다. 성령 충만하면, 생각의 주체가 나 자신이 아닙니다. 성령이 내 생각을 지배하십니다. 그러면 영을 생각하고, 영의 일을 따르게 됩니다. 주님의 말씀은 '하나님을 온 맘을 다해 사랑하라'고 했는데 그것은 성령이 충만하면, 성령이 우리 마음속에 하나님의 사랑을 부어주시면 그 사랑으로 우리가 하나님을 온 맘 다해 사랑할 수 있습니다. 우리가 그리스도의 형상을 본받는 삶을 살아야 하는데 그러한 원동력은 그리스도의 풍성한 생명(요10:10)이 주어져야 가능합니다. 그러므로 성령 충만 받는 것은 선택사항이 아니라 하나님의 기준의 성공관에서 필수요건입니다. 성령 충만받지 않은 그리스도인은 실패하는 삶을 살 수 밖에 없습니다.

그리스도를 나타내는 삶

성령 충만 받은 하나님의 자녀된 우리는 성령의 열매(갈5:22-23)를 맺는 삶 곧 우리 안의 예수 그리스도를 나타내는 삶을 살게 됩니다. 옛 언약 속에 살았던 구약의 일반 성도들은 하나님을 나타내기는 상대적으로 쉽지 않았습니다. 그러나 새 언약 아래 사는 오늘날의 하나님의 자녀는 성령님이 우리 안에 내주하시므로 그리스도의 거룩을 나타내기 쉽습니다(고후4:11).

"항상 우리를 그리스도 안에서 이기게 하시고 우리로 말미암아 각처에서 그리스도를 아는 냄새를 나타내시는 하나님께 감사하노라"(고후2:14)

우리는 바울처럼 항상 승리하며 그리스도를 나타내어 뭇 영혼들이 영생을 받는 성결한 삶을 살아야 합니다. 성령의 은사 gifts는 복수이지만(고전12:4-11, 28-31) '성령의 열매는 the fruit of the Spirit is …'이라고 말한 것을 보면 복수가 아니라 단수입니다. 한 나쁜 사과나무에서 좋은 사과를 맺지 못함과 같습니다. 마치 몸이 뚱뚱해져 가는 사람이 팔 한쪽만 살이 찌는 것이 아님과 같습니다. 사랑은 있는데 충성은 없을 수 없습니다. 성령의 열매란 육체의 일과 대조되는 말로써 사람이 만들어 내는 것이 아니라, 성령에 의해서 인간의 삶 가운데 나타나는 예수님의 성품입니다. 그러므로 예수님을 닮아가려는 사람은 성령을 좇아 사는 사람입니다. 즉 성령의 지시하시는 바에 순종하는 순종의 사람만이 이런 예수님의 성품을 닮은 성령의 열매를 맺을 수 있습니다. 필자가 '성결의 은혜'라고 말할 때 좁은 의미로는 불결함과 도덕적인 악으로부터 분리를 뜻하고, 넓은 의미로는 하나님을 사랑하여 하나님께서 무슨 말씀을 하시든 자신의 목숨을 내놓고 그 뜻에 순종하는 것, 혹은 상태인 성령의 내적 충만을 말합니다. 그것은 예수님처럼 "하나님이여……내가 하나님의 뜻을 행하러 왔나이다"(히10:7)라고 말하는 것과 같습니다. 성령의 아홉

가지 열매 중에 순종의 열매는 없습니다. 이 모든 열매가 순종의 결과이기 때문입니다. 그러므로 순종과 열매는 동의어입니다. 많이 순종하면 많은 열매를 맺게 되어 있습니다. 내가 은혜 가운데 자라나고 있다는 증거는 나의 순종을 보면 알 수 있습니다. 성결의 은혜는 우리로 하여금 하나님께 순종하며 살도록 하는 은혜입니다. 그러므로 지금 성령의 열매가 풍성치 않는 것은 성결의 은혜를 유지하는 믿음(요10:10)을 갖지 못했거나 성결의 자리에서 떨어졌기 때문입니다. 순종은 하나님을 사랑하여야 가능한데 사랑은 성령의 열매입니다. 우리가 과연 예수님의 인격을 닮을 수 있을까요? 그 가능성을 갈5:22-23절에서 발견할수 있습니다.

"오직 성령의 열매는 사랑과 희락과 화평과 오래 참음과 자비와 양선과 충성과 온유와 절제니 이같은 것을 금지할 법이 없느니라"(갈5:22-23). 이렇게 성령의 열매는 우리 속에 행하시는 성령의 창조적 사역으로서 우리가 예수님 안에서 어떤 사람이 될 수 있는지를 보여줍니다. 성령의 열매는 우리가 성령으로 '거듭날 때' 시작하는 열매입니다. 성령의 열매는 구원의 결과로 주어지는 하나의 '열매'이지 결코 구원의 수단이 아닙니다. 구원은 언제나 예수님을 통해서만 주어지며, 사람의 행위나 공로가 아니라 오직 그분의 행하신 일을 우리가 믿음으로 받아들일 때에만 베풀어지는 것입니다. 그러므로 성령의 충만을 받은 모든 그리스도인은 하나님의 사랑이 그 마음에 부은바 되었기에 말씀을 행할 수 있는 원동력이 됩니다(롬5:5). 갈2:20절을 보면 "내가 그리스도와 함께 십자가에 못 박혔나니 그런즉 이제는 내가 산 것이 아니요 오직 내 안에 그리스도께서 사신 것이라 이제 내가 육체가운데 사는 것은 나를 사랑하사 나를 위하여 자기 몸을 버리신 하나님의 아들을 믿는 믿음 안에서 사는 것이라"고 하였습니다. 우리말 성경에 보면 과거에 못 박힌 것처럼 나오는데, 헬라어 성경에 보면 '에스타오르타이 ἐσταύρωται'로 현재완료 동사입니다 ("I have been crucified with Christ……") '내가 그리스도와 함께 못 박혀 있어 왔나니', 즉 못 박힌 사건은 과거에 일어났지만 그 사건의 영향이 지금까지 계속되고 있다는 것을 의미합니다. 많은 그리스도인들이 자기 안에 예수가 살아 계시고 그 생명 때문에 자신이 영적으로 매순간 부활한 것을 경험하지 못하는 이유는 '그리스도와 함께 십자가에 못 박혔나니'가 없기 때문입니다. 이것이 그리스도인의 생활의 기본입니다. 이것이 없으면 우리의 삶은 어떠한 거룩의 진전도 없습니다. 매 순간 예수와 함께 죽는 것을 자기 내면에서 경험할 때 진리 안에서 내가 사는 것입니다. 바로 여기에 우리의 희망이 있습니다. 하나님께서 목적하신 바는 우리가 예수님을 닮아가는 것이며, 그러한 변화를 일으키시기 위해 우리 안에 거하실 성령님을 보내신 것입니다. 성령의 열매를 맺는다는 것은 우리의 변화를 의미합니다. "이전 것은 지나갔으니 보라 새것이 되었도다"(고후 5:17). 성령의 열매는 그리스도를 통해 사망에서 옮겨 생명으로 들어간 사람(요일3:14)의 삶에 일어나는 '거룩한 변화'입니다. 그럼 성령의 열매를 맺기 위한 우리의 역할은 무엇일까요?

성령의 열매는 저절로 결실

어떤 교회 안에서는 예수님 성품학교, 성품 훈련 세미나를 하는데 사실 예수님 성품은 훈련으로 얻어지는 것이 아닙니다. 성령의 열매는 우리가 맺는 것이 아니라 예수님이 맺어 주십니다. 그리스도 안에서 저절로 맺어지는 것입니다. 즉 저절로 하나님 말씀을 준행하게 됩니다. "내가 참 포도나무요 내 아버지는 그 농부라"(요15:1). 포도원의 포도는 농부가 포도를 심고 가꾸어 열매를 맺게 하십니다. 열매는 포도나무가 맺습니다. 포도나무는 예수님이시고 우리는 포도나무에 붙어있는 가지입니다. "무릇 내게 있어 과실을 맺지 아니하는 가지는 아버지께서 이를 제해 버리시고 무릇 과실을 맺는 가지는 더 과실을 맺게 하려하여 이를 깨끗 케 하시느니라"(요15:2).

우리가 할 일은 회개를 통해 계속 믿음으로 성결을 유지하는 생활을 하는 것입니다. 하나님은 우리가 열매를 더 풍성히 맺게 하시려고 우리를 깨끗하게 하십니다. 깨끗하게 하신다는 것은 우리가 더럽기 때문 입니다. 번제단을 거친 제사장들이 성소 안에 들어가기 전, 즉 지성소 에 계시는 하나님께 더 가까이 가기 위해서는 매일 성소 앞의 물두멍에 서 손발을 씻었습니다. 우리가 우리의 죄를 자백하면 깨끗함을 받습니 다(요일1:9). 또한 말씀으로 깨끗해졌다고 하십니다. 약속의 말씀이 우리를 죄에서 씻어주는 것입니다. 우리가 깨끗함을 받을 때 비로소 성령이 우리를 통해 드러나십니다. 그래서 우리에게 성령의 열매가 맺어지는 것입니다. 지금 나의 가정과 학교와 직장은 선교일터입니다. 그런데 무슨 일을 하는 것보다 주님 안에 거하면서 성령의 열매를 맺는 삶이 모든 이들에게 기쁨이며 희망입니다. 어느 가정이나 직장에서든 한 사람이라도 나는 죽고 그리스도로 사는 것 자체가 사명입니다. 온 반죽을 다 풀게 하는 거룩한 누룩으로 사는 것 자체가 상급받을 하나님 일입니다. 그리고 가지는 포도나무에 붙어 있기만 하면 저절로 열매를 맺습니다(요15:5). 우리 힘과 노력으로 성령의 열매를 맺을 수 없습니다. 성령의 열매를 자기 노력을 해 보려는 사람이 빠지는 함정입니다. 성령의 열매는 전적으로 십자가에 능력으로 우리 안에 오신 예수님 때문에 맺어지는 것입니다. 농부이신 하나님이 열매 맺게 하시도록 일하십니다(요15:6). 누구든지 과거에 대단한 성령의 능력과 은사를 체험했어도 예수 그리스도 안에 거하기를 소홀히 여기면 죄앞에 무너집니다. 예수님과 날마다 기도와 말씀으로 온전히 연합하지 않으면 마귀와의 싸움에서 패배하고 맙니다. 성령의 열매는 하나님께서 맺게 해주시므로 과실을 많이 맺을 수밖에 없습니다. 그리고 하나님께 영광을 돌립니다. 오늘도 성령충만을 사모하고 간절히 기도할 때에 하나님께서 마음에 주시는 생각을 붙드시기 바랍니다. 그때 우리는 성령의 사람이 됩니다. 영의 일만 생각하고, 영의 일을 따르는 일에 성공하는 성도가 됩니다.

둘째, 그리스도의 말씀이 너희 속에 풍성히 거하여

성공적인 삶을 살기 원한다면 지식과 지혜가 어디서부터 오는지 알아야 합니다.

"지혜가 제일이니 지혜를 얻으라 네가 얻은 모든 것을 가지고 명철을 얻을지니라 그를 높이라 그리하면 그가 너를 높이 들리라 만일 그를 품으면 그가 너를 영화롭게 하리라"(잠4:7-8)

하나님의 말씀이 우리 마음의 생각의 기준이 되어야 합니다. 성령의 인도를 받는 것은 곧 말씀의 인도를 받는 것입니다. 그러므로 말씀이 중요합니다. 주야로 하나님의 말씀을 묵상하므로 하나님의 말씀이 우리 속에 풍성히 거하게 하여야 합니다.

"그리스도의 말씀이 너희 속에 풍성히 거하여 모든 지혜로 피차 가르치며 권면하고 시와 찬송과 신령한 노래를 부르며 감사하는 마음으로 하나님을 찬양하고 또 무엇을 하든지 말에나 일에나 다 주 예수의 이름으로 하고 그를 힘입어 하나님 아버지께 감사하라"(골3:16-17)

성령은 하나님의 진리를 가르치십니다. 이 일은 일방적인 일이 아니라 상호적인 일입니다. 왜냐하면 성령이 진리를 가르치실 때에 우리의 머리에는 예수님이 가르치신 진리가 떠오르기 때문입니다. 바로 이 과정 가운데 우리는 '성령의 음성'이 어떻게 임하는 지를 발견합니다. 성령의 음성은 성령께서 하나님의 말씀을 우리에게 가르쳐 주시는 가운데 우리의 생각 속에서 들려지는 것입니다. 성령은 '진리의 영'(요14:17)이십니다. 성령은 말씀과 함께 하실 때에 당신의 모습을 가장 분명하게 그리고 가장 강하게 드러내십니다. 가장 좋은 실례가 창세기 초반에 나옵니다. 성령은 창조 때에 혼돈하고 공허한 세상의 무질서를 통제하고 계셨습니다(창1:2). 그 가운데에 하나님의 말씀이 선포되었을 때에 창조의 역사가 일어났습니다. 성령이 말씀과 함께 할 때에 하나님의 강하고 크신 능력이 나타난 것입니다. 또 에베소서 6장에서 성도의 전신갑주가 소개되는 가운데 '성령의 검'이 소개됩니다. 우리는 보통 '성령의 검'을 생각할 때 성도가 손에 쥐고 싸워야 할 검으로 여기지만 성경은 분명히 우리의 검이 아니라 '성령의' 검이라고 소개합니다. 곧 성령이 당신의 손에 쥐고 계신 검입니다. 그런데 그 성령의 검은 곧 '하나님의 말씀'이라고 말합니다(엡6:17). 성령께서 모든 악에 대한 싸움을 하실 때에 취하시는 무기는 바로 하나님의 말씀인 것입니다. "구원의 투구와 성령의 검 곧 하나님의 말씀을 가지라"(엡6:17). 이처럼 성령은 하나님의 말씀과 함께 동역 하십니다. 성령께서 우리에게 모습을 드러내실 때에도 하나님의 말씀을 수반하십니다. 그 모습은 성령이 우리에게 말씀을 가르치시는 모습으로 드러납니다. 우리의 입장에서 보면, 우리가 성령으로부터 말씀을 배울 때에 성령의 모습은 가장 분명하게 발견되는 것입니다. 그리고 우리는 말씀을 배우면서 말씀을 가르치시는 성령의 음성을 듣는 것입니다. 바로 이 과정이 우리가 묵상(QT)을 하는 과정입니다. 우리가 말씀에 귀를 기울이며 그 말씀을 묵상할 때에 성령은 우리에게 세밀한 음성으로 하나님의 말씀을 생각나게 해 주십니다. '세밀한 음성'이란 우리의 귀로 들리는 음성이 아니라, 우리의 생각 안에 하나님의 생각이 자리 잡는 것을 말합니다. 하나님의 말씀이 성령의 가르치시는 음성을 통해 우리에게 들려질 때 우리는 우리의 생각과 다른 '하나님의 생각'을 하게 되는 것입니다. 그래서 바울은 이렇게 증거합니다. "기록된 바 하나님이 자기를 사랑하는 자들을 위하여 예비하신 모든 것은 눈으로 보지 못하고 귀로 듣지 못하고 사람의 마음으로 생각하지도 못하였다 함과 같으니라 오직 하나님이 성령으로 이것을 우리에게 보이셨으니 성령은 모든 것 곧 하나님의 깊은 것까지도 통달하시느니라"(고전2:9-10).

우리는 성령의 음성을 듣기 위해 더 이상 신비 종교들이 행하는 식의 훈련을 받을 필요가 없습니다. 우리 앞에는 너무도 분명한 '하나님의 음성'을 담은 말씀이 있습니다. 우리에게 남은 일이 있다면, 그 음성을 들리게 하는 것입니다. 마치 음성을 담은 테이프를 카세트에 꽂는 일만 남은 것과 같습니다. 바로 성령은 하나님의 기록된 말씀이 '하나님의 살아있는 육성'으로 들려지게 하십니다. 이것이 중요합니다. 어떤 생각이 갑자기 드는 방법으로 성령께서는 우리에게 말씀하십니다. 이것을 신학적인 용어로 '조명 illumination'이라고 합니다. 히8:10절을 보면, "또 주께서 가라사대 그날 후에 내가 이스라엘 집으로 세울 언약이 이것이니 내 법을 저희 생각에 두고 저희 마음에 이것을 기록하리라 나는 저희에게 하나님이 되고 저희는 내게 백성이 되리라"(히8:10) 그리고 시84:5절에 "주께 힘을 얻고 그 마음에 시온의 대로가 있는 자는 복이 있나이다"(시84:5) 했는데, 마음에 시온의 대로가 있다는 말이 무엇일까요? 하나님의 자녀 마음에는 하나님이 가라고 하는 길이 생각이 떠오른다는 말입니다.

"육신을 좇는 자는 육신의 일을, 영을 좇는 자는 영의 일을 생각하나니 육신의 생각은 사망이요 영의 생각은 생명과 평안이니라"(롬8:5-6)

우리가 전에는 생각나는 것을 들었다고 여기지 않았습니다. 그러나 이제는 생각으로 말씀하시는 주님께 귀가 열려야 합니다. 그러면 많은 주님의 음성이 들리게 됩니다(롬8:5-6).

여러분은 '양심의 소리'를 들어 보지 못하셨습니까?

'깨닫는 은혜 받았다'고 느껴 보신 적이 있습니까?

회개할 마음이 생긴 적이 없었습니까?

만약 우리가 하나님의 음성을 육성으로 듣는다면 우리는 쉽게 교만해 지거나 미혹을 받기 쉽고, 평소에는 하나님의 음성을 듣지 못한다는 착각에 빠지게 될 것입니다. 그러나 주님의 음성을 마음의 생각으로 들을 때, 우리는 항상 성령님의 음성을 들을 수 있고, 듣고도 겸손하게 됩니다. 모든 성도들이 다 듣는 것이기 때문입니다. 우리는 주님의 마음을 다 갖고 있습니다. 문제는 그 마음을 품으려고 애를 써야 한다는 것입니다. "너희 안에 이 마음을 품으라 곧 그리스도 예수의 마음이니"(빌2:5). 우리가 24시간 주님과 동행하려면 주님의 음성을 듣는 것이 가장 중요한 영적 훈련입니다. 바울이 고린도교회에 편지를 쓰면서

"우리는 하나님의 동역자들이요 너희는 하나님의 밭이요 하나님의 집이니라"(고전 3:9)라고 말했습니다. 다른 번역본에는 "너희는 하나님의 정원이다"라고 되어 있습니다. 당신은 하나님의 정원입니다. 당신의 마음속에 정원을 그려 보십시오. 어느 날 하루 정원에다 씨를 뿌리고서 그 다음날 나가서 뭘 거두는 사람이 있습니까? 그런 사람은 없습니다. 고전 3:6에서 바울이 말했습니다. "나는 심었고 아볼로는 물을 주었으되 오직 하나님은 자라나게 하셨느니라"(고전3:6) 그가 무엇을 심었습니까? 그가 심은 씨앗은 무엇이었습니까?

하나님의 말씀이 그의 씨앗이었습니다. 바울은 말씀의 씨앗을 사람들의 마음속에 심었습니다. 그러자 아볼로가 와서 그들에게 말씀을 전함으로 이미 그들에게 전파되어진 즉, 바울에 의해서 심겨진 그 말씀에 물을 주었습니다. 그리고 하나님께서 자라게 하셨습니다. 그 말은 하나님께서 그 씨가 자라 열매를 맺게 하셨다는 뜻입니다.

시107:20절은 "그가 그의 말씀을 보내어 그들을 고치시고 위험한 지경에서 건지시는도다"(시107:20)고 말씀합니다. 여러분은 어떻게 말씀을 마음속에 심습니까?

여러분이 말씀을 받을 때, 즉 말씀을 받아들여서 그것을 믿고 고백할 때 여러분의 영속으로, 다시 말해서 여러분의 마음속으로 말씀이 들어가는 것입니다. 그리고 뿌리가 열매를 맺도록 계속 묵상하고 믿음의 고백을 하고 남에게 전합니다. 말씀으로 말합니다.

○○○가 건강해지는 것은 하나님의 뜻입니다. 하나님은 내가 건강하기를 원하십니다. 내가 병드는 것을 원치 않습니다. 나○○○는 그 진리를 내 마음속에 심고 그것에 물을 줍니다. 그러면 나의 삶에서 영혼육의 치유라는 열매를 거두게 되고 이 씨앗(말씀)을 다른 사람에게 뿌립니다.

"그런즉 누구든지 그리스도 안에 있으면 새로운 피조물이라 이전 것은 지나갔으니 보라 새것이 되었도다"(고후 5:17). 이렇게 고백합니다. 하나님의 말씀은 역사합니다. 그러므로 나○○○는 하나님께서 그 말씀을 보내어 나를 고치셨음을 압니다. 나○○○는 더 이상(당신이 고통중인 특정의 질병의 이름을 써 넣으십시오)을 가지고 있지 않습니다.

그렇습니다. 말씀이 우리의 생각 안에 들어와 우리의 생각에 영향을 끼칠 때에 이런 일이 일어납니다. 그런데 많은 그리스도인들이 이것을 간과합니다. 교회에 오래 다녔는데, 하나도 변하지 않았습니다. 우리 마음 안에 말씀을 지속적으로 주입해서 말씀이 우리의 생각 안에 깊이 스며들어야 하는데, 그렇게 되지 않기 때문입니다. 말씀을 주야로 묵상하지 않기 때문입니다. 말씀을 들었다가 말았다가 하기 때문입니다. 채점관이신 하나님께서는 우리의 생각을 보십니다. 하나님께서 우리를 변화시킬 때, 우리의 생각을 변화시키십니다. 그러므로 생각이 변하지 않으면, 변하지 않은 것입니다. 말씀묵상은 쉬운 것이 아닙니다. 말씀을 묵상하는데 말씀이 내 안에 스며들지 못하도록 내 안에서 생각이 많이 일어나기 때문입니다. 내 욕심, 내 생각, 나의 욕망 등이 끊임없이 일어나 말씀이 내 안에 스며들지 못하게 합니다. 또한 마귀가 방해 공작을 합니다(눅8:12). 그래서 어떤 때에는 머리로는 말씀을 받아들였고, 말씀을 이해했는데, 말씀을 깊이 받아들이지 않습니다. 하나님 말씀이 우리 안에 스며들었는지 스며들지 않았는지 어떻게 알 수 있습니까? 무슨 문제가 생겼을 때에 보면 알 수 있습니다. 문제가 터졌을 때, 가장 먼저 말씀이 생각나면, 말씀이 내 안에 스며든 것입니다. 그런데 말씀은 전혀 생각나지 않고 엉뚱한 것이 생각난다면, 아직 말씀이 스며든 것이 아닙니다. 무슨 생각이 불쑥불쑥 떠오릅니까? 혼자 있을 때, 가만히 있을 때에 무슨 생각이 떠오릅니까? 자신의 내면에 채워져 있는 것이 떠오릅니다. 염려도 일종의 묵상입니다. 어떤 일에 대해 어둠의 생각을 계속 묵상하는 것이 염려입니다. 계속 묵상하는 것이 우리 속에 채워져 있습니다. 그리고 어느 순간 탁 튀어나옵니다. 우리 안에 세팅되어있는 생각이 중요합니다. 그러므로 평소 우리는 하나님의 말씀으로 생각을 계속 샤워를 해야 합니다. 말씀을 대충 읽고 넘어가면, 우리의 생각은 변하지 않습니다. 말씀을 묵상해야 합니다. 말씀을 묵상하고 말씀을 기도로 전환시켜야 합니다. 이 과정이 반복되어야 합니다. 그래서 말씀이 나를 완전히 지배하고 사로잡는 단계에 이르러야 합니다. 생활의 염려도 습관이 되기 쉽습니다. 그래서 염려하는 사람은 늘 염려합니다. 그런데 염려를 떨쳐버리려고 노력해도, 염려를 떨쳐버리기 어렵습니다. 염려의 자리에 하나님의 말씀으로 대신 채워야 합니다. 그 작업을 해야 염려를 버릴 수 있습니다. 그런데 이것은 한 순간에

되는 것이 아닙니다. 염려의 자리에 하나님 말씀으로 대체하기 위해서는 습관이 되는 시간이 필요합니다. 하나님의 말씀과 기도를 통해 얻은 하나님의 생각을 계속 몰아넣어야 합니다. 그것이 오래되면, 말씀이 염려의 자리에 셋업되면, 이제 염려가 끼어들어오려고 해도 말씀이 버티고 있기 때문에 들어오지 못합니다. 말씀의 역사가 더 크기 때문에 염려가 역사하지 못합니다.

예수님의 대표적인 기도가 기록되어 있는 요17장에서 우리는 예수님의 기도에 포함된 여러 다양한 요소들을 발견합니다. 그 중에서 17-19절은 예수님이 하나님과 교제 가운데서 가장 중요하게 생각하신 것을 보여 주고 있습니다.

"그들을 진리로 거룩하게 하옵소서 아버지의 말씀은 진리니이다 아버지께서 나를 세상에 보내신 것 같이 나도 그들을 세상에 보내었고 또 그들을 위하여 내가 나를 거룩하게 하오니 이는 그들도 진리로 거룩함을 얻게 하려 함이니이다"(요17:17-19)

19절의 "또 저희를 위하여 내가 나를 거룩하게 하오니 이는 저희도 진리로 거룩함을 얻게 하려 함이니이다"(요17:19)는 말에서 '저희도 진리로 거룩함을 얻게' 라는 말에는 예수님 자신이 스스로를 진리로 거룩하게 하신 일이 선행되었다는 사실이 암시되어 있습니다.

이처럼 예수님은 하나님께 나아가 항상 하나님 아버지의 뜻을 구하였으며, 아버지의 뜻 곧 '진리'로 자신을 거룩하게 하셨습니다. 아버지의 말씀에 대한 깊은 묵상이 아니고서는 결코 예수님은 진리로 자신을 거룩하게 할 수 없었을 것입니다. 어찌 깊이 생각해 보지도 않은 말씀을 가지고 자신을 거룩하게 하는 일이 일어날 수 있겠는가?

"저희를 위하여 내가 나를 진리로 거룩하게 하오니"란 말은 예수님의 기도 중의 현재 시점을 가리킵니다. 그러하니 예수님은 한적한 곳에 가서 기도만 하신 것이 아니라 하나님의 말씀을 깊이 묵상하는 가운데 하나님의 뜻을 자신의 생각에 충만하게 채워 자신을 거룩하게 하신 것입니다. 그러고 보면 예수님의 기도는 하나님의 말씀 묵상이었고, 하나님의 말씀 묵상은 예수님이 드린 기도 전체였습니다. 하나님이신 예수님도 말씀을 묵상하여 사단과 죄를 이기시고 하나님의 뜻을 성취하시는데 성공하셨다면 연약한 우리는 얼마나 더 하나님의 말씀을 묵상하여야겠는가?

내가 얼마나 많은 일을 했으며, 얼마나 많은 것을 가지고 있는가는 전혀 중요하지 않습니다. 성공적인 삶은 얼마나 성경적인 가치관을 가지고 살아가느냐에 있습니다. 다시 말해서 성공적인 삶이란 올바른 가치관이 확립된 삶을 말합니다. 올바른 가치관의 확립은 언제나 올바른 선택과 결정을 하게 만들 것이고 올바른 결정은 언제나 올바른 결과를 가져올 것이기 때문입니다.

"겸손과 여호와를 경외함의 보상은 재물과 영광과 생명이니라"(잠22:4)

"이 율법책을 네 입에서 떠나지 말게 하며 주야로 그것을 묵상하여 그 안에 기록된 대로 다 지켜 행하라 그리하면 네 길이 평탄하게 될 것이며 네가 형통하리라"(수1:8)

하나님 말씀을 주야로 묵상하지 않은 사람은 형통한 삶을 살지 않기로 즉 실패한 인생이 되기로 작정한 사람들입니다. 하나님 묵상하지 않고는 마땅히 준행해야 할 하나님 말씀을 알지 못할 뿐 아니라 하나님 말씀을 지켜 행할 힘도 공급받지 못하기 때문입니다. 왜냐하면 우리가 음식을 먹어야 생존하고 일할 힘을 얻는 것처럼 영적인 양식 곧 생명의 양식인 하나님 말씀(요6:33) 먹어야 하기 때문입니다. 성경적인 성공이란 결국 최종 단계에서 하나님께서 친히 높여주시는 그런 인생입니다. 하나님이 높여주시는 인생이 되려면 하나님의 뜻과 목적을 잘 이해하는 인생이 되어야 합니다. 그러기 위해서는 하나님의 말씀을 가까이 하여야 하는 것입니다. 묵상은 하나님의 생각을 자신의 마음에 주입하는 영혼의 작업입니다. 하나님의 마음을 자신의 마음에 가득 채우려는 마음의 노동입니다. 묵상하는 일을 게을리 하게 되면 어느 새 자신도 모르게 세상의 생각과 기준이 내 마음을 가득 채우게 될 것이고 하나님을 내 목적을 이루는 수단으로 여기고 내가 그분의 종이 아니라 그분이 나의 종인 것처럼 생각하게 될 것입니다. 따라서 묵상하는 삶은 성공하는 사람의 특징적인 삶입니다. 그리고 성공 인생이란 하나님으로부터 복을 받은 인생입니다. 복 있는 사람은 그리스도 악인들의 꾀를 따르지 아니하며 죄인들의 길에 서지 아니하며 오직 여호와의 율법을 즐거워하여 그의 율법을 주야로 묵상하는 하나님 자녀들입니다(시1:1-2).

성공 인생은 하나님을 즐거워하는 인생입니다. 묵상이란 하나님의 생각을 생각하는 것이고, 하나님의 생각을 기뻐하는 것을 의미하는 것입니다. 하나님을 즐거워하는 인생이란 곧 이 묵상을 즐거워하는 인생을 의미합니다. 묵상을 즐기지 않으면서 하나님을 즐거워한다고 말할 수 없는 것입니다.

"그는 시냇가에 심은 나무가 철을 따라 열매를 맺으며 그 잎사귀가 마르지 아니함 같으니 그가 하는 모든 일이 다 형통하리로다"(수1:3)

성공적인 인생은 상황에 따라 감정이 바뀌지 않습니다. 환경에 요동하지 않습니다. 사람들의 평가에 흔들리지 않습니다. 사람들의 생각에 영향을 받지 않습니다. 내 영혼이 하나님을 즐거워하게 된다면 환경이나 사람들의 평가에 요동하지 않게 됩니다. 그리고 모든 상황 속에서 하나님이 기뻐하시는 뜻을 찾아낼 수 있고, 또 하나님의 뜻을 이루는 일에 전심을 다하여 행동하게 될 것입니다. 환경에 쉽게 흔들리거나 하나님의 뜻을 행하는데서 이탈된다면 성공적인 삶이라고 할 수 없습니다. 그는 풍성한 그리스도 생명을 누리며 그가 하는 모든 일이 다 형통합니다. 그러므로 우리의 마음의 생각들이 하나님의 말씀을 묵상하여 나온 열매들이 되어 형통한 삶을 사시길 축원합니다.

세 번째, 하나님과 교제하는 기도

우리가 성령의 열매가 맺기 위해서는 마치 가지가 나무에 붙어야 하는데 우리가 어떻게 주님 안에 거할 수 있을까요?

"너희가 내 안에 거하고 내 말이 너희 안에 거하면 무엇이든지 원하는 대로 구하라 그리하면 이루리라"(요15:7) 평생 죄만 지고 살았고 성질이 못된 먹은 사람도 예수님을 영접하고 죄에 대해서 죽고 그리스도로 사는 사람은 성품이 변하고 거룩한 삶을 살 수 있습니다. 날마다 죄에 대해서 죽고 예수로 사는 복음이 깨달아지는 사람은 그리스도의 이름으로 무엇이든지 기도할 수 있습니다.

"그 날에는 너희가 아무 것도 내게 묻지 아니하리라 내가 진실로 진실로 너희에게 이르노니 너희가 무엇이든지 아버지께 구하는 것을 내 이름으로 주시리라 지금까지는 너희가 내 이름으로 아무 것도 구하지 아니하였으나 구하라 그리하면 받으리니 너희 기쁨이 충만하리라"(요16:23-24)

여러분! 열매의 근원은 하나님께 있으므로 말씀과 기도를 통해서 그 안에 거하여야 합니다. 그래서 밥을 먹으면 힘이 나듯이 순종하려고 열매 맺으려고 애쓸 필요 없이 날마다 말씀과 기도로 주님 안에 있으면 하나님께 순종하는 자신을 발견하게 됩니다. 운전 면허증이 있어야 운전할 수 있는 자격을 갖추는 것처럼 열매를 많이 맺어야 예수님의 제자 되는 자격을 갖춥니다. "너희가 과실을 많이 맺으면 내 아버지께서 영광을 받으실 것이요 너희가 내 제자가 되리라"(요15:8) 열매는 주인의 자랑이요, 영광입니다. 또한 씨는 열매입니다. 열매가 없으면 씨도 없고 재생산도 없습니다(창1:11,벧전1:23). 우리 생활 가운데 영적 열매가 없으면 우리는 재생산할 수가 없습니다(골1:10). 이 열매로 하나님 나라가 확장되어 갑니다. 이 열매로 온 천하 만민을 상대로 번식해갑니다(딤후2:2). 그런데 문제는 기도에 대한 믿음이 없거나 부족하면 기도를 별로 하지 않습니다. 히11장을 보면, 믿음의 사람들이 등장합니다. 믿음의 사람들의 특징이 무엇입니까?

하나님의 말씀을 붙잡고 끝까지 인내하고 하나님의 말씀을 순종한 것입니다. 그러면 신념과 믿음의 차이는 어디에 있을까요?

어떤 청년이 기도원을 가게 되었는데 그날 비가 오기 시작했습니다. 비는 계속 내렸습니다. 3박 4일간 기도를 하고 기도원에서 내려오는데 징검다리로 건너 온 시내가 강으로 변하여 건널 수 없었습니다. 강을 보면서 생각했습니다. 베드로가 물 위로 걸어갔었던 성경 말씀이 생각났습니다. "베드로가 대답하여 이르되 주여 만일 주님이시거든 나를 명하사 물 위로 오라 하소서 하니 오라 하시니 베드로가 배에서 내려 물 위로 걸어서 예수께로 가되"(마14:28~29)

베드로가 물 위로 걸어갔는데 나도 가능하지 않겠는가 그렇게 굳게 믿고 물위로 걸으려고 강물에 발을 딛는 순간 세차게 내려오는 물에

잠겨 한참이나 떠내려가다 죽기 살기로 헤엄쳐 나와 겨우 살아났습니다. 그리고 그 청년이 다니는 교회 목사님에게 자초지종을 말하면서 나는 분명히 베드로처럼 물위를 걸을 것을 믿고 강을 걸어서 건너려고 했는데 왜 물 위로 걷지 못했을까요? 그 목사님은 그 청년에게 물었습니다. 그럼 예수님께서 베드로에게 물위로 걸으라고 하신 것처럼 네게도 예수님께서 물위로 걸으라고 하셨는가? 청년이 말하길 그런 말씀은 들은 적이 없습니다. 그것이 곧 믿음과 신념의 차이라고 그 목사님은 청년에게 설명해 주었습니다. 믿음은 먼저 믿을 대상이 자신을 포함하여 사람이 아니고 하나님이십니다. 그리고 그 하나님으로부터 나온 말씀을 믿는 것입니다(롬10:17). 그래서 믿음은 신앙이 될 수 있으나 신념은 신앙이 아닌 철학이요 집념이 됩니다. 믿음은 절대 진리를, 신념은 사람의 경험과 지식을 신뢰합니다. 믿음은 하나님으로부터, 신념은 자신으로부터 출발합니다. 믿음은 하나님과 생명의 교통을 하나 신념은 자신과 교통합니다. 믿음은 하나님의 힘을, 신념은 자기의 힘을 의존합니다. 믿음은 하나님의 의를, 신념은 자신의 의를 이룹니다. 믿음은 스스로 자랑하지 않으나 신념은 자부심을 느낍니다. 믿음은 하나님이, 신념은 내가 할 수 있다 합니다. 믿음은 영원한 것을, 신념은 금세의 것을 구합니다. 믿음은 불변하나 신념은 변합니다. 믿음은 하나님 중심이나 신념은 자아중심이요, 믿음은 영혼에, 신념은 이성과 감성에 호소합니다.

믿음은 하나님께 영광돌리고 신념은 자기가 영광을 취합니다. 그러므로 긍정의 힘이 신념에서 나왔다면 그 긍정의 힘은 결국 그를 망하게 하는 독 毒입니다. 성경적인 성공인생의 힘은 '긍정의 힘'이 아니라 하나님께로 온 '믿음'입니다(요일5:4).

여러분! 앞에서 말한 것처럼 우리가 영의 생각, 곧 믿음의 생각을 하기 위해서는 성령 충만, 그리고 말씀 충만을 하라고 하였는데 모두가 기도를 떠나서는 불가능합니다. 어느 날 다니엘이 예레미야서 책을 읽을 때, 이스라엘의 포로들이 70년 만에 종말을 고하고 있다는 사실을 알게 되었습니다. 다니엘이 읽은 예레미야서에는 이스라엘의 귀환에 대한 정보가 곳곳에 담겨 있습니다. 예를 들어: "이 모든 땅이 폐허가 되어 놀랄 일이 될 것이며 이 민족들은 칠십 년 동안 바벨론의 왕을 섬기리라" (렘25:11) "여호와께서 이와 같이 말씀하시니라 바벨론에서 칠십 년이 차면 내가 너희를 돌보고 나의 선한 말을 너희에게 성취하여 너희를 이 곳으로 돌아오게 하리라"(렘29:10). 그러나 다니엘이 바벨론에 포로로 잡힌 해는 바로 B.C 605년이었습니다. 그러나 다니엘이 포로생활에서 풀려날 것이라는 예언을 깨달은 때는 다리오가 왕이 된 첫 해인 B.C 538년이었습니다. 그렇다면, 다니엘이 그 계시를 깨달은 때는 바로 이스라엘이 68년 동안 사로잡혔을 때입니다. 예레미야의 예언이 실현된다면 이제 해방될 날이 얼마 남지 않았습니다. 성경을 읽다가 이 사실을 발견하고 다니엘의 마음은 뜨겁게 달아올랐고 그리고 금식기도를 시작했고, 나라의 운명을 위해 기도하기로 결심했습니다. 이렇게 다니엘처럼 하나님을 붙잡고 기도를 하면 가장 능력 있고 포기하지 않는 가장 능력 있는 기도가 됩니다.

여러분! 기독교 신구약 성경 곧 정경은 그리스어로 '캐논'이라고 부릅니다. 원래 의미는 길이 측정하는 막대기 또는 측정 기준입니다. 히브리어는 막대(겔 40:3)나 저울(사 46:6)을 가리킵니다. 그러다가 교회 시대에는 '기준·규범'이라는 의미로 발전했습니다.

"무릇 이 규례를 행하는 자에게와 하나님의 이스라엘에게 평강과 긍휼이 있을지어다"(갈6:16)

여기서 '규례'는 헬라어의 κανώ Canon입니다. 목수가 집을 지을 때 자로 재지 않고 자기 눈으로 대충 재서 대충 적당히 집을 지으면 나중에 집이 무너질 수 있습니다. 마찬가지로 기도의 기준과 내용, 방향은 신의 말씀을 중심으로 해야 합니다. 다니엘은 하나님의 약속이기 때문에 굳이 기도할 필요 없이 하나님의 때가 되면 저절로 이루어진다고 생각하지 않았습니다.

그는 그 하나님의 약속을 꼭 잡고 뜨거운 마음으로 기도했습니다. 결국 다니엘의 기도를 들으신 하나님은 하나님의 약속에 따라 이스라엘 백성들은 긴 전쟁포로 생활을 접고 고국으로 돌아가도록 인도하셨습니다. 그렇습니다. 하나님의 약속은 다니엘처럼 하나님 말씀을 꽉 잡고, 믿고 기도하는 사람에게 이루어집니다. 예수님은 우리가 하나님 말씀을 붙잡고 기도하면 반드시 이루어질 것이라고 약속했습니다. "너희가 내 안에 거하고 내 말이 너희 안에 거하면 무엇이든지 원하는 대로 구하라

그리하면 이루리라"(요15:7)

　그래서 우리는 하나님의 말씀을 붙잡고 기도할 때 포기하지 않게 되므로 결과적으로 가장 능력 있는 기도를 하게 됩니다. 하나님의 말씀이 한 획도 무너지지 않고 다 이루어지기 때문에 우리는 확신을 갖고 기도할 수 있습니다.

　"진실로 너희에게 이르노니 천지가 없어지기 전에는 율법의 일점 일획도 결코 없어지지 아니하고 다 이루리라"(마5:18)

　"하나님은 사람이 아니시니 거짓말을 하지 않으시고 인생이 아니시니 후회가 없으시도다 어찌 그 말씀하신 바를 행하지 않으시며 하신 말씀을 실행하지 않으시랴"(민23:19)

　그래서 우리가 하나님의 말씀을 붙잡고 기도하다 보면 자신도 모르게 힘과 믿음이 생깁니다. 왜냐하면 믿음은 하나님의 말씀에서 나오는 것이기 때문입니다(롬10:17).

　그러므로 오직 여호와의 율법을 사랑하며 주야로 하나님의 말씀을 붙들고 기도하는 자는 복이 있는 사람입니다(시1:2-3). 매일 하나님의 말씀을 붙잡고 기도하는 사람은 복이 있고, 그가 하는 모든 일이 다 형통하는 삶을 살게 됩니다. 예수님도 심한 통곡과 눈물로 간구와 소원을 하나님께 올렸고, 3천 년 전에 다윗은 매일 일곱 번 하나님께 찬양했고(시119:164) 다니엘은 매일 세 번 기도하였습니다(단6:10). 구약시대 예루살렘에 살던 유대인들은 매일 세 차례씩 성전을 찾아 기도(오전 9시, 12시, 오후 3시)했습니다. 성전에서 멀리 떨어진 사람들은 성전 쪽을 바라보며 기도합니다. 초대교회 당시 사도들도 성령충만받은 이후에도 성전에 가서 함께 기도하는 습관이 있었습니다(행3:1). 따라서 우리도 기도 습관을 길러서 습관대로 기도해야 합니다. 기도는 우리가 바라는 대로 하는 것이 아니라 하나님의 뜻에 따라 이루어지며(시119:58) 하나님의 말씀을 붙잡고 간절히 기도하는 것입니다. 예수님은 우리에게 하나님의 말씀으로 기도하는 모범을 보였습니다(눅22:39-43). 주 예수님도 하나님의 뜻 곧 하나님의 말씀을 붙들고 기도하셨고 우리에게 기도의 모범을 보이셨습니다. 천사가 하늘에서 내려와 예수님께 힘을 주었는데 우리가 하나님의 약속을 붙잡고 기도할 때 천사보다 더 능력 많으신 성령 하나님께서 우리를 도와줄 것입니다(롬8:26-27).

예수님의 제자들과 초대 교회 성도들이 하나님의 말씀 붙잡고 기도했습니다. 우리는 기도를 통하여 성령 충만하여 능력 있게 복음을 전할 수 있습니다. 예수님 승천하신 후 제자들은 예수님의 말씀을 믿고 기도하였습니다(행1:4-5). 그들은 예루살렘의 마가의 다락방에 모여 하나님의 말씀을 붙잡고 모두 함께 간절히 기도했습니다(행1:14,행2:4). 성령이 충만한 후에 담대하게 복음을 전하였습니다. 우리도 하나님의 말씀을 붙잡고 기도할 때 그리고 성령 충만을 받게 되고 능력 있게 그리스도를 증거하는 삶을 살게 됩니다. 우리가 주님의 음성을 듣지 못하면 순종할 수 없습니다. 우리는 성경속에 하나님의 사람들이 하나님의 음성을 들었음을 확인할 수 있습니다(창3:8,창12:1,겔1:3,행13:2,히12:25,계1:10). 알지도 못하는 주님의 인도하심에 어떻게 순종할 수 있습니까? 주님은 분명히 모든 그리스도인은 주님의 음성을 듣고 따르는 자가 될 것이라고 말씀하셨습니다.

"내 양은 내 음성을 들으며 나는 저희를 알며 저희는 나를 따르느니라"(요 10:27)

렘33:3절은 말합니다. "너는 내게 부르짖으라. 내가 네게 응답하겠고 네가 알지 못하는 크고 비밀한 일을 네게 보이리라." 이 구절에서 "네가 알지 못하는 크고 비밀한 일을 네게 보이겠다."는 말은 "하나님의 음성을 들려주겠다."는 말입니다. 그 말씀대로 하나님의 음성을 기대하고 성령님의 도우심을 기대하십시오. 예수님이 성령과 관련해 사용한 용어는 '보혜사(상담자)'였습니다(26절). 성령의 중요한 역할은 '친밀하게 상담해주시는 것'이란 뜻입니다. 그러므로 마음속에 성령님을 모시고 하나님의 음성이 들려지기를 기대하십시오. 실제로 많은 그리스도인들이 주님의 음성을 듣지 못한다고 생각합니다. 그것은 주님의 음성을 육성으로 듣는 줄 알기 때문이고, 주님의 음성을 듣는 삶을 훈련받지 못하였기 때문입니다. 많은 그리스도인들이 하나님의 음성을 듣기를 원하고 애를 쓰다 포기하는 것은 주님의 음성을 귀로 듣는 줄 알았기 때문입니다.

사진작가인 이 요셉 집사님이 강의 중에 하나님의 음성을 들었다는 언급을 자주하였는데 어떻게 하나님의 음성을 들을 수 있는지 물어오는 사람들이 많았던 모양입니다. 집사님이 이렇게 말했습니다.

"저는 하나님의 음성을 육성으로 듣지는 못합니다. 그런데도 하나님의 음성을 들었다고 말하는 것은 이런 이유 때문입니다. 예를 들어 제가 작업을 하면서 방을 어질러 놓고 있는데 정리정돈이 되어야 좋아하는 아내가 방문을 열어 보고는 한숨을 쉬고 나갔다면 아내는 말 한다미 안 했지만 '방 좀 치워요' 라고 말하는 것을 들은 것과 같습니다. 아내의 마음을 깨달은 것이 아내의 음성을 들은 것입니다. 꼭 육성으로 들어야 그 사람이 하려는 말을 들은 것은 아닙니다. 얼굴 표정 하나에서도 그 사람의 말을 들을 수 있습니다. 그 사람 생각만 해도 그가 하려는 말이 생각나기도 합니다. 그것은 그가 하는 말을 듣는 것과 같습니다. 마찬가지로 하나님의 마음을 깨달았을 때 하나님의 음성을 들었다고 말할 수 있는 것입니다. 하나님의 음성에 대해 이해를 잘 못하는 교회 지도자 중에는 하나님 음성 듣는 일을 직통계시를 받은 사람들의 위험한 영적 형태로 단정하여 경계하며 금지하는 비성경적인 지도를 하는 경우까지 있습니다. 그러나 성경에 나온 하나님의 음성의 형태는 직접 음성으로(행13:2), 하나님의 사람을 통해서(히1:1), 자연만물을 통해서(마2:9), 천사들을 통해서(마28:5), 양심으로(롬2:15), 기록된 말씀으로(요5:39), 환상으로(행16:9), 꿈으로(창20:6), 환경으로(삼상9장), 성령의 은사를 통해(고전12:10), 소원을 두고 행하심으로(빌2:13), 사람의 상징적인 행동을 통해서(사20:2), 하나님의 침묵으로(막14:61) 교회를 통해서(고전12:7-27) 하나님의 음성을 주시고 우리가 죽을 때까지(시48:18) 인도하십니다. 그런데 가장 우리가 보편적으로 듣는 하나님의 음성은 생각을 통해서입니다. 요 14:26에 보면 우리는 주님의 음성을 생각으로 듣는다는 것을 알 수 있습니다.

"보혜사 곧 아버지께서 내 이름으로 보내실 성령 그가 너희에게 모든 것을 가르치고 내가 너희에게 말한 모든 것을 생각나게 하리라"(요14:26)

우리가 주님을 따라가면서 제일 답답한 때가 하나님의 뜻을 명확히 모를 때입니다. 분명히 모를수록 삶이 어수선하고 하는 일도 잘 안됩니다. 하나님의 뜻을 모를 때 고통스럽습니다. 그러므로 하나님의 음성을 듣는 법을 기도를 통해서 배워야합니다. 하나님의 음성을 듣는 일에 익숙해지면 힘 있게 주의 일을 할 수 있습니다. 기도를 하실 때 영성일기와 필기구도 옆에 두고 기도하십시오. 성령 하나님께서 하나님의 말씀을 생각나게 하시고 해석도 해주십니다(요14:26,요일2:27). 깨달은 내용을 기록하십시오. 그것이 하나님의 음성입니다. 사실 본서에 나오는 적지 않은 내용이 제 영성일기에 기록했던 주님께서 생각나게 해 주시고 깨닫게 해주신 내용입니다.

마틴 루터 Martin Luther는 "나는 할 일이 많은데 하루에 두 시간 이상 기도하지 않으면 처리할 수 없는 일"이라고 말했습니다. 영적인 능력은 하나님으로부터 나오며, 기도는 하나님을 직접 붙잡는 것이요, 기도는 하나님의 능력의 출구이자 그의 능력이 우리 입구로 들어오는 것입니다. 예수 그리스도 이름으로 열심히 기도하는 사람은 반드시 성공할 것입니다. 기도가 실패하면 모든 것을 잃게 됩니다(요15:5).

우리가 바쁘면 적게 기도하거나 하지 않기 쉽습니다. 사람들이 쉽게 빠져나갈 수 있는 실패의 함정입니다. 하나님과 동행을 잘하기 위해 영성 일기를 씁니다. 그러나 우리는 하나님의 일 때문에 바쁘다 합니다. 시간이 없어서 일기를 못 씁니다. 그게 말이 됩니까? 하나님이 없어도 우리는 하나님의 일을 잘 할 수 있을까요? 봄에 씨를 뿌리지 않고 가을에 수확을 기다리는 바보와 같습니다. 영성 일기를 쓰는 것은 하나님과 동행하기 위해 뿌린 씨앗과 같습니다. 마라톤 선수들이 매일 달리는 훈련과도 같습니다. 훈련 없이 우승을 기대하는 선수는 우매합니다. 저는 매일 하나님과 잘 동행하기 위해 날마다 지키는 세 가지 영적 생활 습관이 있습니다.

첫째는 하나님 말씀 묵상과 동역자들과 묵상한 것을 나눕니다.

둘째, 2시간 이상 기도합니다.

셋째, 영성 일기(주님과 동행 일기)를 쓰는 것입니다.

우리가 하나님을 향해 예배할 때와 기도회나 부흥집회, 성경공부를 할 때는 하나님의 은혜 속에 있는 것 같습니다. 하지만 일상으로 돌아가면 평소 예수를 멀리하거나 담담한 생활을 하기 쉽습니다. 매일 예수와 동행하는 삶을 살기 위해서는 영성과 관련된 세 가지 좋은 습관을 기르는 것이 필요합니다. 따라서 우리는 하나님 말씀 묵상과 나눔에 바빠야 하고, 기도하기에 바빠야 하고, 영성 일기를 쓰느라 바쁠 때 비로소 예수와 동행과 동역함으로 인한 풍성한 열매를 맺을 수 있습니다.

우리는 매일 하나님의 말씀을 붙잡고 열심히 기도할 때 하나님의 축복을 받고, 스데반처럼 성령의 은혜와 권능(행6:8)을 얻고, 그리스도를 능력 있게 증거하는 삶을 살게 됩니다. 오늘 기도하는 삶은 오늘 그리스도를 따르는 성공적인 제자의 삶의 필수요소입니다. 사람들이 얻지 못하는 것은 기도하지 않기 때문이라고 합니다. 많은 사람들이 기도의 중요성을 지식적으로는 알고 동의하지만 실제로는 잘하지 않는 것은 기도에 믿음이 없기 때문입니다(약4:2).

기도하지 않는 것은 결과적으로 내가 하나님보다 더 능력 있고 더 지혜롭기 때문이라는 하나님을 무시하는 큰 죄입니다(삼상12:23). 또 다른 이유는 잘못된 기도로 응답을 받지 못했고(약4:3), 실패한 기도가 많아지면 기도를 하고 싶지 않기 때문입니다. 그러나 이제는 낙심하지 마십시오. 성경 말씀 붙잡고 기도하시면 믿음이 생기고 불퇴전의 기도를 계속하게 됩니다. 믿음이 부족하고 확신이 없을 때 기도하십시오.

"그리스도 예수의 종인 너희에게서 온 에바브라가 너희에게 문안하느니라 그가 항상 너희를 위하여 애써 기도하여 너희로 하나님의 모든 뜻 가운데서 완전하고 확신 있게 서기를 구하나니"(골4:12)

우리가 교회를 위해 기도해도 망연하게 기도하기 쉽습니다. 그러나 바울이 에베소 교회를 위해 기도한 것을 본받으면(엡3:14-21) 하나님의 마음에 합하는 기도를 할 수 있습니다. 그러므로 여러분이 만약 이 소책자 '기도의 엔진'을 잘 사용하신다면 기도의 용사가 되실 수 있습니다. 이 소책자에는 기도에 관한 성경이 120군데나 있습니다. 한 곳을 5분 정도 묵상하거나 외우시면 120×5=600분, 10시간 정도 기도할 수 있으므로 한 번 기도할 때 1시간 이상 기도하기 어렵지 않습니다.

프린트해서 클리어 파일에 넣으시고 기도하실 때 사용하시면 좋습니다. 필요하신 분은 필자의 이메일 주소로 연락 주십시오. 보내드리겠습니다.

여러분! 빌4:6-7절을 보시겠습니다. "아무 것도 염려하지 말고 다만 모든 일에 기도와 간구로, 너희 구할 것을 감사함으로 하나님께 아뢰라 그리하면 모든 지각에 뛰어난 하나님의 평강이 그리스도 예수 안에서 너희 마음과 생각을 지키시리라"(빌4:6-7)

우리가 기도한대로 그대로 응답하시지 않습니다. 그러나 아무 것도 염려하지 않고 다만 모든 일에 기도하면 하나님의 평강이 예수 안에서 우리 마음과 생각을 지켜주시므로 하나님의 평강이 올 때까지 기도하는 일에 성공해야합니다. 기도에 실패하면 마음과 생각을 지키는데 실패하여 결국 실패하는 삶을 살게 됩니다. 예수님께서 십자가에 달리시기 전 겟세마네 동산에서 기도하실 때입니다. 신성과 인성을 동시에 가지신 예수님께서 인성으로는 십자가의 죽음이 너무나 고통스러우므로 "만일 할 만하시거든 이 잔을 내게서 지나가게 하옵소서" 이런 생각으로 기도하셨으나 의지 단계에서 "그러나 나의 원대로 마시옵고 아버지의 원대로 하옵소서 하시고"(마26:39)

이렇게 하나님의 뜻을 이루시도록 힘쓰고 애써 더욱 간절히 기도하시니 땀이 땅에 떨어지는 핏방울 같이 되도록(눅22:44) 기도하셨습니다. 예수님이 기도에 성공하셔서 성육신하신 하나님의 뜻대로 구속의 사역을 성공하신 것입니다. 그러나 제자들은 기도에 실패하므로 나중에 시험

들어 예수님을 배반하고 도망가는 패잔병이 된 것입니다.

"제자들에게 오사 그 자는 것을 보시고 베드로에게 말씀하시되 너희가 나와 함께 한 시간도 이렇게 깨어 있을 수 없더냐 시험에 들지 않게 깨어 기도하라 마음에는 원이로되 육신이 약하도다 하시고"(마26:40~41)

그러므로 기도에 실패하면 육신에 약하여 육신의 생각대로 살게 되고 결국은 사망인 것입니다(롬8:6). 마귀는 가만히 있는 것이 아니라 배고픈 사자가 먹이 구하러 두루 다니는 것처럼

"근신하라 깨어라 너희 대적 마귀가 우는 사자 같이 두루 다니며 삼킬 자를 찾나니"(벧전5:8)

삼킬 자 곧 기도하지 않아 시험들 수 있는 자를 찾는 것입니다. 그러므로 기도 안하면 하나님으로부터 뭔가 덜 얻는 정도가 아니라 죽고 사는 문제인 것입니다. 그래서 하나님 자녀가 가장 어려운 하나님의 일은 기도하는 일입니다. 마귀가 어떻게든 기도를 방해하기 때문입니다. 그래서 기도를 통해 하나님의 평강으로 마음을 다스리는 자는 성을 빼앗는 자보다 성공하는 셈입니다(잠16:23). 모든 일에 기도와 간구로 감사함으로 하나님께 아뢰라고 하셨습니다. 예수 그리스도 이름으로 하는 것을 하나님께서 기뻐하십니다. 기도하면 모든 지각에 뛰어난 하나님의 평강이 그리스도 예수 안에서 우리의 마음과 생각을 지켜주신다는 것입니다. 그런데 기도하지 않으면 믿음이 오지 않아 기도하지 않게 되고 결국 육신의 생각으로 가득차게 됩니다. 그리고 마귀가 좋아하는 일을 하는, 즉 하나님 싫어하는 죄를 범하는 실패하는 삶을 살게 되는

악순환이 계속됩니다.

우리는 돈 없이도 예수님의 동역자가 되어(고전3:9) 위대한 주의 일을 할 수 있습니다. 하나님 일의 주인이 하나님이십니다(렘33:2). 예수 그리스도 이름으로 우리가 기도하는데 돈이 필요치 않습니다. 기도는 우리가 하고 일은 하나님께서 하십니다. 우리가 하나님 말씀 믿는데 돈이 필요치 않습니다. 우리가 소망하고 기대하는데 돈이 들지 않습니다(히11:1). 우리가 영의 생각을 하는데(롬8:6) 돈이 필요치 않습니다. 믿음으로 말하고 선포하는데 돈이 들지 않습니다(마17:20). 하나님은 좋으신 하나님이십니다. 우리에게 영생뿐 아니라 그 아들과 함께 모든 것을 선물로 주시는 하나님이십니다(롬8:32). 우리가 그리스도 안에서 생각하고 믿고 기도하고 바라고 말하고 선포할 때 일은 하나님께서 하시고 완성도 하나님께서 하십니다. 말씀 붙잡고 기도를 하면 믿음이 강화되며 우리의 생각이 하나님의 생각으로 가득차게 됩니다. 우리의 생각이 하나님의 생각과 딱 맞아져서 하나님을 기쁘시게 하고 하나님께 영광 돌리는 인생이 되시기를 기원합니다.

08

하나님의 뜻이
나의 뜻이 되고

하나님의 뜻이 나의 뜻이 되고

무디 Dwight Lyman Moody가 목회하는 교회 교인 가운데 양주장을 크게 짓고 개업 예배를 드리게 된 이가 있었습니다. 양주장 사업이 잘 되게 해달라고 기도, 설교 그리고 축사를 했습니다. 이제 마지막 순서인 축도 시간이 되었습니다. 유명한 무디가 앞으로 나갔습니다. 무디는 두 손을 높이 들고 축복기도를 했습니다. "오! 하나님! 이 양주장이 오늘 예배드리고 내일 문을 열게 됩니다. 이 양주장 문이 열리지 않게 하여 주시옵소서! 이 문이 열리면 엄청난 술이 생산될 것입니다. 수많은 청소년들이 이 술을 마시고 타락할 것입니다. 수많은 사람들이 술을 먹고 취하여 제 정신이 아닐 것입니다. 오! 하나님이시여! 제발 오늘 밤 이 양조장 주인의 마음을 감동시켜주셔서 이 양주장 문이 내일 열리지 않게 하여 주시옵소서." 이런 내용의 축복기도였습니다. 사람들은 예배 후 축하 파티를 하려다가 모두 당황하여 돌아가 버렸습니다. 양주장 주인은 밤새 고민했습니다. 한숨도 잘 수가 없었습니다. 새벽에 그는 조용히 기도했습니다. 하나님의 뜻이 무엇인지 다가오기 시작했습니다. 그는 양주장 문을 열지 않기로 하나님 앞에서 작정했습니다. 그리고 그 건물이 후에 무디 신학교가 되었습니다.

여러분! 우리가 죄와 멀리하면 하나님과 가까워지고 죄와 가까워지면 하나님과 멀어지는 것입니다. 엡1:4절을 보십시다.

그 앞에 거룩하고 흠이 없게 하시려고

"곧 창세 전에 그리스도 안에서 우리를 택하사 우리로 사랑 안에서 그 앞에 거룩하고 흠이 없게 하시려고"(엡1:4)

하나님은 우리 마음을 성결케 하시는 뜻을 가지시고 예수 그리스도 안에서 우리를 택하셨습니다. 우리로 하여금 하나님의 선택하시는 사랑을 통하여 거룩하고 흠이 없게 하려는 것입니다. 우리를 거룩하고 흠이 없게 새 창조(엡2:10) 하셔서 궁극적으로는 하나님의 뜻과 마음에 합한 삶을 사는데 있습니다. 우리는 믿음으로 하나님의 뜻이 나의 뜻이 되는데 성공해야합니다. 성결은 하나님과의 관계성에서 이해하여야 합니다. 우리가 율법을 지켜 거룩한 생활을 해서 거룩한 것이 아니고 돌 감람나무가 참 감람나무에 접붙임 되듯 거룩하신 예수님과 연합되어 한 몸 되었기에 거룩한 것입니다. 우리 영과 혼과 육이 주님처럼 거룩해졌습니다(살전5:23). 이것은 완료형입니다. 우리는 거룩한 새 창조물로 지음 받은 후에 지금 영적 싸움을 하는 것입니다. 그러므로 누구나 그리스도 안에서 하나님의 선택받은 사람은 거룩하고 흠이 없게 됩니다. 성결은 하나님과 가까이하고 사귀며 동행하는 기초입니다. 때문에 살아있는 모든 그리스도인들은 반드시 성결의 은혜를 받아야하며 거룩하고 깨끗한 생활을 해야 합니다. 하나님은 성경을 통하여 우리에게 세 종류 곧 세 가지 의미의 거룩을 요구하고 계십니다. 이 하나님의 뜻이 나의 뜻이 되어 믿고 순종해야 합니다.

우리가 그리스도 안에 1) '신분상의 거룩함'(고전6:11)만을 얻게 하는 것이 아니라

"너희 중에 이와 같은 자들이 있더니 주 예수 그리스도의 이름과 우리 하나님의 성령 안에서 씻음과 거룩함과 의롭다 하심을 얻었느니라"(고전6:11)

2) 우리의 영과 혼과 몸의 거룩 곧 '마음의 거룩'을 말씀합니다.

"평강의 하나님이 친히 너희로 온전히 거룩하게 하시고 또 너희 온 영과 혼과 몸이 우리 주 예수 그리스도 강림하실 때에 흠 없게 보전되기를 원하노라"(살전5:23)

우리는 스스로 씻는 것이 아닙니다. 예수 그리스도께서 자신의 피로 우리의 영과 마음과 몸을 씻겨 주십니다. "우리가 마음에 뿌림을 받아 양심의 악을 깨닫고 몸을 맑은 물로 씻었으니 참 마음과 온전한 믿음으로 하나님께 나아가자"(히10:22)

그래서 하나님은 우리에게 3) '생활의 거룩'을 요구하십니다.

"이 모든 것이 이렇게 풀어지리니 너희가 어떠한 사람이 되어야 마땅하냐 거룩한 행실과 경건함으로 하나님의 날이 임하기를 바라보고 간절히 사모하라 그 날에 하늘이 불에 타서 풀어지고 물질이 뜨거운 불에 녹아지려니와"(벤후3:11~12)

거룩한 행실은 먼저 거룩한 마음으로 이루어져야합니다. 깨끗한 마음(마5:8)도 칭의와 같이 믿음으로 가능합니다(행15:8-9). 마음의 성결을

보여주는 가장 확실한 증거는 거룩한 삶입니다. 성경에는 '거룩'이란 말이 600번 이상이나 나오는데 거룩이란 마음과 행실이 죄에서 떠나 깨끗하고 순결한 마음의 상태와 생활입니다. 동시에 하나님을 마음과 성품을 다하여 사랑하고 이웃을 내 몸처럼 사랑하여(신30:6, 요일4;17,18) 하나님께 마음과 행실이 구별되어지고 드려지는 예배적인 삶을 말합니다.

데살로니가 교회의 경우

사도 바울이 데살로니가에 복음을 전하게 된 경우는 사도행전 17:1-9에 기록되어 있습니다. 바울은 그곳에서 3주간 동안 머물며 복음을 전하였는데(살전1:5) 믿지 않은 유대인 중에서 격렬한 반대를 받아 그곳을 떠나게 되었습니다. 그러나 짧은 3주간동안 유대인과 이방인을 포함한 상당수의 사람이 우상을 버리고 참되신 하나님께 돌아온 교회였습니다(살전1:9). 그리고 그들이 열심 있게 주를 섬겨 증거도 잘하여 그들의 신앙이 널리 알려졌습니다(살전1:8). 그런데도 바울은 살전2:7절에서 데살로니가 교인들이 아직 어린아이 상태임을 상기시키고 있습니다. "오직 우리가 너희 가운데서 유순한 자 되어 유모가 자기 자녀를 기름과 같이 하였으니"(살전 2:7)

그 당시의 데살로니가는 음란과 우상 섬기기가 성행하던 타락한 도시였습니다. 마치 노아시대의 홍수의 심판전과 같이 혹은 마치 소돔과 고모라의 불의 심판전과 같이 술 취하고 방탕하고 음란한 불이 활활 타오르며 신도들의 신앙을 병들게 하는 여러 요소들이 전염병처럼 퍼지고 있었습니다(살전4:4-6). 데살로니가 교회도 고린도 교회의 경우(고전 3:1-3), 에베소 교회의 경우(엡2:1-6,8-9), 골로새 교회의 경우(골3:1-10)처럼 영생을 얻는 구원은 이미 받았지만 성결의 은혜 곧 성령 충만한 은혜를 받아야 한다는 것입니다. 신약 교회에 주신 하나님의 뜻은 공통적으로 '구원받은 자는, 이제부터는 구원받은 자답게 살 수 있는 풍성한 은혜를 받으라'(딤전1:14, 딛3:6)는 것입니다. 바울은 하나님이 친히 데살로니가 성도들을 평강의 하나님은 우리를 어느 정도까지 거룩하게 하시냐 하면 온 영과 혼과 몸이 거룩하게 될 뿐 아니라 예수 그리스도 강림하실 때에 흠 없게 보전될 수 있는 은혜라는 것입니다(살전5:23).

하나님은 우리를 성결케 하려고 부르셨고 그가 요구하시는 것을 친히 이루어 주시는 것입니다. "너희를 부르시는 이는 미쁘시니 그가 또한 이루시리라"(살전5:24).

바울이 특별히 강조하는 것은 하나님의 뜻을 버리는 것은 사람을 버리는 것이 아니라 하나님을 버리는 것이라고 말했습니다.

"하나님이 우리를 부르심은 부정하게 하심이 아니요 거룩하게 하심이니 그러므로 저버리는 자는 사람을 저버림이 아니요 너희에게 그의 성령을 주신 하나님을 저버림이니라"(살전4:7-8)

그러므로 나를 거룩케 하시려는 하나님의 뜻을 나의 뜻으로 받아들입시다. 그리고 아멘으로 성결의 은혜를 받으십시다. 믿음은 순간적인 깨달음으로 시작됩니다. 그리하여 성결한 생활로 하나님께 영광 돌리십시다. 바울이 데살로니가전서를 통해서 우리에게 강조하려는 중요한 진리는 죄악으로 가득 찬 환경 속에서 살면서도 죄로 오염되지 않고 성결하게 살 수 있는 풍성한 은혜를 받아야 한다는 것이 하나님의 뜻이라는 것입니다. 어떤 환경 속에서도 그리스도의 영광을 드러낼 수 있는 속사람이 강건하고(엡3:16) 풍성한 은혜(요10:10, 엡1:7)가 바로 성결의 은혜입니다.

아래 도표를 보십시오.

면류관	얻은 길	삶의 영역	참고
자랑의 면류관	구령 사역	전도, 세계 선교	살전2:19, 단12:3
생명의 면류관	시험을 견디다	성결한 삶	약1:12
썩지 않을 면류관	자기를 이기다	성결한 삶	고전9:25
영광의 면류관	주의 양을 기르다	목양	벧전5:2-4
공의의 면류관	오늘 주님 다시 오셔도 부끄럽지 않은 삶	성결한 삶	딤후4:8, 살전5:23

성경책은 모두 1189장章으로 되었습니다. 그중 성결의 은혜의 뜻이 담겨져 있는 장절이 1011장이나 됩니다. 상기한 다섯 가지 상급을 보더라도 하나님이 성경에서 그토록 성결의 은혜와 성화적인 삶을 강조한 원인을 알 수 있습니다(살전4:3;5:23). 성결한 삶을 사는 것 자체가 천국의 면류관을 가장 많이 저축하는 하나님의 일을 성공적으로 하고 있는 것입니다. 예수를 구세주로 받아들이기만 하면 우리는 어디에서 영원을 누릴 것인가를 얻습니다. 그러나 당신은 다섯 가지 면류관에서 세 가지가 성결한 삶으로 얻을 수 있음을 알 수 있습니다.

우리가 반드시 기억해야 할 것은 우리가 이 세상에 사는 동안 두 가지 큰 문제를 결정한다는 것입니다.

첫째, 어디에서 영생을 누리는가?

둘째, 어떤 영생을 누리는가?

장차 어떤 영생을 누리는 가는 상급 채점관이신 하나님의 뜻과 말씀에 우리의 순종의 여부에 달렸음을 성경은 누누이 말씀하고 있습니다. 그런데 영생을 얻는 '칭의의 은혜'나 마음이 정결케 되어 계명을 지키는데 동력이 되는 '성결의 은혜'나 모두 율법의 행함으로 받는 것이 아니라 믿음으로 받습니다. 오직 믿음으로 성령의 약속을 받는 것입니다.

"내가 너희에게 다만 이것을 알려 하노니 너희가 성령을 받은 것은 율법의 행위로냐 듣고 (믿음으로냐)"(갈3:2)

"너희에게 성령을 주시고 너희 가운데서 능력을 행하시는 이의 일이 율법

의 행위에서냐 듣고 (믿음에서냐)"(갈3:5)

 "이는 그리스도 예수 안에서 아브라함의 복이 이방인에게 미치게 하고 또 우리로 하여금 (믿음으로) 말미암아 성령의 약속을 받게 하려 함이니라"(갈 3:14)

 그러므로 하나님 앞에 겸손하게 성결의 복음에 굴복하고 순종하여 (믿어) 영혼을 깨끗함을 선물로 받으십시오.

 "너희가 진리를 순종함으로 너희 영혼을 깨끗하게 하여 거짓이 없이 형제를 사랑하기에 이르렀으니 마음으로 뜨겁게 피차 사랑하라"(벧전1:22)

너희를 거룩하게 하는

 사람을 지으신 전능하신 하나님이 고장 난 우리를 친히 거룩하게 해주신다는데 감사함으로 수리받고 본체를 무료로(계22:17) 교체받으면 되는데 사람들은 왜 말이 많고 감히 불신하는가?

 "너는 이스라엘 자손에게 말하여 이르기를 너희는 나의 안식일을 지키라 이는 나와 너희 사이에 너희 대대의 표징이니 나는 너희를 거룩하게 하는 여호와인 줄 너희가 알게 함이라"(출31:13)

 하나님만이 하실 수 있는 무조건적인 사랑은 곧 아가페 사랑입니다. 요15:12절에 나오는 사랑입니다.

 "내 계명은 곧 내가 너희를 사랑한 것 같이 너희도 서로 사랑하라 하는 이것이니라"(요15:12)

그러므로 '사랑하라'는 말씀은 사람이 할 수 있는 사랑이 아니므로 '하나님의 본성을 드러내라' 는 말씀과 같은 의미입니다. 그리스도안의 새사람(속사람)이 하나님의 사랑을 드러낼 수 있습니다(롬5:5). 그리스도가 내 안에 오셔서 옛 사람을 포기한 만큼 , 겉사람을 부인한 만큼 그리스도가 나를 통해 나타날 때 이 말씀을 준행할 수 있습니다. 우리의 진짜 나인 새사람은 갈수록 새로우니 얼마나 감사한 일인지 모릅니다.

"그러므로 우리가 낙심하지 아니하노니 우리의 겉사람은 낡아지나 우리의 속사람은 날로 새로워지도다"(고후4:16)

그런데 우리가 조심해야 할 한 가지는 우리가 금식, 기도, 말씀 읽기, 찬양, 신앙서적 읽기 등을 할 때 우리의 영혼이 점점 깨끗해지는 것같이 느껴지나 이것들은 은혜 받는 수단이지 성화 자체가 아닙니다. 오직 진리를 믿을 때 성결이 가능합니다.

나는 죄에 대해서 죽었다.

그렇다면 실제적으로 어떻게 내가 범하는 은밀한 죄와 좋지 않은 모든 행실들을 끊고 거룩한 자가 될 수 있는가?

"오직 너희를 부르신 거룩한 이처럼 너희도 모든 행실에 거룩한 자가 되라"(벧전1:15)

먼저 죄와 죄로 인하여 합법적인 권리를 누리고 있는 악한 영에게 당신이 죽었다고 당신 입으로 선포하십시오. 많은 사람들이 이렇게 생각합니다. 내 안에 죄가 엄연히 살아서 나를 괴롭히고 있습니다.

"내 속 곧 내 육신에 선한 것이 거하지 아니하는 줄을 아노니 원함은 내게 있으나 선을 행하는 것은 없노라 내가 원하는 바 선은 행하지 아니하고 도리어 원하지 아니하는 바 악을 행하는도다 만일 내가 원하지 아니하는 그것을 하면 이를 행하는 자는 내가 아니요 내 속에 거하는 죄니라"(롬7:18-20)

그런데 내가 그 죄에 대해서 죽었다고 믿고 선포했다고 해서 그 죄로부터 자유로워지는 것일까요? 물론입니다. 당신이 어떤 문제로 지금 묶어 있고 고통 받고 있다 할지라도 그 더러운 죄의 마음과 행실로부터 죽었다고 믿고 선포하십시오. 당신의 영혼이, 하나님의 영이 그리고 사탄이 분명히 들을 수 있도록 선포하십시오. 동일한 죄를 짓더라도 "죽었다"고 선포하십시오. 이 선포가 바로 "우리가 알거니와 우리의 옛 사람이 예수와 함께 십자가에 못 박힌 것은 죄의 몸이 죽어 다시는 우리가 죄에게 종 노릇 하지 아니하려 함이니"(롬6:6)

구체적인 믿음의 실천입니다. 악한 영이 절대 그렇지 않다고 당신에게 참소한다면 당신은 당당히 말하십시오. 내가 죽었기 때문에 나는 그 죄에 대해서 더 이상 책임이 없으며 그 죄 값은 예수님이 이미 지불했노라고 선포하십시오.

"너희가 알거니와 너희 조상이 물려 준 헛된 행실에서 대속함을 받은 것은 은이나 금 같이 없어질 것으로 된 것이 아니요 오직 흠 없고 점 없는 어린 양 같은 그리스도의 보배로운 피로 된 것이니라"(벧전1:18-19)

여러분은 그리스도께서 죽은 자 가운데서 다시 사신 줄을 믿습니까? 우리의 옛사람이 죽지 못한 이유는 죽었다고 믿지 않고 시인이나 선포하지 않기 때문입니다(롬10:10). 승리의 비밀은 죽고 난 다음에 "난 죽었다"고 고백하는 것이 아니라 죽기 전에 죽었다고 선포하는 것에 달려 있습니다. 세상의 빛이었던 바울이 한 성결에 대한 믿음의 선포를 들어보십시오.

롬6:5-11절 말씀입니다. "만일 우리가 그의 죽으심과 같은 모양으로 연합한 자가 되었으면 또한 그의 부활과 같은 모양으로 연합한 자도 되리라 우리가 알거니와 우리의 옛 사람이 예수와 함께 십자가에 못 박힌 것은 죄의 몸이 죽어 다시는 우리가 죄에게 종 노릇 하지 아니하려 함이니 이는 죽은 자가 죄에서 벗어나 의롭다 하심을 얻었음이라 만일 우리가 그리스도와 함께 죽었으면 또한 그와 함께 살 줄을 믿노니 이는 그리스도께서 죽은 자 가운데서 살아나셨으매 다시 죽지 아니하시고 사망이 다시 그를 주장하지 못할 줄을 앎이로라 그가 죽으심은 죄에 대하여 단번에 죽으심이요 그가 살아 계심은 하나님께 대하여 살아 계심이니 이와 같이 너희도 너희 자신을 죄에 대하여는 죽은 자요 그리스도 예수 안에서 하나님께 대하여는 살아 있는 자로 여길지어다"(롬6:5-11)

죄에 대해서 죽고 그리스도 예수 안에서 하나님께 대하여는 살아 있는 자란 성결한 심령이라는 뜻과 동의어입니다. 여러분이 죄나 문제에 대해서 먼저 죽었다고 선포하는 것은 그동안 사단에게 동의했던 계약을 파기하는 것입니다. 왜냐하면 이에 따른 죄값은 예수님이 십자가에서 이미 지불하셨기 때문입니다. 그래서 은혜이고 복음인 것입니다. 하나님의 말씀에 동의하겠다는 법적인 수속을 밟는 것입니다. 그 수속이 끝나야 새로운 법이 효력을 발휘하는 것입니다(롬8:1-2, 고전15:55-56).

롬6:16절을 보면, "너희 자신을 종으로 내주어 누구에게 순종하든지 그 순종함을 받는 자의 종이 되는 줄을 너희가 알지 못하느냐 혹은 죄의 종으로 사망에 이르고 혹은 순종의 종으로 의에 이르느니라"(롬6:16)

우리의 입술을 통한 선포는 하나님의 말씀을 내 심령 안에 열매 맺게 하는 마치 전원 스위치를 눌러 전기불이 밝혀지는 것과 같습니다. 죄에 대한 죽음의 선포야말로 내 안에 오셔서 법적인 효력이 발휘되는 순간만을 기다리시는 하나님의 영, 즉 성령 하나님께서 나의 영과 연합하여 내 몸의 행실을 다스리시게 되는 것입니다. 참으로 안타까운 사실은 대부분 열심히 헌신하는 성도들이 자신을 쳐서 즉 몸의 행실을 죽임으로써 영을 살리고자 합니다. 성경은 그 반대가 진리라고 즉 성령으로 몸의 행실을 죽이면 산다고 말합니다.

"너희가 육신대로 살면 반드시 죽을 것이로되 영으로써 몸의 행실을 죽이면 살리니"(롬8:13)

그런데 많은 그리스도인들이 사단에 속아 실패하는 인생을 살고 있는 것입니다. 마음의 결심이나 사람의 방법과 노력으로 육신의 소욕을 이길 수 있다고 아직도 믿고 있습니까? 그렇게 생각하신다면 다음 세 구절을 다시 묵상해 보십시오. 죄에 대하여 승리할 수 있다는 당신의 결심을 포기할 때 죄에 대한 죽음의 선포가 무엇인지 체험하게 될 것입니다.

(A) "내 지체 속에서 한 다른 법이 내 마음의 법과 싸워 내 지체 속에 있는 죄의 법으로 나를 사로잡는 것을 보는도다"(롬7:23)

(B) "이는 그리스도 예수 안에 있는 생명의 성령의 법이 죄와 사망의 법에서 너를 해방하였음이라"(롬8:2)

(C) "예수를 죽은 자 가운데서 살리신 이의 영이 너희 안에 거하시면 그리스도 예수를 죽은 자 가운데서 살리신 이가 너희 안에 거하시는 그의 영으로 말미암아 너희 죽을 몸도 살리시리라"(롬8:11)

하나님의 언약은 불변하는 법입니다. 그러나 그 언약의 효력은 지속적인 믿음의 관계에서 나타납니다. 영적 전쟁의 승리란 한번 언약을 맺고 나면 항상 효력이 발생하는 그런 것이 아닙니다. 이는 혼인 신고서를 동사무소에 제출하면 결혼이 법적으로는 유효하지만 실제적으로 두 사람 사이의 좋고 나쁨과 함께 살고 살지 않음은 두 사람의 관계에 달려 있는 것과 마찬가지입니다. 승리하는 생활의 지속은 예수 그리스도와 나의 매순간 믿음을 통한 친밀한 관계에서 얻어지는 열매인 것입니다. 결국 믿는 자에게 변함없는 승리는 분명히 있지만 그것은 그 사람이 그리스도를 온전히 신뢰하고 있는 동안에 한해서며 더구나 그때뿐입니다. 따라서 사도 바울이 "형제들아 내가 그리스도 예수 우리 주 안에서 가진 바 너희에 대한 나의 자랑을 두고 단언하노니 나는 날마다 죽노라"(고전15:31)

"우리가 항상 예수의 죽음을 몸에 짊어짐은 예수의 생명이 또한 우리 몸에 나타나게 하려 함이라 우리 살아 있는 자가 항상 예수를 위하여 죽음에 넘겨짐은 예수의 생명이 또한 우리 죽을 육체에 나타나게 하려 함이라"(고후 4:10-11)라는 고백은 우리가 아무리 묵상해도 지나침이 없을 것 같습니다. 또한 어떤 사람들은 "옛 사람을 벗어버리라"고 하신 성경 말씀을 알고 말하면서도 "너희는 유혹의 욕심을 따라 썩어져 가는 구습을 따르는 옛 사람을 벗어 버리고 오직 너희의 심령이 새롭게 되어"(엡4:22-23)

속으로는 성결의 복음을 믿지 않기 때문에 계속 옛사람과 새사람이 자기 안에 있다고 말합니다. 그것이 겸손이고 정직한 태도라고 스스로 속고 있습니다. 그러나 주님은 두 마음을 품은 자들을 향해 마음을 성결하게 하라고 하십니다.

"하나님을 가까이하라 그리하면 너희를 가까이하시리라 죄인들아 손을 깨끗이 하라 두 마음을 품은 자들아 마음을 성결하게 하라"(약4:8)

우리 마음을 성결하게 하는 것은 오직 진리를 순종함으로 즉 믿음으로 가능합니다.

"너희가 진리를 순종함으로 너희 영혼을 깨끗하게 하여 거짓이 없이 형제를 사랑하기에 이르렀으니 마음으로 뜨겁게 피차 사랑하라"(벧전1:22)

'믿음'의 헬라어 피스티스는 믿음의 사람들을 중점적으로 소개한 히브리서에서 '순종' 과거의 동의어 '아페이데오'로 사용됩니다(히3:18,19). 즉 믿지 않기 때문에 순종하지 않은 것입니다. 그러므로 '믿음'과 '순종'은 이음동의어입니다. 따라서 '믿음'은 정적인 신앙이라기보다는 하나님을 향한 동적이며 실천적인 신앙임을 알 수 있습니다. 영혼을 깨끗케 하는 진리를 순종치 않은 자는 곧 진리를 믿지 않는 자입니다. 믿음이 없이는 하나님을 기쁘게 하는 삶을 살 수 없습니다(히11:6). 그런데 이 믿음은 하나님께로 오는 선물입니다(엡2:8-9). 하나님께서 주신 믿음을 받아 영생을 얻은 자는 참으로 복 있는 자입니다(시133:3).

하나님은 우리를 순간적으로 거룩케 하시고(질적 성결) 날마다 점진적으로 거룩케 하시는(양적 성결) 것입니다. 내가 애쓰는 것 주께 맡기고 감정을 억제하고 말씀에 서면 불완전한 구원이 완전해지고 내가 붙잡는 것 그가 붙들어 주실 것입니다.

"형제들아 내가 그리스도 예수 우리 주 안에서 가진바 너희에게 대한 나의 자랑을 두고 단언하노니 나는 날마다 죽노라"(고전15:31)

안타까운 것은 처음 받은 성결의 은혜의 신앙(처음 사랑: 계2:4)을 버리고 즉, 성령 충만한 은혜의 자리에서 떨어져 하나님의 은혜를 떠나간 사람들이 적지 않습니다. 순간적인 "거룩"을 경험하는 것도 참으로 중요합니다. 그러나 계속하여 이것은 유지하는 것이 더욱 중요합니다. 아이를 낳는 것이 중요합니다. 그러나 아이를 기르는 것이 더욱 중요합니다. 많은 사람들은 비록 그가 어느 때 성령 충만를 받았다고 간증은 하지만 지금의 상태는 말하지 못합니다. "하나님께 완전히 바치는 상태를 계속해야 합니다." 이는 성결의 은혜를 유지하는 기본 조건입니다.

"그가 빛 가운데 계신 것 같이 우리도 빛 가운데 행하면 우리가 서로 사귐

이 있고 그 아들 예수의 피가 우리를 모든 죄에서 깨끗하게 하실 것이요"(요일1:7)

요일1:7의 동사시제가 의미하고 있는 것이 바로 그것입니다. 그것을 직역하면 "하나님이 빛 가운데 계신 것 같이 우리도 빛가운데 계속 거닐어 가면 우리는 서로 교제를 계속 가지게 되며 또 그 아들 예수의 피가 모든 죄로부터 우리를 계속 정결케 하신다"입니다. 예수님의 보혈은 성화를 개시하며 또 완전히 또한 계속적으로 정결케 하는 것입니다. 내적 성결 경험은 종점이 아니라 시작입니다. 분명히 그것은 마음 안에서의 옛사람과의 싸움과 혼미의 종식을 말합니다(롬7:24~25). 그것은 하나님께서 자기의 모든 백성이 심령의 천국을 누릴 수 있는 은혜를 말합니다. 그리스도 예수 안에 있는 생명의 성령의 법이 죄와 사망의 법에서 너를 해방하여(롬8:2) 종신토록 주의 앞에서 성결과 의로 두려움 없이 섬기는 은혜입니다(눅1:75).

진짜의 나는 어떠한가?

"너희는 하나님으로부터 나서 그리스도 예수 안에 있고 예수는 하나님으로부터 나와서 우리에게 지혜와 의로움과 거룩함과 구원함이 되셨으니"(고전1:30)

진짜 나인 새사람(엡4:24) 곧 본체는 주와 합한 새 영을 가진, 새 피조물

(고후5:17)입니다. 그러므로 나의 본체의 본질은 성결합니다. "주와 합하는 자는 한 영이니라"(고전6:17). 우리의 속사람(고후4:16) 곧 본체는 예수님과 연합한 상태입니다. 속사람이 나의 진짜의 나입니다. "만일 우리가 그의 죽으심과 같은 모양으로 연합한 자가 되었으면 또한 그의 부활과 같은 모양으로 연합한 자도 되리라"(롬6:5)

예수님과 우리를 나무와 가지로 비유한다면(요15:5) 나무의 가지 쪽에는 옛 습관은 남아 있기 때문에 날마다 자기를 부인하고 자기 십자가를 지고 예수님을 따라야 합니다.

"이에 예수께서 제자들에게 이르시되 누구든지 나를 따라오려거든 자기를 부인하고 자기 십자가를 지고 나를 따를 것이니라"(마16:24)

예수님이 성육신하신 상태로 이 땅에 사실 때는 하나님이시면서 동시에 온전한 사람이셨습니다. 그래서 피곤하실 때는 배 밖은 태풍으로 배가 뒤집혀질 것 같은데도 주무셨습니다(눅8장). 전능하신 하나님으로 나타나실 때는 어떤 병을 가진 자도 다 고치시고 귀신을 쫓아내시고 죽은 자도 살리시고 태풍까지도 순종하기도 했습니다. 예수님께서 이와 같이 양면성을 지니고 사시는 것처럼 우리 새사람의 본체는 항상 거룩한 상태이나 옛사람이 살아 활동할 수도 있어서 옛사람(옛본성, 죄성)이 마치 나의 본질, 본체인 것처럼 혼돈할 때가 많습니다. 그리고 마귀가 우리를 혼미케 하여 옛사람이 진짜 나라고 속입니다(고후4:4). 그럴 때마다 믿음으로 옛사람은 그리스도와 함께 이미 죽었고 그리스도와 함께 산다(갈2:20)는 믿음의 경주를 천국에 들어갈 때까지 계속해야 합니다. 당신의 영혼을 향해서 계속 믿음으로 선포하십시오. "나의 영혼아! 옛사람은 진정한 내가 아니다. 옛사람은 이미 죽었다. 나의 본체, 나의 본질은 그리스도안의 새사람이다. 나의 본체와 본질은 그리스도의 영과 합한 상태이므로 거룩하다!, 나는 이제 예수님의 향기(고후2:15) 곧 성품을 드러낼 수 있는 새사람이 되었다!"

하나님의 뜻은 지금 당신이 구원받기를

여러분! 성결의 은혜를 순간적으로 깨달았습니까?

아직도 이해가 잘 안되시면 이해를 돕기 위해 치료에 대한 믿음으로 설명을 하겠습니다. 롬1:16절을 보면, "내가 복음을 부끄러워하지 아니하노니 이 복음은 모든 믿는 자에게 구원을 주시는 하나님의 능력이 됨이라 첫째는 유대인에게요 또한 헬라인에게로다"(롬 1:16)

헬라어와 히브리어의 '구원'이란 단어는 구출, 귀신으로부터 자유, 죄 사함, 병 고침, 승리, 극심한 가난과 환난으로부터 건짐, 평온함 등을 포함하고 있습니다.

"여호와께서는 순진한 자를 지키시나니 내가 어려울 때에 나를 구원하셨도다"(시116:6)

믿음으로 생각하고 믿음으로 바라고 믿음으로 기도하고 믿음으로 말하고 믿음으로 행동하여 구원받은 사례를 성경에서 찾아 보겠습니다.

마9:27절을 보십시오. "예수께서 거기에서 떠나가실새 두 맹인이 따라오며 소리 질러 이르되 다윗의 자손이여, 우리를 불쌍히 여기소서. 하더니"

예수님은 관원의 딸을 고치신 후에 떠나서 앞으로 가셨습니다. 주위에 맹인들이 예수님께서 죽은 자를 살리셨다는 소문을 들었습니다. 맹인 두 사람이 예수님을 큰 소리로 부르며 소리쳤습니다. 그들은 합심하여 기도하였습니다. "다윗의 자손이여, 우리를 불쌍히 여기소서." 그들은 예수님을 다윗의 자손 메시아로 믿었습니다. 이 두 소경들은 그리스도를 하나님이 보내신 만왕의 왕으로 알아보았던 것입니다. 왜냐하면 선지자들이 예언하기를 메시야는 반드시 다윗 왕족의 후손 중에서 나올 것이며(사11:10), 다윗 왕조의 고향 베들레헴에서 나실 것이란 사실을 강조했기 때문입니다(미5:2). 그러므로 '다윗의 자손' 이란 말은 유대인들에게는 곧 메시아를 가리키는 신앙 고백입니다(막11:10, 롬1:3). 당시 구약 성경에 능통한 서기관들과 율법 학자들이 허다했으나, 그들은 그리스도를 그저 한 선지자나 랍비 (선생) 정도로만 알고 대했습니다(11절). 또 백성들은 자신들의 병과 굶주림을 해소시켜 줄 정치적 메시아로 예수 그리스도를 대했습니다(요6:6). 그러기에 종교 지도자들은 그리스도를 신성 모독자로 오해하고 십자가에 내줬으며(마26:63-65) 백성들은 그리스도의 표적에만 관심을 두고 그 말씀에는 불순종한 것입니다(요6:41-66). 그들은 메시야의 긍휼을 구하였습니다. 그들이 소경으로 사는 것을 불쌍히 여겨 달라고 기도하였습니다.

마9:28절을 보십시오. "예수께서 집에 들어가시매 맹인들이 그에게 나아오거늘 예수께서 이르시되 내가 능히 이 일 할 줄을 믿느냐? 대답하되 주여 그러하오이다. 하니."

예수님은 그들의 부르짖음을 외면하시고 집으로 들어가셨습니다. 예수님은 분명히 두세 사람이 내 이름으로 합심하여 기도하면 들어주신다고 하셨는데 기도를 들어주시지 않으셨습니다. 맹인들은 예수님이 외면할지라도 예수님의 사랑을 믿고 나아왔습니다. 집안에까지 예수님을 따라갔습니다. 예수님은 그들의 믿음을 보시고 물어보셨습니다. "내가 능히 이 일할 줄을 믿느냐?" 예수님은 치료하시기 전에 먼저 그들이 예수님의 능력을, 즉 예수님을 그리스도로 믿는지 물어보셨습니다. 그런데 여기서 주의할 단어가 있습니다. 우리 성경에는 '내가 능히 이 일 할 줄'이라고 하여서 '할 줄' 이 미래형같이 표현되었습니다. 그러나 원어에는 포이에싸이로 과거형입니다. 정확히 표현하면 "내가 이미 병을 치료한 것을 믿느냐"는 말입니다. 그들의 병은 아직 치료되지 않았지만 이미 치료된 것으로 믿기를 원하셨습니다. 이는 엄청난 믿음입니다. 맹인들은 "우주 만물의 통치자님 큐리어스 믿습니다" 하고 믿음을 고백하였습니다. 맹인들이 예수님을 "큐리어스"라고 부른 것은 "우주 만물을 창조하시고 지금 다스리고 계시는 전능하신 주님께서 못하실 것 없습니다, 그리고 주님은 만왕의 왕이신 그리스도이십니다"라는 믿음이 있었습니다. 29절을 보십시오. "이에 예수께서 그들의 눈을 만지시며 이르시되 너희 믿음대로 되라 하시니"

예수님은 맹인들의 눈을 만지시며 말씀하셨습니다. "너희 믿음대로 되라." 예수님은 여인에게는 네 믿음이 너를 치료하였다고 말씀하셨습니다. 맹인에게도 내가 너를 치료하였다고 말씀하시지 않으셨습니다. 예수님은 "네 믿음대로 되라"고 하셨습니다. 예수님은 능력이 있지만 이 경우에는 믿음이 있는 자만 치료됨을 말씀하셨습니다. 우리는 이 말씀을 이해할 때 우리가 현재 믿은 대로 미래에 된다고 생각하기 쉽습니다. 필자도 처음에는 그렇게 이해했습니다. 그러나 '되라'는 단어는 원어에 게네세틴 It shall be done으로 이 단어도 과거의 표현입니다. 예수님은 믿은 대로 되었다고 과거형으로 말씀하십니다. 우리는 여기서 믿음이 무엇인지 배웁니다. 예수님은 히11:1절에서 "믿음은 바라는 것의 실상이요. 보지 못하는 것의 증거라"고 하였습니다. 여기서 믿음은 현재 없는 것을 있는 실상으로 믿는 것이라고 말씀하십니다. 우리가 소망하는 것을 현재 가지고 있다고 믿는 것입니다. 이미 가지고 있다고 믿는 것입니다. 롬4:17절-18절 말씀을 보십시오. 하나님은 죽은 자를 살리시며, 즉 생명이 끊어져도 살리시며 없는 것을 있는 것으로 부르시는 분이라고 말합니다.

"기록된 바 내가 너를 많은 민족의 조상으로 세웠다 하심과 같으니 그가 믿은 바 하나님은 죽은 자를 살리시며 없는 것을 있는 것으로 부르시는 이시니라 아브라함이 바랄 수 없는 중에 바라고 믿었으니 이는 네 후손이 이같으리라 하신 말씀대로 많은 민족의 조상이 되게 하려 하심이라"(롬4:17-18)

예수님은 막11:24절에서 기도하고 구한 것은 이미 받은 줄로 믿으라고 하셨습니다. 그러면 그대로 된다고 말씀하셨습니다. 믿음은 마치 보증수표와 같은데 보증수표는 분명히 돈이 아닙니다. 그러나 돈을 가지고 있는 것처럼 사용합니다. 이미 보증수표는 돈으로 바꿀 수 있다고 생각하기 때문입니다. 그러면 과연 믿으면 정말 그렇게 됩니까? 그렇습니다. 그러나 여기서 한가지 주의해야할 점이 있습니다. 우리의 믿음이 정욕에 기초 할 때는 주시지 않습니다(약4:3). 사람의 욕심과 정욕은 하나님 말씀으로부터 오지 않기 때문에 하나님 말씀에 근거하면 하나님의 뜻과 소원에 기초한 것입니다. 예수님은 먼저 그의 나라와 그의 의를 구하라 그리하면 모든 것을 더하신다(마6:33)고 약속하셨습니다. 예수님은 믿음으로 구하는 자의 모든 것을 주십니다(마21:22). 그러나 주시는 때나, 방법은 전적으로 하나님께 맡겨야합니다(시55:22). 하나님은 하나님의 때에 하나님의 방법대로 응답해 주십니다. 아브라함은 하나님의 약속 말씀 곧 아들을 주신다는 믿음을 가진 후 하나님은 25년 후에 주셨습니다. 그리고 아브라함에게 뭇별처럼 많은 자손을 주신다는 약속은(창15:5) 500년 후에 200만이 되게 하셨습니다. 하나님은 하나님의 때에 반드시 약속대로 이루어 주십니다. 하나님은 참으로 신실하신 분이십니다.

우리가 어떻게 하면 믿음을 가질 수 있습니까? 믿음은 말씀을 들을 때 생깁니다. 하나님은 아브라함에게 지속하여 말씀을 들려 주셨습니다. "너는 큰 민족이 될 것이다". "너는 열국의 아비가 될 것이다". 우리는 하나님의 말씀을 들어야 합니다.

"내가 너로 큰 민족을 이루고 네게 복을 주어 네 이름을 창대하게 하리니 너는 복이 될지라"(창12:2)

믿음은 바라볼 때 더 생깁니다. 하나님은 눈을 들어 동서남북을 바라보라고 하셨습니다. 보이는 모든 땅을 주시겠다고 하셨습니다. 하나님은 하늘을 우러러 뭇별을 셀 수 있나보라고 하셨습니다.

"그를 이끌고 밖으로 나가 이르시되 하늘을 우러러 뭇별을 셀 수 있나 보라 또 그에게 이르시되 네 자손이 이와 같으리라"(창15:5)

그처럼 자손을 주시겠다고 하였습니다. 우리는 시각적인 효과를 이용하여 바라보아야 합니다.

"너희는 넉 달이 지나야 추수할 때가 이르겠다 하지 아니하느냐 그러나 나는 너희에게 이르노니 너희 눈을 들어 밭을 보라 희어져 추수하게 되었도다"(요4:35)

믿음은 하나님 말씀을 붙잡고 직접 다녀볼 때 더 생깁니다. 하나님은 아브라함에게 종과 횡으로 다녀 보라고 하였습니다. 밟는 모든 땅을 네 후손에게 주시겠다고 하였습니다.

"너는 일어나 그 땅을 종과 횡으로 두루 다녀 보라 내가 그것을 네게 주리라"(창13:17)

우리의 믿음이 더욱 성장하기 위해 선교지의 땅을 밟아보아야 합니다. 그리고 하나님은 아브라함의 이름을 열국의 아비로 바꾸어주었습니다. 사라의 이름을 열국의 어미로 바꾸어주셨습니다. 하나님은 아브라함과 사라에게 이름을 지속적으로 부르고 듣게 하셨습니다. 아브라함과 사랑의 이름의 의미가 곧 하나님 약속이므로 하루에도 부부간에 이름을 수십 번 이상 듣고 말함으로 믿음이 자라가게 하신 것입니다. 믿음을 들음에서 나고(롬10:17) 말함으로(마17:20) 더 확고해지고 성장하기 때문입니다.

"이제 후로는 네 이름을 아브람이라 하지 아니하고 아브라함이라 하리니 이는 내가 너를 여러 민족의 아버지가 되게 함이니라"(창17:5)

"하나님이 또 아브라함에게 이르시되 네 아내 사래는 이름을 사래라 하지 말고 사라라 하라"내가 그에게 복을 주어 그가 네게 아들을 낳아 주게 하며 내가 그에게 복을 주어 그를 여러 민족의 어머니가 되게 하리니 민족의 여러 왕이 그에게서 나리라"(창17:15~16)

사람들이 들을 때는 웃기는 일입니다. 왜냐하면 아들이 하나도 없는데 열국의 아버지, 어머니라고 부르는 것은 마치 대그룹 회사의 회장에게 붙이는 직함인 '회장'을 거지끼리 부를 때 "김회장", "왕회장"하는 것과 같기 때문입니다.

이사야43장 18~19절을 보면, "너희는 이전 일을 기억하지 말며 옛날 일을 생각하지 말라 보라 내가 새 일을 행하리니 이제 나타낼 것이라 너희가 그것을 알지 못하겠느냐 반드시 내가 광야에 길을 사막에 강을 내리니"(사43:18~19)

이 말씀은 하나님께서 우리들에게 새로운 일을 행하시기 전에 먼저 과거에 실패했던 일들, 부끄러운 잘못을 했던 일들을 생각해서는 안

된다는 말씀입니다. 우리가 하나님 앞에 고백하여 용서받은 죄들은 성공의 채점관이신 하나님께서도 영원히 기억치 않으신다고 하셨는데 (렘31:34) 왜 여러분이 기억하여 스스로 자승자박하십니까?

마귀는 우리의 미래가 잘되는 것 즉 성공하는 것을 원치 않습니다. 그래서 과거의 실패와 부끄러운 일 등을 기억나게 하고 그 생각에 사로잡히게 만듭니다. 이렇게 되면 하나님의 말씀을 읽고 들어도 열매 맺는 것을 방해하는 것입니다.

어떤 분은 무엇이든 '안 된다'고, '할 수 없다'는 확신을 가지고 삽니다. 이런 견고한 불신의 진은 사단이 생각을 심고 구축해 온 것입니다. 예수 그리스도 이름으로 마귀가 구축한 견고한 진을 부셔버려야 합니다. 여러분! 성공도 순간순간인 것처럼 실패 또한 순간순간입니다. 어제 실패했다고 오늘 또 실패하도록 세팅된 것이 아닙니다. 우리의 실패를 십자가에 흘리신 주님의 보혈로 깨끗이 씻음 받고 오늘 다시 성공하면 됩니다. 히브리서 저자는 믿음의 주요 온전케 하시는 이인 예수를 바라보자고(히12:2) 하였습니다. 우리는 십자가에 죽으시고 부활하여 우리의 그리스도가 되신 예수 그리스도를 바라봄으로 믿음을 가져야합니다. 우리는 예수님을 바라봄으로 하나님의 말씀이 이미 이루어진 것으로 확신해야합니다. 그러면 하나님께서 우리의 믿음대로 이루어 주실 것입니다.

믿음은 치유된 것을 상상부터

믿음에 대한 정의를 내린 히11:1절 말씀을 다시 보면, "믿음은 바라는 것들의 실상이요 보이지 않는 것들의 증거니"(히11:1) 여기서 '바라는 것들의' 원어는 시제가 현재형으로 기대하다, 희망하다는 의미입니다. 즉 마음속으로 상상하는 정신행위입니다. 그러므로 믿음이 성장하기 위해서 성령 안에서 말씀을 붙잡고 잘 상상하는 것을 훈련해야 합니다. 우리는 대개 말씀을 믿는다는 것에는 익숙하지만 말씀에 따라 상상한다는 것에는 익숙하지 않습니다. 약속의 말씀에 따라(예를 들어 "그가 채찍에 맞음으로 너희는 나음을 얻었나니"란 말씀을 생각해 보고) 그 말씀대로 이루어진 것을 상상해 보십시오. 여러분 각자의 경우에 적용해서 온전하게 치유된 상태와 상황을 그려보십시오. 하나님께서는 하나님의 자녀가 믿음으로 그려보는 그것을 그대로 이루시기를 원하십니다. 따라서 우리 마음에 무엇을 그리는가가 무엇을 수확할 것인지를 결정하게 됩니다. 나는 내 힘과 의지로 율법을 잘 지킴으로 형통과 축복을 누리는 존재가 아니라 내 안에 계신 그리스도의 영으로 인하여 새 언약의 말씀을 이 땅의 실재로 이루는 삶을 사는 존재입니다.

"육신을 따르지 않고 그 영을 따라 행하는 우리에게 율법의 요구가 이루어지게 하려 하심이니라"(롬8:4)

내가 하나님의 자녀라면 치유는 예수 그리스도께서 이미 지불하신 피 값으로 '온전함'을 당당하게 청구하는 것입니다. 당신이 믿음으로 기도했고 이루어진 것을 믿었는데도 현실에서 아무 일도 일어나지 않는다면 당신에게 믿음이 없는 것이 아니라 악한 영들이 방해하는 것입니다. 이것에 속아서는 안 됩니다. 단10장에 보면 다니엘의 강력한 기도도 마귀의 방해에 21일이나 응답이 지체되었습니다. 만일 다니엘이 그 21일 동안 금식하고 끝까지 기도하지 않고, 하루 이틀 하다가 지쳐서 포기했다면 이 위대한 다니엘서 10장의 승리를 획득하는데 성공하지 못했을 것입니다. 그럴 때는 예수 그리스도의 이름으로 마귀를 대적하십시오. 포기하지 않고 끝까지 기도하시는 것이 능력의 기도입니다(눅18:1~8).

믿음은 감정, 이성, 환경을 초월

히13:5-6절 말씀을 보겠습니다. "돈을 사랑하지 말고 있는 바를 족한 줄로 알라 그가 친히 말씀하시기를 내가 결코 너희를 버리지 아니하고 너희를 떠나지 아니하리라 하셨느니라 그러므로 우리가 담대히 말하되 주는 나를 돕는 이시니 내가 무서워하지 아니하겠노라 사람이 내게 어찌하리요 하노라"(히13:5-6)

우리는 담대하게 "주님은 나를 돕는 자"라고 말하고 있습니까? 그렇게 말하여야 합니다. 주께서 당신의 연약함을 담당하시고 병을 짊어지셨다고 말하십시오. 믿음은 과거를 현재로 가져오게 하는 것이며, 미래를 현재로 가져오는 것입니다. 믿음은 언제나 현재형인 것입니다. 우리는 믿음으로 예수님이 나를 위해 피 흘리셨고, 나를 위해 십자가에서 죽으셨고, 나의 죄를 사해 주셨음을 현재에 확신하게 됩니다. 어떤 사람은 2000년 전 예수님이 채찍에 맞고, 십자가에 돌아가신 것이 나와 무슨 상관이냐고 말할 것입니다. 이성적으로는 도저히 이해가 되지 않고, 시간적으로, 공간적으로 도저히 말이 되지 않는 일 같지만, 우리는 믿음으로 충분히 할 수 있으며, 믿음으로 예수님의 십자가의 사건은 지금 우리에게 실재가 됩니다.

"그가 찔림은 우리의 허물을 인함이요 그가 상함은 우리의 죄악을 인함이라 그가 징계를 받음으로 우리가 평화를 누리고 그가 채찍에 맞음으로 우리가 나음을 입었도다"(사53:5)

우리는 믿음으로 이 말씀이 지금 나에게 하신 말씀으로 받아들이게 됩니다. 이 말씀이 나에게 효력이 됨을 경험하게 됩니다. 또한, 우리는 믿음으로 하나님의 약속이 이루어질 것을 확신하게 됩니다. "믿음으로 아브라함은 부르심을 받았을 때에 순종하여 장래 기업으로 받을 땅에 나갈 새 갈 바를 알지 못하고 나갔으며"(히11:8)

아브라함은 하나님께서 큰 민족을 이루게 하시고 복의 근원이 되게 하시리라는 말씀을 믿음으로 본토 친척 아비 집을 떠났습니다. 그는 아직 되지 않는 미래의 약속을 믿음으로 그 약속을 현재에 갖고 나아갔습니다. "너희는 마음에 근심하지 말라 하나님을 믿으니 또 나를 믿으라"(요14:1) "오직 내가 아버지를 사랑하는 것과 아버지의 명하신 대로 행하는 것을 세상으로 알게 하려 함이로라 일어나라 여기를 떠나자 하시니라"(요 14:31)

우리는 이 하나님의 약속의 말씀을 믿었습니다. 단지 바라는 것이 아니라, 확신하였습니다. 이것이 믿음입니다. 이처럼, 믿음은 바라는 것들의 실상이요, 보지 못하는 것들의 증거입니다.

믿음은 단지 바라는 것만이 아니라는 것입니다. 믿음은 바라는 것들의 실상입니다. 즉, 믿음은 바라는 것들이 실제로 이루어짐을 믿는 것입니다. 어떤 사람들은 자신들이 성령세례를 받을 것을 소망합니다. 어떤 사람들은 자신이 병에서 치유될 것을 소망합니다. "나는 언젠가는 성령 충만을 받을 것입니다. 나는 언젠가는 치유를 받을 것입니다. 언젠가는 귀신을 쫓아낼 힘이 있을 것입니다." 이것들은 소망입니다. 우리가 이것만 가지고서는 소망들이 지금 이루어질 수 없습니다. 그런 것들이 지금 이루어지게 하는 것은 바로 믿음입니다. 믿음은 "나는 지금 바로 마음의 정결함을 받을 것입니다. 나는 지금 받았습니다"라고 말하는 것입니다. 믿음은 "나는 예수님이 채찍에 맞음으로 낳았습니다."라고 말하는 것입니다. 믿음은 "하나님 나를 고쳐주셔서 감사합니다."라고 고백하는 것입니다. 아직은 그것이 이루어지지 않은 것 같게 느껴지지만, 하나님께서 이루어주심을 믿는 것이 바로 믿음입니다. 예수님은 또한 질병을 짊어지셨습니다. '질병을 짊어지셨다'는

NASB 영어성경에는 'carried our diseases'라고 나옵니다. '우리의 질병을 멀리 옮겼다'는 말입니다. 킹제임스 KJV 영어성경에는 'bare our sicknesses'라고 나옵니다. 이 두 가지는 원어 성경에 두 가지 의미를 각자 다르게 해석한 것입니다. 'bare' 는 'bear'의 과거형입니다. 본문 말씀과 관련하여 대표적인 세 가지 뜻이 있습니다.

1) 무게를 지탱하다, 비용을 부담하다, 의무·책임을 지다

2) 아이를 낳다, 출산하다

3) 나르다, 가지고 데리고 가다 의 의미가 있습니다.

원문의 단어의 뜻을 매우 잘 표현한 단어입니다. 예수님은 질병의 값을 지불하셨습니다. 누가 물건 값을 지불하면 우리는 물건을 가질 수 있는 권리가 있습니다. 예수님이 우리의 질병 값을 지불하셨으므로 우리는 건강하게 살 수 있는 특권이 있습니다. 또한' bear'에는 낳다는 의미가 있습니다. 어머니가 아이를 위하여 해산의 수고를 감당하면 아이는 생명을 갖고 태어납니다. 예수님이 십자가에서 우리의 질병을 감당하심으로 우리는 건강한 몸으로 태어났습니다. 병든 몸은 십자가에서 죽고 나는 건강한 몸으로 다시 태어나게 되었습니다. 또한 예수님은 우리의 질병을 멀리 옮기셨습니다.

"동이 서에서 먼 것 같이 우리의 죄과를 우리에게서 멀리 옮기셨으며"(시 103:12)

우리의 병 또한 동이 서에서 먼 것 같이 멀리 옮기셨습니다. 우리는

하나님이 죄를 옮기신 것을 잘 알고 있습니다. 하나님은 죄와 함께 우리의 질병도 옮기셨습니다. 우리는 이제 질병에서 자유로운 건강한 몸으로 살 수 있습니다. 우리가 예수님의 십자가를 믿는다면 우리는 건강하게 살 수 있는 믿음의 토대를 가지고 있습니다.

사53:5절에 덧붙여서 "그가 채찍에 맞으므로 우리는 나음을 받았도다."는 말씀이 있습니다. 예수님은 우리를 치료하시기 위해서 채찍에 맞으셨습니다. 요19:1절에 "이에 빌라도가 예수를 데려다가 채찍질 하더라."

당시에 죄인은 39대의 매를 맞았습니다. 바울이 사십에 하나 감한 매를 세 번 맞았다고 하는 데서 이를 분명히 알 수 있습니다(고후11:24). 채찍에는 납이나 뼛조각을 붙여 놓았습니다. 채찍에 맞을 때 살이 떨어지고 피가 튀었습니다. 우리는 아무 죄 없는 예수님이 왜 맞으셨는가를 생각해야합니다. 그것은 바로 예수님이 채찍에 맞음으로 우리를 치료하시기 위해서입니다.

주님은 이런 엄청난 대가를 지불하셨는데 우리가 믿지 않으면 얼마나 마음이 불편하시겠는가?

"친히 나무에 달려 그 몸으로 우리 죄를 담당하셨으니 이는 우리로 죄에 대하여 죽고 의에 대하여 살게 하려 하심이라 저가 채찍에 맞음으로 너희는 나음을 얻었나니"(벧전 2:24)

"내 이름을 경외하는 너희에게는 의로운 해가 떠올라서 치료하는 광선을 발하리니 너희가 나가서 외양간에서 나온 송아지 같이 뛰리라"(말 4:2)

예수님은 못 고칠 질병이 없는 전능하신 치유의 구주이십니다(시103:3;
마4:23-24).

하나님께서 오늘 우리에게 말씀하십니다. "내 것이 다 네 것이다"

"아버지가 이르되 얘 너는 항상 나와 함께 있으니 내 것이 다 네 것이로
되"(눅15:31)

지금 치유의 은혜를 누리시라

다음 막11:24절 성경 말씀의 시제를 잘 관찰하시고 유의하십시오.
"그러므로 내가 너희에게 말하노니 무엇이든지 기도하고 구하는 것은
(현재) 받은 줄로(과거) 믿으라(현재) 그리하면 너희에게 그대로 되리라
(미래)"(막11:24). 괄호 안에 표시한 것은 헬라어 시제입니다. '기도하고 구
하는 것'은 현재형으로 계속해서 반복적으로 기도하고 구하라는 뜻입
니다. '받은 줄로'는 이미 받았음을 나타내는 직설적 부정과거형이며,
'믿으라'는 계속적인 의미를 지니는 현재형입니다. 그리고 '그대로
되리라'의 '되리라'는 간구가 이루어지는 미래형입니다. 우선 '무엇이
든지'를 생각해보면 '기도하고 구하는 것'에 질병의 치유가 포함되어
있음을 알 수 있습니다. 주님은 우리가 기도하고 구하는 것을 "받은 줄
로 믿으라 그리하면 너희에게 그대로 되리라"라고 말씀하셨습니다.
그렇다면 "받은 줄로 믿으라"는 것은 이미 치유된 것으로(과거) 믿으

라(현재)는 뜻이며 "그리하면 너희에게 그대로 되리라"는 것은 그럴 때 치유가 실제적으로 임하는 것으로 보고 체험하게 되리라는 뜻입니다. 이 말씀은 미래에 치유될 것을 믿으라는 것이 아니라 치유된 것을 누리라는 말씀입니다. 그리고 치유된 것을 실재적으로 누리기 위해서는 지금 이미 치유된 것을 믿으라는 말씀입니다. 그 믿음은 우리 몸의 변화나 느낌에 기초한 것이 아니라 오직 하나님 말씀에 기초해야 합니다. "질병의 치유를 위해서 기도하고 구하는 것은 이미 치유된 줄로 믿어라. 그리하면 그 실제를 체험하게 될 것이다." 그런데 많은 이들이 "내가 간절히 기도했는데 치유되지 않았다" 혹은 "내가 치유될 것이라고 확신했는데 치유되지 않았다"고 고백합니다. 그것은 진리의 말씀을 제대로 이해하지 못하고 있기 때문입니다.

"내가 치유될 것을 믿습니다"라는 믿음 없는 고백

이 말을 분석해 보면 현재에 기초해서 미래를 말하고 있습니다. 만약 당신이 '치유될' 것을 즉 앞으로 될것으로 믿는다면 여러분은 사실상 예수님의 대속의 은혜를 부정하는 것입니다. 다음 말씀을 천천히 읽어 보십시오.

"친히 나무에 달려 그 몸으로 우리 죄를 담당하셨으니 이는 우리로 죄에 대하여 죽고 의에 대하여 살게 하려 하심이라 그가 채찍에 맞음으로 너희는

나음을 얻었나니"(벧전2:24)

이 말씀을 정말로 믿는다면 우리는 현재에 기초해서 미래를 말하는 것이 아니라 과거에 기초해서 현재를 말해야 합니다. "예수 그리스도를 인하여 내가 치유되었음을 믿습니다" 즉 치유된 것을 믿어야지 나중에 치유될 것을 믿어서는 안 됩니다. 우리가 온전한 믿음을 갖는 것 자체가 영적전쟁이란 사실을 아십니까? 마귀는 우리가 이 세상에 묶여 살기를 원합니다. 그래서 예수님이 행하신 일에 대한 은혜를 전혀 누리지 못하게 하려 합니다. 지금 우리에게 필요한 것은 아직 일어나지 않은 일에 대한 예언이 아니라 예수님의 행하심으로 인하여 이미 일어난 일에 대한 믿음의 고백입니다. 예수님이 우리를 치유하신 것을 먼저 믿을 때 그 결과로 치유를 경험하게 되는 것이지 우리가 치유될 것을 믿어서 그 결과로 치유가 일어나는 것이 아닙니다. 치유된 다음에 믿을 이유가 무엇이겠습니까? 아직 치유되지 않았기 때문에 믿는 것 아닌가요? 치유를 체험하기 전에 먼저 믿어야 합니다. 예수님이 도마에게 "너는 본 고로 믿느냐 보지 않고 믿는 자가 복되도다"(요20:29) 라고 말씀하셨음을 기억하십시오. 예수님이 당신을 이미 치유하신 것을 믿고 당신이 치유되었음을 선포하십시오.

"나 ㅇㅇㅇ는 하나님의 상속자요 예수 그리스도와 함께 한 상속자입니다. 아버지에게 속한 모든 것이 예수님에게 속한 모든 것이 지금 나 ㅇㅇㅇ의 것입니다!"

성경에는 "마음의 즐거움은 양약이라도 심령의 근심은 뼈를 마르게 하느니라."(잠17:22)

스스로 생각하기를 "나는 이 병을 이길 수 없다. 고치기 힘들다." 의사도 고치기 힘들다고 했다고 하나님보다 사람의 말을 믿고 스스로 말하면 그로 말미암아 다가오는 불안과 초조, 근심이 뼈로 마르게 하는 것입니다. 그러나 그리스도 안에서 평강을 누리며 "내 몸은 좋은 약을 생산하는 공장이다" 라고 믿음으로 생각하고 마음의 즐거움은 양약이다는 말씀을 마음에 품고 믿음으로 말해야합니다. 사53:5절 말씀을 붙잡고, "그가 찔림은 우리의 허물 때문이요 그가 상함은 우리의 죄악 때문이라 그가 징계를 받으므로 우리는 평화를 누리고 그가 채찍에 맞으므로 우리는 나음을 받았도다"(사53:5) 예수님이 채찍에 맞음으로 내가 나음을 입었다고 생각해야 되는 것입니다. 마8:17절을 보십시오. "이는 선지자 이사야를 통하여 하신 말씀에 우리의 연약한 것을 친히 담당하시고 병을 짊어지셨도다 함을 이루려 하심이더라."(마8:17) 저자 마태는 예수님이 병자를 고치시는 것을 보고 이사야서 말씀이 성취되었다고 말씀하고 있습니다. 이는 사53:4절 말씀을 의미합니다. "그는 실로 우리의 질고를 지고 우리의 슬픔을 당하였거늘"(사53:4)

마태는 슬픔을 연약함으로 바꾸어서 말하고 있습니다. 슬픔은 약한 자들이 주로 당합니다. 인간은 약하여 질병의 슬픔을 당하고 죽음의 슬픔을 당합니다. 강한 자는 약한 자를 고통스럽게 합니다. 당시 로마는 약소국인 유대를 지배하고 정치적 경제적으로 탄압하였습니다. 국가

뿐 아닙니다. 여기서 '담당했다'는 말은 원어에 '에라반'인데 '람바노'의 과거 형태입니다. 람바노는 '손에 잡다', '취하다'라는 뜻이 있습니다. 예수님은 한 손으로 이런 연약한 자들의 슬픔을 취하시고 가져가셨습니다. 예수님은 우리의 슬픔을 아시고 이해하시고 가져 가셨습니다. 십자가에서 단 한 번에 가져가셨습니다. 우리가 예수님을 믿으면 이제 슬픔 끝, 기쁨 시작이 됩니다. 우리는 예수님 안에서 이제 강한 자로 더 이상 슬퍼하지 않게 됩니다. 예수님이 재림하시고 하늘나라에 갈 때는 우리의 모든 눈물을 닦아주십니다. 다시는 아픈 것이나 애통하는 것이 없게 됩니다. 여러분! 아직도 말씀이 잘 안믿어져서 어떤 믿음의 동력이 필요함을 느끼십니까?

심령의 부흥은 성공의 동력

C.S. 루이스 C.S. Lewis는 "타락한 시대에서는 죄 문제를 해결하려는 진지한 몸부림이 사라진다"고 말합니다. 시대가 타락할수록 죄에 대해서 둔감해지고, 죄에 대한 진지한 회개가 없다는 말입니다. 부흥은 언제나 눈물의 회개를 통해 시작됩니다. 요나 선지자가 "요나가 그 성읍에 들어가서 하루 동안 다니며 외쳐 이르되 사십 일이 지나면 니느웨가 무너지리라 하였더니"(욘3:4)

선포했습니다. 그 말은 들은 왕과 모든 백성들, 심지어 가축들까지

금식하며 회개할 때 패역한 니느웨 백성들이 하나님께 돌아오는 놀라운 부흥이 일어났습니다. 사도 바울이 에베소 지역에서 복음을 전하니, "이와 같이 주의 말씀이 힘이 있어 흥왕하여 세력을 얻으니라"(행19:20). 하나님께서 일하셔서 미신과 우상숭배 현상들이 사라지게 되었다는 것입니다. 그것은 마술사들이 회개하고 그 책들을 불태워버린 사건과 아데미 여신을 섬기는 우상을 멀리 하기 시작했습니다(행19:19). 에베소 지역의 주요 산업 중의 하나가 우상제조업과 판매업인데 그런 귀신이 좋아하는 사업이 잘 되질 않는다면 업종을 변경할 수 밖에 없는 상황이 된 것입니다. 그리고 아데미 신전 중심의 음란한 문화가 사라지기 시작한 것입니다. 많은 제사장들과 신전 창기들이 있어서 의식 후에는 반드시 매음 행위가 공식적으로 이뤄졌습니다. 그 발원지에서 시작하는 음행의 풍조가 사회 구석구석까지 퍼져왔던 것입니다. 그러나 교회가 생겨나므로 부모를 공경하고 자녀를 말씀으로 양육하는 건전한 가정과 이웃을 사랑하는 시민의식을 가지게 되었습니다. 사도 바울의 3년간의 말씀 사역을 통해 에베소 지역을 새롭게 개혁해 나가는 근거가 되었다는 사실입니다. 우리가 복음을 믿고 복음을 전하고 선포할 때마다 바울처럼 하나님 말씀에 듣는 사람들을 맡기면(행20:32) 하나님께서 친히 일하십니다. 내가 사람과 가정과 직장과 사회를 변화 시키려고 몸부림칠 필요가 전혀 없습니다. 우리 힘과 지혜로는 어림도 없습니다. 영혼들을 소생시키시고 거룩케 하시는 일은 오직 하나님만이 하실 수 있는 일이십니다(출31:13).

18세기 사도바울이라 불리는 요한 웨슬리는 부패한 영국을 유혈혁명에서 구하고 명예혁명을 안겨준 부흥운동가요 신학자였습니다. 행1:8절 말씀을 체험한 웨슬리는 매일 두 시간 이상씩 기도하였습니다. 1738년 그의 동역자들과 성경적인 기독교인이 되기로 결심하고 어디에 있든지 최선을 다해 성경적 기독교에 대해 설교하기로 다짐합니다. 요한 웨슬리의 강력한 설교에 교회들이 설교강단을 내어주기를 거부하자 조지 휫필드처럼 야외설교를 시작했는데 성령의 기름 부으심이 넘치는 그의 야외 설교는 폭발적인 반응을 일으켰습니다. 그 후로 그는 "세계는 나의 교구이다, 누구든지 복음을 듣기 원한다면 나는 그들에게 가서 복음을 전하겠다."고 선포하며 영국 곳곳을 말을 타고 다니며 복음을 전했습니다. 성령과 복음에 사로잡힌 요한 웨슬리는 큰 확신을 하고 50년간 말 타고 25,000마일 즉 지구를 10바퀴 도는 거리를 다니면서 4만번의 설교를 통해 복음으로 영국을 뒤흔들며 변화시키는 사람으로 쓰임 받습니다. 웨슬리는 철저히 성경만을 설교했던 '한 책의 사람'이었습니다. 그의 모든 설교는 성경만을 하나의 텍스트로 삼고 그것을 해설하는 방식으로 구성했습니다. 그러면서 성경자체를 그의 신학과 교리해석의 텍스트로 삼았습니다. 그리고 조지 휫필드는 곳곳에 다니며 많은 사람을 회심시켰으나, 요한 웨슬리는 회심시키고 회심한 자들을 하나님께 속한 무리라는 의미의 '속회'를 만들어 성장하도록 체계적인 양육을 했습니다. 이로 인해 통전적 전도사역인 성화운동을 지속적으로 전개할 수 있었습니다. 이 소그룹 조직을 통해 성화

훈련은 개인적인 차원에서 시작하여 사회적인 차원에 이르기까지 나아가게 됩니다. 그리하여 자신뿐만 아니라 소그룹회원들은 해로운 일을 하지 말아야 하며 모든 종류의 악을 피하였습니다. 그리고 가능한 모든 사람에게 선을 행하여야만 하였으며 하나님이 원하시는 모든 계명을 준수하므로 하나님 앞에서 개인적인 성화인 성결을 유지하여야 하였습니다. 그는 과감하게 회심한 평신도들을 훈련시켜 매주 속회를 인도하게 했을 뿐 아니라 가슴이 불붙은 자들을 순회전도자로 세움으로 부흥운동을 확산 시켰습니다. 웨슬리의 부흥운동은 영국 사회에 사회 정의, 사회개혁에 대한 열정을 불어 넣었습니다. 그리하여 노예제도 폐지운동, 미성년자 노동 폐지, 금주 운동, 배우지 못한 아이들 교육시키기 등 사회 개혁 운동들이 활발히 일어났습니다. 조지 횟필드와 요한 웨슬리를 통한 대 부흥운동은 영국주도 선교의 문을 활짝 열게 됩니다. 그 후 영국은 역사의 황금기를 맞게 됩니다.

1903년 조선의 원산 기도회에서 하디 R.A. Hardie 선교사가 자신의 무력함을 통회 자복합니다. 선교의 열매가 없는 자신의 무능을 털어놓습니다. 그는 실패의 원인으로 한국인에 대한 서양 선교사들의 우월의식과 자만심을 고백합니다. 진심어린 한 선교사의 고백이 회개의 불을 붙였고, 다른 사람의 회개가 뒤따랐습니다. 그 가운데 놀라운 성령의 임재가 일어났습니다. 이 회개운동이 4년 뒤인 1907년 평양 대 부흥으로 이어집니다. 평양 대 부흥은 길선주 장로의 눈물의 회개로 시작됩니다. 자신이 친구가 죽으면서 재산정리를 부탁했는데 자신이 100원을 떼먹은 것을 회개했습니다. 평양 대 부흥운동이 일어나자 평양 시내에 놀라운 일이 벌어집니다. 회개하고 미워하던 자를 찾아가 용서합니다. 우상단지를 깨뜨리고, 부적을 불사릅니다. 술집이 문을 닫고, 부정직한 상인들이 지금까지 떼먹은 것을 돌려줍니다. 복음이 전파되는 성경적인 부흥은 언제나 삶의 변화를 일으킵니다. 개인의 삶뿐만 아니라 교회, 사회가 변하고 그리고 국가의 흥망성쇠되는 운명까지도 바꿉니다. 그러므로 우리가 하나님나라 복음을 전하는 위대한 일은 가장 애국과 애민하는 길입니다. 인류에 가장 공헌하는 일입니다. 국가적으로 그리고 유엔같은 세계적인 기구와 단체들이 지원해야 할 위대한 일입니다.

여러분! 회개의 마음도 하나님이 주십니다(딤후2:25). 그러므로 회개가 잘 안되면 회개할 마음을 달라고 하나님께 기도 하십시오. 다니엘처럼 굳은 결심하시고(단9:3) 금식을 몇 일이라도 하면서 기도하십시오. 회개의 눈물은 더러운 마음을 새 마음으로 바꿔 주십니다(겔36:26). 회개의 눈물은 탄식을 변하여 새 노래, 찬양으로 바꿔집니다(시96:1-5). 회개는 진정한 부흥의 전제 조건입니다. 부흥은 인간의 노력의 결과가 아니라 성령의 강력한 임재와 기름부으심의 결과입니다. 성령이 충만하게 우리 심령에 임하면 모든 것이 변화됩니다. 초대교회 공동체가 성령체험을 했을 때 제자들이 목숨 걸고 복음을 담대히 전합니다(행4:31). 하나님의 능력이 나타나 병든 자가 치유됩니다(행3:6-8). 날마다 구원받는 자의 수가 늘어납니다(행2:42-47). 부흥은 성령님의 임재와 역사하심 가운데 이뤄지는데 공통점은 성결의 은혜가 나타나는 것입니다(행15:8-9). 거룩한 성령께서는 회개하는 심령에 임하십니다(행2:37~38). 성령께서 우리 심령을 비춰시면 죄가 크게 보입니다. 평소에 가벼운 죄로 보았던 것이 무겁게 느껴집니다(사6:5). 성령의 바람이 불어야 부흥의 역사가 일어납니다. 어린아이일수록 씻는 것을 싫어합니다. 그러나 나이가 들수록 낮에 묻은 먼지로 꿉꿉한 몸을 샤워하지 않고 잠자리에 드는 것을 싫어합니다. 그래서 누가 씻으라고 하지 않아도 몸을 씻습니다. 씻고 나오면 개운하고 잠도 잘 옵니다. 신앙이 성숙한 자일수록 회개하는 것을 축복으로 알고 회개하는 것을 좋아합니다. 그러나 자아 곧 옛사람이 죽지 않은 영적으로 아이수준의 교인들은 회개를 싫어합니다. 그래서 회개에 관한 설교와 가르침을 배우기 싫어합니다. 심령의 부흥은 회개로부터 시작되고 심령의 부흥은 성공인생의 동력입니다.

하나님 나라의 부흥의 역사는 2000년 전 초대교회나 18세기 경건주의, 복음주의 부흥운동 그리고 100년전 평양 대 부흥 운동이나 지금도 동일합니다. 타락하고 패역한 도시와 나라에 대한 부흥을 타는 목마름으로 사모하고 강력한 회개의 기도 운동이 일어날 때 도시와 촌락이 주께 돌아오고 , 나라가 부흥합니다. 이 책을 읽는 우리 가운데 뜨거운 심령의 부흥이 일어날 것을 기대하며 간절히 기도하십시오. 하나님을 향하여 마음의 문을 활짝 열고, 정결한 마음으로 주님의 은혜를 갈망하십시오. 그리고 성령님의 강력한 임재를 위해 예수 그리스도의 이름으로 기도하십시오. 자신을 부흥시키고, 가정을 부흥시키고, 교회를 부흥시키고, 우리 사회와 민족을 살리시고 부흥시키는 놀라운 성령의 바람이 우리 가운데 불어올 줄로 믿습니다. 심령의 부흥은 곧 믿음의 부흥입니다.

여러분! 우리 삶의 성공 자원은 무엇입니까? 돈입니까? 학식이나 학위입니까? 집이나 땅입니까? 과연 무엇이 우리에게 삶의 자원입니까? 물론 돈도 우리 삶을 행복하게 살아가는데 자원이 될 수 있습니다. 집도 토지도 자원이 될 수 있습니다. 그러나 그런 것들은 모두 잠시 있다 사라지는 안개와 같이 곧 사라질 수도 있는 자원들입니다. 우리의 생애에서 절대로 빼앗을 수도 없고 빼앗겨서도 안 되는 자원은 바로 예수 그리스도에 대한 '믿음'입니다(벧전1:7). 우리가 소원하는 바를 마음으로 믿으면 결국에는 그 믿음대로 되기 때문에 믿음은 가장 위대한 성공의 자원입니다. 치유에 대한 믿음이 성장하는 것은 비단 영혼육의 건강을 위해서도 중요하지만 다른 영역에서도 믿음으로 구원받고 믿음의 역사가 나타나고(살후1:11) 하나님께 영광 돌릴 수 있습니다. 예수님께서는 오라버니 나사로의 죽음 앞에 오열하는 마르다와 마리아에게 요11:25-26절에 기록된 대로 "예수께서 이르시되 나는 부활이요 생명이니 나를 믿는 자는 죽어도 살겠고 무릇 살아서 나를 믿는 자는 영원히 죽지 아니하리니 이것을 네가 믿느냐"(요11:25-26) 물으셨습니다. 그리고는 11:40절 말씀에는 "예수께서 이르시되 내 말이 네가 믿으면 하나님의 영광을 보리라 하지 아니하였느냐"(요11:40)고 되묻기까지 하셨습니다. 예수님은 마르다와 마리아에게 믿음을 요구하셨습니다.

우리가 믿기만 하면 어느 곳에 가나 하나님의 영광을 볼 수가 있습니다. 이런 살아 있는 믿음이 여러분에게 충만이 임하시길 예수 그리스도 이름으로 축원합니다.

09
순종이 곧 성공

순종이 곧 성공

어거스틴Augustine이 회심한지 얼마 안 지났을 때 있었던 일입니다. 그는 회심한 뒤로도 때때로 더러운 마음을 지니고 살았을 때 사귀었던 사람들을 길거리에서 우연히 마주치곤 했습니다. 그러던 하루는 수개월 동안 알고 지냈던 여인과 마주치게 되었습니다. 그녀는 어거스틴이 십자가의 능력에 의해 그 속박으로 부터 벗어나기 전까지 그를 죄의 노예 상태로 더욱 더 깊이 끌고 들어간 여인이었습니다. 어거스틴은 단지 형식적인 목례만 하고 바삐 그 자리를 피하고 싶었습니다. 하지만 방탕한 여인은 그를 멈춰 세우고 놀리듯이 말했습니다.

"어거스틴, 이젠 저를 모르시겠어요? 보세요, 저라구요."

어거스틴은 할 수 없이 그녀의 얼굴을 바라보았습니다. 하지만 그 순간 어거스틴은 그녀의 사악한 매력도 이제는 더 이상 자신을 붙들어 맬 수 없다는 것을 알았습니다. 그래서 어거스틴은 단호히 대답했습니다.

"하지만 나는 이전의 내가 아닙니다!"

우리도 죄와의 싸움에서 어거스틴처럼 승리할 수 있습니다.

본문을 보면 여호수아가 이끄는 이스라엘 백성들이 요단강 동편의 땅을 이미 정복하고 요단강을 건너서 하나님의 약속으로 주어진 가나안 땅으로 들어와서 여리고 성을 함락시키고 여호수아의 지휘 아래 요단강 서편 땅을 정복해 갔습니다. 그리고 하나님을 섬길 외막을 세웠습니다. 그러나 일부 지파들 곧 유다와 요셉 두 지파, 그리고 요단 동편에 기업을 얻은 르우벤과 갓 지파는 이미 자신들이 차지할 땅을 분배받기도 했습니다. 그러나 베냐민 지파, 시므온 지파, 스불론 지파, 잇사갈 지파, 아셀 지파, 납달리 지파, 그리고 단 지파 이렇게 모두 일곱 지파들은 아직껏 자신들이 차지할 땅을 분배받지 못한 상태였습니다. 그들은 자신들의 땅을 차지할 생각을 하지 않고 머뭇거리고 지체를 했습니다. 그들은 땅을 정하면 마무리 전쟁을 해야 하는데, '전쟁에 지면 어떻게 하나?'하는 불안과 두려움으로 인해 결정을 하지 못하고 있었습니다.

우리가 성경속으로 들어가 그 당시 상황을 짐작해 보면 시간이 지나면서 그 일곱 지파들은 계속되는 전쟁에 지쳐 갔을 것입니다. 그러다 보니 그냥 현실에 안주하게 되었고, 계속되어야 할 정복 전쟁을 향한 목적과 의지가 점차 희미해져 갔습니다. 그래서 차일피일 미루면서 안일 安逸에 빠져 있었던 것입니다. 이들은 지금까지 7년 동안 가나안 정복 전쟁을 수행했습니다. 이제는 피곤하고 지쳤습니다. 쉬고 싶었습니다. 이렇게 조금 쉬고 싶은 마음 때문에 우리는 일을 하는 것을 지체합니다. 그런데 이렇게 지체하고 안일에 빠지면 사단은 반드시 일합니다.

그런데 그 당시에 가나안 족속들은 전쟁에 패했기 때문에 서로 힘을 합쳐 다시 한번 전쟁을 할 준비를 하고 있었습니다. 여호수아는 그것을 알아 차리고 나머지 일곱 지파에게 빨리 땅을 차지하지 않으면 땅을 빼앗긴다고 책망을 하고 원하는 땅을 그려 가지고 오라(수18:4)고 말했습니다. 여호수아는 그 그림을 가지고 기도하고 제비를 뽑아 분배해주었습니다.

인생은 전쟁터처럼 험악하고 힘겨운 곳입니다. 하지만 사람들 중에는 문제가 생기면 어떻게 되겠지 하고 안일하게 생각하는 사람이 있습니다. 하지만 인생은 언제나 긴장해야 합니다. 전쟁이기 때문입니다. 싸움터이기 때문입니다. 그래서 믿음의 사람은 결단을 잘합니다. 신앙도 다니엘과 에스더처럼 하나님의 뜻을 따르려는 굳은 결단이 중요합니다.

"다니엘은 뜻을 정하여 왕의 음식과 그가 마시는 포도주로 자기를 더럽히지 아니하리라 하고 자기를 더럽히지 아니하도록 환관장에게 구하니"(단1:8)

"당신은 가서 수산에 있는 유다인을 다 모으고 나를 위하여 금식하되 밤낮 삼 일을 먹지도 말고 마시지도 마소서 나도 나의 시녀와 더불어 이렇게 금식한 후에 규례를 어기고 왕에게 나아가리니 죽으면 죽으리이다 하니라"(에4:16)

예수님도 우리를 살리시려고 예루살렘을 향하여 굳게 결심하셨습니다. "예수께서 승천하실 기약이 차가매 예루살렘을 향하여 올라가기로 굳게 결심하시고"(눅9:51)

많은 교인들이 교회 다닌 지 일 년이 지나고, 삼년이 지나고, 오년이 지나고, 십년이 지나도 아직까지 복음이 뭔지 헷갈리고 영생의 복을 받지 못할까요? 그리고 왜 하나님과 동행하여 성공인생을 살 수 있다고 확신하지 못합니까?

대부분의 이유는 세상과 하나님 사이에서 머뭇머뭇 거리기 때문입니다.

"엘리야가 모든 백성에게 가까이 나아가 이르되 너희가 어느 때까지 둘 사이에서 머뭇머뭇 하려느냐 여호와가 만일 하나님이면 그를 따르고 바알이 만일 하나님이면 그를 따를지니라 하니 백성이 말 한마디도 대답하지 아니하는지라"(왕상18:21)

그리고 지체하기 때문입니다. "너희 하나님 여호와께서 이 땅을 너희 앞에 두셨은즉 너희 열조의 하나님 여호와께서 너희에게 이르신 대로 올라가서 얻으라 두려워 말라 주저하지 말라"(신1:21)고 했습니다. 양쪽 사이에서 머뭇 거리거나 두려워하거나 주저하는 것 모두 성공 인생 길에 방해물입니다.

여러분! 결단하시기 바랍니다. 일반적으로 사람들은 현실에 안주하려고 합니다. 새롭게 도전하는 것을 꺼립니다. 이미 익숙해진 것을 잘 바꾸려 하지 않습니다. 왜냐하면 또 다시 새롭게 도전하려면 위험이 따르고 희생이 있어야 하기 때문입니다. 새로운 것에 익숙해지는 데까지 힘들고 불편하기 때문입니다. 그러나 하나님은 언제나 순종하는 것을 기쁨으로 아는 믿음의 사람을 쓰십니다.

1. 하나님께서 기업을 이미 주셨음을 믿어야 합니다.

1절을 보시면 "이스라엘 자손의 온 회중이 실로에 모여서 거기 회막을 세웠으니 그 땅이 이미 그들의 앞에 돌아와 복종하였음이나"(수18:1)고 하였습니다. 이스라엘 백성들이 아직 가나안땅을 정복하지 못하였는데 어떻게 가나안땅이 이스라엘 백성들 앞에 돌아와 복종하였다는 것입니까? 이 말은 하나님께서 군사적, 정치적인 주도권을 이미 이스라엘이 장악할 수 있도록 해주셨다는 의미입니다. 이미 그들을 무력화시켰다는 말입니다. 이미 실로에 회막을 세웠습니다. 그러고도 지체하다니 얼마나 답답한 일입니까?

그들은 잠12:17절과 같이 입에 넣어줘도 먹지 않은 게으른 상태입니다. "게으른 자는 그 잡을 것도 사냥하지 아니하나니 사람의 부귀는 부지런한 것이니라"(잠12:27).

수2장에 보면 이스라엘 백성들이 요단강을 건너서 가나안땅에 들어가기 전에 정탐꾼 2사람을 여리고 성에 보내었는데 두 명의 정탐꾼이 기생 라합의 집에 들어가게 되었을 때 기생 라합은 정탐꾼에게 "말하되 여호와께서 이 땅을 너희에게 주신 줄을 내가 아노라 우리가 너희를 심히 두려워하고 이 땅 주민들이 다 너희 앞에서 간담이 녹나니"(수2:9)

이스라엘 백성들은 이미 이루어 놓은 전쟁을 하고 있는 것입니다.

그래서 여리고 성을 순종하는 마음으로, 믿음으로 걸어서 돌기만 해도 무너졌던 것입니다. 지금도 하나님은 우리 앞서 가셔서 먼저 일을 하십니다. 그러므로 그 하나님을 믿어야 합니다. 그러므로 두려워하지 말아야 합니다.

삿1:1-2절을 보면, "여호수아가 죽은 후에 이스라엘 자손이 여호와께 여쭈어 이르되 우리 가운데 누가 먼저 올라가서 가나안 족속과 싸우리이까 여호와께서 이르시되 유다가 올라갈지니라 보라 내가 이 땅을 그의 손에 넘겨 주었노라 하시니라"(삿1:1-2)

하나님께서는 어느 지파에게 선봉을 맡기셨습니까? 유다에게 선봉이 할당되었습니다. 유다 지파는 상당히 중요한 지파입니다. 민수기를 보면 이스라엘 12지파의 행진도가 나오는데 이 행진에서 항상 선봉에 선 지파가 바로 유다입니다. 유다 지파는 제일 동쪽에서 행진하던 지파로서 전체의 선봉이었습니다. 모세가 가고 여호수아가 죽은 지금에도 누구보고 앞장을 서라고 하십니까? 맞습니다. "유다야, 네가 제일 먼저 올라가라" 이렇게 말씀하십니다. 그런데 여호수아를 보십시오. 유다지파의 족장이 누구였습니까? 갈렙 아니었습니까? 이스라엘이 가나안에 들어와서 모든 땅을 다 정복했습니다. 그러나 난공불락으로 보이는 곳이 있었습니다. 그곳은 이스라엘의 첫 번째 수도 헤브론이었습니다. 워낙 험한 산지였던지라 쉽게 접근할 수가 없었습니다. 수14장을 보면 많은 사람들이 주저주저하고 있을 때 유다지파의 족장이었던 갈렙이 일어나 말합니다. "이 산지를 내게 주소서" 자세한 말은 수14:12에 기록되어 있습니다. "그 날에 여호와께서 말씀하신 이 산지를 내게 주소서 당신도 그날에 들으셨거니와 그곳에는 아낙 사람이 있고 그 성읍들은 크고 견고할지라도 여호와께서 혹시 나와 함께 하시면 내가 필경 여호와의 말씀하신 대로 그들을 쫓아내리이다"(수14:12)

아주 담대한 결단과 주장이 아닐 수 없었습니다. 그런데 이 때 갈렙의 나이가 몇 살이었습니까? 85세였습니다. 자연 연령으로는 늙은 노인인데도 청년의 마음을 가지고 "내가 맡겠습니다. 제일 어렵다는 헤브론까지 내게 주십시오" 이렇게 말했던 것입니다. 갈렙의 이 용감무쌍함 덕분에 헤브론은 유다 지파의 땅이 되었고 나중에 다윗에 의해 수도로 정해지는 영예를 얻습니다. 유다지파에서 메시아가 나온 것은 이런 점에서 볼 때 우연이 아닙니다. 여러분 우리도 하나님일 앞에 뒷걸음치지 말고 유다지파 사람들처럼, 갈렙처럼 선봉에 서서 고난을 지는 종들이 다 되시길 바랍니다.

여러분! 기도하실 때 자주 하나님은 어떤 분이신지 묵상하시기 바랍니다(시91:14-16). 우리 하나님은 우리보다 항상 먼저 가셔서 길을 준비하시는 분, 예비하시는 여호와이레 하나님이십니다.

"너희보다 먼저 가시는 너희의 하나님 여호와께서 애굽에서 너희를 위하여 너희 목전에서 모든 일을 행하신 것 같이 이제도 너희를 위하여 싸우실 것이며 광야에서도 너희가 당하였거니와 사람이 자기의 아들을 안는 것 같이 너희의 하나님 여호와께서 너희가 걸어온 길에서 너희를 안으사 이 곳까지 이르게 하셨느니라 하나 이 일에 너희가 너희의 하나님 여호와를 믿지 아니하였도다 그는 너희보다 먼저 그 길을 가시며 장막 칠 곳을 찾으시고 밤에는 불로, 낮에는 구름으로 너희가 갈 길을 지시하신 자이시니라"(신1:30-33). 또 우리 보다 앞서 가셔서 싸우시는 하나님이십니다. 그리고 다 이겨 놓으시는 하나님이십니다.

2. 우유부단과 게으름은 내적인 적

3절을 보면 "여호수아가 이스라엘 자손에게 이르되 너희가 너희 열조의 하나님 여호와께서 너희에게 주신 땅을 취하러 가기를 어느 때까지 지체하겠느냐"

여호수아는 그들이 적극적인 의지를 보이지 않음에 질책하고 있습니다. 이스라엘 백성들이 우유부단하고 지체한 이유가 무엇입니까? 그들을 향한 하나님의 섭리와 계획을 깨닫지 못했기 때문입니다. 하나님은 좋으신 우리 아버지이십니다. 그 좋으신 우리 아버지께서 우리에게 좋은 것을 주시기 않겠습니까? 하나님은 일찍이 그 땅을 주시겠다고 아브라함에게 약속하셨고 그리고 몇몇 지파들은 벌써 땅을 기업으로 받았습니다. 그런데 지금 남아 있는 지파들은 뭐하느냐고 여호수아가 질책을 하고 있는 것입니다.

사실 누가 답답하고 기업이 필요한 사람입니까? 여호수아가 답답한 사람입니까? 아니면 백성들이 답답한 사람입니까? 그런데 그들 마음속에 비전이 없다보니 주는 떡도 먹지 못하는 것입니다. 귀찮기 때문입니다. 그들은 아직까지 완수하지 못한 가나안 정복의 대업을 이루기보다는 미완성인 상태 그대로 모든 것을 멈추고 쉬기를 원했던 것입니다. 전쟁이 끝나기 전에 갑옷을 벗는 병사가 조롱을 당하거나 죽임을 당할 수밖에 없는 것처럼 성도 역시 영적 전쟁이 한창 진행 중인 지금 하나님의 전신 갑주(엡6:11-17)을 벗는다면 큰 낭패를 면치 못 할 것입니다. 승리의 나팔이 울려 퍼지고 마음껏 쉴 수 있는 그 날까지는 모든 게으름을 물리치고 주의 군사로서 합당한 삶을 살아야 합니다(딤후2:4).

우리는 어떠한 상황, 어떠한 역경 가운데서도 언제나 적극적인 믿음을 가져야 합니다. 다윗도 하나님이 기회를 준다는 믿음이 올 때 형들이 말리거나 사람들이 비웃어도 담대히 골리앗을 향해 나갑니다. 그러한 산 믿음을 보일 때 기적이 나타났던 것입니다.

어느 신학교에 공부는 전혀 하지 않고 시험에서 좋은 점수를 받게 해달라고 기도만 하는 학생이 있었습니다. 교수가 아무리 공부하라고 타일러도 그는 "구하는 이마다 받을 것이요 두드리는 이에게 열릴 것이니라"(눅 11:10)

라는 말씀을 외우며 기도실을 떠나지 않았습니다. 드디어 시험시간이 되었습니다. 문제의 답을 전혀 알 수 없었던 그는 "하나님은 다 아십니다"라는 단 한 문장만 써놓고 유유히 교실을 빠져 나갔습니다. 담당 교수는 채점란에 이렇게 썼습니다. "하나님은 다 아시니 100점, 학생은 다 모르니 0점."

게으름이란 도대체 무엇일까요? 게으름은 실패 인생의 밥이고 죄악입니다. 게으른 사람은 기뻐하지도 않습니다. 게으른 사람은 흥분하지도 않습니다. 게으른 사람은 감격하지도 않습니다. 게으른 사람에게는 의욕도 없습니다. 게으른 자는 주는 기회도 잡지 않습니다. 그렇기 때문에 성공이 없습니다.

"게으른 자는 가을에 밭 갈지 아니하나니 그러므로 거둘 때에는 구걸할지라도 얻지 못하리라"(잠20:4)

만사가 때가 있는데 게으른 자는 그 기회를 놓칩니다. 열심히 살지 않으면 좋은 기회와 때를 놓치고 맙니다. 그러므로 게으름은 마귀가 사용하는 죄의 습관인것입니다. 그런데 게으른 자는 만사에 핑계와 이유가 많습니다. 불평, 불만이 많습니다. 그래서 악순환이 계속됩니다.

"게으른 자는 말하기를 사자가 밖에 있은즉 내가 나가면 거리에서 찢기겠다 하느니라"(잠22:13)

톨스토이 Lev Nikolaevic Tolstoy는 게으른 자의 머릿속은 악마가 살기에 가장 좋은 곳이라고 말했습니다. 겨자씨만한 믿음을 주실 때 산을 옮기려고 시도하십시오. 하나님은 게으른 자의 하나님이 아니라 부지런하고 적극적인 사람의 하나님이십니다.

뒤에 있는 것은 잊어버리고 앞에 있는 것을 잡으려고

게으름도 문제이지만 낙심도 내적인 적입니다. 시몬 베드로가 밤새도록 갈릴리 호수에서 그물을 던졌지만 "아무것도 잡지 못하였더니"

여러분! 베드로가 '고기가 안 잡히는 그날 밤에, 무슨 생각을 했을까요?'

'나는 예수님의 제자로도 실패하고, 나는 예수님을 부인하고, 저주하고, 맹세하고, 갈릴리로 돌아왔는데, 여기 와서는 이제는 고기도 안 잡히는구나, 아 내 인생은 여기서 끝인가 보다'

이런 실패로 인한 자괴감으로 마음이 무거웠을 것입니다. "시몬 베드로가 나는 물고기 잡으러 가노라 하니 그들이 우리도 함께 가겠다 하고 나가서 배에 올랐으나 그 날 밤에 아무 것도 잡지 못하였더니"(요21:3)

'아무 것도 잡지 못하였더니' 사명을 떠난 사람은 아무 것도 얻지 못하는 것을 의미합니다. 하나님께서 상급으로 계산할 것이 없음을 뜻합니다. 목회도 전도도 잘 안되고, 그리고 우리 중에 직장 생활도, 사업도, 가족과 인간관계도 다 망가지고 파산되어 크게 낙심한 분도 계실 것입니다. 엘리야가 힘들어 죽고 싶다고 로뎀나무 아래에 앉아서 죽기를 원하고 있을 때 하나님께서 천사를 보내셔서 그를 어루만져 주셨습니다. 그리고 엘리야에게 물과 떡을 주시며 힘을 주셔서 40일 40야를 걸어서 하나님의 산 호렙에 이르게 하였습니다(왕상19:4-8).

낙심한 베드로와 제자들에게도 예수님께서 찾아 오셔서 묻습니다.

"예수께서 이르시되 얘들아 너희에게 고기가 있느냐 대답하되 없나이다 이르시되 그물을 배 오른편에 던지라 그리하면 잡으리라 하시니 이에 던졌더니 물고기가 많아 그물을 들 수 없더라"(요21:5-6)

실패자 베드로를 찾아오시고, 고기를 많이 잡게 하셨습니다. 그물이 '들 수도 없을 정도로 잡았다'는 것입니다. 하나님 자녀에게서 물질이 최고의 문제가 아닙니다. 사명이 더 큰 문제입니다. 사명 감당하면 재물과 필요한 모든 것들은 자연히 덤으로 더해 주시는 것이라는 것이 신실하신 예수님의 약속입니다. "먼저 그의 나라와 그의 의를 구하라 그리하면 이 모든 것은 더 하여 주시리라"(마6:33)

이 말씀을 제자들에게 맛보게 하신 것입니다. 그리고 베드로에게 "네가 나를 사랑하느냐?" 세 번이나 물으시면서 "내 양을 먹이라 내 양을 치라"고 사명을 다시 주셨습니다. 도망자 비겁자 실패자에게 어떻게 내 양을 맡기시나요? 내 양을 치라고 하시나요?

그런데도 실패자요 비겁한 도망자 베드로에게 그리고 우리에게 자신의 양을 맡겨주시는 주님이십니다. 우리를 예수 그리스도의 대사로 부르신 하나님은 후회하지 않으시고 우리를 도와주시는 보혜사 성령님이 계십니다. "하나님의 은사와 부르심에는 후회하심이 없느니라"(롬11:29)

다시 일어 서십시오. 나는 죽고 예수님으로 사시면 됩니다. 예수님을 따라가면 됩니다. 예수님께서 기도 가르치신 대로 기도하시고 전도훈련하신대로 전도훈련 받으시고 전도하신대로 전도하시면 됩니다. 과거에 실패한 일, 성공한 일 다 잊어버리시고 부르신 부름의 상을 위하여 오늘부터 달려가시면 됩니다(빌3:13~14).

3. 너희는 그 기업에 상당하게 땅을 그려서 가져오라

4절을 보십시오. "너희는 매 지파에 삼인씩 선정하라 내가 그들을 보내리니 그들은 일어나서 그 땅에 두루 다니며 그 기업에 상당하게 그려 가지고 내게로 돌아올 것이라"(수18:4)

여호수아는 현실에 안주하며 앞으로 나아가기를 주저하는 사람들에게 각 지파에서 세 명의 대표를 선발해서 그들이 아직 정복하지 못한 가나안 땅을 두루 다니면서 그들이 차지할 땅의 지도를 그려 가지고 오라는 것입니다(수18:4-8).

하나님께서 그의 백성들에게 기업을 주실 때 먼저, 약속을 주십니다. 그리고 하나님이 약속한 땅으로 가라고 하십니다. 그리고 하나님은 약속한 땅에 들어갔다고 즉시 주시지 않습니다. 그곳에서 힘을 기르도록 하십니다. 그곳 사정을 밟아 알라고 명령하십니다. 본문에 하나님은 무기력하고, 게으르고 지친 그들에게 하나님이 주시려는 땅을 눈으로 직접 보게 하고, 현장을 발로 밟고 그 규모를 조사하고 지도를 그리게 하십니다. 또 자신들이 차지할 땅을 발로 밟으며 하나님이 자신들에게 주시려는 뜻을 현장감 넘치게 바라보게 함으로써 정복에 대한 적극적인 동기를 다시 불러일으키십니다. 그 결과가 18-19장에 상세하게 기록되어 있습니다.

그들은 그 땅을 밟으면서 적지에 들어간 그들은 얼마나 긴장되었을까요? 정신이 번쩍 들었을 것입니다. 또 얼마나 마음이 설랬겠습니까? 이 땅을 우리에게 주신다는데 흥분이 되었을 것입니다. 바로 그 곳은 그들이 가야하고, 정복하고, 차지할 하나님이 주신 목표라는 것을 다시 한 번 확신했을 것입니다. 그러면서 우리가 이렇게 나태하고 안일하게 살고 있어서는 안 된다는 것을 깨닫게 되었을 것입니다. 우리가 지치고, 무기력하고, 나태해질 때, 일어나야합니다. 가만히 앉아 있으면 다리만 약해지는 것이 아니라 정신도 병이 듭니다. 여러분! 그러므로 일이 잘 안될수록 일어나서 저 멀리 하나님이 내게 주시는 땅을 바라보고 현장을 향해 움직이고 걸어야 합니다. 그 땅을 밟아야 합니다. 우리는 마음속에 그림을 잘 그려야 합니다. 믿음의 발걸음으로 밟으면서 그림을 그리고 그 약속대로 이루실 신실하신 하나님을 바라보아야 합니다.

여러분, 그냥 막연하게 그림을 그리지 말고 가서 두루두루 다녀보고 나서 설계도를 그리라는 것입니다. 확인을 하고, 조사도 하고 난 뒤에 구체적으로, 사실대로 설계도를 그려야 합니다.

"너희는 넉 달이 지나야 추수할 때가 이르겠다 하지 아니하느냐 그러나 나는 너희에게 이르노니 너희 눈을 들어 밭을 보라 희어져 추수하게 되었도다"(요4:35)

눈을 들어 밭을 보아야 합니다. 그러므로 선교지를 보여주는 사역도 귀한 하나님 일입니다. 우리 하나님께 기도할 때, 또 우리가 인생의 설계를 할 때, 막연하게 해서는 안 됩니다. 하나님께서 주신 비전을 가지고 계획을 세워서 하나님께 나가야 하는 것입니다.

아브라함의 목자와 조카 롯의 목자가 서로 다투고, 그 후에 조카 롯이 아브라함을 떠났을 때, 하나님께서 아브라함에게 축복하신 말씀입니다. "너는 일어나 그 땅을 종과 횡으로 행하여 보라 내가 그것을 네게 주리라"(창13:17)고 했습니다. 바라보고 밟고 다닌 그 곳을 주신다는 것입니다. 보는 것만으로 만족하지 않습니다. 우리가 그곳에 가서 그 땅을 밟아서 종과 횡으로 행하고 그것을 확인하고 체험하고 나서 하나님께서 그것을 통해서 축복하시고 은총을 베풀어 주시는 것입니다.

하나님의 비전이 나의 비전이 되고

성도가 성공적으로 살아가는데 있어서, 가장 중요한 요소 중 하나가 '비전'입니다. 성령 하나님께서 주시는 꿈을 마음에 품는 것입니다(행 2:17). 이것은 비단 개인뿐만 아니라, 단체나 국가적으로도 마찬가지입니다. 교회가 하나님이 기뻐하시는 교회가 되기 위해서는, 가장 중요한 요소 중 하나가 바로 '교회의 비전'입니다. 그런데 오늘날, 가장 오해되어지고 있는 부분 중 하나가 바로 '비전'입니다. 왜냐하면 사람들이 '꿈은 이루어진다' 하는 식으로, 자기 마음에 큰 소원을 품으면 작은 것이라도 성취된다는 식으로 생각하고 심지어 성경을 잘못 이해하여 해석합니다. 예를 들면, "나는 너를 애굽 땅에서 인도하여 낸 여호와 네 하나님이니 네 입을 크게 열라 내가 채우리라 하였으나"(시81:10) 이 말씀을 잘못 이해하는 경우입니다. 네 입을 크게 열라는 것은 무조건 큰 꿈을 품으라는 것이 아니라 마치 제비 새끼들이 제비 어미가 먹이 물고 올 때 먹이를 받아먹으려고 입을 크게 열고 어미를 향해 짹짹거리는 것처럼 간절히 하나님께 기도하라는 뜻입니다. 적지 않은 사람들이 그것을 '비전이 크면 클수록 좋다'는 의미로 잘못이해하고 있습니다. 이것은 하나님께로 나온 비전이 아니라, 사람에게서 나온 야망이라고 합니다. 성경적 의미의 비전은, '하나님께서 하나님의 목적을 우리에게 보이신 것'입니다. 내 꿈과 목적(즉 야망)이 아니라 하나님의 계획과 목적이 나에게 계시로 보여져야 합니다.

잠언 29장 18절 말씀이 그 사실을 잘 뒷받침 해 줍니다. "묵시가 없으면 백성이 방자히 행하거니와"(잠29:18)라고 되어있는데, 원뜻은 '계시'가 없는 곳에 백성이 자기 멋대로 행한다는 의미입니다. 계시는 자기 마음속에 자기가 세운 계획이나 꿈이 아니라, 하나님이 주시는 하나님의 계획과 의도를 알려주시는 계시입니다. 이것이 성경에서 말하는 비전입니다. 예수님은 우리의 죄를 다 짊어지시고 피 흘려 우리대신 죄의 형벌을 받으신 후 부활하시고 40일간 제자들과 같이 계시다 승천하시기 전 예수님의 비전과 계획을 알려 주셨습니다.

"예수께서 나아와 말씀하여 이르시되 하늘과 땅의 모든 권세를 내게 주셨으니 그러므로 너희는 가서 모든 민족을 제자로 삼아 아버지와 아들과 성령의 이름으로 세례를 베풀고 내가 너희에게 분부한 모든 것을 가르쳐 지키게 하라 볼지어다 내가 세상 끝날까지 너희와 항상 함께 있으리라 하시니라"(마

28:18~20)

　　그것은 예수님을 따르는 제자들을 통해 모든 족속을 제자를 삼으시는 비전입니다. 그리고 마24:14절의 말씀을 통해 모든 민족에게 천국 복음은 전파될 것이고 그 후에 예수님이 다시 오신다는 예수님의 계획과 의지를 말씀하셨습니다.

　　"이 천국 복음이 모든 민족에게 증언되기 위하여 온 세상에 전파되리니 그제야 끝이 오리라"(마24:14)

　　영어 성경을 보면 예수님의 의지가 확실히 드러납니다. 하늘과 땅의 모든 권세를 가지신 예수님이 전도의 문을 열면 닫을 자가 없고 닫으시면 열자가 없는 것입니다. '전파되리니' 원어를 보면 수동태입니다. 복음을 대적하는 정부와 사람들이 선교를 막아도 천국 복음은 온 세상에 전파되고 만다는 것입니다. 다메섹에서 부활의 주님을 만난 후 바울은 3년 후에 다시 예루살렘 성전에서 기도할 때 "나더러 또 이르시되 떠나가라 내가 너를 멀리 이방인에게로 보내리라"(행22:21)는 하나님의 음성을 들었습니다. 이 사실은 그에게 이방인의 사도로서 확실한 메시지였기 때문에 그는 스스로 자신을 가리켜 '이방인의 사도'(갈2:8)라고 하였습니다. 다메섹에서 받은 계시로 그의 신앙의 길을 혈육과 의논하지 않고 또한 다른 먼저 된 사도들과도 의논하지 않고 오직 받은 계시대로 하나님께서 주신 사명을 위해서만 충성하였습니다(갈1:16-17).

　　바울은, 자기가 이방인을 위한 사도일 뿐만 아니라, 이방인을 위한 사도 중에서도, 교회의 터를 닦는 사도, 다시 말하면 교회가 전혀 없는 곳에 복음을 전해서 교회의 기초를 놓는 사도인 것을 알았습니다. 고전3장에 보면, 바울은 그것을 이렇게 표현합니다.

"나는 심었고, 아볼로는 물을 주었으되 오직 하나님께서 자라게 하셨나니"(고전3:6)

여기서 씨뿌리는 것을 비유로 들었는데, 자기 소명을 '뿌리는 것'에 비유했습니다. 아직 싹도 아무 것도 없는 곳에, 씨를 뿌리는 것, 즉 아볼로는, 뿌려진 씨가 잘 자라도록 돌보는 즉 양육하는 사명이었습니다. 그리고 10절에, "내게 주신 하나님의 은혜를 따라, 내가 지혜로운 건축자와 같이 터를 닦아두매 다른 이가 그 위에 세우나, 그러나 각각 어떻게 그 위에 세우기를 조심할지니라."(고전3:10) 여기서 건물 건축에 비유로 말하면 사도바울은 '터를 닦아두는' 즉, 건물의 기초를 놓는 사명이었습니다. 그러면 다른 사람은, 그 위에 건물을 세워가는 사명이었습니다. 물론 사도바울은 자기가 사도요, 사도 중에서도 이방인을 위한 사도요 그 중에서도 터를 닦는 사도임을 분명히 알았습니다. 분명한 것은, 그가 그의 소명을 이렇게 명백하게 알았다는 것입니다. 그래서 사도바울은, 다른 사람이 이미 교회를 세운 곳에는, 가지 않았습니다. 왜냐하면, 자신이 받은 소명은, 교회가 없는 이방인 지역에, 교회를 세우는 것으로 확신했습니다. 그래서 그는 이렇게 자기 소명을 말했습니다. "또 내가 그리스도의 이름을 부르는 곳에는 복음을 전하지 않기로 힘썼노니 이는 남의 터 위에 건축하지 아니하려 함이라"(롬15:20)

바울은 이미 세워진 유대인의 교회에 가서, 그들을 양육하는 일을 감당해서도 나름대로 잘 했을 것입니다. 사도바울은 헬라파 유대인 즉 이방인 나라에서 태어나고 자랐기 때문에 헬라말도 잘하고 집에서는 유대인 말을 쓰므로 모국어인 유대인 말도 잘하였습니다. 그래서 유대인 지역이나 헬라인 지역에서 목회해도 아주 잘했을 것입니다. 실제로 바나바가 다소에 있는 바울을 안디옥에 데리고 와서 두 사람이 일 년간 교인들을 가르치니 큰 무리를 가르쳤고 부흥했습니다(행11:25-26). 만약에 바울이 예루살렘 교회와 같은 유대인의 교회, 이미 세워진 교회에 가서, 그들을 양육과 목회하는 일을 했더라도, 사도바울은 나름대로 잘했을지는 모르지만, 사도행전에 나오는 그 엄청난 선교 사역과 수많은 교회개척의 역사는 일어나지 않았을 것입니다. 양육과 목회는 자기에게 주어진 사명이 아니었습니다. 그래서 우리가 개인이건, 공동체이건, 하나님의 부르심의 계시가 무엇인가를 분명하게 인식하는 것이 중요합니다. 그리고 그 부르심 가운데 행하는 것은 매우 중요합니다. 그래야 하나님의 일하심을 경험할 수 있습니다. 사도 바울은 '서바나까지 복음을 전파하는 큰 비전'(롬15:19-24)을 스스로 만들지 않았습니다. 이 엄청난 비전은, 바울이 자기 스스로 '입을 크게 열라. 내가 채우리라'하고 자기 마음대로 만든 비전이 아니었습니다. 이 비전은 하나님이 주신 비전입니다. 주님이 보이신 목적과 계획에 의거해서 세워진 비전이었습니다. 사도바울은 예수님의 비전이 자신의 비전이 된 것입니다.

여러분! 자식들 좋은 학교에 보내는 일, 월세 집 살며 내 집 마련하는 일, 석·박사 학위 따는 일, 사람들에게 이름나는 것등 하나님과 하나님 나라와 상관없는 사람들도 품는 비전을 인생의 비전으로 삼고 있는 것은 아닌가요?

우리는 어떠해야 하겠습니까? 사도바울과 같은 사람에게만 하나님의 비전이 나의 비전이 되는 것이 아니라 오늘 예수님을 따르는 제자에게 주시는 말씀입니다. 사도나 목사 같은 직분은 아무나 하는 것이 아니라 하나님께서 소수를 부르셔서(엡4:11-12) 일하게 하십니다만 예수님은 모든 사람이 누구든지 자신을 따르는 제자가 되기를 원하십니다(마 16:24). 누구든지 자기를 부인하고 자기 십자가를 지고 예수님을 따르는 제자되기 원하고 결심하는 사람은 흔히 대사명이라고 말하는 예수님의 비전(마28:18-20)이 나의 비전이 되는 것입니다. 그리고 내가 어떤 직업을 가지든, 결혼하여 생활하든 혼자 살든, 열심히 공부하고 부지런히 일하고 돈을 벌든 체력 단련을 하든 무슨 일을 하던 예수님의 비전을 성취하기 위해서 사는 것입니다.

마치 요셉이 보디발의 집에서도, 애굽의 감옥에서도 한결같이 하나님 앞에서 충성된 삶을 살았듯이, 오늘 하나님의 비전을 나의 비전으로 품은 사람은 어느 환경, 어느 때에도 "가서 복음을 전하고 가르쳐 지키게 하여 제자를 삼는" 삶을 살아갑니다. 바울은 하나님께서 주신 비전을 품고 세상 이곳저곳 기웃거리지 않고 푯대를 향해 달음박질하였습니다(빌3:14). 푯대는 달음박질의 결승선은 이 땅이 아니고 예수님이 다시 오시는 날 상급 심판, 곧 그리스도의 심판대의 날입니다(고후5:10). 천국의 영원한 면류관도 영광의 차이가 있습니다. 즉 천국의 상도 크고 적고 그리고 없는 공정한 심판(마5:19)이 있습니다. 예수님으로 부터 장차 큰 상을 받는 자가 성공한 인생입니다(계22:12). 그것이 최종적인 우리의 비전이 되어야 합니다.

히10:38-39절을 보면 "나의 의인은 믿음으로 말미암아 살리라 또한 뒤로 물러가면 내 마음이 그를 기뻐하지 아니하리라 하셨느니라 우리는 뒤로 물러가 멸망할 자가 아니요 오직 영혼을 구원함에 이르는 믿음을 가진 자니라"(히10:38~39)

여기서 '뒤로 물러선다'는 것은 신앙의 퇴보, 신앙의 침체 및 구원의 포기를 의미합니다. 군인이 나라를 지키기 위해서 총을 들었으면 끝까지 싸워야지, 전쟁이 났는데 싸우다 말고 가족이 보고 싶다고 탈영하면 어떻게 되겠습니까?

롯의 아내는 소돔과 고모라의 풍요했던 옛 생활을 잊지 못해 하나님의 말씀에 불순종하고 뒤를 돌아보다가 그만 소금 기둥이 되고 말았습니다(창19:26). 사람들이 안일에 쉽게 빠져 실패하는 삶을 사는 것은 하나님으로부터 온 비전이 없기 때문입니다. 대상4:10절을 보면 야베스가 하나님 나라 확장을 위해 기도한 내용이 나옵니다.

"야베스가 이스라엘 하나님께 아뢰어 이르되 주께서 내게 복을 주시려거든 나의 지역을 넓히시고 주의 손으로 나를 도우사 나로 환난을 벗어나 내게 근심이 없게 하옵소서 하였더니 하나님이 그가 구하는 것을 허락하셨더라"
(대상4:10)

야베스는 땅부자 되게 해달라는 기도가 아니라 하나님 나라 확장하는데 쓰임 받는 것을 복으로 알았습니다. 하나님 마음에 합한 기도였기에 허락을 받은 것입니다. 하나님은 우리 자신과 가정과 교회에 특별히 믿음의 진보가 있기를 소원하십니다(빌1:25). 딤전4:15절을 보면, 모든 일에 전심 전력하여 성숙함을 모든 사람에게 나타나게 해야 합니다. "이 모든 일에 전심 전력하여 너의 성숙함을 모든 사람에게 나타나게 하라"(딤전4:15) 그리하여 하나님 나라 확장하는데 귀하게 쓰임받기를 바랍니다. 교회적으로는 날마다 전도의 열매가 있어서 예배 처소를 넓히고, 성도들의 신앙 성장을 위하여 기도와 교육에, 땅끝까지 복음을 전하는 선교사역에 진보가 있기를 소원합니다. 우리의 감사와 기도에 진보가 있어야 합니다. 전도와 봉사의 지경이 넓혀져야 합니다. 사역과 교제의 대상과 전도의 지경을 땅끝까지 넓혀 갑시다. 우리가 바울의 본을 따를 때 평강의 하나님이 우리와 함께 하십니다.

따라야 할 바울의 본(本)

"너희는 내게 배우고 받고 듣고 본 바를 행하라 그리하면 평강의 하나님이 너희와 함께 계시리라"(빌4:9)

하나님이 함께 하는 삶이 곧 성공인생입니다. 바울은 예수님을 따르는 자신을 배워서 그대로 따라서 하면 우리들도 성공인생이 된다는 것입니다. 바울은 교회의 교육과 제자훈련 그리고 신학교육의 본을 보였습니다.

1) 오직 능력과 성령과 큰 확신으로 교육

하나님께서 바울의 손으로 놀라운 능력을 행하게 하심으로 바울이 증거하는 복음을 확증케하셨습니다. 바울은 원래 남부럽지 않은 학문적 스펙을 갖추었지만 그런 것들은 분토처럼 여기고 오직 능력과 성령과 큰 확신으로(살전1:5) 복음을 전하고 교육하였습니다. 바울의 선교는 한 마디로 기도와 성령의 선교였습니다. 바울이 개종 후 예루살렘으로 가지 아니하고 아라비아로 간 것도(갈1:15-18), 이방인을 향해서 선교사로 파송받는 것도 "주를 섬겨 금식할 때에 성령이 이르시되 내가 불러 시키는 일을 위하여 바나바와 사울을 따로 세우라 하시니 이에 금식하며 기도하고 두 사람에게 안수하여 보내니라"(행13:2-3) 로마 선교에 대해서도 성령의 인도함을 받았고 계시를 받았습니다(행23:11). 그는 성령의 능력으로 선교했습니다(행19:11-12). 따라서 효과적인 가르치는 사역을 하기 원하는 선생들에게 성령의 충만을 입는 것과 성령의 인도함보다 더 중요한 것은 없습니다. 성령께서는 성경교사들의 사역을 지도하시고 인도하셔서 열매를 산출케 하십니다. 그러므로 교사는 성령님보다 앞서거나 너무 뒤쳐지지도 말고 성령으로 "우리가 그를 힘입어 살며 기동하며 존재"(행17:28)하여야 합니다. 항상 우리가 바울처럼 성령 충만하지 못해서 하나님 말씀에 사로잡히지 못해서 내가 즉 그리스도와 함께 죽지 못해서 문제입니다. 바울은 항상 사단, 세상, 죄를 이기면서, 즉 그리스도를 나타 내면서 가르쳤습니다(고후2:14). 그는 복음으로 낳은 성도들을 영적인 아버지와 같은 마음으로 양육하였습니다(고전4:15).

2) 교재와 승법번식

사도바울은 편지 곧 교재를 통해 열람하게 하고 배우고 다시 다른 사람에게 전하도록 즉 승법법식을 하도록 하였습니다(딤후2:2). 바울이 고린도 교육기관과 두란노 교육기관에서 즉 한 장소에서 매일 학생들을 가르쳤는데 어떻게 2년 동안에 아시아에 사는 자는 유대인이나 헬라인이나 다 주의 말씀을 들을 수 있었을까요?

즉 두란노 서원에서 바울에게 배우면서 학생들이 전도훈련과 실습이 있어서 실제로 전도하는 역사가 있었다는 것입니다. 그것은 제자들을 통한 전도와 양육이 기하급수적으로 이루어졌기 때문에 가능한 것이었습니다. 바울의 제자들이 나가 복음을 전하여 계시록에 나오는 일곱 교회가 개척된 것도 이때였습니다. 바울이 통해 보여준 영적 승법번식은 지상명령 성취의 핵심적인 선교 전략입니다. 만일 한 사람이 매일 1명씩 전도한다면 일 년에 365명이고 21년이 지나면 7,665명이 주님께 돌아옵니다. 그러나 1년에 2명 제자로 삼아 그들도 다음해 계속적으로 함께 제자를 삼는다면 21년 후에 10,460,353,203명이 됩니다. 사도바울도 제자들과 동행하며 그가 예수님을 닮는 삶을 살면서 제자들도 본받게 했습니다(딤후3:10-14, 고전4:14-16, 빌4:9). 승법번식을 하는데는 교사용과 학생용이 있어야 효과적인 교육이 됩니다. 성경을 교사와 학생이 같이 보지만 해석의 유무로 구분해서 학생용이라고 한다면 교사의 가르침이나 설교 그리고 편지(고후10:10)들은 교사용이라 할 수 있습니다.

3) 제자다운 제자를 낳는 대가를 지불

두란노 서원에서 바울 혼자서 2년간 제자들에게 강론했는데 앞에서 언급한 것과 같이 자료를 보면 오전 11시부터 오후 4시까지 무려 5시간 동안 날마다 강론했다고 했습니다. 이 시간은 당시 소아시아의 문화 관습상 '시에스타' 시간으로, 사람이 무더위를 피해 낮잠을 자고 휴식을 취하는 시간입니다. 그런데 바울은 남들이 그늘에서 낮잠 자고 쉬고 놀 때, 땀을 뻘뻘 흘리며 무더위와 싸우며 두란노 서원에서 날마다 5시간씩 집중하여 말씀을 가르쳤습니다. 아마 그렇게 낮 시간은 교육 사역에 투자하고, 해가 지는 저녁이나 밤에는 생계를 위해 천막 만드는 일을 계속했을 것입니다. 바울이 하루에 5시간씩 2년간을 가르친 분량(365×5×2 = 3650시간)을 생각해 보십시오. 바울은 얼마나 성령 충만한 종이었는가? 하나님께서 바울의 손으로 놀라운 능력을 행하게 하신 그리스도께서 참으로 함께 하신 종입니다(행19:11~12).

또한 성경을 가장 많이 기록한 탁월한 성경 교사였던 사도바울이 하루에 5시간씩 2년간을 매일 가르쳤는데 오늘날 현대교회가 『제자훈련』이라는 명목으로 제자 훈련하는데 일주일에 고작 하루 그것도 한 시간

반 좌우로 1~2년 정도(4×12×2×1.5 = 144시간) 배웁니다. 바울에 비해 형편없이 능력없는 교사가 144시간을 가르치는데 성령 충만한 탁월한 교사 사도 바울은 무려 25배인 3650시간을 가르친 것입니다. 현대교회의 제자훈련은 기도훈련, 전도 훈련, 믿음훈련 같은 훈련과 실습은 별로 없고 대게가 성경공부 위주입니다. 그래서 오늘날 교회에서 제자훈련을 마쳐도 전혀 예수님 제자답지 않은 제자훈련이라는 사실상 제자훈련이라는 성경공부를 마친 신자들만 양산해 온 원인이 된 것입니다. 목회자나 교사가 성도들 늘 바쁘게 산다고 눈치보며 고작 미음을 먹이면서 중노동을 할 수 있는 힘있는 제자를 기대하는 것은 넌센스입니다.

4) 성경 한 권이면 족하다

바울의 설교와 교육 내용의 핵심은 그리스도였습니다(갈6:14).

"그리스도와 그의 십자가에 못 박히신 것 외에는 아무 것도 알지 아니하기로 작정하였음이라"(고전2:2).

바울이 복음을 전할 때 당연히 어거스틴 Aurelius Augustine이나 요한 칼빈 John Calvin, 요한 웨슬레 John Wesley, 칼 바르트 Karl Barth 등과 같은 쟁쟁한 신학자들이 없었던 시절입니다. 그러나 예수 그리스도 복음으로 죄인들이 회개하고 변화 받는데 전혀 부족함이 없었습니다. 신학을 배척하는 것이 아니지만 예수 그리스도로 충분합니다. 개인과 가정과 교회와 사회와 국가가 변화되는데 복음, 성경 한 권이면 충분합니다.

바울이 성경 한 권으로 성공적으로 사역했고 오늘날도 동일합니다. 예수 그리스도 한 분이면 충분합니다. 그는 오직 주의 말씀을 전했습니다. "이와 같이 주의 말씀이 힘이 있어 흥왕하여 세력을 얻으니라"(행19:20)

결과는 하나님께서 대부흥이 오게 하시는데 쓰임 받았습니다. 두란노 서원을 통한 전도와 교육사역으로 오늘날의 터키의 절반 이상의 면적 위에 살던 유대인들과 이방인들이 복음을 듣고 사회가 변화되는 역사가 나타났습니다. 두란노 사역은 2년 동안 계속되었고 그러한 노력은 에베소에 복음을 심고 그 도시를 변화시키는 위대한 사역을 감당할 수 있었습니다. 바울의 두란노 교육 사역은 에베소 교회를 중심으로 그 주변에 많은 교회를 탄생시켰습니다. 에베소 교회의 개척을 중심으로 하여 소아시아 일곱 교회가 세워져 나가는 놀라운 역사가 일어났습니다. 에베소에서 사도 바울에게 복음을 듣고 훈련을 받은 에바브라가 리커스 계곡의 세 도시에 세웠던 교회 중 하나인 라오디게아 교회가 세워졌고, 소아시아 지역에 서머나, 버가모, 두아디라, 사데, 빌라델비아 등 여러 교회들이 세워지는데 큰 역할을 하게 되었습니다.

5) 성육신적인 생활과 사역

바울은 유대인에게는 유대인처럼, 헬라인에게는 헬라인처럼, 약한 자에게는 약한 자처럼 되는 것은 상대방과 동일화된다는 것인데 사도 바울의 교육자의 자세는 피교육자의 눈높이에 맞춰서 교육하였습니다. 바울은 사도행전 20장에 보면, 밀레도에서 에베소 장로들에게 행한 고별사에서 "여러분이 아는 바와 같이 이 손으로 나와 내 동행들이 쓰는 것을 충당하여"라고 말했습니다(행20:34). 돈이나 사람이 없어서 성경공부반 운영이나 제자훈련 그리고 신학교 사역을 못한다고 변명할 수 없습니다. 사도 바울의 고별 메시지를 보면 바울은 모든 겸손과 눈물로 제자들을 섬겼다고 했습니다(행20:18-21). 성령 충만한 한 사람 사도바울을 통해 고린도와 두란노 교육기관이 모범적으로 경영되었습니다. 수많은 영혼들이 주께 돌아왔고 인근 각처를 변화시켰습니다. "유대인들에게는 내가 유대인과 같이 된 것은"(고전9:19-22, 20절) 이같은 바울의 선교 전략은 그리스도의 성육신 사건과 같이 복음을 위하여 자신을 희생 시키고 낮아지는 선교를 하였습니다. 로마 시민권을 갖고 높은 학식과 사회적 종교적 지위가 있음에도 불구하고 바울은 당시 노예나 하층민들이나 하는 장막업을 하면서 복음을 전하였습니다(살전2:9, 살후3:8). 유대인에게는 유대인처럼 헬라인에게는 헬라인의 모양으로 (고전 9:19-23) 복음을 전했고 심지어는 영혼을 구령하기 위해 스스로 낮아져서 모든 사람에게 종이 되었습니다(고전9:19). 오늘날 교인들 수가 많은 교회 목회자나 박사학위 가진 신학교 교수들에게 길거리가서 군고구마 팔면서 혹은 세차장에 가서 차 닦는 알바하면서 가르치고 복음 전할 수 있느냐고 하면 과연 몇 명이나 가능할까요?

6) 남을 성공시키는 축복의 통로

예수님이 우리를 위해 대속 제물로 내놓은 것처럼 사도바울은 목숨을 내놓고 선교하였습니다(행20:24). 예수님은 다른 사람을 살리기 위해 즉 성공시키기 위해 목숨을 내 놓으셨습니다. 사도바울도 가난한 자 같으나 많은 사람을 부요하게 즉 성공시켰습니다(고후6:9-10). 그런데 알고 보면 진짜 성공자는 남을 성공시키는 사람입니다. 바울은 남을 성공시키기 위해 사는 사람이었습니다. 그는 "주는 자는 받는 자보다 더 복되다는 진리"(행20:25) 곧 성경기준의 성공원칙을 붙잡고 살았기 때문입니다. 바울을 통해 성공의 길을 배우고 걷던 브리스길라와 아볼로 부부가 에베소에서 아볼로를 만나게 됩니다(행18:24). 아볼로는 누구보다도 대학자요, 뛰어난 언변술을 지닌 구술가요, 구약성경에도 능통한 자였습니다. 그런데 예수 그리스도의 복음에 대해서는 초보적인 수준이었고 심지어 회당에서 잘못 가르치는 것을 듣고 이 부부는 아볼로를 불러 하나님의 도를 더욱 자세히 풀어서 설명해줍니다(행18:26). 아볼로는 훗날 고린도교회와 그 지역에서 교인들에게 바울이나 베드로와 동급의 선한 영향력을 주는 3대 지도자중의 한 분이됩니다(고전1:12). 남을 성공시키는 축복이 이렇게 예수님으로부터 시작해서 계속 흘러가 오늘 우리에게까지 온 것입니다. 사람들은 어떻게 하면 자기 자신을 성공시킬까에 초점을 맞추기 쉽습니다. 그래서 성경적인 성공관을 가져야 합니다.

킴벌 E. Kimbal은 보스턴 Boston에 있는 한 작은 교회 주일학교 교사였습니다. 1858년 어느 날 구둣방에서 일하는 자기 반 학생을 직접 방문하여 성경을 가르치고 함께 기도하는 중에, 결국 그를 그리스도에게로 인도했습니다. 그 가난한 학생의 이름이 바로 후일 세계적인 전도자가 되어 미국을 감동시킨 무디 D. L. Moody였습니다. 그런데 이 이야기는 여기서 끝나지 않고 계속됩니다. 결신자는 겨우 소년 한 명이 이렇게 회심한 후에 전도자가 된 무디는 21년 후 런던을 방문하여 큰 전도 집회를 열었고, 거기에 참석했던 메이어 F. Meyer가 주님을 영접했습니다. 그 뒤 목사가 된 메이어는 미국에 가서 설교하였고, 그 모임에서 채프만 J, Chapman이 회심하였습니다. 그리고 YMCA에서 일했던 채프만은 야구 선수였던 썬데이 B. Sunday에게 성경을 가르쳤습니다. 나중에 전도자가 된 썬데이는 함 M. Ham을 강사로 초빙하여, 노스캐롤라이나 샬로트에서 3주간이나 집회를 가졌습니다. 그러나 그 결과는 너무나 실망할 수밖에 없었습니다. 결신자는 겨우 16세의 소년 한 명뿐이었던 것입니다. 그러니 거의 실패한 집회처럼 보였을 것입니다. 그런데 놀랍게도 그 소년의 이름이 훗날 전 세계 수천만 군중에게 복음을 전하게 될 빌리 그레이엄 Billy Graham이었습니다. 이 모든 일이 한 주일학교 교사로부터 시작된 일이었습니다. 우리도 남을 성공시키는 작은 시작을 할 수 있습니다.

4. 그린 지도(설계도)를 하나님께 완전히 맡기십시오.

수18:9절-10절을 보면 여호수아는 각 지파의 대표들이 차지할 땅을 두루 다니며 그려온 지도를 가지고 하나님 앞에서 제비를 뽑아서 각 지파에게 그 땅을 분배했다고 했습니다.

"그 사람들이 가서 그 땅으로 두루 다니며 성읍들을 따라서 일곱 부분으로 책에 그려서 실로 진영에 돌아와 여호수아에게 나아오니 여호수아가 그들을 위하여 실로의 여호와 앞에서 제비를 뽑고 그가 거기서 이스라엘 자손의 분파대로 그 땅을 분배하였더라"(수18:9-10)

당시 제비를 뽑는 일은 사람의 뜻대로 되지 않고 하나님의 뜻대로 이루기를 원하는 거룩한 헌신과 위탁의 상징으로 이루어졌습니다.

"너의 행사를 여호와께 맡기라 그리하면 너의 경영하는 것이 이루리라"(잠16:3)고 말씀했고 "사람이 마음으로 자기의 길을 계획할지라도 그 걸음을 인도하는 자는 여호와시니라"(잠16:9)고 말씀합니다. 아무리 우리가 그림을 잘 그릴 지라도 하나님께서 인도하시지 않으면 소용없습니다. "네 길을 여호와께 맡기라 그를 의지하면 그가 이루시고 네 의를 빛 같이 나타내시며 네 공의를 정오의 빛 같이 하시리로다"(시37:5-6)

우리는 인생을 살아가는데 있어서 여러 가지 인생의 무거운 짐들이 있습니다. 인생은 한평생동안 무거운 짐을 지고 살아갑니다. 그 중의 가장 무거운 짐은 역시 죄짐이고, 뿐만 아니라 생활의 짐들입니다.

어떻게 살아야 할까? 무엇을 먹을까? 무엇을 입을까? 하는 의식주의 문제로부터 시작하여 건강에 대한 걱정, 돈 벌고 돈 쓰는 경제문제, 공부나 직장 일에 대한 염려, 인간간의 관계 문제, 내일의 삶의 계획 등 수많은 짐들로 가득 차 있습니다. 부모들에게는 자녀의 교육 , 직장 문제, 결혼 문제등 큰 짐으로 느껴집니다. 이렇듯 죄의 짐과 삶의 짐의 무게에 지쳐 불안해하고 힘들어 하는 인생을 향해 예수님께서 이렇게 말씀하십니다.

"수고하고 무거운 짐진 자들아 다 내게로 오라 내가 너희를 쉬게 하리라"(마11:28)

하셨습니다. 수고하고 무거운 짐을 예수님께 맡기지 않으면 예수님께서 맡아 처리해 주실 수가 없습니다. 수고하고 무거운 짐을 벗어서 맡기면 쉬게 해주시겠다. 하십니다. 문제를 온전히 하나님께 맡기면 하나님의 손길이 움직여 그 문제가 해결됩니다. 시37편은 다윗의 인생 말년에 지은 시입니다. 그의 말년의 신앙을 고백한 것입니다. 즉 시37편은 우리의 신앙에 오래 하나님을 믿는 사람들에게도 아주 중요한 주제라는 것입니다.

"너의 길을 여호와께 맡기라 저를 의지하면 저가 이루시고"(시37:5)

너의 짐을 하나님께 맡겨라. 그러면 하나님이 일해 주십니다. 곧 이루어 주신다 하는 것입니다. 그렇기 때문에 우리 짐을 여호와께 맡기는 것은 문제 해결의 길이며 형통하게 사는 인생의 길이라는 것입니다. 짐을 주님께 잘 맡기는데 달인이 되는 것은 성공 인생의 비결입니다.

네 모든 길을 여호와께 맡겼는가?

이것은 신앙생활에서 가장 중요한 기본 질문입니다. '맡긴다'는 말은 자기 자신에 대한 주권을 다른 대상에게 이전하는 것을 말합니다. 그래서 이 말은 자기 인생의 모든 일의 주권을 하나님께 맡기는 것을 의미합니다. 마치 인생 이라는 자동차 핸들을 내가 잡고 차를 몰았는데 그 핸들을 하나님께 맡기는 것입니다. 그래서 "너의 길을 여호와께 맡기라"는 말은 "네 인생의 모든 일의 주권을 하나님께 맡겨라"하는 말입니다. 그러면 모든 문제가 해결될 뿐만 아니라, 무거운 짐에서 해방되어 자유로운 삶, 하나님의 뜻을 이루어 드리는 성경적인 성공적인 삶을 살 수 있다는 말입니다. 5절에서 주요한 말은 '맡긴다'는 말과 '이루어 주신다'는 말입니다. 여기서 '맡긴다'는 말은 마치 낙타의 등에 짐을 올려놓아야 낙타가 짐을 지고 간다는 말입니다. 짐을 벗어 낙타 등위에 올려놓지 않으면 낙타는 이 짐을 지고 가지 않습니다. 이렇게 짐을 벗어 하나님의 등위에 올려놓으라는 뜻입니다. 맡기면 하나님이 역사하시어 이루시겠다는 말입니다. '이루시겠다 יעשה yaaseh', "He will work."

"너의 행사를 여호와께 맡기라 그리하면 너의 경영하는 것이 이루리라"(잠 16:3)

그러면 너의 경영하는 것이 이루리라 하는 것입니다.

네 손에 든 것을 나를 믿고, 내 등에 올려놓으면, 이루시겠다는 말입니다.

"네 짐을 여호와께 맡기라 그가 너를 붙드시고 의인의 요동함을 영원히 허락하지 아니하시리로다"(시55:22)

이 구절에서 '맡겨 버리라'는 (Cast)라는 말로서 '던져 버리는 것'을 의미합니다. 또 이 말은 짐을 완전히 털어, 던져 버리는 것입니다. 그러면 너를 붙들어 주신다는 것입니다. 신약에서는 "너희 염려를 다 주께 맡겨 버리라 이는 저가 너희를 권고하심이니라"(벧전5:7)

"내가 나의 영을 주의 손에 부탁하나이다 진리의 하나님 여호와여 나를 속량하셨나이다 내가 허탄한 거짓을 숭상하는 자들을 미워하고 여호와를 의지하나이다"(시31:5-6)

이 구절에서 '부탁하나이다'는 영어로 'commit'라는 말로서 법적 권한을 주어 위임하는 것입니다. 이 말은 왕상14:27에서는 방패를 만들어 왕궁 문을 지키는 시위대 장관의 손에 맡기매 할 때 쓰였습니다.

"르호보암 왕이 그 대신 놋으로 방패를 만들어 왕궁 문을 지키는 시위대 장관의 손에 맡기매"(왕상14:27) 이 말은 변호사에게 사건을 의뢰하는 것과 같습니다. 법적 권한을 주어 완전히 맡기는 것을 말합니다. 하나님의 권한 아래 주권을 포기하고 맡기는 것을 의미합니다. 자기 자신까지도 자신의 운명도 하나님께 맡기는 것을 말합니다. 자기 인생의 제반사의 주권을 하나님께 맡기는 것을 의미합니다. 그런데 " 하나님! 나는 미안해서 못 맡기겠어요, 다 내 잘못입니다. 내가 믿음이 없어서, 내가 무능해서 . 내가 교만해서 문제가 된 일입니다. 그래서 하나님께 맡기기 죄송합니다. 저는 이 짐을 맡길 자격이 없는 것 같습니다." 이렇게 생각하고 인생의 짐을 하나님께 맡기지 못하는 것은 마귀나 육신의 생각에 속하는 것입니다. 여러분! 염려 마십시오.

하나님은 우리들의 어떤 짐이든지 날마다 우리의 짐을 져 주시길 원하십니다.

"날마다 우리 짐을 지시는 주 곧 우리의 구원이신 하나님을 찬송 할지로다"(시68:19)

이 구절에서 날마다 우리의 짐을 져 주신다는 말은, 우리의 일상적인 소소한 것도 다 져주시는 주님이라는 말입니다. 가끔이 아니라 날마다 우리의 인생의 짐을 하나님께 맡겨야 하는 삶을 살아야 하는 것입니다. 우리는 맡기지 못하는 삶이 무엇인가에 대해 알아야 할 필요가 있습니다.

여러분! 일곱 지파 사람들은 여호수아의 말대로 순종했습니다. 그 명령에 순종해서 그 땅을 정탐하고 두루 다니면서 더 자세하게 구체적으로 지도책을 만들어서 가져왔습니다. 여호수아가 그들을 위해서 여호와 앞에서 제비뽑고 이스라엘 분파대로 땅을 분배하였습니다. 하나님께서 함께 하셔서 나머지 전쟁들도 모두 이기게 하시고 일곱 지파도 좋은 땅을 차지해서 이스라엘 열두 지파가 가나안 땅을 전부 점령하게 된 것입니다.

우리의 삶을 주님께 온전히 맡기고, 생명도, 양식도, 죄 사함도, 모든 삶의 위기도 주님께 맡기고, 하나님을 신뢰하며 살아가는 삶이 되시기를 기원합니다.

10

모든 일에서
하나님을 영화롭게

모든 일에서 하나님을 영화롭게

위대한 성가를 많이 작곡했던 조셉 하이든 Joseph Haydn은 훌륭한 음악들을 많이 작곡했습니다. 하루는 어떤 사람이 하이든에게 이렇게 물었습니다. "당신은 그 놀라운 음악을 작곡하는 영감을 어디에서 얻습니까." 하이든이 대답합니다.

"나는 기도할 때마다 하나님, 하나님이 내 삶의 주인이십니다. 하나님이 내게 지혜를 주셔서 내가 아름다운 음악을 작곡하게 되면 이것은 하나님의 영광을 위해서 작곡한 것이며 하나님의 영광을 위해서 이 음악을 주님 앞에 드릴 것입니다 라는 기도를 드립니다."

그가 작곡한 곡 가운데 유명한 곡이 있습니다. 그것은 '천지 창조'입니다. 성경의 창세기와 존 존 밀턴 John Milton의 '실락원'에 근거해서 그는 이 위대한 '천지 창조'를 작곡했습니다. 이 곡이 비엔나 Vienna에서 공연하게 되던 날입니다. 그때 하이든은 몸이 몹시 아팠습니다. 그래서 이 위대한 곡이 공연될 때 그는 환자로서 뒤에 앉아 있게 되었습니다. 그 날 지휘를 하던 지휘자는 정말 놀랍게 이 음악을 하나님 앞에서 지휘했습니다. 연주가 끝났을 때 수많은 사람들이 일어서서 지휘자에게 박수를 보냈습니다. 그때 지휘자는 청중들의 박수를 중단시키면서 뒷좌석 발코니에 앉아 있는 하이든을 가리킵니다. 그리고 이렇게 말합니다.

"저 사람입니다. 저 분이 이 놀랍고 아름다운 음악을 작곡했습니다." 사람들이 다시 고개를 돌려서 하이든을 바라보며 일제히 일어나 박수를 치기 시작했습니다. 하이든이 갑자기 청중들을 중단시키면서 말합니다.

"아니오."

그는 하늘을 가리키면서 이런 유명한 이야기를 합니다. "나는 아무 것도 아닙니다. 그분이 모든 것입니다. 이 모든 것은 하늘로부터 온 것입니다. 주님께서 나의 연약함을 아셨기 때문에 주님께서 나에게 지혜를 주셨습니다. 그분께만 영광을 돌리십시오."

하나님의 영광을 위해 살아야 하는 이유

성공적인 인생이란 세상에서 하나님을 영화롭게 하는 삶을 말합니다. 그런 의미에서 우리 주 예수 그리스도의 생애야말로 가장 성공적인 인생이었다고 말할 수 있습니다. 예수님의 성공은 얼마나 많은 기적을 행하셨거나 얼마나 많은 추종자를 만들어 내었는가를 가지고 말하지 않습니다. 예수님의 성공은 그를 세상에 보내신 아버지의 뜻을 정확하게 이루어 드리는 일에 있는 것입니다.

"아버지께서 내게 하라고 주신 일을 내가 이루어 아버지를 이 세상에서 영화롭게 하였사오니"(요17:4)

예수님 자신도 분명한 성공의 기준을 가지고 사셨습니다. 예수님께서 공생애 가운데 예수님의 마음을 지배한 것은 '아버지의 뜻'을 이루어 드리는 것이었습니다. 내가 성공적인 인생이 되려면 예수님의 그러한 마음을 품어야만 할 것입니다. 그리고 내게 하라고 주신 일이 무엇인지 정확하게 알아야 합니다. 그 일을 이루어드리지 않고서는 하나님을 세상에서 영화롭게 할 수 없습니다. 인간은 본래 하나님의 형상으로 창조되었습니다. 그리고 자기 생각대로 사는 것이 아니라 하나님께 영광돌리도록 창조되었습니다(사43:7). 그러나 타락한 인생은 자기중심으로 살고 있습니다. 예수님을 믿는 하나님 자녀들은 하나님의 영광을 위하여 살아야 합니다. 그 이유는 다음과 같습니다.

첫째, 이제 우리는 하나님의 것이기 때문입니다.

"너희 몸은 너희가 하나님께로부터 받은 바 너희 가운데 계신 성령의 전인 줄을 알지 못하느냐 너희는 너희 자신의 것이 아니라 값으로 산 것이 되었으니 그런즉 너희 몸으로 하나님께 영광을 돌리라"(고전6:19~20)

둘째, 하나님께 영광을 돌리며 살아야 하는 것은 하나님의 명령입니다.

"그런즉 너희가 먹든지 마시든지 무엇을 하든지 다 하나님의 영광을 위하여 하라"(고전10:31)

셋째, 하나님께 영광돌릴 때 우리가 가장 행복하도록 새로 지음받은 하나님나라이기 때문입니다(엡4:24, 벧전2:9).

"하나님의 나라는 먹는 것과 마시는 것이 아니요 오직 성령 안에 있는 의와 평강과 희락이라 이로써 그리스도를 섬기는 자는 하나님을 기쁘시게 하며 사람에게도 칭찬을 받느니라"(롬14:17~18)

넷째, 장차 상급의 심판이 있기 때문입니다.

"그런즉 우리는 몸으로 있든지 떠나든지 주를 기쁘시게 하는 자가 되기를 힘쓰노라 이는 우리가 다 반드시 그리스도의 심판대 앞에 나타나게 되어

각각 선악 간에 그 몸으로 행한 것을 따라 받으려 함이라"^(고후5:9~10)

사도바울이 우리에게 모범을 보였습니다. 상급을 바라보며 주를 기쁘시게 하는 모든 일에 힘쓴다는 것입니다. 예수님께서 말씀하셨습니다. 각 사람이 행한대로 갚아 주시겠다고 하셨습니다^(마16:27). 하나님은 그의 영광을 가로채는 행위를 미워하시고 마침내 진노하십니다^(행12:21~23). 헤롯이 하나님께 영광을 돌리지 않고 도리어 자기의 것으로 삼을 때 하나님의 진노가 그에게 어떻게 임했습니까? 헤롯은 주님의 사자가 즉시 쳐서 벌레에게 먹혀 죽고 말았습니다. 하나님의 영광을 가로채는 개인과 가정과 신앙공동체로부터 하나님의 촛대가 떠나가고 ^(계2:5) 도리어 진노가 그들에게 임한다는 엄숙한 진리 앞에 '오직 하나님께 영광'을 실천하는 성도가 되어야겠습니다.

그러면 예수님은 어떻게 하나님의 영광을 드러내셨을까요. 요13:31절을 보면, "그가 나간 후에 예수께서 이르시되 지금 인자가 영광을 받았고 하나님도 인자로 말미암아 영광을 받으셨도다"^(요13:31)

고 하셨습니다. 예수님이 십자가에 달리심이 예수님에게도 영광이 되었고 하나님에게도 영광이라고 말씀하셨습니다. 예수님이 십자가에서 죽으신 것을 하나님께서 인자로 말미암아 영광을 받으셨다고 말씀하셨습니다. 왜냐하면 예수님이 십자가에 죽으심은 하나님의 본질을 계시하는 일이기 때문입니다. 예수님이 십자가에 달리심은 하나님의 본질을 100% 드러내는 사건이기 때문에 하나님께서 인자를 인하여 영광을 받으시는 것입니다. 그것은 우리를 사랑하셔서 자신을 내어주시는 하나님의 모습을 100% 계시하시는 사건이기 때문입니다. 그것은 하나님의 사랑을 온 세상에 나타내는 사건이기 때문입니다. 하나님은 희생 제물로 인자를 보내셨고 인자는 우리 인류의 죄를 대속하기 위해 십자가에 죽으셔야 합니다. 이것이 하나님의 본질을 드러내는 것입니다. 인간의 근본문제인 죄를 해결하는 방법은 바로 사랑이고 그 사랑은 자기 목숨 내어줌입니다. 하나님께서는 죄인인 우리들을 위하여 자기 자신을 내어주시는 분이십니다. 예수님께서 십자가에서 바로 이런 하나님을 계시하신 것입니다. 십자가에 달리신 그리스도가 바로 우리를 사랑하시는 하나님의 모습입니다. 이것이 바로 하나님의 영광입니다. 결론적으로 우리가 하나님께 영광 돌리는 삶이란 하나님의 본질을 이 세상에 드러내어 하나님으로 하여금 하나님 되게 하고 모든 사람들로 하여금 하나님을 경외하고 찬양하게 만드는 일입니다.

요11:4절에도 보면, "예수께서 들으시고 이르시되 이 병은 죽을병이 아니라 하나님의 영광을 위함이요 하나님의 아들이 이로 말미암아 영광을 받게 하려 함이라 하시더라"(요11:4)

원문대로 번역하면 '하나님의 아들이 그것으로 말미암아 영화롭게 되기 위하여'가 됩니다. 하나님이 하시는 일을 나타는 것이 맹인으로 난 것의 목적이었던 것처럼 나사로의 질병 또한 죽는 것이 목적이 아닌 하나님의 영광을 위한 것입니다. 이 병은 하나님이 영광을 받으시기 위해 발생했다기보다 하나님의 영광이 드러나는 기회가 됐습니다.

나사로의 죽음은 "하나님의 영광을 위함"인데 이것은 "영광을 받으시게 (즉, 찬송을 받으시게)하기 위함"이 아니라 "하나님의 영광이 드러나게 하기 위함"이라는 의미입니다. 하나님의 영광의 계시는 하나님의 아들이 영광을 받게 하시는 기회인 것입니다. 하나님의 아들이 영광을 받으시면, 하나님께서도 동시에 영광을 받으시게 되는데, 그리스도의 행하시는 일을 통해 하나님의 영광을 보이시고 드러내셔서, 사람들이 예수님을 하나님의 아들로 인정하고 고백할 때, 영광을 받으십니다.

예수님은 자기의 뜻대로 마시고 하나님 아버지의 뜻을 이루시고 아버지의 영광이 나타나도록 하시라고 하시며 아버지께 완전히 맡기셨습니다. "당신의 이름"은 곧 하나님 자신을 가리키는 것입니다. 우리말로 영광은 히브리어 단어 "카보드 כבוד"가 카베드(=무겁다)라는 상태 동사에서 온 것이고, 따라서 하나님의 영광이라는 것은 하나님의 질적인 무거움을 의미한다고 볼 수 있습니다. 예컨대 창조의 목적으로서 하나님의 영광은 "한 마디로, 영원부터 하나님의 안에 있는 내적 충만의 외적 ad extra 발산입니다." 우라늄이라는 물질이 가장 큰 질량을 가지고 있어서 가장 무겁고 가장 큰 힘을 내포하고 있고 여러 가지 방사능을 방출하는 것처럼 하나님은 무한한 능력과 지혜와 사랑과 진리와 의로 충만하신 분이시기 때문에 그에게로부터 계속 그런 것들이 방사되고 있습니다. 그것이 다 하나님의 영광이라고 보아야 할 것입니다. 고후4:6절을 보면, 하나님은 우리가 예수 그리스도를 믿을 때 하나님의 영광을 아는 빛을 비추어 주셨습니다. "어두운 데에 빛이 비치라 말씀하셨던 그 하나님께서 예수 그리스도의 얼굴에 있는 하나님의 영광을 아는 빛을 우리 마음에 비추셨느니라"(고후4:6) 여기에 언급되고 있는 '마음'은 전 인격의 좌소 座所로서 인간 존재 자체와 동일시됩니다. 따라서 빛을 마음에 비추셨다는 것은 인간 존재 자체를 새로운 피조물로 재창조하셨다는 사실(고후5:17)과 상통합니다. 한편, '아는'으로 번역된 '그노세오스 γνώσεως'는 '지식'을 뜻하는 '그노시스 γνῶσις'의 소유격입니다. 따라서 '하나님의 영광을 아는 빛'은 '하나님의 영광을 나타내는 지식의 빛'이란 의미입니다. 이는 전지하신 하나님의 형상이시요 그 가운데 지혜와 지식의 모든 보화가 감춰져 있는 아들을 통한 아버지의 계시이며(골2:3), 영원히 영광스러운 지식입니다(고후3:18).

그러면 우리는 어떻게 하나님의 영광을 돌리며 살 수 있을까요?

1) 이웃을 진실로 사랑함으로

그리스도의 사랑은 형제애로 드러납니다. 고후9:13절을 보면, "이 직무로 증거를 삼아 너희가 그리스도의 복음을 진실히 믿고 복종하는 것과 그들과 모든 사람을 섬기는 너희의 후한 연보로 말미암아 하나님께 영광을 돌리고"(고후9:13) 한글 개역 성경에서 '너희의 후한 연보를'로 번역된 '하플로테티'는 주로 '관대함'을 뜻합니다. 그리고 본 절에서 '섬기는'으로 번역된 '코이노니아스'의 원형 '코이노니아'가 본래 '친교'의 의미로 사용된다는 점을 감안할 경우 가난한 예루살렘 성도들을 위한 구제 연보라는 이 실제적인 방법이 곧 '성도의 교제'를 나타내준다는 사실을 드러냅니다. 즉 그는 고린도 교회가 보여주는 '교제의 관대함'에 기초한 '교회의 일치성을 염두에 둔 것입니다. 그리고 바로 이 때문에 바울은 예루살렘 성도들이 '하나님께 영광'을 돌리게 될 것이라는 사실을 감격적으로 선포하고 있는 것입니다. 하나님의 나라와 복음을 위하여 쓰는 돈을 아까워하는 사람은 이런 사람은 아무리 돈이 많아도 가난한 자입니다. 선한 사업에 부한 사람이 진실로 성공한 부자입니다(딤전 6:17~19). 마음이 중요합니다. 마음에 없는 헌금은 아무리 많이 내어도 받지 않으십니다(고후8:12). 마케도니아 교인들처럼 힘에 지나도록 헌금할 수 있는 성도가 멋진 부자입니다. 만약 수입의 5%만 가지고도 여러분들의 모든 필요가 다 채워지고 남을 수 있다면, 95%를 하나님 사업(롬14:20)에 사용할 수 있는 삶을 살아갈 때에 하나님의 공급하심 속에서 계속되는 재정의 풍성함을 맛보게 될 것입니다(빌4:19). 헌금을 낼 수 있는 신앙도 재물도 다 하나님의 은혜로 주신 것이기에 마케도니아 교인들처럼 극한 가난 속에서도 기쁨으로 풍성하게 내야하지만 많이 냈다고 또한 뽐낼 수 없습니다. 하나님의 은혜가 아니면 단 한 푼도 헌금 할 수 없기 때문입니다(고후 8:1~5).

2) 선을 행함으로

전도자의 직무를 수행함으로써. 우리가 복음 전도자가 되면 이전에 우리를 알던 사람들은 하나님께 영광을 돌립니다. 교회의 박해자 바울이 그리스도의 증인이 되었을 때 많은 사람들이 바울로 인해 하나님께 영광을 돌렸습니다. 갈1:23절을 보면, "다만 우리를 박해하던 자가 전에 멸하려던 그 믿음을 지금 전한다 함을 듣고"(갈1:23)

유대의 그리스도 안에 있는 교회들은 바울에 대해서 말로 듣기만 하였습니다. 한글 개역 성경은 '전에'란 말이 한 번 나오지만 헬라어 원문은 이 단어 곧 '포테 pote'를 두 번 사용하고 있습니다. '전에' 우리를 핍박하던 자가 '전에' 잔해하던 그 믿음을 '지금' 전하고 있다는 사실을 보여주는 것입니다. 이것은 과거와 현재의 극명한 대조를 확연하게 보여 주는 표현입니다. 더욱이 헬라어 원문을 보면 '과거 pote 포테 – 현재 쉰 – 과거 pote 포테'의 도식이 한눈에 들어오는데, 이러한 입체적이고 회화적인 문장 구조를 통해 그의 회심이 얼마나 극적이고 엄청난 변화였는지, 그리고 그러한 그의 모습을 지켜보는 유대 교회들은 또 얼마나 놀랍게 그 사실을 받아들였는지를 생생하게 보여주고 있습니다. 갈1:24절을 보면,

"나로 말미암아 하나님께 영광을 돌리니라"(갈1:24) '영광을 돌리니라'에 해당하는 '에독사존'은 '독사조'의 미완료형입니다. 이는 그들이 하나님께 계속해서 영광을 돌렸음을 나타냅니다. 바울은 계속해서 복음을 전했을 것이고, 그가 복음을 전하는 곳마다 그에 관한 이야기가 함께 회자되었을 것입니다. 그리고 또 사람들 사이에서 그의 이야기는 계속 퍼져 나갔을 것입니다. 그로 인해 유대 교회들은 핍박자를 복음 전파

자로 변화시키신 하나님께 영광을 돌렸던 것입니다. 변화될 수 없을 것으로 여겨지던 사람이 하나님의 은혜로 변화될 때 하나님을 아는 자들은 영광을 돌리지 않을 수 없게 됩니다. 인류의 역사를 B.C.와 A.D.로 나눕니다. 예수께서 탄생하시기 전의 Before Christ와 이후의 Anno Domini로 나눕니다. Anno Domini는 in the year of Our Lord 라는 뜻입니다. "주님의 해에"라는 의미입니다. 예수를 만난 사람도 인생의 B.C.와 A.D.가 있습니다. 수가성의 사마리아 여인처럼(요 4:14-26) 주님을 만난 사람은 변화가 있습니다. 그 안에 예수 그리스도의 생명이 있기 때문입니다. 예수를 만난 인생들은 주님과의 스토리 Story 가 반드시 있습니다. 그 안에 하나님께서 이루신 간증과 감격이 있습니다.

3) 믿음이 더욱 강해지고 성숙해짐으로써

흔들리는 믿음, 연약한 믿음은 주님을 기쁘시게 해 드릴 수 없습니다. 주님께 영광을 돌리기 위해서는 강건한 믿음의 소유자가 되어야만 합니다. 롬4:20절을 보면, "믿음이 없어 하나님의 약속을 의심하지 않고 믿음으로 견고하여져서 하나님께 영광을 돌리며"(롬4:20)

원문의 뉘앙스를 고려하여 다시 번역하면 '또한 하나님의 약속에 관하여 이론을 가지지 않았다. 혹은 마음으로 다투지 않았다'가 됩니다. 아브라함처럼 하나님의 약속이 무엇이든지 이에 대해 이론을 가지지 않으며, 마음으로 다투지 않는 사람, 주저하거나 망설임이 없이 수용하는 이들은 그 약속에 참예하며 그로 인해 하나님께 영광을 돌리게 됩니다.

하나님께 영광을 돌리는 것은 하나님을 그대로 인정하는 것, 그리고 그분의 능력과 신실하심에 의존하는 것이다."라고 존 머레이는 롬 4:20절을 주석했습니다.

신분상의 거룩만을 믿는 그리스도의 도의 초보(히6:1~2)를 벗어나서 마음과 생활의 거룩을 믿는 완전한 데로 나아가야 합니다. 성령의 열매(갈5:22-23)인 사랑과 희락과 화평과 오래 참음과 자비와 양선과 충성과 온유와 절제는 예수님의 성품입니다. 그러므로 어떤 성도든지 십자가 은혜안에서 '나는 죽고 예수로 살게 되면' 새로운 성품을 갖게 됩니다(벧후1:4). 어떤 사람은 예배도 빠지지 않고 참석하고 기도도 뜨겁게 하고 봉사도 부지런히 하고 전도도 열심히 하는데 성품이나 성격이 변하지 않는 사람이 있습니다. 이는 옛사람이 죽지 않아서입니다. 옛 성질, 옛 습관, 옛 기질, 옛 본성을 자기 것으로 여기지 말아야합니다. "이와 같이 너희도 너희 자신을 죄에 대하여는 죽은 자요 그리스도 예수 안에서 하나님께 대하여는 살아 있는 자로 여길지어다"(롬6:11)

믿음으로 "나는 죽었습니다" 고백하여야합니다. 그리고 성령님의 도우심을 구하여 24시간 주님을 바라보아야합니다. 예수님으로 살아야합니다. 그러면 나도 모르게 성령의 열매가 갈수록 풍성히 맺히게 됩니다. 성령의 열매를 사람의 의지나 노력 그리고 열심히 맺으려고 하고 강박관념에 사로잡히면 나도모르게 율법주의자가 되어 버립니다. 그리고 외형적으로 아무리 성결하게 살아도 자기 영광을 취하는 또 다른 죄를 짓게 됩니다. 성령의 열매는 어떤 상황에서도 변함없이 나타나며 세상을 바꿀 수 있는 힘을 가지고 있습니다. 성결에 대한 믿음이 갈수록 강해져야 성령의 열매를 더욱 풍성히 맺게 됨으로 하나님께 영광을 돌리게 됩니다.

4) 주님을 따르는 길에 고난을 받음으로

고난을 받는다는 것은 '살아 있다', '단련된다'는 것입니다. 주님 때문에 당하는 의의 고난은 천국의 상급이 있습니다. 벧전4:16절을 보면, "만일 그리스도인으로 고난을 받으면 부끄러워하지 말고 도리어 그 이름으로 하나님께 영광을 돌리라"(벧전4:16). 본절은 다시 그리스도인이라는 이유 때문에 고난을 받는 것에 대해 언급하고 있습니다. 특별히 본 절에서는 신약 성경에 3회밖에 나타나지 않는 '그리스도인', 즉 '크리스티아노스'란 단어가 쓰이고 있습니다(행11:26;26:28). 이 단어는 '그리스도'로 번역되는 '크리스토스'에서 유래하여 '그리스도에게 속한 사람'이라는 의미로서 본래 이방인들이 성도들에 대해 조롱조로 사용한 용어입니다. 초대 교회 당시 많은 성도들이 바로 이 그리스도인이라는 이유로 고난을 당했습니다. 그리스도인이라는 이러한 호칭이 본 서신서의 수신자들이 살고 있던 소아시아와 로마 사이의 지역에서 대중들에게 널리 알려지기 시작한 것은 본서가 쓰여진 바로 직후로 보여지는 A. D. 64년 로마의 대화재 사건 이후부터입니다. 그러나 그 이전에도 성도들은 그리스도인이라는 호칭으로 불리워졌고 그리스도인이라는 이유로 고난을 받았던 것이 사실입니다(13절). 그들은 그리스도의 이름 때문에 욕을 받았습니다(14절). 그럼에도 불구하고 베드로는 성도들에게 그러한 고난을 부끄러워하지 말고 도리어 그 이름으로 하나님께 영광을 돌리라고 권면하고 있습니다. 계2-9절을 보면 "내가 네 환난과 궁핍을 아노니 실상은 네가 부요한 자니라 자칭 유대인이라 하는 자들의 훼방도 아노니 실상은 유대인이 아니요 사단의 회라"(계2:9). 성경원어사전을 찾아 보면 '서머나'라는 단어는 '쓰다'라는 뜻을 가지고 있습니다. 서머나 교회는 수없는 핍박을 받아 왔고 핍박을 피해 다니느라 생업이 유지되지 않으니 자연적으로 가난해질 수밖에 없었습니다. 그런데 주님께서 서머나를 향해 말씀하시길 "내가 네 궁핍과 환난을 아노니"(계2:9)라고 말씀하시고 계십니다. 서머나 교회는 환난도 극심하고 궁핍도 심했지만 처음이요 나중이시며 죽었다가 살아나신 주님을 온전히 바라봄으로써 고난을 이기고 있는 것입니다. 누가 진정한 부자이고 누가 강자인가요? 누가 성공중인 자인가요? 주님 안에 있는 자입니다. '주님 계시면 나는 이미 승리자다'라는 확실한 믿음을 가져야 승리자입니다. 중세에 성자이었던 토마스 아켐퍼스 Thomas à Kempis에게 꿈속에서 주님이 나타나 "내가 네게 무엇을 줄꼬 너는 구하라"고 말씀하셨습니다. 그는 대답하기를 "내게 주님께서 계신데 무엇을 원하리요. 저는 주님으로 만족합니다"고 대답했습니다. 10동안 환난을 받을 것이라 했는데 로마제국은 이 시대 아주 조직적으로 기독교를 핍박했습니다. 많은 사람들이 옥에 갇히고 잔인하게 순교했습니다. 서머나 교회 교인들 중 '죽도록 충성한' 사람 가운데 대표적인 사람이 80세에 화형으로 순교한 폴리캅입니다. 서머나 교회의 지도자이었던 그는 예수를 부인하면 살려주겠다는 회유에도 굽히지 않고 이렇게 담대히 말했습니다. "80년동안 주께서는 나를 한번도 부인한 적이 없으십니다. 그런데 내가 이제 와서 어떻게 주님을 부인하겠습니까"

5) 예수 그리스도의 이름으로 기도하고 전도함으로

주님의 이름으로 구할 때 주님께서 행하시고 영광을 받으십니다.

"너희가 내 이름으로 무엇을 구하든지 내가 행하리니 이는 아버지로 하여금 아들로 말미암아 영광을 받으시게 하려 함이라"(요14:13)

이름은 성경에서 다음과 같이 크게 4가지를 대표하는 것을 알 수 있습니다.

첫째는 존재입니다. "○○○ 세상을 떠났다".는 말은 그 ○○○ 존재가 세상을 떠났다는 의미와 같이 이름은 존재를 대표합니다. 하늘의 생명록에 예수를 그리스도로 영접한 자들의 이름이 기록됩니다. 우리가 전도하는 내용은 예수님이 그리스도이시라는 것입니다 우리는 씨(복음)를 뿌리지만 자라게 하시는 이는 하나님이십니다(고전3:7). 그리고 전도하러 가는 하나님 자녀는 하나님과 동행하고 있음을 믿어야 합니다(마28:19-20). 바울이 성경을 가지고 뜻을 풀어 강론하면서 예수님이 그리스도이시다고 증거하였습니다.

두 번째는 마음 곧 성품입니다. 우리의 대화중에 "그 사람은 히틀러 같은 사람이다"고 말하면 그 사람은 히틀러와 같은 포악한 성질과 성품을 뜻함과 같이 이름은 성품을 대표합니다. 우리를 위해 십자가에 달려 죽으신 예수님 마음으로 기도도 하고 전도를 합니다(롬5:6). 예수님의 마음은 영혼을 무조건적으로 사랑하시는 마음입니다. 사랑하는 사람은 절대로 지옥에 보낼 수 없다고 눈물로 기도하며 복음을 전하는 사랑의 마음입니다. 사도 바울은 복음을 증언하는 일을 위해 예수님 마음을 품고 자기 목숨조차 조금도 귀한 것으로 여기지 않고 전도하였습니다.

세 번째는 권세입니다. 이름은 권리나 권세를 대표합니다. 한 회사의 사장은 그가 운영하는 회사 안에서 일반 직원 사인과 사장의 사인 차이는 다릅니다. 국가 정상 간의 협정에 서명하는 각국 정상들의 이름은 국가를 대표합니다. 하나님 자녀는 예수 그리스도의 이름을 언제 어디서든지 사용할 수 있는 놀라운 특권을 부여받았습니다. 하나님의 자녀답게 당당하게 하나님의 권세로 선포할 수 있습니다. 예수 그리스도 이름으로 사람들을 묶고 있는 악령을 쫓아 낼 수 있는 권세가 주어졌습니다. 베드로가 나면서 못 걷게 된 걸인을 향해 예수 그리스도 이름으로 일어나 걸으라 할 때 발과 발목에 힘을 얻고 걷고 뛰기까지 하였습니다.

네 번째는 명예 곧 영광입니다. 이름은 명예를 대표합니다. 언약 백성인 유대인들이 하나님을 떠나 우상을 섬기는 큰 범죄를 저지를 때 여호와의 이름을 더럽혔다고 성경은 말합니다(겔36장). 전도를 하는 궁극적인 목적은 영혼구원을 통해 하나님나라를 확장하며 하나님께 영광을 돌리기 위함입니다. 대제사장들과 그의 하수인들이 사도들을 불러들여 채찍질하며 예수의 이름으로 말하는 것을 금하고 놓을 때 사도들은 그의 이름을 위하여 핍박받을 수 있는 것을 기뻐하면서 공회를 떠났습니다.

예수 그리스도 이름으로 무슨 일을 할 때 존재의 특성이 한 가지씩 따로 따로 나타나는 것이 아니라 함께 나타납니다. 그런데 관건은 믿음인데 하나님의 역사는 사람이 믿는 데로 나타납니다. 작은 믿음은 작게 나타나고 큰 믿음은 크게 나타납니다. 예수 그리스도의 이름으로 전도할 때에도 마찬가지입니다. 예수님은 문둥병과 같이 겉이 더러운 것보다 더욱 심각한 문제가 사람의 마음속이 더러운 것이라고 말씀하셨습니다. "또 가라사대 사람에게서 나오는 그것이 사람을 더럽게 하느니라. 속에서 곧 사람의 마음에서 나오는 것은 악한 생각 곧 음란과 도적질과 살인과 간음과 탐욕과 악독과 속임과 음탕과 흘기는 눈과 훼방과 교만과 광패니 이 모든 악한 것이 다 속에서 나와서 사람을 더럽게 하느니라."(막7:20-23) 예수님의 마음이 아니라 더러운 마음이나 두 마음을 품고 갈등하고 살면서 전도하는 것은 더러운 고름이 흐르는 문둥병보다 타인을 더욱 더럽게 하는 것으로 사실상 예수 그리스도의 이름으로 전도하는 것이 아닙니다. 하나님께서는 '예수의 이름으로' 믿는 자들에게 성령을 주시며(요14:26), 우리는 범사에 예수의 이름으로 하나님께 감사해야 합니다(엡5:20). 모든 나라들이 바라고 소망해야 할 이름이 바로 예수의 이름입니다(마12:21;사42:4). 하나님께서는 예수의 이름으로 모든 이름 중에 뛰어나게 하셨습니다. 또한 그 이름을 영접하고 부르는 이들로 하여금 하나님의 자녀가 되는 권세와 더불어 영원한 영광의 자리에 참여케 해 주셨습니다. 따라서 그 마음에 예수의 이름이 있는 이들은 모두 하나님의 약속에 참예케 되지만 그렇지 않은 자들은 여기에서 제외되고 말 것입니다.

6) 열매를 맺음으로

하나님을 영화롭게 하는 일이 열매를 많이 맺는 일입니다. "너희가 열매를 많이 맺으면 내 아버지께서 영광을 받으실 것이요 너희는 내 제자가 되리라"(요15:8)

우리를 통해 성령의 열매, 행위의 열매, 입술의 열매, 전도의 열매, 의의 열매 등 열매를 맺을 때 하나님은 영광을 받으십니다. 신실한 제자들은 그들의 열매를 보고 인정을 받게 되는 것입니다(마7:17-20). 그런데 열매 맺는 것은 우리 힘과 노력으로 만으로는 불가능합니다.

"나는 포도나무요 너희는 가지니 저가 내 안에, 내가 저 안에 있으면 이 사람은 과실을 많이 맺나니 나를 떠나서는 너희가 아무 것도 할 수 없음이라"(요15:5)

그러나 사람도 힘써야 합니다. "그러므로 너희가 더욱 힘써 너희 믿음에 덕을, 덕에 지식을"(벧후1:5). 이 모든 열매들은 날마다 나는 죽고 그리스도와 함께 동행하며 사는 생활의 결과로 맺어지는 것입니다. 우리가 이 땅에 예수님의 제자로 사는 목적은 많은 열매 맺어 하나님께 드리기 위해서 삽니다(요15:16).

(1) 회개에 합당한 열매

"그러므로 회개에 합당한 열매를 맺고"(마3:8) 삭개오와 같이 회개에 합당한 열매를 맺어야 합니다. "삭개오가 서서 주께 여짜오되 주여 보시옵소서 내 소유의 절반을 가난한 자들에게 주겠사오며 만일 누구의 것을 속여 빼앗은 일이 있으면 네 갑절이나 갚겠나이다 예수께서 이르시되 오늘 구원이 이 집에 이르렀으니 이 사람도 아브라함의 자손임이로다"(눅19:8-9)

(2) 의의 열매

"예수 그리스도로 말미암아 의의 열매가 가득하여 하나님의 영광과 찬송이 되기를 원하노라"(빌1:11)

"화평하게 하는 자들은 화평으로 심어 의의 열매를 거두느니라"(약3:18)

의의 열매는 빌라델비아 교회처럼 작은 능력으로도 하나님의 말씀을 지켜(계3:8) 하나님으로부터 옳다 인정받는 열매입니다.

(3) 거룩함에 이르는 열매

"그러나 이제는 너희가 죄로부터 해방되고 하나님께 종이 되어 거룩함에 이르는 열매를 맺었으니 그 마지막은 영생이라"(롬6:22)

"이 뜻을 따라 예수 그리스도의 몸을 단번에 드리심으로 말미암아 우리가 거룩함을 얻었노라"(히10:10)

하나님의 자녀된 우리가 하나님의 자녀로서 성결하게 생활할 때 하나님의 이름이 사람들로부터 영화롭게 됩니다. 우리 성도의 생활이 옳아야 하나님의 이름이 이 땅에서 거룩히 여김을 받는 것입니다(마6:9).

(4) 성령의 열매

"오직 성령의 열매는 사랑과 희락과 화평과 오래 참음과 자비와 양선과 충성과 온유와 절제니 이같은 것을 금지할 법이 없느니라"(갈5:22-23)

날마다 성령을 충만해야 날마다 성령의 열매를 풍성히 맺습니다. 성령의 열매는 한마디로 예수님의 성품을 드러내는 것입니다.

(5) 선한 열매

"주께 합당하게 행하여 범사에 기쁘시게 하고 모든 선한 일에 열매를 맺게 하시며 하나님을 아는 것에 자라게 하시고"(골1:10)

선한 열매를 맺는 삶이 바로 세상속의 소금과 빛입니다(마5:13-15). 가장 강력한 전도의 다리가 됩니다.

(6) 복음의 열매

"이 복음이 이미 너희에게 이르매 너희가 듣고 참으로 하나님의 은혜를 깨달은 날부터 너희 중에서와 같이 또한 온 천하에서도 열매를 맺어 자라는 도다"(골1:6)

성령받은 예수 그리스도의 제자는 본업 本業이 그리스도를 증거하는 일입니다(행1:8).

우리는 모든 족속을 향해 가든지 가게 해야 합니다(마28:19).

(7) 헌금의 열매

"내가 선물을 구함이 아니요 오직 너희에게 유익하도록 풍성한 열매를 구함이라"(빌4:17)

십일조는 회개하는 자의 증거이고 열매입니다(말3:10). 십일조하지 않은 자는 돈의 노예이고 회개치 않은 우상숭배자입니다. 탐욕은 우상숭배입니다(골3:5). 한 사람이 두 주인을 섬길 수 없습니다(눅16:13).

(8) 입술의 열매

"이러므로 우리가 예수로 말미암아 항상 찬미의 제사를 하나님께 드리자 이는 그 이름을 증거하는 입술의 열매니라"(히13:15)

"주여 내가 만민 중에서 주께 감사하오며 열방 중에서 주를 찬송하리이다"(시57:9)

하나님의 이름을 영화롭게 하는 것은 하나님의 은혜로 살고 있는 것을 주님의 이름으로 하나님께 감사하고 찬양하는 것입니다.

즐겁게 사는데도 천국에 상이 있다니

우리는 예수 그리스도의 은혜로 말미암아 구원을 받았으니 하나님을 즐거워해야 합니다.

"내 영혼이 여호와를 즐거워함이여 그의 구원을 기뻐하리로다"(시 35:9).

주의 앞에는 충만한 기쁨이 있습니다.

"주께서 생명의 길을 내게 보이시리니 주의 앞에는 충만한 기쁨이 있고 주의 오른쪽에는 영원한 즐거움이 있나이다"(시 16:11)

하나님은 우리에게 힘이 되시므로 기뻐하지 않을 수 없습니다.

"느헤미야가 또 그들에게 이르기를 너희는 가서 살진 것을 먹고 단 것을 마시되 준비하지 못한 자에게는 나누어 주라 이날은 우리 주의 성일이니 근심하지 말라 여호와로 인하여 기뻐하는 것이 너희의 힘이니라 하고"(느 8:10)

그리고 우리 마음을 주님께서 다스리는 진정한 하나님 나라 상태에 성령 안에 의와 평강과 희락을 누리게 됩니다(롬14:17). 그리스도안에서 기뻐하고 사는 것이 하나님의 뜻이고(살전5:16-18) 그렇게 살고 있고 살았다면 하나님의 뜻을 이뤘기에 천국의 상이 있는 성공 인생입니다. 우리는 주님이 주신 은혜로 구원받았고 구원받고 있으며 예수 그리스도 안에 있는 한 장차 구원받을 것이므로 모든 영광을 주님께 돌릴 수밖에 없습니다. 또한 내 힘과 지혜로 성공한 인생을 산 것이 아니라 전적으로 나를 택하신 하나님의 주권과 은혜였으므로 주님만 높일 수밖에 없습니다. 그러므로 하나님의 무궁하신 사랑과 은혜를 깨달은 자는 여호와를 즐거워하고 영원히 주님을 찬양하게 됩니다.

"너희 의인들아 여호와를 즐거워하라 찬송은 정직한 자들이 마땅히 할 바로다"(시 33:1)

모든 일에서 하나님을 영화롭게

모든 일에서 하나님을 영화롭게 하라고 우리를 권면하는 가장 포괄적인 성경 본문은 벧전4:10-11절입니다. "각각 은사를 받은 대로 하나님의 여러 가지 은혜를 맡은 선한 청지기 같이 서로 봉사하라 만일 누가 말하려면 하나님의 말씀을 하는 것 같이 하고 누가 봉사하려면 하나님이 공급하시는 힘으로 하는 것 같이 하라 이는 범사에 예수 그리스도로 말미암아 하나님이 영광을 받으시게 하려 함이니 그에게 영광과 권능이 세세에 무궁하도록 있느니라 아멘"(벧전4:10-11)

베드로는 우리에게 우리가 가진 모든 은사를 하나님이 주신 힘으로 다른 사람을 섬기기 위해 사용하길 권면합니다. 그는 그리스도인에게만 이 섬김을 제한할 의도는 분명 없었지만, 그의 초점은 그리스도 안에서 우리 형제자매를 섬기는 데 있습니다. 왜냐하면 이전 구절에서 그는 독자들에게 '서로' 사랑하고, '서로' 대접하라고 권면합니다(벧전 4:8-9). 하나님은 우리가 전심으로 다른 사람에게 행한 섬김을 통해 영광 받으시고, 특히 믿음의 형제들에게 행한 섬김을 통해 영광 받으십니다.

성공인생을 살 요건은 갖추셨는가?

눅14:26-33를 보면 예수님은 '망대와 전쟁'의 바유를 통해서 우리에게 한번밖에 없는 인생을 제자로 사는 길을 가기 원한다면 먼저 생각해 보라고 하십니다. 하나님의 기준으로 볼 때 성공인생이 되는 요건을 갖추었는지 돌아보라는 것입니다.

동서고금을 막론하고 크고 작은 건축 공사하다가 중단된 건축물들은 사람들에게 비웃음을 사게 됩니다. 그런데 예수님 당시에도 망대를 짓다가 다 짓지 못하고 흉물스럽게 버려진 경우가 더러 있었던 모양입니다. 문헌에 의하면 총독 빌라도가 유대 땅에서 수도 공사를 진행시키던 중 공사비 부족으로 중도에 공사를 중단한 일이 있었다고 합니다. 그리고 당시 갈릴리 지역의 분봉 왕이었던 헤롯 안디바는, 그 무렵 매우 강력한 아랍 왕이었던 아레타스의 딸을 첫 번째 부인으로 맞이하였으나 곧 자기 동생의 아내였던 헤로디아와 결혼하기 위해 아레타스의 딸과 이혼합니다. 이것이 계기가 되어 헤롯 안디바는 아레타스와 무모한 전쟁을 하게 되었고, 결국 헤롯은 이 전쟁에서 크게 패하고 말았다고 합니다. 이 전쟁으로 인해 백성들이 당한 엄청난 고통은 두말할 필요가 없습니다. 예수님께서 이같이 당시 사람들이 들으면 바로 수긍하고 깨달을 수 있는 역사적 사실을 배경으로 하여, 또 자신들의 생활 속에서 쉽게 접할 수 있는 상황을 비유로 들어 저들을 깨우치시고자 했습니다.

과연 망대와 전쟁 비유는 무엇을 뜻하는 걸까요? 일단 내용은 다음과 같습니다. 어떤 사람이 망대를 세울 계획을 짰습니다. 만약 그 사람이 그 망대를 세우는데 소요되는 예산 계획을 짜지 않고 무조건 시작했다가 기초만 쌓고 결국 일을 끝내지 못했다면 주변 사람들에게 비웃음을 당한다는 것입니다. 이 비유는 모든 일에는 그 일의 전체 과정을 염두에 둔 준비가 우선 착실하게 세워져야 한다는 뜻입니다. 이 말은 곧 예수님의 제자가 된다는 것은 잠깐의 기분이 아니라 자기의 인생 전체를 통해서 진행되는 삶의 결단이기 때문에 미리 정신적으로 준비를 해야 한다는 뜻으로 이해할 수 있습니다.

28절에 "너희 중에 누가 망대를 세우고자 할진대 자기의 가진 것이 준공하기까지에 족할는지 먼저 앉아 그 비용을 계산하지 아니하겠느냐"(눅14:28)라고 말씀하셨습니다. 예수님의 이 질문은 너희가 인생을 즉흥적이고 무계획적으로 살 것이냐 아니면 목표를 세우고 철저하게 그 목표를 이루기 위해서 철저히 준비하고 살 것이냐를 묻고 있는 것입니다. 31, 32절이 제시하고 있는 전쟁의 비유도 의미는 망대비유와 맥락이 거의 똑같습니다. 다른 나라와 전쟁을 하기 위해서는 우선 전력을 비교해서 자신들이 우세한 경우와 불리한 경우로 나누어 대책을 세워야 합니다. 전력이 우세하면 전쟁을 해도 승산이 있으니까 걱정하지 않겠지만 만약 전력이 부족하다면 전쟁이 시작되기 전에 화해하는

게 지혜롭습니다. 이 전쟁 비유도 역시 위의 망대비유와 마찬가지로 예수님의 제자가 되려면 전쟁을 준비하는 듯한 영적인 준비가 있어야 한다는 뜻입니다.

예수님께서는 제자가 되겠다고 따르던 사람들을 살펴보시고는 제자 되는 것과 망대를 짓는 것이 같은 원리임을 말씀하신 것입니다. 망대를 짓고자 하는 자가 그러면 먼저 해야 할 일이 "그 비용을 계산하는 것"입니다. 마찬가지로 예수님을 따라는 제자로 성공적으로 살려는 사람들도 마땅히 그 비용을 예산해야 한다는 것입니다. 구원은 공짜로 받습니다. 그러나 제자는 그냥 되는 것이 아니고 믿음으로 대가를 지불해야 가능합니다. 그런데 망대를 짓는 것은 돈이 필요하지만 성경적인 성공의 요건은 다 하나님의 은혜를 믿음으로 받는 일 밖에 없습니다. 그러므로 얼마나 감사한지 모릅니다. 그래서 성공중인 그리스도인은 하나님께 영광 돌리 수밖에 없으며 오직 하나님께 감사하며 찬양할 일 밖에 없습니다.

	성공인생 요건	관련성경	예	아니요
1	믿음으로 영생을 받았습니까?	요일5:13		
2	예수님 한 분으로 만족하고 감사하며 삽니까?	빌4:11		
3	성경을 매일 묵상하며 복있는 자로 삽니까?	시편1편		
4	매일 한 시간 이상 기도합니까?	마26:40		
5	때를 얻든지 못얻든지 전도합니까?	딤후4:2		
6	성령충만받았고 오늘도 재충만 받았습니까?	엡5:18		
7	순간순간 마음의 생각을 성별(聖別)하고 삽니까?	골3:2		
8	믿음으로 마음의 정결을 유지하며 성결하게 삽니까?	약4:8		
9	말이나 무엇을 하든지 예수 그리스도의 이름으로 하십니까?	골3:17		
10	이웃(원수 포함)을 당신 자신같이 사랑하며 삽니까?	갈5:14		
11	하나님 말씀을 남에게 배우든지 혹은 가르치든지 하십니까?	마28:19-20		
12	예수님의 비전을 품고 오늘도 달음박질 잘하고 있습니까?	고전9:24		

성공인생 요건 중에 하나라도 갖추지 못하셨다해도 실망하시거나 걱정하지 마십시오. 성경적인 솔루션이 준비되어있습니다. 예수님의 은혜를 간절히 사모하시며 추구하시면 됩니다. 아래의 여주 제자훈련 매뉴얼대로 착실하게 실행하시면 성공적인 인생을 사시게 될 것입니다. 본 서에 나오는 적지 않은 내용이 여주 제자훈련 매뉴얼에 나오는 것들입니다.

여주(与主) 제자훈련 매뉴얼

"모든 성도들은 배우든지 가르치든지"

"그러므로 너희는 가서 모든 민족을 제자로 삼아 아버지와 아들과 성령의 이름으로 세례를 베풀고 내가 너희에게 분부한 모든 것을 가르쳐 지키게 하라 볼지어다 내가 세상 끝날까지 너희와 항상 함께 있으리라 하시니라"(마28:19-20)

교육 영역	책명	핵심주제	교육 기간	학습방법
성경 교육 소그룹 으로	영생의 길 The Way of eternal life	중생의 복음과 양육과정	약 6개월	영생의 길과 B묵상
	성결의 길 The Way of Holiness	성결의 복음과 성화과정	약 5개월	성결의 길과 B기도
	제자의 길 The Way of The Disciple	제자교육과 예수 닮기 훈련과정	약 6개월	제자의 길과 B전도
	목자의 길 The Way of The Shepherd	사역자교육과 배양과정	약 5개월	목자의 길과 B치유

	B묵상 Biblical Meditation	성경묵상과 활용 훈련	약 2개월	2년동안 길과 B 시리즈 학습(1주 일에 두차례 교육 과 훈련)
제자 훈련 1대 1로	B기도 Biblical prayer	성경적 기도원리와 훈련	약 3개월	길 시리즈는 소그 룹으로 B시리즈 는 일대일로 훈련 하는 것이 적합 ★ B는 Biblical '성경적'의 이니셜
	B전도 Biblical evangelism	성경적 전도원리와 훈련	약 2개월	
	B치유 Biblical Healing	성경적 치유원리와 믿음훈련	약 3개월	
성경 총론	구약의 베이직 The basic of the Old Testament	구약 파노라마와 통독	약 7개월	1년에 최소한 1회 성경통독
	신약의 베이직 The basic of the New Testament	신약 파노라마와 통독	약 5개월	

끝이 멋진 인생

비그리스도인의 인생의 끝을 보면 그들의 인생관처럼 허망하고 절망적인 것은 없습니다. 진화론의 아버지라 불리는 찰스 다윈Charles Darwin, 1809-1882은 그의 삶을 마치면서 솔직히 이렇게 고백하였습니다. "나는 인생의 한 국면에만 관심을 집중시킨 나머지 시를 즐기고 음악을 즐기는 힘을 상실하였다. 심지어 자연 자체를 감상하는 힘을 대부분 상실하였다." 경건치 않은 사람들의 죽음은 무서운 일입니다. 그들의 찬란 하던 날들이 마지막을 고하게 되고 아무 것도 기대할 만한 것이 없습니 다. 그들은 전에 성공하였던 일과 승리하였던 일들을 회상함으로써 자신들을 위로해 보았자 결국은 아무것도 기대할 것이 없습니다. 많은 무신론자들이 하나님이 없다고 하나님을 한껏 조롱했지만 죽는 순간, 육신의 눈이 못 보게 되고 영의 눈으로 지옥을 바라보게 되면서 공포 속에 지옥의 실존을 생생히 목도하게 됩니다. 그리스의 대철학자였던 아리스토텔레스 Aristoteles는 죽으면서 잃어버린 고리를 찾고자 손을 더듬거렸습니다. "더러움으로 나는 이 세상에 들어왔다. 슬프게도 나는 그 가운데서 살아왔다. 불행하게도 나는 이곳을 떠난다. 오! 원인 중의 원인이여, 내게 자비를 베푸소서."

프랑스의 무신론 철학자이자 계몽주의 철학자인 볼테르 Voltaire, 1694-1778는 "기독교가 생겨나기까지 수백 년이 걸렸지만 이제 프랑스의 한 사람이 50년 안에 기독교를 다 파괴해 없애버리는 것을 보여주겠 다. 1백년 안에 성경은 다 없어지고 만다."고 호언장담을 했습니다.

그러던 어느 날 볼테르에게도 예외 없이 죽음의 날이 다가왔습니다. 볼테르가 죽음을 맞이할 때 그를 돌보고 있던 의사 트로킴 Trochim은 볼테르가 절망적으로 부르짖었다고 합니다.

그의 생명을 6개월간 연장시켜 주면 재산의 반을 주겠다고 의사한 테 하소연하기에 이르렀습니다. 그는 불안과 공포와 절망에 떨면서 6주밖에 못살고 죽었는데 그를 지켜본 의사조차 공포증에 걸렸다고 합니다. 볼테르는 죽기 직전에 "나는 차라리 나지 아니하였더라면 좋았을걸"하고 후회했으며 천국도 지옥도 없다던 그가 "나는 멸망으로 들어간다. 나는 지옥에 간다." 하면서 비참한 모습으로 죽었습니다. 그가 죽은 지 20년 만에 제네바 성서공회에서는 그의 집을 사서 성서공회 출판소로 삼았고 후에 외국어 성경을 출판하는 파리의 본부가 되었습니다.

영국의 저명한 정치 철학자인 '토마스 홉스 Thomas Hobbes, 1588~1674' 가 남긴 작품은 리바이어선 Leviathan입니다. 토마스 홉스는 임종 시에 이렇게 말했습니다. "나의 생명을 단 하루만이라도 더 연장시켜 주는 자에게 전 재산을 주겠다. 나는 무서운 어둠 속으로 떨어지고 있도다!"

'프랜시스 뉴턴 Francis Newton'이라는 무신론자는 임종 시에 "나는 영원히 정죄 받았구나! 하나님이 나의 원수가 되었으니 누가 나를 구원하리요? 지옥과 저주와 고통이 없는 줄 알았는데 지옥도 천국도 있구나. 전능자 하나님께 심판 받아, 아! 지옥과 저주의 견딜 수 없는 고통을 내가 받았노라"고 말하며 절명했습니다. 성경은 어디서나. 인생의 끝을 생각하라고 강권하고 있습니다.

"일의 결국을 다 들었으니 하나님을 경외하고 그의 명령들을 지킬지어다 이것이 모든 사람의 본분이니라 하나님은 모든 행위와 모든 은밀한 일을 선악 간에 심판하시리라"(전12:13~14)

자신을 하나님께 복종시키고 하나님을 의뢰하십시오. 그 하나님의 능력을 의뢰하십시오. 그리하면 종말이 사도바울처럼 영광스러울 것입니다.

"내가 선한 싸움을 싸우고 나의 달려갈 길을 마치고 믿음을 지켰으니"(딤후4:7)

바울은 하나님께서 정하신 기약이 자기에게도 있다는 사실을 알고 이것은 사람이 바꿀 수 없는 하나님의 주권임을 고백한 것입니다.

농부는 계절을 바꾸거나 고칠 수 있는 자가 아닙니다. 다만 다가오는 계절의 변화를 알고 그 변화를 준비하는 것이 농부가 할 일입니다. 겨울이 올 때 겨울을 준비하고 여름이 올 때 여름을 준비하는 것이 농부의 지혜입니다. 인생도 마찬가지입니다. 시작과 끝을 우리 마음대로 조정하거나 연기할 수 없습니다. 모든 것이 하나님의 주권아래 있기 때문입니다.

"범사에 기한이 있고 천하 만사가 다 때가 있나니 날 때가 있고 죽을 때가 있으며 심을 때가 있고 심은 것을 뽑을 때가 있으며"(전3:1~2)

인생의 끝이 온다고 두려워하거나 원망하는 것은 어리석은 것입니다. 늙기 싫다고 안 늙고 죽기 싫다고 안 죽는 것이 아닙니다. 모든 생명체는 시작과 끝이 있도록 하나님께서 기한을 정하시고 다스리고 계십니다. 꽃도 피었다가 지는 날이 오고 나무도 자랐다가 고목이 되는 날이 옵니다. 사람도 태어난 날이 있기에 반드시 죽음의 날도 옵니다. 그러므로 지혜로운 성도는 끝이 있음을 알고 준비해야 합니다. 오래 사는 것도 중요하지만 어떻게 살았느냐는 더 중요합니다. 출발도 중요하고 과정도 중요합니다. 그러나 더 중요한 것은 결과입니다. 시작은 잘했는데 결과가 좋지 않다면 불행한 일입니다. 달리기 선수가 출발을 잘했더라도 결과가 좋지 않으면 승자가 될 수 없습니다. 바울은 자신을 경기장에서 달리는 한 경주자에 비유했습니다. 그리고 마지막 인생의 코스에서도 승리했음을 보고 하는 내용입니다. 바울은 지난 인생을 후회하지 않고, 잘 살았노라고 표현하고 있습니다. 바울은 나의 떠날 시각이 가까왔다고 고백합니다. 딤후4:8절을 보십시오.

"이제 후로는 나를 위하여 의의 면류관이 예비되었으므로 주 곧 의로우신 재판장이 그 날에 내게 주실 것이며 내게만 아니라 주의 나타나심을 사모하는 모든 자에게도니라"(딤후4:8)

바울은 인생 결산에서 후회가 아니라 설레이면서 면류관을 기다리는 아름다운 모습을 보여주고 있습니다. 인생의 행복과 성공은 스피드에 있지 않고 방향에 있습니다.

여러분도 인생의 끝이 반드시 있음을 잊지 말아야 합니다. 그리고 결산 때 바울처럼 후회가 아닌 면류관과 상급이 준비되어 있어야 합니다.

"보라 내가 속히 오리니 내가 줄 상이 내게 있어 각 사람에게 그가 행한 대로 갚아 주리라"(계22:12)

이것이 바로 맡겨주셨던 이 땅에서 사명의 길, 복음을 전하는 길, 하나님이 자신에게 맡겨주셨던 사명과 책임을 완성했다는 고백입니다.

얼마나 아름다운 인생의 끝입니까?

바울은 최선을 다해 신앙의 길을 달려왔기에 후회가 없습니다. 바울은 인생의 결승점에서 하나님이 예비해 놓으신 의의 면류관이 자기를 기다리고 있노라고 설레이며 고백하였습니다. 더 중요한 것은 '끝까지'라는 말입니다. 바울은 세 가지 동사를 완료형으로 표현했습니다. 끝까지 싸웠고, 끝까지 달렸으며, 끝까지 지켰다는 즉 완주하는데 성공했다는 고백입니다. 성경에 승리자들의 공통점은 믿음을 끝까지 지킨 사람들이라는 것입니다. 노아는 하나님의 약속 한마디를 붙잡고 70년 이상을 방주를 지었고, 모세는 120세까지 살면서 눈이 흐리지 않았고 기력이 쇠하지 않았습니다(신34:7). 모두가 끝까지 믿음을 지킨 사람들입니다. 우리도 끝까지 성공적으로 지켜야 할 것이 많습니다. 우리의 사명을 끝까지 지켜야 합니다. 생각과 마음과 입을 끝까지 지켜야 합니다. 믿음도 끝까지 지켜야 합니다. 8절에 바울은 믿음을 끝까지 지킨 자에게 의의 면류관이 예비되었다고 했습니다. 운동선수가 최선을 다한 후에 시상대 앞에서 금메달을 기다리는 기쁨과 같습니다. 바울은 천국의 면류관을 바라보면서 나만이 아니라 믿음을 지킨 여러분에게도 나와 같은 상급을 주신다고 했습니다. 살아생전에 많은 일을 하고 많은 업적을 이루고 많은 것을 누리며 주변 사람들로부터 '성공한 인생'이라는 평판과 부러움을 한 몸에 받고 살았으면 무엇합니까? 영원한 형벌을 받는 지옥행이라면 영원한 실패의 인생입니다. 그러나 예수님처럼 임종을 맞이하는 순간 그리고 바울처럼 하나님께서 내게 하라고 맡겨주신 일들을 다 이루었다고 고백하며 내 영혼을 하나님 아버지 손에 맡겨드리는 인생, 그가 진정한 성공한 인생입니다. 인생은 출발도 중요하고 코스도 중요하지만 끝은 더 아름다워야 합니다. 세상이 말하는 성공의 기준에 끌려 다니지 않고 하나님 보시기에 '성공적인 인생'으로 사시는 저와 여러분이 되시길 바랍니다. 예수님의 마지막은 "다 이루었다" 하셨습니다(요19:30). 하나님께서 예수님께 맡기신 사명을 성공적으로 완수하신 것입니다. 끝으로, 그날에 사도 바울처럼 후회가 아닌 성공적인 인생의 끝이 되시길 기원합니다.

참고문헌

국제제자훈련원 편집부, 『제자훈련교재, 국제제자훈련원

기독교대백과사전편찬위원회, 『야훼~요하립』, 기독교대백과사전편찬위원회
편 (基督敎大百科事典 = (The) Christian encyclopedia. 第十一卷: 서울: 기독
교문사, 1984)

김다니엘, 『신약 베이직』, 쿰란출판사(2016)

김홍기, 『존 웨슬리 신학의 재발견』, 서울: 대한기독교서회, 1994

김다니엘, 『구약 베이직』, 쿰란출판사(2015)

노병기, 『거룩한 구원』, 예영커뮤니케이션

제임스 패커, 『거룩의 재발견』, 정인식 옮김, 도서출판 토기장이

박윤선, 『거룩함, 세상 뜰때까지 힘쓰라』, 영음사

옥스퍼드 원어성경대전, 제자원

이성주, 『칼빈신학과 웨슬리신학』, 잠언, 2002

윌리엄즈, 콜린, 『이계준 존 웨슬리의 神學 - 現代的 意義』, 서울: 展望社,
1990

설은주, 『가정사역론』, 예영커뮤니케이션

조종남, 『요한 웨슬리의 신학』 서울: 대한기독교출판사, 1984

제럴드 L. 싯처(Gerald L. Sittser), 『하나님의 뜻 (개정판)』, 한국성서유니온 선교회

제임스 G.K 맥클루어, 박일귀 옮김 『최선의 삶』, 패밀리북클럽

팀·비벌리 라헤이 이길상 옮김 『성령충만한 삶은 가정에서부터』, 베다니출판사

케네스 콜린스, 『존 웨슬리의 신학』, 이세형 옮김, 신앙과 지성사

Poole, Matthew, 『요한복음』. 박문재 옮김. (매튜 풀 청교도 성경주석16: 경기도 파주 : 크리스찬다이제스트, 2015),

기타

1) 신대현, 『큐티 메뉴얼』
2) 유기성, facebook(2019년 11월 6일)
3) 김홍기, 『존 웨슬리 신학의 재발견』, 47.
4) 조한덕, 조나단 에드워즈의 "하나님의 영광"의 관한 설교연구, 학위논문 (박사), 서울기독대학교 대학원
5) 기획편집 제자원, 『옥스퍼드 원어성경대전, 고린도후서』, 바이블네트, pp234-235.

성경; 현대어 성경, 개역성경, NASB, KJV, NIV

디럭스 바이블

스트롱코드 사전, http://kcm.kr/컴퓨터 선교회

위키백과; https://ko.wikipedia.org/wiki

이미지; https://images.google.com

한국경제뉴스